"나의 가는 길은 오직 그가 아시나니 그가 나를 단련하신 후에는 내가 정금같이 나오리라 (욥23 : 10)"

머리말

개인이나 조직이 위기에 빠지게 됨을 알리는 적신호는 '답은 아는데 그 답이 유래하게 된 문제가 무엇이었던가를 모르는 것'이라고 피터 드러커(*Peter Drucker*)는 저적한 바 있다. 맹자(孟子)는 말하길 '지식 전달에 급급하여, 열심히 답을 가르치려 하는 선생이 가장 무능한 선생'이라고 했다. 지난 20여년간 대학강단에서 경영정보시스템을 가르치면서 느낀 것은 학생들이 답은 열심히 외우는데 근본을 알려하지 않는다는 것이 못내 아쉬웠던 필자로서는 이 선인들의 말씀이 새삼 가슴에 와 닿는다.

요즘같이 급변하는 환경 속에서 과연 불변의 답(진실)이 존재할 수 있을까. 어차피 답이란 변화로 제기된 문제에 대한 답에 불과할 뿐이다. 환경이 변하면 문제도 변할 것이요, 문제가 바뀌면 그에 대한 답도 바뀔 것이 분명하다. 필자는 이 점에 주목하여 수많은 단편적인 답을 열거하기 보다는 문제의식을 갖고 근본을 깨우침으로써 새로운 문제에 대한 답을 스스로 찾아내는 능력을 배양하는데 일조하고자 하는 마음에서 이 책을 폈다.

따라서 제1장은 정보시스템을 개관하기에 앞서 환경변화의 본질을 설명하였다. 그리고 제2장에서는 이 책의 핵심 주제인 정보시스템의 정보와 시스템을 구분하여 각각에 대한 근본을 설명하기 위해 상당한 지면을 할애하였다. 제3장에서는 전통적 관점에서 경영정보시스템(MIS)이 무엇인지를 설명하였다. 그리고 제4장과 제5장에서는 정보시스템을 바라보는 새로운 관점을 논의하였다. 제4장에서는 정보시스템의 경영조직에서의 역할 변화와 전략적 활용에 대해 논의하였고, 제5장에서는 인터넷 기반의 정보시스템이 출현함에 다른 기존 사상의 변화들을 논의하였다. 특히 정보시스템이 경영조직에 끼치는 영향을 프로세스의 변화에 초점을 두고 논의하였다.

제6장부터 제11장까지는 제4세대 정보시스템 패러다임으로 일컬어지는 e-비즈니스 실천을 위한 기반 구성요소들을 각 장으로 구분하여 설명하였다. 제6장에서는 e-비즈니스와 전자상거래를 개괄하였으며, 이 틀 속에서 제7장에서는 지식경영을, 제8장에서는 e-비즈니스의 근간인 전사적 자원관리시스템(ERP)을, 제9장에서는 OLTP에서 OLAP로 진화해 가는 세태를 반영하기 위해 DW/OLAP을 중심으로 한 의사결정지원시스템을 상술하였다. 그리고 프로세스의 외부 확장으로 현시된 인터넷 기반의 공급사슬관리(e-SCM)와 고객관계관리(e-CRM)를 제10장과 제11장에서 각각 논의하였다. 끝으로 제12장에서는 정보자원관리와 관련하여 주요 개념 및 관리 모델, 정보관리 조직과 인력, 그리고 정보자원 획득의 대안으로 관심을 모으고 있는 아웃소싱을 설명하였다.

서두에 얘기 한 것처럼 당초에는 큰 의미를 가지고 집필에 착수했으나, 돌이켜 보건대 내용이 학생들이 알고자 하는 흥미 유발적 요소는 매우 부족한 것으로 생각된다. 또한 각 장별 각론에 너무 전문적인 내용을 세밀하게 다루고 있어 처음 이 분야를 공부하는 학생들에겐 오히려 흥미를 위축시키지 않을까 하는 우려마저 든다. 조만간 개정판에서는 스스로 느끼고 있는 이러한 문제들을 대폭 개선하고 독자들의 지적과 충고를 경청하여 당초 지향하는 바 목표에 한 발 더 다가 선 내용을 담고자 한다.

이 책을 집필할 수 있는 기회를 부여해 주신 영동대학교 관계자께 감사드리며, 그간 자료수집에 성의를 다한 충북대학교 경영대학 지식기반연구실 대학원생 및 조교에게 심심한 사의를 표한다.

2006. 8

저자 씀

차 례

제1장 환경변화와 디지털 경제의 태동

제2장 정보시스템의 기본 개념

제5장 비즈니스 프로세스 관리

제6장 지식경영과 지적자본

제7장 e-비즈니스와 전자상거래

제 1 장

환경변화와 디지털 경제의 태동

제 1 절 디지털의 사회적 함의

"인류사회는 디지털(*digital*)의 특성과 닮아갈 것이다." 이는 미래학자 토플러(*Toffler*)나 MIT(메사추세스 공대)의 네그로폰테(N. Negroponte) 교수가 한 말이다. 그렇다면 '디지털'은 어떠한 특성과 본질을 가지고 있는 것일까? 이 절에서는 먼저 최근 변화를 주도하고 있는 디지털의 함의를 사회적 관점에서 살펴보기로 한다.

1.1 아날로그(Analog)와 디지털(Digital)

지금까지 우리가 인식해온 현실의 세계는 '아날로그 세계'이다. 현실 세계에서 물질은 각각의 형질이 하나의 구조에 결박되어 있는 상태로 구성되기 때문에 각 형질은 구조로부터 이탈하여 존재할 수 없고 결합되어 있을 때만 그 의미를 부여받게 된다. 요컨대, 아날로그 세계란 '선 구조, 후 개체'라는 특성을 갖고 있기 때문에 현재의 상태는 그 이전 상태가 없이는 존재할 수 없으며, 다음 상태는 현재 상태가 없이는 불가능하다 (그림 1-1(a)). 그렇기에 아날로그의 세계에서는 '검은색'이 '흰색'으로 변하기 위해서는 수 없이 많은 '회색'의 단계를 거쳐야 가능하다.

한편 컴퓨터와 네트워크가 일구어 내는 디지털 세계의 모든 것은 0과 1 혹은 on과 off, '흐름과 단절'이라는 '비트(*bit*)'로 형성된다. 비트는 구조 이전의 존재이자, 구조로부터 벗어난 탈 물질의 개체이다. 결국 디지털의 세계란 '선 개체, 후 구조'라는 특성을 갖고 있기 때문에 비트의 상태로 존재하는 각 개체는 미리 정해진 구조에 속박됨이 없이 다른 개체와 관련(혹은 연계, 결합)을 맺음으로서 새로운 구조를 만들어낸다 (그림 1-1(b)). 그렇기에 디지털의 세계에서 '검은색'은 각기 존재하는 비트(혹은 개체)들의 결합 형태에 따라 '흰색'뿐만 아니라 수없이 많은 '색깔'을 만들어 낼 수 있다.

예컨대, 우리가 지금껏 쓰고 있는 전화번호부(책)는 전형적인 아날로그이다. 때문에 전화 가입자의 변동이 생겨도 즉각 번호부에 반영되지 못하고 분기별 혹은 일년에 한번씩 그 변동 내용이 갱신된다. 그러나 디지털 전화번호부는 구조로부터 자유롭기 때문에 언제라도 그 내용의 변동이 가능하다.

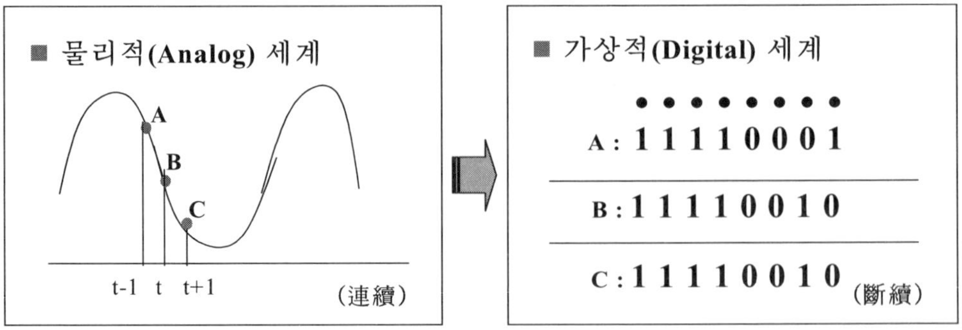

(a) 아날로그의 세계 (b) 디지털의 세계

[그림 1-1] 아날로그와 디지털 세계의 개념적 비교

1.2 'I'적 존재와 'Me'적 존재

영어로 '나'를 지칭하는 'I'와 'Me'가 가지고 있는 사회적 함의(含意)는 무엇일까? 앞서 아날로그의 세계는 기능에 부합되는 '구조'가 우선되는 반면 디지털의 세계에서는 '관계'가 전제된다고 밝힌 바 있다. 앞뒤, 좌우, 상하, 중앙과 주변이 식별될 수 있는 공간을 구조라 정의할 때, 'I'적 존재란 자신을 중심에 두고 타인을 모두 주변에 둔 개념으로서 아날로그 세계의 개체에 해당되며 여기에는 어떠한 관계 설정도 내포되어 있지 않다. 반면에 'Me'란 상대방이 있기에 가능한 자신의 존재로서 여기에는 타인과의 어떠한 관계 설정도 가능함을 내포하고 있다. 따라서 'Me'적 존재란 디지털 세계의 개체를 의미하며, 이로부터 출발하는 「주변적 사고」는 전통적 사회의 근간을 무너뜨리고 있는 사이버네틱 환경에 매우 적절히 부합되는 것에 주목해야 한다.

MIT 네그로폰테 교수의 저서 「*Being Digital* : 디지털이다」에 따르면 사이버네틱 환경에서 '나'란 단순한 통계치로써의 '나(I)'가 아닌 '나(Me)'라고 주장하고 있다. 이때 '나(Me)'는 인구 통계학적 의미가 아닌 각종의 독특한 정보와 속성으로 구성되는 '디지털적 개인(*digital individual*)'을 말한다. 사이버네틱 환경에서는 통일되고 구조화된 주체란 존재할 수 없으며, 다양한 방식의 '관계'만이 있을 뿐이다. 그렇기 때문에 「'주변'적 사고」는 네그로폰테가 말하는 '진정한 개인화'의 시발점이며, 디지털 경제 하에서의 미덕일 수 있다. 네그로폰테의 '진정한 개인화'는 결국 「'중심'적 사고」에서 「'주변'적 사고」로의 이전을 의미하는 것이다. 결국 비트(bit)와 네트(net)를 매개로 하는 새로운 유형의 사회적 공동체인 가상공간에서 '나'는 주체로써의 '나(I)'가 아니라 객체로써의 '나(Me)'만이 존재한다. 나아가 객체로서의 개인(Me)은 구조에 의해 결정되는 것이 아니라, 오히려 구조가 개인(Me)에 의해 결정되어 가고 있음에 주목해야 한다. 비트처럼 개인(Me)은 어느 특정한 중심에 속한 것도, 어느 구조에 결박되어 있는 하위 단위도 아니며, 그저 끊임없이 관계를 설정해 가는 '또 다른 비트'일 뿐이다.

1.3 단절(Severance)과 융합(Fusion)

이러한 디지털적 특성이 사회적으로는 어떤 형태로 현시(現示)되고 있는가. 이는 한마디로 단절과 융합의 동시다발적 현상으로 단정지을 수 있다. 작금의 시대가 '불확실성 시대', '단절의 시대', '개방과 협력의 시대' 등으로 묘사되는 것도 바로 디지털의 사회적 특성에서 연유된 것이다.

1760년대 산업혁명이 시작된 이래 심화되어 온 분업화, 세분화, 전문화는 이제 디지털 혁명을 통해 융합이 가속되면서 가치를 창조해내고 있다. 개인과 개인, 객체와 객체가 관계를 이루면서 서로의 생각과 생각, 노-하우와 노-하우의 융합으로 끊임없이 새로운 사회적 현상을 만들어내고 있다. 이제 사건의 발생은 전후 인과관계를 찾기 어려울 정도의 단절적 특성을 갖고 혁신적, 단속적으로 진행되고 있다 (그림 1-2).

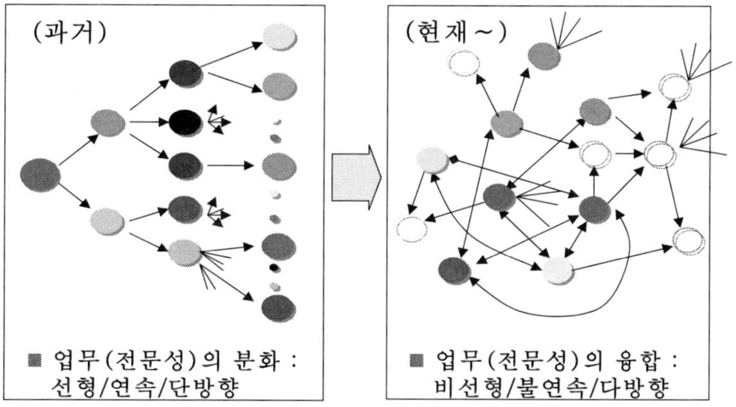

[그림 1-2] 변화의 전형 (아날로그와 디지털 시대의 변화 특성)

더 중요한 사실은 동질적인 개인과 개인이 결합 혹은 협력해서는 별로 얻을 것이 없다는 것이다. 자기(Me)와는 전혀 다른 또 다른 자기(Me)가 결합할 때 새로운 자기가 형성될 수 있으며, 새로운 자기가 형성될 때라야 비로소 '희소가치'가 부여된다. 닭과 닭이 교배하면 영원히 닭밖에는 기대할 것이 없는 것과 같은 이치이다. 이는 정보의 제2특성인 '결합성(結合性)'[1]과 그 맥을 같이 하고 있음에 주목해야 한다. '융합(*Fusion*)'이 21세기 화두로 떠오른 이유는 아이러니하게도 비트의 '단절(*Severance*)'적 속성에 있다.

1) '단편성'이란 한 정보는 다른 정보와 결합될 때라야 비로소 가치를 발생시킬 수 있다는 원칙을 말하며, 이는 "구슬이 서 말이라도 꿰어야 보배"라고 하는 우리 네 금언과도 일치하는 것이다. 이는 연계(Relation, Connection), 결합(Convergence, Fusion)을 강조하는 디지털의 특성과 일맥상통하는 것임에 주목해야 한다. 이 외에도 정보의 특성으로 '정보의 비가시성', '정보가치의 소멸성', '정보의 문화성' 등이 있다.

제 2 절 디지털 경제의 태동 배경

디지털 경제는 기술혁신 측면에서 기존의 산업경제와 대별되는 개념으로 파악할 수 있는데 기존 경제가 증기기관 기술을 기반으로 18세기 후반에 시작된 산업혁명을 시발점으로 하여 현재까지 진행되어온 산업 경제로 정의한다면 디지털 경제는 20세기 후반 정보기술의 혁신을 몰고 온 컴퓨터와 인터넷의 발전에서 비롯된 이른바 '디지털 혁명'을 기점으로 하여 21세기 이후에 전개되는 경제를 대표하는 개념이다.

2.1 디지털 경제의 정의

물리적 시공간의 한계와 제약 속에서 펼쳐지는 기존의 아날로그 경제학이 인터넷의 발전과 함께 등장한 사이버 세계의 새로운 가능성으로 대체되면서 디지털 경제학의 새로운 개념이 발생하게 되었다. 디지털 경제는 일반적으로 디지털 기술이 개별 상품뿐만 아니라 생산활동과 소비활동에 까지 활용됨으로써 생산, 유통, 소비, 거래 등 제반 경제활동의 방식이 근본적으로 바뀌게 된 경제 시스템을 가리킨다. 좁은 의미로 디지털 경제는 전자상거래(*Electronic Commerce*)에 한정하여 기업과 기업, 기업과 소비자, 정부와 소비자 등 경제주체간의 거래 방식이 컴퓨터와 인터넷이라는 디지털 기술에 크게 의존하는 것을 지칭한다고 할 수 있다. 그러나 넓은 의미에서 보면, 경제주체간 거래 방식뿐만 아니라 하나의 조직 내에서 디지털 기술에 의존하여 이루어지는 경제활동을 포함하여 단순히 재화나 서비스뿐만 아니라 정보와 재화의 흐름도 디지털 경제에 포함된다.

디지털 경제와 유사한 의미로 사용되는 지식기반 경제는 정보와 지식의 원활한 획득과 뛰어난 활용 능력을 바탕으로 성장하는 경제를 의미하며 이러한 지식과 정보의 획득, 유통, 축적은 컴퓨터와 인터넷, 즉 디지털 기술의 발달이라는 물리적 기반이 뒷받침되어야 실현될 수 있다. 따라서 지식기반경제는 일차적으로 디지털 경제를 통해 실현될 수 있는 개념이라 할 수 있으며, 이러한 관점에서 지식기반경제가 보다 포괄적인 개념이라고 할 수 있다.

[표 1-1] 디지털 경제의 유사 용어 비교

용어	개념	디지털 경제와의 관계
지식기반경제 (Knowlege-based economy)	지식과 정보의 축척, 공유, 활용 및 창출을 기반으로 성장하는 새로운 경제원리 및 현상에 대한 포괄적 개념	지식기반경제와 물리적 기반이 디지털경제임. (디지털경제의 원만한 정착은 지식기반경제로의 이행의 충분조건)
신경제 (New economy)	정보기술 혁명에 따라 전 산업의 생산성이 향상되고 이로 인해 저물가.고성장이 장기간 지속되는 경제(미국 경제가 1990년대 들어 연 9년째 인플레 없는 장기호황을 구가해온 현상을 설명하기 위해 등장한 개념)	새로운 디지털 기술혁명에 의한 생산성 향상에 초점(디지털 경제를 거시 경제적 측면에서 관찰한 개념)
사이버 경제 (Cyber economy)	컴퓨터 기술의 발전을 바탕으로 하여 인터넷 등 가상 공간, 가상 경제주체의 출현과 거기에서 나타나는 여러 경제 행위(전자상거래, 전자금융 등)를 뜻함	새로운 경제활동 영역이 된 가상공간에 국한한 디지털경제의 하위개념
인터넷 경제 (Internet economy)	주요 경제활동이 인터넷상의 가상공간을 기반으로 이루어지는 경제	인터넷에 국한한 디지털경제의 하위개념
네트워크 경제 (Network economy)	경제 시스템이 인터넷을 토대로 유무형의 망(網)으로 연결되어 있어 경제주체간의 정보 교류가 중요함을 강조하는 개념	디지털경제의 특성 중 경제 시스템상의 특징을 강조한 개념
정보의 경제 (Information economy)	새로운 핵심 생산요소로 부상한 정보의 재화적 특성을 강조하는 개념	디지털경제를 기술적 측면보다 이론적으로 설명하려는 시도

출처 : 김영신 · 이희숙 · 윤두련 · 이은희 · 김상욱, '소비자정보관리의 이해', (2002), 시스마프레스

2.2 변화의 동력: 정보통신기술(ICT)

이 절에서는 컴퓨터 및 정보통신 기술의 혁신에 적용되는 대표적 법칙을 소개하고 디지털 경제의 태동 과정을 단계적으로 논의하여 디지털 경제의 배경에 대한 이해를 돕는데 중점을 두고 있다. 디지털 경제의 태동 등 사회 전반에 걸친 변화의 주역은 컴퓨터 등 단말 기술과 정보통신 등 네트워크 기술의 혁신으로 요약된다. 따라서 여기에서는 컴퓨터에 적용되는 대표적 법칙인 '무어의 법칙'과 네트워크에 적용되는 '메카프의 법칙'을 소개하고, 이들간 상승작용이 빚어내는 새로운 사회적 현상을 논의한다.

가. 무어의 법칙(Moore's Law) : 컴퓨터의 가전제품화

1960년대 인텔사의 회장이었던 무어(*Gordon Moore*)는 집적회로 특허를 출원하면서 "컴퓨터 칩 하나에 들어가는 트랜지스터의 개수는 18개월마다 두 배씩 증가할 것"이라고 공언한 이래 이 예언은 놀라울 정도로 적중하고 있다.[2)]

세계 최초의 전자식 컴퓨터인 애니악(ENIAC)이 1946년 미국 펜실베니아 대학의 에커트와 머클리에 의해 개발되었을 당시, 이 컴퓨터는 진공관 14,000개 길이 30미터, 무게는 32톤이나 되는 거대한 괴물이었다. 제작비용을 현재 가격으로 환산하면 약 200만달러(한화 약 20억원) 수준, 이를 설치하는데 자그마치 42평이나 되는 공간이 필요하였다. 당시에는 획기적인 사건이었으며 극히 일부 과학자의 전유물로서 일반인들에게는 바벨탑과 같은 존재로 인식되었다. 그러나 1950년대 중반 트랜지스터가 발명되면서 회로를 보다 고밀도로 집적하는 방법을 연구해온 결과 손톱만한 크기의 실리콘웨이퍼에 수백 만 개의 트랜지스터를 장착하기에 이르렀다. 1976년 발표된 8086 마이크로프로세서에 집적된 트랜지스터의 수가 2만 9천 개였던 것이 80286, 386, 486, 586 펜티엄을 거치면서 1995년에는 550만개의 트랜지스터가 손톱만한 힘에 집적, 초당 3억 개의 명령을 처리할 수 있는 펜티엄프로가 발표되었다 (그림 1-3). 이 칩이 장착된 노트북 PC는 무게 3킬로그램에 300만원으로('95년 기준), 50년 전 애니악 컴퓨터에 비해 무게는 1만 3천 분의 1, 가격은 130분의 1로 줄어들었다. 그 후로, 컴퓨터의 가격은 매우 빠른 속도로 하락하고 있으며 반대로 그 성능은 기하급수적으로 향상되고 있다. 만약 자동차의 가격이 이렇듯 컴퓨터의 가격 하락 속도로 떨어졌다면 현재 자동차의 가격은 2센트(약 20원) 정도라야 맞다.

---

2) 그러나 '97년 후반에 IBM과 인텔은 무어의 법칙도 앞으로 수년간에 걸친 발전은 예측할 수 없을 것이라고 말하고 있으며(래리 다운스, 춘카무이, Killer Application, 1999), IDC는 PC가 점차 웹기반의 어플리케이션으로 이동하게 됨에 따라 무어의 법칙에 의해 발전하는 것 보다 훨씬 강력해질 것이라고 전망하고 있다(존 캔츠, 1999).

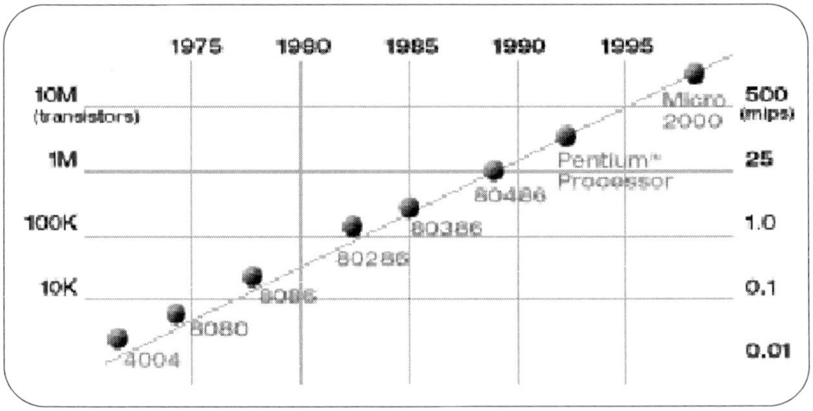

[그림 1-3] 마이크로 프로세서의 성장속도와 무어의 법칙

시사점	이렇듯 컴퓨터의 고성능 · 다기능화, 지능화, 저렴화의 추세는 결국 대중화로 이어지면서 '정보가전제품'으로 일상생활의 필수품으로 자리잡고 있다.

나. 메카프의 법칙(Metcalf's Law): 사이버 커뮤니티 형성과 확대

한편 컴퓨터 통신망을 구성하는데 가장 널리 이용되고 있는 '이더넷(*Ethernet*)'을 발명한 메카프(*Metcalfe*)는 정보통신망의 확산은 '외부효과'에 의해 가속될 것임을 예언한 바 있다. 여기서 '외부효과'란 어느 통신망에 접속되어 있는 사람이 n명이라고 할 때 그 가치는 n^2-n에 비례하여 증대되기 때문에 일정 수준의 이용자 집단(임계규모)이 형성되면 나타나는 자가확대적인 현상을 의미하며, 이를 흔히 '메카프의 법칙(Metcalfe's Law)'이라고 부른다. 이를 달리 표현하면, 이용자 한 명이 증가하게 되면 통신망의 가치는 $(n+1)n = n^2+n$이 되므로 이용자 한 명 추가에 대한 통신망 가치의 증분은 $(n^2+n)-(n^2-n)$, 즉 $2n$ 만큼의 가치가 추가됨을 의미한다 (그림 1-4).

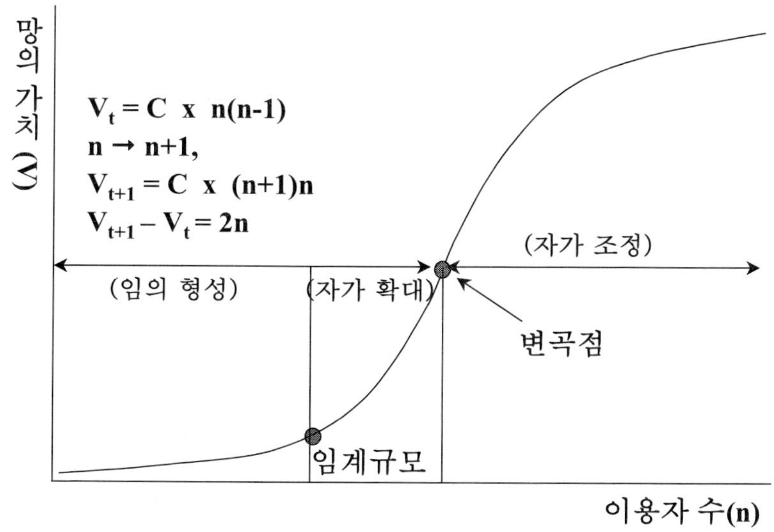

[그림 1-4] 사이버 커뮤니티 형성과 메카프의 법칙

시사점	신속한 이용집단의 임계규모(*Critical Mass*) 형성은 사이버 커뮤니티의 자가 확대에 결정적인 요소이며, 정보화 촉진정책은 임계규모 형성을 촉진하기 위한 유인책에 초점이 맞추어져야 함을 의미한다. 많은 인터넷 기업들이 경품을 내걸고 이용자를 유인하는 것도 자신이 운영하는 사이트의 이용자 임계규모를 확보하여 가치를 폭발적으로 증대시키기 위한 전략이다.

다. 인터넷 룰(Internet Rules) : 새로운 사회적 현상

'무어의 법칙'에 의한 컴퓨터 보급 촉진과 '매카프의 법칙'에 의한 네트워크 접속의 자가 확대에 따른 상호작용은 인터넷 이용을 급속히 확산시키는 강력한 효과를 일으키고 있다. 18개월마다 2배씩 향상되고 있는 단말기의 성능과 이를 통해 접속되는 정보통신망의 외부성은 상호 상승작용을 이루면서 3.5개월에 2배씩 이용량이 늘어나는 '인터넷 룰'을 만들어내고 있다. 과거 라디오가 이용자 5천만명을 확보하는데 38년이 소요된 반면에, TV는 13년, 그리고 인터넷은 불과 4년밖에 소요되지 않았다. 이제 우리는 10억대의 컴퓨터가 연결된 가상공간, 즉 인류의 또 다른 우주의 세계로 질주하고 있다. 인터넷은 지금

보다 최소 100배에서 1000배까지 빠른 정보통신수단을 제공하면서 지구 전체를 하나의 촌락으로 변모시키고 있다. 이러한 가상공간에서 국내에서만 연간 약 1조원의 전자상거래가 이루어질 전망이며, 시공을 초월한 협력과 경쟁이 무한대로 진행될 것이다.

이제 '인터넷 룰'은 새로운 '인터넷 룰'을 만들어내고 있다. 첫째, 밤과 낮의 구분이 파괴되고 가상공간에서 24시간 낮이 지속된다. 둘째, 일대일의 대화에서 다자간 동시 대화로 통신의 개념이 바뀐다. 셋째, 경쟁자와 파트너의 구분이 없어진다. 넷째, 정보와 지식의 소유에 따른 새로운 사회계층이 형성된다. 다섯째, 큰 조직도 쉽게 망하고 작은 조직도 쉽게 큰다. 여섯째, 개인의 역량이 모든 것을 좌우한다. 10만 명이 1명을 먹여 살리던 시대에서 1명이 10만 명을 먹여 살리는 시대가 도래한다.

2.3 세계관의 변화 : 디지털 경제의 태동 배경

디지털 경제에 대한 보다 정확한 이해는 산업사회가 지식정보사회로 이전되는 진화적 연장선에서 살펴 볼 때 가능하다. 왜냐하면 디지털 경제란 컴퓨터 및 정보기술 혁신이 촉발하였으나, 이는 어디까지나 가능수단일 뿐 갑작스럽게 나타난 것은 아니기 때문이다. 따라서 여기에서는 산업화가 본격 시작된 1900년대부터 현대까지를 *Node, Connection, Plain, Community* 등 네 단계로 구분하여 각 단계에서의 경영세계관과 고객가치, 경제원칙, 전략기조, 정보관리 등 주요 초점의 변화를 논의하고 그 연장선상에서 디지털 경제의 태동 배경을 설명한다.

가. 제 1세대 세계관 (1900~1950): 노드(Node) 중심의 정태적 경영

산업혁명(1760~1830)이 촉발된 배경은 단적으로 맬더스(*Malthus*)의 명저, 인구론(*An Essay on the Principle of Population, 1797*)에서 지적한 '인구는 기하급수로 증가하지만 식량은 산술급수로 증가한다'는 표현으로 설명될 수 있다. 가능적 증가력을 가진 인구의 증가율이 현실적 증가력을 가진 식량 생산의 증가율을 초과하게 되어 결국 양자 사이에는 필연적으로 불균형이 발생한다는 것이다. 이는 결국 인류에게 엄청난 도전을 경고하

는 것이며, 이러한 도전에 대한 반응으로 촉발된 것이 바로 산업혁명이다. 이와 함께 물자의 부족을 해결하기 위한 경제학적 대응책으로 제시된 것이 바로 아담 스미스(*Adam Smith*)가 그의 저서 국부론(*An Inquiry into the Nature and Causes of the Wealth of Nations, 1776*)에서 제시한 분업화 이론이다. 단위업무(노드, Node) 중심으로 분업을 하게 되면 학습효과가 발생하여 생산성이 제고된다는 것이 골자이다.

1900대 초 현대적 의미의 공장제도가 도입되면서 단위업무 중심의 과학적 관리와 대량생산체제가 시작되었으며, 테일러리즘(*Taylorism*)과 포디즘(*Fordism*)이 그 흐름을 주도하였다. 이어서 기업의 거대화애 따른 관료적 조직 형성과 효율적 조직관리에 대한 의식과 함께, 생산성을 지나치게 강조한 과학적 관리에 대한 반성과 인간 중심 경영이 자리잡게 되면서 인간관계론이 대두되었으며, 제2차 세계대전 중에는 최적의 군수조달 및 병력배치 등 군사작전에 적용되었던 수학적 기법들이 경영에 도입되기 시작했다 (표 1-2).

[표 1-2] 제 1세대 경영 변천과정의 주요 골자

주제(기간)	주요 골자
스톱워치과학 (1900-1910)	테일러의 동작연구(Motion Study)를 중심으로 한 단위업무 경영이 전문분야로 태동
모던 타임스 (1911-1920)	테일러리즘(Taylorism)이 접목된 포디즘(Fordism)의 태동과 함께 대량생산체제의 본격화
조직의 발견 (1921-1930)	기업의 거대화에 따른 관료적 조직 형성과 조직관리 이론의 태동
사람의 발견 (1931-1941)	생산성을 지나치게 강조한 과학적 관리에 대한 반성과 함께 인간중심 경영이 자리잡게 되면서 인간관계론 대두
전쟁의 교훈 (1941-1950)	생산, 판매, 조직 등 다양한 국면에서 계량경영기법(OR, 통계적 품질관리 등)의 도입과 대량생산시스템의 정착

이 기간은 물자가 절대적으로 부족하였기 때문에 경영 세계관의 핵심은 공급자 중심으로 규모의 경제와 단위업무 중심의 분업화를 통한 생산성 제고와 제품비용의 절감에 맞추어져 있었으며, 정보관리는 별도의 전산실에서 급여관리 등 일부 구조적 업무에 국한된 단순 데이터처리(DP) 수준에 머물러 있었다.

나. 제 2세대 세계관 (1951~1980): 연결(Connection) 중심의 동태적 경영

이 시기는 물자의 보급이 어느 정도 충족되면서 점차 시장과 고객에 대한 의식이 싹트기 시작하는 단계로서, 시장조사 등 마케팅의 개념이 대두되기 시작하였다. 또한 1970년 중반부터는 전략의 개념이 도입되면서 동종 산업의 경쟁자, 신규 진입자 및 대체세력 등 잠재 경쟁자, 공급자, 고객 등 시장의 주요세력들과의 관계설정과 상호 경쟁에 대한 전략적 차원의 대응 모색이 중요하게 인식되기 시작하였다.

또한 규모의 경제를 전략기조로 삼았던 산업사회는 조직의 비대화를 초래하였으며, 사회학자 막스 베버(*Marx Weber*)가 간파한 바와 같이 조직의 비대화는 공식화, 계층화, 집권화의 특성을 갖는 관료제 조직을 낳게 되어, 결국 모든 조직 활동에 있어 규칙과 절차를 강제하게 되었다.3) 이러한 조직의 경직성은 신속한 의사결정과 정보의 원활한 흐름을 저해하고, 조직의 활력과 혁신의욕의 쇠퇴, 종업원의 소속감 저하 등 총체적 조직 마비 조짐이 드러나는 결과를 낳았다. 1900년대 산업사회가 출현한 이래 금과옥조로 여겨졌던 분업이론과 이에 근거한 조직의 세분화와 위계질서에 의한 통제는 1980년대 들어 시장의 수직·수평적 세분화, 개성 중심의 고객수요, 제품수명주기의 단축, 거듭되는 기술혁신 등 역동적 환경변화에 적절히 대응하지 못하는 문제를 초래하게 된 것이다.

결국 이 시기는 이전의 공급(생산)자 중심에서 시장의 고객과 시장 상황을 고려하는 경영으로 이전되는 단계로 해석할 수 있다. 예전의 공급자 중심의 단일 노드 일변도에서 이제 또 다른 노드인 시장(고객)에 관심을 갖는 시장과의 연계적 대응을 모색하는 등 보다 동태적 경영과 전략적 개념이 도입되었고 조직의 마비 현상을 낳은 기존 경영패러다임에 대한 반성과 새로운 출구 모색을 시도하는 시기로 요약될 수 있다 (표 1-3).

3) 요즘도 시행되고 있는 품의 제도와 계, 과, 부, 국 등의 조직체계도 여기서 유래한 것으로서 조직의 명령 및 보고체계는 긴 결제 절차를 만들어 내었으며, 분화된 단위 업무, 단위 부서간 협의 등 집행 상의 지연 요소가 도처에 상존하게 되었다.

[표 1-3] 제 2세대 경영 변천과정의 주요 골자

주제(기간)	주요 골자
꿈의 실현 (1951-1960)	생산 중심에서 소비 중심으로 경영의 기조가 전환되면서 마케팅 개념이 태동되고, 조직의 핵심이 인간 또는 종업원으로 인식
전략의 이해 (1961-1970)	현대경영학의 정착과 전략적 관점이 새로운 경영이념으로 도입되어 정태적 경영 개념이 전략이라는 동태적 개념으로 변화
조직적 마비 (1971-1980)	분업이론에 근거한 경영원리(노드-중심 경영)의 한계를 인식하고 기존경영패러다임의 반성과 새로운 출구 모색

이 기간은 공급자 중심적 경영은 지속되었으나 시장에 대한 의식이 새롭게 나타나면서 마케팅과 전략 등이 중요 경영 세계관으로 대두되기 시작한 시기이다. 정보관리는 DP에서 DB의 개념으로 이동하면서 어플리케이션에 대한 데이터의 독립성과 전산처리의 필요성이 전사적으로 확대되면서 범위의 경제를 추구하게 되었다.

다. 제 3세대 세계관 (1981~2000): 프로세스 재구축과 신 경영패러다임 모색

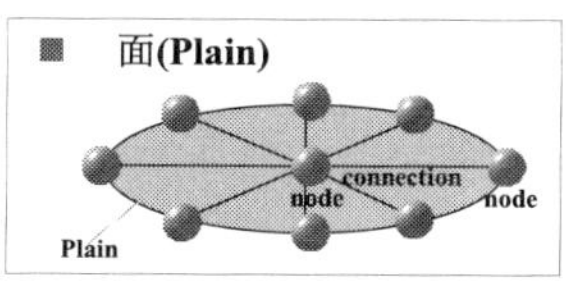

1980년대 들어, 기존 서구식 경영 패러다임에 대한 반성과 비판, 그리고 조직의 경직 현상을 해결하기 위한 다양한 혁신기법의 도입 등 새로운 경영패러다임이 적극 모색되기 시작하였다. 특히 미국은 1980년대부터 세계의 주목을 받기 시작한 일본 경영방식에 대한 철저한 분석과 학습을 통해 JIT(*Just-in-time*), Kanban 등 일본식 생산경영방식을 답습하는 한편, 1990년도부터는 고객중심경영, 총체적 품질경영(TQM), 핵심역량경영, 아웃소싱(*Outsourcing*) 및 감량경영(*Downsizing*), 창조적 인적자원관리, 학습조직 등 다양한 혁신기법이 출현하였다.

한편 일본식 경영은 서구의 환경에 적합지 않을 뿐만 아니라 근본적 경영개선이 아니라는 판단 하에 앞서 언급한 다양한 기법의 도입과 함께 수반되어야 하는 조직 재설계에 대한 논의가 활발히 일어나기 시작하였다. 이러한 흐름을 선도한 것이 바로 하버드 대학의 마이클 해머(*Michael Hammer*)와 데이븐 포트(*Daven Port*)를 필두로 한 조직 프로세스 재설계(BPR : *Business Process Reengineering*)이다 (표 1-4).

[표 1-4] 제 3세대 경영 변천과정의 주요 골자

주제(기간)	주요 골자
뛰어난 모험 (1981-1990)	미국의 경쟁력이 추락하면서 서구식 경영에 대한 반성과 비판 일본의 경쟁력 원인을 일본식 경영(JIT, Kanban 등)에서 탐구하려는 시도와 새로운 경영 패러다임 모색
프로세스 혁신 (1991-2000)	고객중심경영, 품질경영, 핵심역량경영, 아웃소싱 및 감량경영, 창조적 인적자원관리 등 다양한 혁신기법 출현과 조직 재설계 경영의 디지털화의 가속(ERP 전사 차원의 IT기반 통합체제 구축)

이 기간은 기존의 패러다임을 무너뜨리고 새로운 출구를 모색하는 시기로서, 고객중심의 기민한 대응과 이를 위한 고객관계관리(CRM) 및 공급사슬관리(SCM)등 프로세스의 재구성이 핵심을 이루었다. 전략구도도 기존의 경쟁일변도에서 협력을 통한 경쟁우위전략으로 변모하기 시작하였다. 정보관리는 통합 DB를 기반으로 한 전사적자원관리(ERP)를 통해 프로세스의 성력화를 도모하는 한편, 범위 경제성과 함께 연결의 경제성(*Economies of Networking*)을 본격 추구하였다.

라. 제4세대 세계관 (2001~): e-Business의 태동과 프로세스의 외부 확장

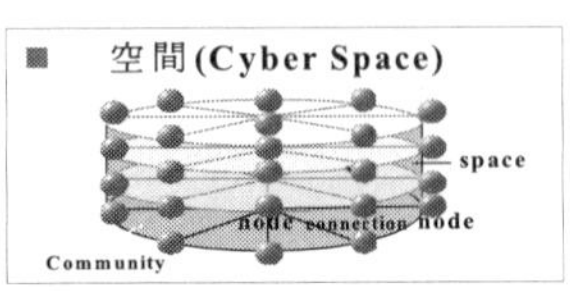

생산 중심에서 소비 중심으로 경영기조가 완전히 전환되고, 초고속정보통신(네트워크)과 개인용 고성능 컴퓨터(단말), 멀티미디어 기술(정보처리) 등이 보편화됨에 따라 인터넷은 1990년 중반부터 급속히 확산되었다. 아직 일부 선진 조직에 국한되어 있긴 하지만, ERP와 같은 정보기술 기반의 내부 프로세스의 강화는 이제 다시금 조직 외부의 핵심 노드(node)인 공급자와 고객으로 확장하려는 시도로 진전되고 있다. 인터넷 이용의 보편화로 인해, 노드간 인터페이스는 웹(Web)으로, 통신프로토콜은 TCP/IP로 통일되어 가면서 공급자 노드에서부터 고객 노드에 이르기까지 전 프로세스를 단일의 전산 환경에서 연계, 연동시킬 수 있는 가능성이 열리게 된 것이다. 이렇듯 비즈니스 프로세스의 외부 확장과 이에 수반되는 제반 사항을 통칭하여 'e-비즈니스'라고 한다.[4)]

'e-비즈니스'는 첫째, 공급 노드에서부터 고객 노드에 이르는 공급사슬 관리

(*Supply Chain Management*)의 디지털화(e-SCM)와 둘째, 고객 노드(즉, 시장)에 대한 각종 정보를 공급 노드와 공유하여 제품 및 소재의 공동 개발 등 협업을 통해 고객의 잠재수요에 능동적으로 대처하는 고객관계 관리(*Customer Relationship Management*)의 디지털화(e-CRM), 셋째, 이를 양대 노드와 연동할 수 있는 조직 내부의 디지털화(e-Organization) 등 3대 영역으로 구성되며, 이들 모두를 포함한 확장된 프로세스의 디지털화 과정을 '*e-Transformation*'이라 한다 (그림 1-5).

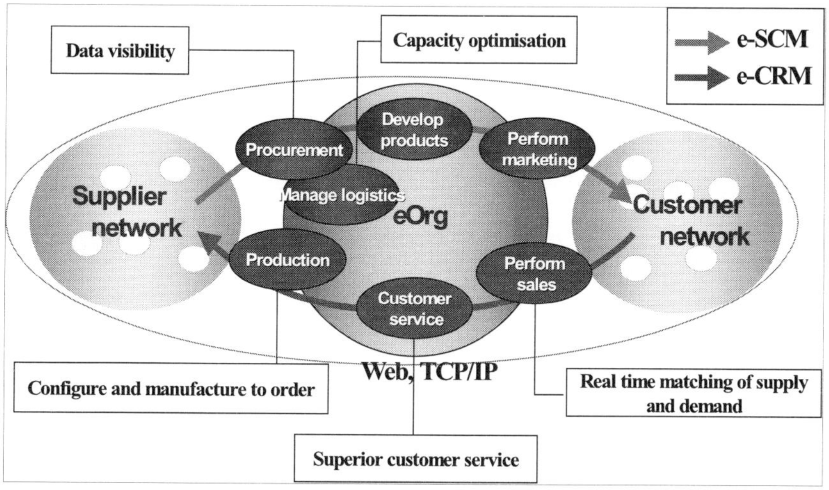

[그림 1-5] e-Business의 3대 영역과 e-Transformation 개념도

요컨대, 'e-비즈니스'는 21세기를 접어들면서 화두로 떠오르는 새로운 경영패러다임이며, 이는 인터넷 등 정보통신기술을 가능수단으로 하고 있다. 그러나 'e-비즈니스'는 갑자기 생겨난 경영패러다임이 아니라, 과거 단일 노드

4) 'e-비즈니스'와 흔히 혼동하여 쓰는 용어로 '인터넷 비즈니스'와 '전자상거래'가 있다. 그러나 이들은 e-비즈니스의 영역에 포함될 수는 있으나 엄밀한 의미에서 전혀 다른 개념이다.
'인터넷 비즈니스'는 전통기업(오프라인)이 인터넷 가상공간에서 수익활동을 전개하는 등 인터넷으로의 기능적 확장과 나름대로의 수익모델을 가지고 순수 인터넷에서만 영리활동을 하는 형태를 말하며, '전자상거래'란 'e-비즈니스'를 거래적 관점으로 국한하여 본 개념으로 B2B(기업과 기업간), B2C(기업과 시장간), B2G(기업과 정부간), B2E(기업과 종업원간) 등 거래의 대상에 따라 구분되며, 이에는 거래 당사자간 전자문서(EDI)의 표준화 및 인증, 전자대금결재, 국제거래 시의 관세 문제 등이 주요 사안으로 다루어진다.

(点)에서부터 출발하여 노드와 노드간 일대일 커넥션(線), 일대다 커넥션(面) 그리고 사이버 공간(空間)으로 경영 영역이 확장되면서 나타난 소산임에 주목할 필요가 있다.

향후 경영의 초점은 *e-Transformation*을 중심으로, 이에 수반되는 기술·사회적 문제들이 주요 대상이 될 것이며, 여건과 전략에 따라 가치사슬(프로세스)의 확장뿐만 아니라, 모든 경영활동이 시장과 고객으로부터 시작되는 가치사슬 역류, 아웃소싱 혹은 분사(*Spin-off*)를 통한 가치사슬 분해, 핵심역량 중심의 가치사슬 강화, 전략과 제휴를 통한 가치사슬 통합 등 다양한 형태로 'e-비즈니스'는 실현될 것이다. 또한 'e-비즈니스'가 가능하기 위해서는 지식경영기반이 한층 강화될 것이 분명하며, 창의적 조직 및 문화와 인간중심 경영의 가치혁신이 수반될 것이다.

지금까지 논의된 경영패러다임의 진화과정도 알고 보면 '디지털의 사회적 함의'에서 논의한 바와 같이 디지털의 사회적 특성인 '관계(*Relationship*)', '연계(*Connectivity*)', '융합(*Fusion, Convergence*)'이 강화되어 온 과정인 것이다. 경영패러다임의 진화과정과 각 단계에서의 핵심사항을 정리하면 아래의 표 1-5와 같다.

[표 1-5] 경영패러다임의 진화과정과 각 단계의 핵심사항

진화단계	0차원: 点	1차원: 線	3차원: 面	3차원: 空間
작동법칙	1	1 : 1	1 : N	N : N
세 계 관	공급자 중심	시장지향적 경쟁	소비자 중심 : 경쟁 심화	소비자 주도 : 경쟁과 협력
고객가치	가격과 품질	신속한 대응	관계의 시너지	참여의 시너지
경제원칙	규모의 경제	범위의 경제	연결의 경제	창조의 경제
정보관리	DP	DB	ERP	DW/DM/ERP-II

제 3 절 디지털 경제의 특성과 현상

이 절에서는 디지털 경제의 대표적 특성인 수확체증경제를 논의하고, 이러한 새로운 경제적 현상을 촉진하는 가상공간경제, 지식기반경제, 수평경영경제를 디지털의 특성과 결부지어 이면의 원인과 당위성을 개괄한다.

3.1 디지털 경제의 일반적 특성

가. 수확체증경제

1) 개요

영국 경제학자 알프레드 마샬(*A. Marshal*)이 지적한 바와 같이 물질 중심의 아날로그 세계에서는 거의 대부분 '수확체감의 법칙'이 적용된다. 물질 한 단위를 투입하면 그에 비례해서 산출도 증가하다가 어느 한계를 벗어나게 되면 투입량에 비해 산출은 점차로 줄어들게 된다는 것이 바로 '수확체감의 법칙'인데, 이는 지금까지 물질에 기반을 둔 경제의 기본원리로 작용해 왔다.

반면에 지식기반 경제 하에서는 투입을 증가시킬수록 산출은 기하급수로 늘어나게 된다는 것이 '수확체증법칙(*Increasing Returns to Scale*)'의 골자이다. 이러한 새로운 법칙이 적용되는 근본 이유는, 첫째, 물질과는 달리 정보와 지식에 기반을 둔 물성은 한계가 없기 때문이며, 둘째, 정보와 지식은 부가하면 할수록 그 가치가 증대되기 때문이다.[5)]

물론 기업의 모든 부분이 이러한 수확체증의 법칙에 종속되는 것은 아니다. 스탠퍼드대 경제학과 브라이언 아서(*W. Brian Arthur*) 교수가 그의 논문[6)] 에서 '비즈니스의 두 세계(*Two Worlds of Business*)'라는 표현을 빌어 지적한 바 있듯이, 농업이나 자연 자원을 많이 소모하는 대량생산체제에서는 수확체감의 법칙이 지배하게 되고, 첨단기술의 개발과 지식 중심의 생산 체제에서는 반대로 수확체증 현상이 일어나게 된다. 기업은 이러한 두 가지 부분

---

5) 이는 '정보가치의 부가성' 혹은 지식경영 차원에서 볼 때 정보의 제2특성인 '정보의 결합성'에 대한 것으로서, 이에 대해서는 '제23쪽, 지식기반경제'에서 구체적으로 논의된다.

6) W. Brian Arthur, "Increasing Returns and the New World of Business" Harvard Business Reviw 7, 8호, 1996. 웹 사이트(http://www.santafe.edu/arthur/Papers/Papers.html에서 전문을 확인할 수 있음)

들을 모두 가지고 있을 수가 있다. 가령 퍼스널 컴퓨터 산업의 경우 이를 생산하는 부분은 전통적인 경제체제의 지배를 받는 부분이고 연구개발 부분은 수확체증의 법칙에 지배받는 지식경제의 부분이 된다.

한편 일본의 요시노리는 하이테크 산업뿐만 아니라 전통적 중후장대형 산업에서도 수확체증의 현상이 일어날 수 있다고 설명하고 있다. 그는 「왜 복잡계 경제학인가」라는 저서에서 기업이 생산 규모의 확대를 억제하고 있는 것은 비용의 체증 때문이 아니고, 개별 기업이 맞게 되는 수요의 한계 때문이며, 지식이 부가되면 수학체증은 발생할 수 있기 때문에 모든 산업에서 수확체증이 지배적이라는 주장을 펴고 있다. 예컨대, 수확체감 현상이 불가피했던 농업의 경우도 생명공학과 같은 첨단의 기술 및 지식이 부가되면 수확체증으로 전환될 수 있는 것이다.

2) 수확체증법칙의 발생 원인

그렇다면 왜 디지털 경제체제에서는 이러한 수확체증의 법칙이 적용되는 것일까? 이에 대해 아서(*Arthur*)는 이를 거대한 초기 개발비용(*Up-front Costs*), 네트워크 효과(*Network Effects*), 고객 관행(*Customer Groove-In*)으로 설명한다.

- 높은 초기개발 비용 : 물성재화의 기본이 되는 정보와 지식을 축적하는 데에는 상당한 시간과 노력이 요구되는 반면에 일단 물성 재화가 만들어지면 이를 재생산하는 비용은 거의 소요되지 않는다. 마이크로소프트의 윈도우 98의 첫 제품을 만드는데 들어간 비용은 5000만 달러에 달하지만 양산제품의 경우에 제작하는 데에 소요된 비용은 3달러에 불과했다.
- 네트워크의 효과 : 신규 고객이 어떤 상품이나 서비스를 선택할 때 많은 사람들이 사용하는 제품이나 서비스를 선택하려는 현상이 나타난다. 이는 기술수용주기론의 '전기다수'의 특성[7]과 마찬가지로 고객들의 준거모델(*reference model*)을 주위에 있는 동료나 동일한 집단으로 삼는 성향이 있으며, 이는 하이테크 제품일수록 강하게 나타난다. 이러한 현상은 다수가 사용하는 제품은 문제가 생겼을 때 도움을 받기도 편리하고, 이를 지원하는 각종 서비스도 풍부하기 때문이다.

---

7) '제28쪽. 캐즘현상과 완전제품'을 참조할 것

- 고객 관행과 이전 비용 : 정보 및 지식이 부가된 재화는 '경험재화(*experience goods*)'이기 때문에 사용을 위해서는 교육과 훈련이 필요하다. 기존에 사용하던 재화를 버리고 다른 재화를 선택하기 위해서는 교육 및 훈련 등 교체비용(*switching cost*)이 따르기 때문에 한번 선택된 재화는 특별한 사유가 없는 한 계속 쓰이게 되는 것이다.

수확체증의 법칙이 일어나는 비즈니스의 세계에서 사용할 수 있는 전략으로 ①새로운 시장의 첫 번째 성공자가 되는 것, ②연결 효과의 극대화를 위한 제휴, ③일정량 이상의 고객(*critical mass*) 확보,[8] ④고객과 경쟁자의 기대수준을 관리 등이 포함된다.

나. 가상공간경제

1) 개요

'가상(*Virtual*)'이란 용어의 의미는 실제로는 존재하지 않지만 존재하는 것처럼 주어진 기능을 할 수 있는 어떤 것이라는 의미이다. 이러한 가상성은 흔히 소프트웨어, 네트워크 등 주로 정보통신기술 분야에서 사용되다가 사회적인 조직 형태까지 확대되고 있다.

기술적 측면에서는 '가상'의 개념이 가상메모리(*Virtual Memory*), 가상회선(*Virtual Line*), 가상현실(*Virtual Reality*) 등에 활용되고 있다. 가상메모리란 제한된 용량의 주기억장치(RAM)를 갖고 있는 컴퓨터에서 보조기억장치를 이용하여 RAM의 확장 효과를 제공해 주는 것을 말하며, 가상회선은 네트워크를 통해 데이터 패킷을 전송함으로써 실제 회선처럼 사용하는 것을 말한다. 또한 가상현실이란 실제로 듯한 장면, 소리, 움직임을 전달해 주는 것을 말하며, 이러한 가상 현실기술은 비행 시뮬레이션 훈련이나 게임 등에 널리 활용되고 있다.

한편 사회적인 측면에서는 이러한 가상성이 나타나는 대표적인 형태로 가상 연구조직, 가상기업 등이 대표적인 예가 될 수 있다. 가상연구조직은 참여연구진간 원격지에서 상호 아이디어와 정보를 공유하고 공동연구 및 공동 설계를 수행함으로서 자신의 기술력과 노-하우를 보완할 수 있는 파트너와 시간과 공간의 제약이 없이 연구 효과를 얻을 수 있는 가상공간에서의 협업 조직을 말한다.

---

8) 본문 제10쪽의 '메카프의 법칙' 참조

2) 가상공간의 경제적 특성

이러한 가상공간에서 가장 두드러진 경제적 효과는 범위 및 연결의 경제, 속도의 경제, 거래의 경제, 수확체증의 경제 등 대략 네 가지로 설명될 수 있다.

첫째 (연결의 경제), 가상공간에서는 물리공간에서 직면할 수밖에 없는 시간과 공간적 제약을 극복하여, '4 ANY', 즉 어떤 곳에서나(*Anywhere*) 항시(*Anytime*) 방식에 구애됨이 없이(*Anyhow*) 어느 누구하고도(*Anyone*) 경제활동이 가능하다. 이렇듯 가상공간에서는 누구하고라도 연결이 가능한 '연결의 경제'를 누릴 수 있다.

둘째 (속도의 경제), '통신채널의 속도(혹은 광섬유 대역폭)가 12개월마다 3배로 증가한다'는 길더의 법칙(*Gilder's Law*)이 적용되는 가상공간에서는 의사소통 및 정보전달의 속도를 혁신적으로 증가시킬 수 있다. 물리적 매체(예 : DVD, CD)로만 이루어지던 디지털 *Contents*의 배포를 가상공간에서 가능케 할 뿐만 아니라 재택근무, 이동사무실(*Mobile Office*), 원격진단 등 예전에 볼 수 없었던 새로운 사회적 현상을 초래할 것이며, 특히 VOD (*Video on Demand*), GOD(*Goods on Demand*), EOD(*Entertainment On Demand*) 등 차별화 된 소비성향의 "*On-Demand*" 경제활동이 급속히 확대될 전망이다.

셋째 (거래의 경제), 인터넷 등 정보통신기술의 발전에 따라 전자거래 등을 통해 외부 거래비용이 현격히 감소하게 된다. 코어스(*Coase*)에 따르면 '조직의 규모는 거래비용에 의해 결정되며, 외부조달비용(거래 비용)과 내부운용비용이 동일한 점에서 조직의 경계가 결정된다.' 이를 "코어스의 법칙(*Coase's Law*)"이라 하는데, 인터넷 상에서의 전자거래가 활성화되면 거래비용은 급격히 감소하게 되며 그에 따라 조직의 규모가 점진적으로 축소되는 등 '거래의 경제'가 발생하게 된다.

넷째 (수확체증의 경제), 가상공간에서는 '승자 승'의 수확체증의 효과가 가장 극명하게 나타난다. 그 이유는 무엇보다도 정보의 공유 때문이다. 가상공간에서 소비자는 마우스 클릭(*click*) 한번으로 기존의 거래관계에 있던 공급자에서 보다 우수한 조건과 품질의 공급자로 신속히 이동할 수 있는 여건이 조성되기 때문이다.

이외에도 가상공간에서는 디지털의 특성이 그대로 반영되어 융합현상이 나타난다. 기존의 역할 분담은 통합되고 새로운 개념들이 탄생하고 있다. 프로슈머(*Prosumer*)나 디슈머(*Disumer*), 또는 상품과 서비스의 통합이 그러한 것들이다.[9)]

다. 지식기반경제

1) 개요

지식은 디지털경제의 근간을 이루고 있으며, 경쟁의 핵심원천으로 자리 잡고 있다. 지식은 시대와 관점에 따라 다양하게 변화·정의되어 왔다. 특히 최근 들어 수많은 학자들이 새롭게 지식의 정의와 유형별 분류를 내어놓고 있으나, 여기에서는 '연계', '결합'이란 디지털의 특성과 결부 지어 지식의 본질을 규명하기로 한다.[10)]

피터 드러커(*Peter Drucker*)는 '책 속에 지식은 없다. 있다면 정보만이 가득할 뿐이다'라고 단언한다.[11)] 굳이 '지식'이란 표현을 빌리자면, 책 속에 담겨있는 지식은 선언적 지식이요, 절차적 지식이다. 실천성(혹은 실용성)을 강조하는 현대적 시각에서 볼 때 이러한 지식 그 자체는 단편적 정보에 불과할 뿐 진정한 의미의 지식이 아니라는 것이다. 그는 이 말을 통해서 지식의 형성은 모름지기 입수된 정보의 해석과 이들 정보의 체계적 결합을 통해서만이 가능함을 역설하고 있다. 이는 앞서도 언급한 바 있듯이, '정보의 결합성'과 상통하는 것이다. 정보가 지식의 원천임을 고려할 때, '정보의 결합성'은 지식의 본질을 이해하는데 매우 중요한 단초가 된다. 정보와 정보의 결합 없이는 우선, 의사결정을 올바로 내릴 수 없고, 둘째, 인과적 사고(因果的 思考)의 틀이 제대로 형성되지 않으며, 셋째, 새로운 가치가 창출되기 어렵다.

여기서 제기될 수 있는 의문은, 바로 '동질적 정보의 결합과 이질적 정보의 결합 중 어느 쪽이 더 가치를 크게 발생시킬 수 있는가?'하는 점이다. 분명, 닭과 닭의 결합보다는 닭과 꿩의 결합이 발생시키는 가치가 훨씬 더 클 것이다. 그러나 이질적 정보의 결합은 창의성을 요건으로 한다. 최근 창의성이 강조되

---

9) 프로슈머(Prosumer) = 생산자(Producer) + 소비자(Consumer)
디슈머(Disumer) = 유통업자(Distributor) + 소비자(Consumer)
프로비스(Provice) = 상품(Product) + 서비스(Service)

10) 지식에 대한 구체적인 내용은 '제6장 지식경영'을 참조 할 것

11) 고바야시 가오루, '피터 드러커 · 미래를 읽는 힘', 청림출판(2002), p.218

는 이유도 바로 여기에 있다. 드러커는 '천하에 새로운 것은 없다'고 전제하면서 새로운 것을 만들어 내는 창의성이란 '기존의 것을 새롭게 조합하는 능력'이라고 말한다. 결국 창조라는 것은 사람의 생각과 생각, 노-하우와 노-하우, 아이디어와 아이디어, 정보와 정보가 새롭게 결합된 산물을 말하며, 따라서 지식이란 일정한 체계 속에서 정보와 정보가 결합된 산물로 해석될 수 있다.

2) 지식기반경제의 특성

'지식기반 경제'라는 표현의 이면에는 지식이 경제활동에 매우 중요시된다는 의미를 내포하고 있다. 지식기반 경제 하에서는 가치의 승수효과(乘數效果), 부가가치의 발생효과, 연관산업의 성장효과 등이 발생한다. 이들의 내용을 간략히 살펴보면 다음과 같다.

첫째 (가치의 승수효과), 이는 '정보의 결합성'에 대한 논의의 연장선에서 설명될 수 있다. 창의력이 대등하고 정보의 질적 수준이 균질하다는 가정 하에 한 정보와 다른 정보의 결합을 통해 얻는 가치단위를 '1'이라 한다면, 기존에 보유한 정보(n개)에 정보 하나가 더 투입되면 얻을 수 있는 가치는 $(n+1)$이 아니라 $n(n-1)$이 된다. 즉, 정보 하나를 더 투입하여 얻게 되는 가치의 증분은 $2n$이 된다.[12] 이는 곧 정보의 보유량에 따라 발생될 수 있는 가치는 기하급수로 증대됨을 의미한다. 결국 수없이 많은 정보를 한 자리에서 얻을 수 있는 인터넷을 잘 쓰는 집단과 개인은 그 시대를 지배하며, 이는 결국 계층과 지역 간 지식의 빈익빈, 부익부의 불균형을 더욱 심화시킬 것임을 쉽게 예상할 수 있다.

둘째 (부가가치의 발생효과), 대량생산시대의 주안점은 재화를 대규모로 생산하여 제품 단가를 낮추고 이를 대량으로 유통시키는 것이었다. 하지만 디지털 시대에서는 이러한 생산방식으로는 고객의 요구에 대응할 수 없고 새로운 부가가치를 창출해낼 수도 없다. 디지털 경제체제에서 가장 중요한 것은 지식과 정보를 부가하는 것이다. 지식과 정보를 제품에 적용하면 새로운 부가가치를 가져오고, 이를 서비스에 적용하면 지능적이면서 빠른 서비스를 만들어내게 된다.

셋째 (연관산업의 성장효과), 결합과 연계가 가치를 발생시키는 것과 같은

12) 지식의 승수효과는 제10쪽 메카프의 법칙에서 논의한 망의 외부성과 매우 유사한 것이다.

맥락에서 볼 때, 네트워크사회의 진전과 산업의 네트워크화로 이제 더 이상 한 산업 분야의 단독 성장은 기대할 수 없으며, 연관산업의 동반 작용을 통해서만이 가능하다. 뿐만 아니라, 산업과 산업, 기술과 기술을 서로 연결하는 신산업, 신기술이 주목을 받고 있으며, 인터페이스 기술과 산업의 잠재 성장력은 디지털 경제의 견인차 역할을 하게 될 것이다. 디지털의 사회적 특성을 고려할 때 이러한 예측은 쉽사리 가능한 것이다.

라. 수평경영경제

1) 개요

1988년 피터 드러커의 80회 생일파티에서 '경영학이 향후 나아가야 할 방향은 무엇인가'라는 질문에 그는 경영의 초점은 앞으로 수평적 관계경영(*Management of Lateral Relationship*)에 맞추어져야 한다고 답변했다고 한다. 이는 '비트'적 존재들이 상호 관계를 설정을 통해 끊임없이 새로운 구조를 만들어 가는 디지털의 사회적 특성과 놀랍게도 부합되는 것이어서 주목된다. '직관을 통해 앞을 바라볼 뿐, 예측은 하지 않는다'는 그의 평소 소신과 기존 서구식 경영 패러다임에 대한 반성과 비판, 그리고 조직의 경직 현상을 해결하기 위한 다양한 혁신기법의 도입 등 새로운 출구 모색이 적극 시도되던 당시의 상황으로 보아, 디지털 사회의 도래를 염두에 두고 한 말은 반드시 아닐 수도 있다. 그러나 한 가지 분명한 것은 종래의 수직적 경영시각에서 벗어나 수평적 관계경영을 강조함으로서 분업화가 낳은 과업별, 기능별 경영에서 탈피하여 가치 발생에 관여하는 일련의 과업들간의 연계 작용 즉 프로세스의 관점으로 경영의 축이 이동되어야 함을 시사하고 있다는 점이다. 프로세스 중심의 수평적 관계 경영은 BPR(프로세스 재구축)로 이어졌고, 네트워크 경제의 핵심으로 자리하게 되었다. 여기에서는 수평경영경제를 조직 내부적 관점과 조직간의 외부적 관점으로 구분하여 논의하기로 한다.[13)]

2) 내부적(조직내) 관점

1900년대 산업사회가 출현한 이래 기능 중심의 분업화는 계속 진행되어 왔

13) 이에 대한 보다 구체적인 내용은 '제5장 비즈니스 프로스세스 관리'를 참조할 것

으며 세분화된 단위 업무간 인터페이스의 수를 기하급수적으로 증폭시키는 결과를 가져왔다. 인터페이스는 업무간 흐름을 저해하는 매듭으로 작용하며 상호 협조를 위해 새로운 자료 발생이나 교환 등 부수 업무의 증대와 시간적 지연을 의미하게 된다. 업무간 인터페이스의 증가는 결국 1990년대 들어 역동적 환경변화에 적절히 대응하지 못하는 조직의 마비 현상을 초래하게 된 것이다.

이에 대한 일차적인 해결책은 단위업무간 연결점을 최적화함으로써 인터페이스의 수를 경감시키는 것이다. 업무간 연결점(인터페이스)의 수를 줄이는 방법으로는 상호 교류가 빈번한 업무간, 자료의 공유도가 높은 업무간, 기능적으로 유사한 업무간 통폐합을 고려할 수 있으며, 이것이 바로 BPR의 출발점이다. 이와 함께 통합 데이터베이스 구축을 통해 업무간 연결고리를 간접적으로 설정하게 되면 인터페이스의 수는 아무리 업무가 분화되더라도 선형적으로만 증가하는 효과를 얻을 수 있다. 나아가 각 단위 업무에 대한 응용프로그램이 구축된다면 극단적으로는 1-2명의 인력(이를 '*Case Manager*'라 함)으로 모든 관련 업무를 처리할 수 있는 효과를 낳을 수 있다.14)

3) 외부적(조직간) 관점

기업간 거래관계에 있어서 구매자와 공급자간 밀접한 관계형성과 파트너십 및 기타 형태의 제휴(*Anderson & Narus, 1990*)의 등장은 전통적 일회적 시장(*spot market*)에 대한 변화를 가져다주고 있다. 이처럼 거래방식이 시장 메커니즘에서 점차적으로 관계적 메커니즘으로 대체되면서, 기업간 긴밀한 관계구축이 인터넷 등 정보기술을 기반으로 하여 매우 활발하게 진행되고 있다.

기업간 관계는 상호 이질적인 가치활동을 수행하는 기업간에 서로를 인정해 가면서 전체의 이익을 위해 발전적으로 공존하는 관계이다. 공동체 생태학적 측면에서 기업간 관계는 가치활동의 분업과 연결체계인 가치사슬(*value chain*)의 원형이다. 기업간 조직간 협력관계는 가치 사슬 내에서의 본원적인 활동의 단계가 서로 인접한 상황에서 수직, 수평적으로 공생적 관계를 형성하게 된다. 결국 기업간 연결의 확보는 관련된 일군의 교환 상대자와의 협력의 정도를 증가시키거나 "협상적 환경"을 창출함으로써 불확실성과 의존성의 문제를 상당

---

14) *Case Manager*는 단위업무를 처리하는 기존의 '단기능인력(*Uni-functional Worker*)'이 아니라 단위업무간 가치연쇄를 통괄 혹은 정보간 결합을 통해 부가가치 정보를 만들어 내는 새로운 지식인력으로 다기능인력(*Multi-functional Worker*)을 의미하며, 기능중심의 업무분장제도에서 벗어나 서비스 중심의 프로세스 재구축의 핵심이 될 수 있다.

히 해결할 수 있다. e-SCM이나 e-CRM 등과 같은 IT기반 체제 구축은 바로 기업간, 조직간 공생적 협력관계를 보다 공고히 하기 위한 수단으로 해석할 수 있다.

3.2 디지털 경제의 주요 현상

여기에서는 디지털 경제의 특징으로 현시되는 역전(180°)현상, 캐즘(*Chasm*) 현상, 수요측면 규모의 경제(*Demand-side Economies of Scale*), 승자 승(*Positive feedback*) 현상 등에 관해, 그 정체와 발생원인을 개괄한다.

가. 망의 외부효과와 역전(180°)현상

시장의 주도권이 공급자에서 소비자 중심으로 이전됨에 따라 무수히 많은 역전 현상이 나타나고 있다. 이러한 현상의 배경에는 소비자 집단의 커뮤니티 형성으로 공동구매 등을 통한 대 공급자의 교섭력이 대폭 증대되고 정보의 공유로 인한 품질 및 가격의 비교에 대한 기회 확대와 그로 인한 소비자의 민감도가 급속히 증대되는 등 가상공간의 경제성이 작용하고 있기 때문이다. 대표적 형태로는 역광고, 역시장, 역경매 등이 있는데, 이들에 대한 개요를 제시하면 다음과 같다.

- 역광고(*Reverse Advertising*) : 소비자가 광고나 유통업자로서의 역할을 수행하는 것으로, 골드뱅크와 같은 소비자 네트워크를 그 예로 들 수 있다. 광고가 많아질수록 기업들이 소비자에게 어필할 수 있는 광고를 만드는 데에 고심하는 틈새를 파고들어 디슈머(Disumer)들은 생산자나 유통업자에게 적절한 보상을 요구하면서 이러한 프로그램에 참여하게 된다. 또는 소비자가 원하는 상품을 생산자나 유통업자에게 광고함으로써 원하는 상품을 찾는 현상도 이에 해당한다.
- 역시장(*Reverse Market*) : 디지털 경제에서는 생산자가 미리 만들어놓고 공급하는 것이 아니라, 소비자가 원하는 것을 생산자가 만들어내는 거래방식이 점차 확대되고 있다. 역시장에서는 공급자가 만들어 놓는 정찰제의 개념이 사라지고 소비자가 가격을 결정하는 상황이 발생한다. 이러한 새로운 경제현상을 '역시장' 또는 '소비자 중심 경제'라고 부른다.

- 역경매(*Reverse Auction*) : 기존의 경매방식과는 반대로 구매자가 제품 사양을 요구하고 판매자가 경쟁적으로 입찰에 응하는 형태를 역경매라 한다. 역경매에서는 구매자가 제품을 탐색하지 않기 때문에 탐색비용이 없으며, 가격협상의 주도권을 갖게 된다. 이 방식은 종전과 같이 구매자간 경쟁으로 가격이 상승하는 가능성이 사라지게 되며, 오히려 가격을 하락시키는 역할을 하는 등 마치 조달(procurement)과 유사한 형태를 보이게 된다.

나. 캐즘(Chasm)현상과 완전제품

연속적 확산 과정을 전제로 하는 고전적 기술수용주기론[15]으로는 디지털 경제 하에서 빈번히 발생하는 혁신의 불연속을 설명할 수 없다. 이에 근거한다면 독특한 기술력과 아이디어가 사회에 최초로 소개되고 그것을 받아들이는 초기 집단이 있을 때, 비록 그 주기와 성장 형태에는 차이가 있을 수 있으나 진입, 성장, 성숙의 과정을 거쳐 소멸하는 수명주기를 거치게 됨을 의미한다.

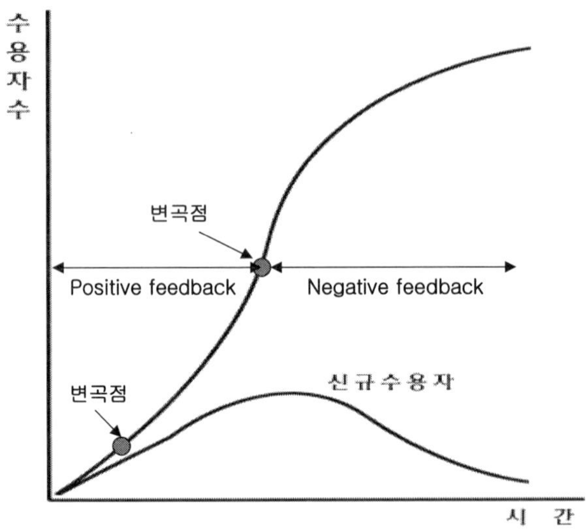

(a) 연속적 성장

15) 1950년대이래 정설로 받아들어진 기술수용주기론은 혁신의 확산이 연속적으로 이루어짐을 가정하고 있다. 그림 1-6은 이러한 고전적 혁신이론에서 주장하는 시간의 경과에 따른 혁신수용자의 누적 분포를 나타내고 있는 것으로, 이를 다시 미분하면 그림 1-6(b)의 빗금친 부분과 같이 대략 정규분포의 형태를 나타낸다.

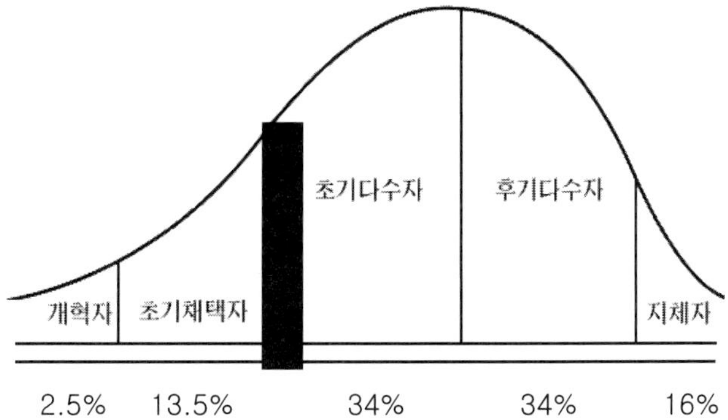

(b) 캐즘의 발견

[그림 1-6] 혁신의 사회적 확산 모형

(자료: Everett M. Rogers, "Diffusion of Innovations, (4th edition)", The Free Press, 1996, p. 258, 262)

그러나 실제 세계에서는 어느 단계에서 갑자기 소멸하는 경우가 빈번히 발생하고 있음에 주목해야 한다. 예컨대, 마차에서 자동차로의 변화가 그것이고, 도스(DOS) 기반의 운영체제에서 윈도우 기반의 운영체제로 바뀌었던 것도 이러한 불연속적 혁신에 속하는 것이다. 그렇다면 혁신의 불연속 현상은 왜 생기는 것일까? 그 원인은 바로 혁신 수용과정에 존재하는 '캐즘(*Chasm*)'으로 설명될 수 있다. 제프리 무어(*Geoffrey Moore*)가 그의 저서 『캐즘 뛰어넘기(*Crossing the Chasm*)』에서 지적한 것처럼 '캐즘'이란 기술수용주기상의 초기시장과 주류시장 사이에 내재해 있는 깊은 수렁을 의미한다.

위 그림 1-6(b)에 보인 바와 같이 초기시장을 형성하는 선각수용자와 주류시장을 형성하는 전기다수간에 혁신의 수용 성향이 판이하게 다르기 때문에 존재하는 변화의 불연속 갭(*gap*)이 바로 '캐즘'의 전형이다. 결국 선각수용집단의 모험적 성향은 새로운 혁신을 미래지향적 가치에 두고 적극적인 수용을 나타내는 반면, 전기다수집단의 실용적 성향은 혁신 그 자체의 중요성보다는 실용성이 입증되기 전까지는 이를 수용하지 않으려 하기 때문이다.

이러한 캐즘을 극복함으로써 전기다수집단으로 진입하여 혁신의 성공적 확산을 도모하기 위해서는 완전제품(*whole product*)을 만들어 내야한다. 여기서 완전제품이란 고객과의 약속에 준하는 통상제품 수준을 넘어 기대제품, 보강제품, 잠재제품까지 충족되는 제품을 말하는 것으로 제품이 이렇게 완전해져야 선각수용자와 전기다수 사이에 놓여 있는 캐즘을 성공적으로 뛰어 넘을 수 있다.

'정보화' 역시 일종의 사회적 혁신과정이며 디지털 경제로 본격 진입하기 위한 중대한 과제이다. 따라서, 여기에서는 정보화의 올바른 추진방향 설정이라는 관점에서, '정보화 캐즘'과 이를 극복하기 위한 방안의 하나로 '완전제품으로서의 컨텐츠 개발'에 초점을 맞추어야 한다. 제품으로서의 '완전정보'는 통상(사실)정보, 계층구조를 도식화하면 그림 2-2와 같이 표현될 수 있다. 요컨대, 정보 가치의 증대를 위해서는 정보와 정보의 결합이 중요하며 이는 정보 이용자의 창의성과 직결되는 것이기는 하지만, 정보수요를 창출해야 하는 제공자의 시각에서 볼 때는 '완전제품으로써의 정보' 개발은 매우 중요한 것이다. 곰씹어 보면 완전제품의 개념도 서두에서 논의했던 '결합' 및 '융합'이란 디지털의 특성과 매우 닮아 있음을 알 수가 있다.[16)]

다. 수요측면 규모의 경제 현상

일반적으로 '규모의 경제'란 투입량을 증가시킬 때 산출량이 투입량증가비율 이상으로 증가하는 것을 말한다. 달리 말하면, 산출량이 증가할수록 단위당 투입비용이 비례 이상 감소하는 것을 의미한다. 규모의 경제는 생산설비의 규모에 따라서 발생하기도 하지만 구매, R&D, 유통, 광고와 같은 활동에서도 뚜렷하게 나타난다. 하지만 이러한 규모의 경제 현상은 자원의 한계(*natural limits*)로 인해 무한정 지속되는 것은 아니다. 또한 지금까지 '규모의 경제'는 공급측면 규모의 경제(*Supply-side Economies of Scale*)를 의미해 왔다.

그러나 디지털 경제 하에서는 수요측면에서도 규모의 경제(*Demand-side Economies of Scale*) 현상이 나타나는데 이는 주로 산업연관이 높은 하이테크 산업에서 발생하게 된다. 예컨대, 마이크로소프트(MS)의 시장가치는 1998년 5월 현재 2000억 달러에 이른다. 이러한 엄청난 효과는 MS의 주종인 소프트웨어를 개발하는데서 얻은(즉, 공급 측면에서 발생한) 규모의 경제효과가 아니라, 시장을 장악하여(즉, 수요 측면에서 발생한) 그 산업의 표준을 확보한 결과이다. 수요측면 규모의 경제는 공급측면 규모의 경제와는 달리 확보 시장

16) 정보화 캐즘 극복을 위한 완전정보의 개념과 이에 기초한 확산전략에 관한 구체적 내용은 다음의 문헌을 참조하기 바람 : 김상욱, '지역정보화의 동태성에 대한 이론적 고찰과 정책적 함의', 한국정책논집(2001. 12) 제1권, pp.51-69.

이 충분히 커지면(즉, 전기다수집단까지 장악하면) 좀처럼 사라지지 않는다. 기존의 많은 소비자가 한 제품을 사용하고 있으면 더 많은 신규 고객이 그 제품을 구입하게 되는 자기강화적(*Self-reinforcing*) 현상이 나타나기 때문이다. 이는, 뒤에서 언급되는 바와 같이, 제품에 대한 소비자의 예속현상(*Lock-in*)과 그에 따른 이전비용(*Switching Cost*)의 증대로 인해 발생되는 것이다.

이상과 같은 수요측면 규모의 경제효과를 얻기 위해서는 첫째, 전기다수집단까지 시장을 확보하여 *Critical Mass Effects*(자기강화적 피드백 현상)를 누려야 하며(즉, *First-Hitter*가 되어야 하며), 둘째, 해당 산업의 표준을 조속히 장악할 수 있어야 한다. 또한, 지식이 부과된 제품을 공급함으로써 신규 진입이 억제되는 장벽(*Entry Barrier*)을 세우고, 제품에 대한 관련산업과 소비자의 예속(*Lock-in*)을 강화하여야 한다.

라. 승자 승(Positive Feedback)의 현상

수확체증의 법칙이 적용되는 디지털경제 하에서는 승자가 모든 것을 장악하는 '승자 승(*Winner-take-most*)'의 형태를 취한다. 전기다수 시장을 선점한 기업이 모든 것을 가져가는 구조가 형성되고, 자신의 제품이나 서비스로 시장을 장악하게 된다. 대표적인 예로 마이크로소프트(MS)를 들 수 있다. '80년대 개인용 컴퓨터 시장의 운영체제들은 CP/M, DOS, MacOS등이 분할하고 있었지만 현재 대부분의 퍼스널 컴퓨터에는 MS의 운영체제가 설치되어 있다. 이는 곧 MS가 시장을 장악했다는 의미인데, 일단 시장을 지배하고 나면 시장장악 능력은 점점 더 커지게 된다. 새로운 애플리케이션을 개발하려는 업체들은 가장 많은 이용자 집단을 장악하고 있는 MS 운영체제를 개발 환경으로 선택할 것이며, 고객의 입장에서 자신의 개인용 컴퓨터에 운영체제를 설치하려면 많은 애플리케이션을 지원하고, 가장 많이 사용되고 있고, 가장 서비스받기가 쉬운 제품을 선택하게 되는 확대 재생산의 고리가 반복되는 것이다.

승자 시장지배 현상의 원인과 관련하여 *Lock-in*과 *Switching Cost*, *First-mover*와 *First-hitter* 등 주요 개념을 간략히 정리하면 다음과 같다.

*Lock-in*과 *Switching Cost* : '*Lock-in*'이라 함은 어느 특정 제품에 이용자가 묶여버리는 현상을 말하는데 이는 주로 하이테크 제품의 경우에 발생한다. *Lock-in*이 발생하는 이유는 제품의 이용에 적지 않은 시간과 노력이 들며, 초기 투자비용이 발생하기 때문이다. 일단 한 제품에 익숙해지면 웬만해서

는 다른 제품으로의 변경이 어려우며, 다른 제품으로의 전환을 위해서는 적지 않은 이전비용(*switching cost*)을 감수해야만 한다.

*First-mover*와 *First-hitter* : 새로운 시장에 먼저 진입한 기업(*First Mover*)이 성공할 수 있는 것은 아니다. 시장에서 가장 먼저 인정을 받는 기업(*First Hitter*)만이 성공할 수 있는 자격이 주어진다. 이는 곧 '캐즘(*Chasm*)'을 극복하고 전기다수시장으로 진입하여 지속 성장에 필요한 *Critical Mass*를 확보해야 성공할 수 있음을 의미한다.

참고문헌

고바야시 가오루, 피터 드러커 · 미래를 읽는 힘, 청림출판, 2002, p.218

김상욱, 디지털경제, 정보통신부 교재, 2002

김상욱 외, 전자상거래와 디지털 경제, 홍릉과학출판사, 2000

김상욱, '지역정보화의 동태성에 대한 이론적 고찰과 정책적 함의', 한국정책논집 제1권 2001. 12, pp.51-69

김기태, 배규한, 안현호, "디지털경제", 디지털경영 사회평론, 2001

김광희, 21세기 IT가 세계를 지배한다, 가림출판, 2001

지호준, 알기쉽게 배우는 21세기 경영학, 법문사, 2000

현대경제연구원, "디지털 경제의 실체", 지식경제, 2000

Gary Hamel and Jeff Sampler (1998), 'The E-Corporation', 'Fortune December 7, 1998

제 2 장

정보시스템의 기본 개념

제 1 절 정보와 정보화

근래에 들어 가장 흔히 회자되는 용어 중 하나는 디지털과 함께 '정보'와 '정보화'일 것이다. 지금 우리가 산업사회에 이은 정보화사회에 살고 있다는 사실을 모르는 이는 아마 없을 것이다. 역설적으로 그 만큼 정보 내지 정보화의 본질이 무엇인지 아는 이도 흔치 않다. 요즘을 일컬어 '정보화시대'라고 하는 것은 정보가 무엇보다 중요한 시대라는 의미를 담고 있다. 혹자는 정보를 인력(*Man*), 도구(*Machine*), 소재(*Material*) 즉 3M과 함께 기업의 4대 자원 중에 하나로까지 지칭하고 있다.

여기서 우리는 정보 내지 정보화에 대한 근본적인 의문을 던져 볼 수 있다. 첫째, 유사 이래 정보가 중요하지 않았던 시대는 없었다. 그럼에도 불구하고 유독 요즘을 '정보화 시대'라고 하는 이유가 무엇일까. 둘째, 정말로 정보가 소중한 자원이요 경쟁력이며, 정보가 곧 돈이 된다고 할 때 우리들 각자는 정보가 경쟁력으로 이어지고, 돈이 되어 본 경험이 있는가. 이 절에서는 바로 위와 같은 의문에 대한 답을 얻기 위해서 정보의 본질과 특성, 그리고 정보화의 근본을 논의하기로 한다.

1.1 정보의 개념

'정보'란 어의를 살펴보면 동양과 서양이 이를 바라보는 시각에 다소의 차이를 보이고 있음을 알 수가 있다. 동양의 시각에서 볼 때 정보(情報)의 어원은 '적정보고(敵情報告)'에 있다고 하니 정보는 '적의 정세를 파악해 내는' - "take"의 의미가 강하다. 그래서인지 중국에서는 우리가 지칭하는 정보를 '情報'하지 않고 '信息'이라 한다. 중국에서 '情報'라 하면 이는 군사용어인 '첩보' 정도에 해당한다. 반면에 서양에서는 정보를 '*information*'이라 하는데, 명사어미 '*-ation*'을 제외하고 '*inform*'을 살펴보면 이는 '~가능케 함'을 의미하는 접두어인 '*in*'과 '틀, 형태, 양식'을 의미하는 '*form*'이 결합된 것이니 '*inform*'이란 결국 '~에게 개념적 틀을 형성시켜준다' - 즉 "*give*"의 의미를 가지고 있는 것이다.

이상과 같이 '정보'의 어의(語意)를 보면 동양에서는 '취한다(*take*)'는 의미가 강한 반면 서양에서는 '준다(*give*)'는 의미가 더 강하다. 그러나 '정보'에 대해 동서양은 '~을 해석하고 이해한다'는 의미를 공유하고 있으며, '주고 받는다'는 측면에서 볼 때 '정보'는 흐름(*flow*)의 성격을 갖는다. 바로 이점에서 우리가 흔히 생활 속에서 '정보'와 혼돈하여 쓰고 있는 용어인 '데이터(*data*)'나 '콘텐츠(*contents*)'와 근본적 차이를 지니고 있음을 알 수 있다.

- '**데이터**(data)'는 어떤 대상이나 현상을 문자나 숫자 열로 표시해 놓은 것을 말한다. 이러한 데이터를 사람이 어떤 문제나 상황 인식(이를 흔히 '컨텍스트(*context*)'라 함)과 결부지어 이해 혹은 해석할 때 이를 '정보'라 한다. 역설적으로 이해나 해석이 수반되지 않은 문자나 숫자 열을 '데이터'라 하는 것이다.
- '**콘텐츠**(contents)'는 데이터들이 언어나 그림, 형상 등 인간의 커뮤니케이션 수단에 의해 어떤 대상이나 현상이 표현되어 특정 매체(*container*)에 저장되어 있는 상태를 말한다. 결국 '*contents*'란 '*container*'에 대립되는 개념으로, 엄밀한 의미에서 볼 때 '정보'가 아니다. '데이터'와 마찬가지로 '콘텐츠' 역시 사람이 이를 인지하고 나름대로의 문제인식 속에서 해석되지 않으면 문자 그대로 그릇에 담겨 있는 내용물에 지나지 않는다.

우리가 흔히 같은 의미로 혼용하는 '데이터', '콘텐츠', '정보'의 특성적 차이를 도식하면 다음 표 2-1과 같이 나타낼 수 있다.

[표 2-1] 데이터, 콘텐츠, 정보의 개념적 차이

데이터(Data)	콘텐츠(Contents)	정보(Information)
• ◀	────	▶ •
▪ 구조성 (Structure)		▪ 의미성 (Semantics)
▪ 단편성 (Fragmentation)		▪ 종합성 (Integration)
▪ 정태성/저장성 (Stock)		▪ 동태성/흐름성 (Flow)
▪ 상황독립성 (Context-independent)		▪ 상황의존성 (Context-dependent)

이해를 돕기 위해 '신문(新聞)'을 예로 들어보자. '신문'은 영어로 '*news*'와 '*paper*'의 합성어이다. 여기서 '*news*'는 '콘텐츠'요, '*paper*'는 '*news*'를 담고 있는 '*container*'이다. 또한 '*news*'를 구성하고 있는 구조화된 문자 및 숫자의 단편들은 '데이터'이다. '*Paper*'에 담겨 있는 '*news*'를 읽어 새로운 사실을 인지하고 해석할 때 그 '*news*'는 비로소 정보가 되는 것이다. 따라서 '정보'는 비록 문법상으로는 (추상)명사로 취급되지만 데이터나 콘텐츠와는 달리 의미상으로는 현상, 사물을 인식하는 '행위'로 간주되어야 한다.

우리가 신문을 읽을 때 모든 기사를 다 읽는 경우는 거의 없으며, 오히려 관심 있는 혹은 눈에 띄는 기사만을 골라 읽는, 소위 '정보입수의 선택적 행위'에 주목할 필요가 있다. 왜 신문을 모두 다 읽지 않고 선별적으로 읽는 것일까? 그 이유는 독자의 관심사 혹은 문제의식에 좌우되기 때문이다. 이를 '컨텍스트(context)'라 한다. 결국 정보입수의 선택적 행위는 처해 있는 '컨텍스트'에 의해 결정된다. 혹자는 생활에 문제가 없는데 이러한 구분이 무슨 의미가 있느냐고 반문할 수 있을 것이다. 그러나 이들 간에 개념적으로 정확한 구분이 없으면 정보화를 옳게 추진할 수 없다. 정보환경에 직접적으로 관련이 있는 "3C" 즉 컨텐츠(*Contents*), 컨테이너(*Container*), 컨텍스트(*Context*)의 상호작용을 그림으로 보이면 다음과 같다.

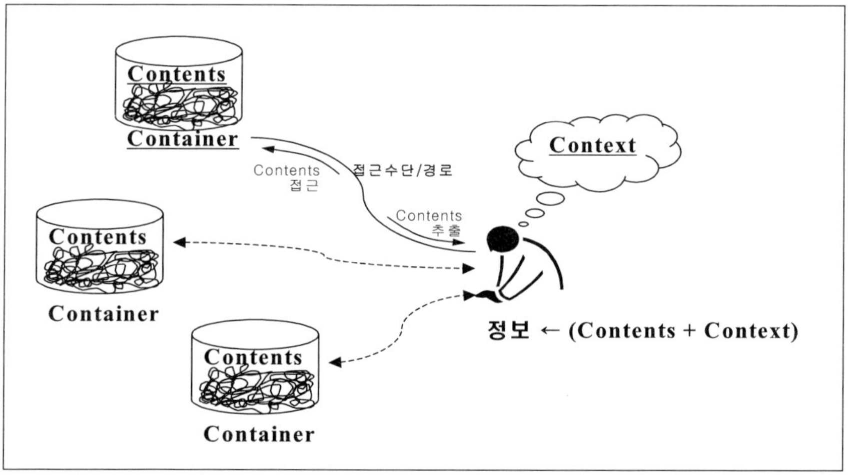

[그림 2-1] "3C"(Contents, Container, Context) 중심의 정보환경

위 그림에서 보듯이 "정보환경"을 조성하기 위해서는 *Context, Contents, Container,* 그리고 접근수단(*Access Mechanism*) 등 4가지 요건이 충족되어야 함을 알 수가 있다. 이들 네 가지 요건을 살펴보면 우리나라 정보화의 위상과 문제점, 그리고 발전방향을 정확히 진단할 수 있다.

우선 접근수단부터 살펴보도록 하자. 우리나라는 초고속인터넷 보급률 세계 1위로서 전체 인구의 27%가 초고속인터넷에 접속하고 있다. EIU와 IBM이 2004년 4월 16일 전 세계 64개국을 대상으로 e-비즈니스 환경을 평가한 '2004 *e-readiness rankings*'에 따르면[17] '디지털접근(*connectivity*)' 분야에서 전 세계 5위를 차지하는 등 최상위를 달리고 있다. 그 덕택에 동 보고서에 의하면, 우리나라는 조사대상 64개국 중 전체 14위(종합점수 7.73점)로 평가되었으며, 이는 전년도 16위에 비해 2단계 상승한 것이다.

*Container*는 데이터베이스, 검색엔진, 멀티미디어 인터페이스 등과 같이 컨텐츠를 담아 관리하는데 필요한 디지털 용기(容器)를 말하는 것으로 이에 필요한 각종 솔루션은 거의 모두 외국제품이다. 정보화의 중요성이 인식되면서 우리나라는 내면의 컨텐츠보다는 외형의 컨테이너 만들기에 주력해왔고, 정보시스템 구축사업이 확대될수록 외국 솔루션 공급업체에만 득을 안겨다 주는 부작용을 낳고 있다.

*Contents*의 중요성은 이미 신문(*newspaper*)을 예로 들어 설명한 바 있으나. 우리나라 정보화의 핵심 난제는 컨텐츠 개발의 경시와 컨테이너 중심의 사업이 반복되고 있다는 점이다. EIU의 '2004 e-readiness rankings'에 따르면 이를 간접적으로 암시하는 '*e-Service*' 부문에서 우리나라는 15위를 차지하여 디지털 접근인프라 등 기술적 우수성에 비해 콘텐츠 등 정보서비스 내용은 상대적으로 취약한 것으로 나타나 있다.

*Context*는 단적으로 '문제의식'이 관건인데 이는 정보화의 사회적 측면에서 제일 먼저 전제되어야 하면서도 해결이 가장 어려운 요소이다. EIU의 '2004 *e-readiness rankings*'에 따르면 이를 간접적으로 암시하는 '사회문화적 환경(*Social & Cultural Environment*)' 부문에서 우리나라는 16위를 차지하여 이 부문이 가장 취약한 것으로 드러났다. *Context* 형성의 중요성에 대해서는 다음 '정보화의 여정'에서 보다 구체적으로 논의하기로 한다.

17) "The 2004 e-readiness rankings," Economist Intelligence Unit (2004. 4), http:// www.eiu.com

1.2 재화(Product)로서의 정보

앞서 논의한 바와 같이 정보란 '행위'적 성격이 강하므로, '재화로서의 정보'란 표현 자체가 옳지 않을 수 있다. '재화로서의 콘텐츠'가 더 정확한 표현일 것이다 그러나 독자의 편의상 '정보'라 칭하기로 한다. 가치 있는 정보란 기꺼이 대가를 지불하고서라도 획득하고자 하는 욕구를 유발할 수 있어야 할 것이며, 이러한 정보의 가치는 '정보의 결합성'으로부터 출발하여야 한다. 가치 있는 정보를 창출해 내기 위해서는 정보의 대표적 특성 중에 하나인 '정보가치의 단편성' 혹은 '정보의 결합성'을 유념할 필요가 있다. '정보가치의 단편성' 혹은 '정보의 결합성'이란 정보의 결합이 가치발생의 중대한 시발점이 됨을 의미하는 것이다. 단편적 정보 그 자체로는 첫째, 인과적 사고의 틀이 형성되지 않기 때문에 올바른 의사결정과 행동으로 이어질 수 없으며, 둘째로는 정보가 부의 창출로 이어지기 어렵기 때문이다.

따라서 재화로서의 정보는 혁신의 확산적 측면에서뿐만 아니라 정보의 본원적 가치 창조라는 측면서도 '완전제품'으로서의 정보라야 마땅하다. 완전제품으로서의 정보가 갖추어야 할 사양들을 앞서 논의한 혁신이론 관점에서의 '완전제품' 개념과 대응하여 제시하면 다음과 같다.

- 통상정보(*Factual Information*) : 재래식 대체입수 수단이 상존해 있거나 그 내용 면에서 별 흥미를 끌지 못하는 단순 소개 차원의 사실적 정보로 정의될 수 있으며, 이는 '통상제품'에 해당한다. 도서, 신문, 잡지 혹은 각종 매스컴을 통해 얻을 수 있는 정보로서 그 내용과 형식이 진부한 범주를 벗어나지 못하는 정보의 유형이 이에 해당된다. 예컨대, 관광정보의 범주에 해당하는 사찰유적지의 경우, 속리산 법주사 경내에 있는 국보 제 5호인 '쌍사자석등'의 경우 어느 개인 홈페이지에는 사진과 함께 다음과 같이 소개되어 있는데 이는 통상정보의 전형이다.

「신라 성덕왕 19년(720년)에 완성된 것으로 전해지며 팔각간석 대신에 쌍사자를 조각한 간석을 사용한 기발한 의장과 뛰어난 조각솜씨가 일품이다. 이 석등은 전체 높이가 3.3m이며 사자 두 마리가 불집을 받고 있는 형태로 우리나라 석등 중 가장 우수한 것이다. 쌍사자석등은 불타의 가피(부처나 보살이 사람에게 힘을 주는 것)로 명랑한 생활을 하고 재앙을 예방하기 위해 창조된 것으로 알려져 있다」

- 부가정보(*Additional Information*) : 통상정보에 부가하여 관심과 흥미를 유발하도록 해설 및 해석이 추가된 정보로 정의되며, 이는 흔히 비정형 정보의 형태로 '기대제품'에 해당한다. 정보의 분야별 특성에 따라 학문적, 미학(예술)적, 혹은 법·제도적 해설 및 해석 등이 이 범주에 해당된다. 앞서 예로 든 '쌍사자석등'의 경우, 이것이 만들어진 설화나 배경 혹은 '국보'라는 점에 착안하여 그 예술적 가치를 부가한다면 이는 부가정보가 될 것이다. 가령, 예술적 관점에서 이 석등이 국보의 가치가 있는 이유는 암수 한 쌍의 사자가 교접 시 절정에 이르렀을 때의 긴장된 근육이 엉덩이에 그대로 나타나 있다는 미술가의 시각을 소개한다면 이는 관광객을 끌기에 충분한 정보로서의 가치가 있을 것이다.

- 보강정보(Augmented Information) : 텍스트 정보의 보강과 행간의 의미를 읽을 수 있는 시청각 보조수단(동영상, 3D, 이미지, 그래프, 차트 등)이 제공된 형태의 정보로 정의되며, 이는 '보강제품'에 해당된다. 텍스트는 경우에 따라 정보 전달의 한계점이 흔히 노출되는 바, 난해한 텍스트의 보조 수단으로 활용되는 정보 전달 수단이 이 범주에 해당된다. 앞서 예로 든 '쌍사자석등'의 경우, 이 조각상을 설명하기 위해서 '팔각간석' 등 일반인들이 쉽사리 이해하기 어려운 전문용어를 쓰고 있는데, 가령 3D 영상으로 전후좌우를 돌려가며 해당 부분에 대한 설명과 해석을 곁들인다면 이는 보강정보가 될 수 있다. 실제로, 우리나라 관광지의 모든 유적 및 문화재를 설명한 입간판에 쓰인 내용이 너무 전문적이고 난해하여 이를 제대로 해석하고 이해하는 이는 거의 드문 상황임을 유념할 필요가 있다.

- 연계정보(*Referential Information*) : 해당정보와 직·간접적으로 연관성이 있거나 참고가 될 수 있는 정보로 정의되며, 이는 '잠재제품'에 해당한다. 해당정보와 직·간접적으로 연관성 있는 정보를 하이퍼텍스트 방식으로 제공하거나 정보에 담기 키-워드를 설명하는 디렉토리 및 URL을 링크 시켜주는 형태가 이 범주에 속한다. 앞서 예로 든 '쌍사자석등'과 유사 혹은 관련이 있는 내용을 추가로 제공하거나 해당 사이트를 링크한다면 이는 잠재정보가 될 것이다. 가령 국내외 석등의 유래 및 특징, 특히 대표적 석등인 팔각석등과 이의 변형인 고복형 석등과 같은 정보를 제공하거

나 이러한 연계정보를 제공하는 사이트를 링크시키는 것이 전형적인 연계 정보의 예가 될 것이다.

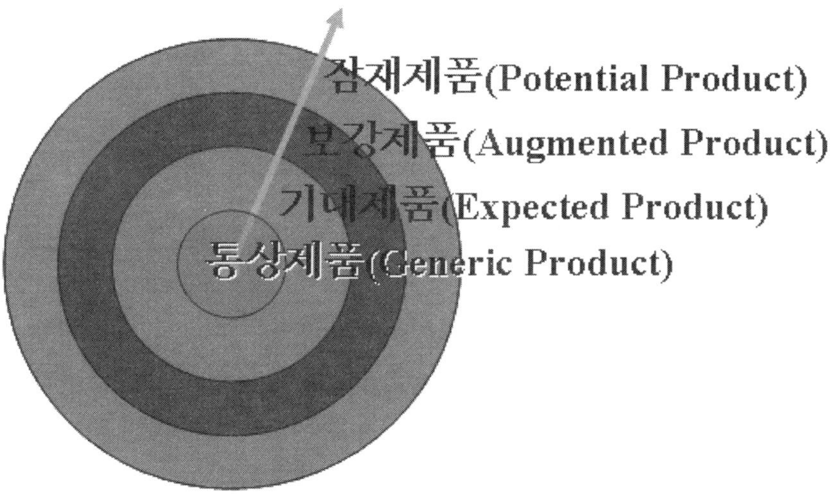

[그림 2-2] '완전정보'의 개념적 모형

지금까지의 논의를 토대로 제품으로서의 '완전정보'의 계층구조를 개념적으로 도식화하면 그림 2-2와 같이 표현될 수 있다. 요컨대, 정보 가치의 증대를 위해서는 정보와 정보의 결합이 중요하며 이는 정보 이용자의 창의성과 직결되는 것이기는 하지만, 정보수요를 창출해야 하는 제공자의 시각에서 볼 때는 '완전제품으로서의 정보' 개발이 매우 중요한 것이다.

제품으로서의 통상정보(*Factual Information*)는 '완전정보'로의 이행에 단초가 되는 중요한 자산이기는 하지만 캐즘 극복을 위한 전기다수집단의 수요창출에는 별다른 도움을 주지 못한다. 그 동안 자치단체 등 정보화사업을 주도하는 선각수용자들은 이러한 중대한 사실을 이해하지 못하고 그저 대량의 통상정보만을 기술적 컨테이너에 담아 제공하는 데 주력하는 반면 이에 기초하여 완전정보를 만들어내는 책임은 주민 등 이용자에게 전가해 왔다. 이렇듯 단편적 정보의 양산 내지 기존의 통산정보의 복제에 국한된 정보화 사업의 근간은 결국 10여 년 간의 지역정보화사업 노력과 자원투입에도 불구하고 가시적 성과가 나타나지 못하는 최대의 원인이 되고 있다.

1.3 정보의 효용성 평가

크롱키(*Kroenke, 1989*)는 정보의 질을 결정하는 기준으로 적절성(*relevancy*), 정확성(*accuracy*), 적시성(*timeliness*), 불확실성의 감소(*reduced uncertainty*) 정도, 놀람요소(*element of surprise*) 등 5가지를 들고 있다.

- 적절성 : 정보는 현재 문제가 되고 있는 일, 또는 필요한 행동과 관련이 있는 것이라야 한다. 정보는 이용자로 하여금 자신의 문제를 이해하고 처리하는데 어떤 방법으로든 도움을 줄 수 있어야 한다. 결국 정보의 적절성이란 정보를 접수한 이용자가 가지고 있는 문제 상황(*context*)과의 부합 정도를 말하는 것이다.

- 정확성 : 정보의 내용상 이용자의 문제 상황과 부합도가 높다하더라도 정보의 정확성이 떨어지면 오히려 잘못된 판단과 의사결정을 낳을 수 있다. 정보의 정확성은 내용의 정밀성과 신뢰성에 좌우되는 것이다. 아무리 내용이 구체적이고 정밀하다하여도 신뢰성이 떨어지거나, 반대로 신뢰성은 높은데 정밀성이 떨어지면 그 정보의 정확성은 낮은 것이다. 정보로의 변환과정이 제대로 되어 있어도 이에 활용되는 기초 데이터에 오류(착오, 고의 조작, 변조, 은폐 등)가 있으면 그로부터 얻어지는 정보는 정확할 수 없다. 따라서 기초 데이터의 체계적 생성 및 관리는 정보처리의 가장 중요한 원천이 되므로 고의에 의한 데이터 조작이나 은폐는 일종의 범죄로 인식되어야 한다.

- 적시성 : 정보는 필요한 때에 이용될 수 있어야 한다. 이는 앞서 논의한 바와 같이 정보는 '상황 의존적'인 특성을 가지고 있기 때문이다. 당장 필요한 정보를 상황이 종료된 이후 접수하게 되면 그 가치는 급격히 소멸하게 된다. 예컨대, 10월 1일에 광고 결정을 내려야 하는 판매과장에게는 10월 10일에 도착한 시장조사보고서보다 9월 15일 제출된 보고서의 가치가 훨씬 크다는 것은 두말할 여지가 없다.

- 불확실성의 감소 : 문제에 부합되는 정보는 해당문제에 대해 모르던 부분을 새롭게 알게 함으로서 보다 정확한 의사결정을 유도하는 효과를 갖는

다. 정보가 가지는 불확실성 감소효과는 엄밀한 의미에서 '정보의 효용성'에 영향을 끼치는 요소라기보다는 정보의 본원적 특성에 해당한다. 바꾸어 말하면 사람은 불확실성을 흡수하기 위해서 정보처리를 하기 때문이다.

- 놀람요소 : 정보의 질을 평가할 수 있는 가장 효율적이며 직관적인 요소는 정보를 접했을 때 그에 대한 놀람의 정도이다. 가령 친구의 전화번호를 알고자 하는 사람에게 '114(전화안내번호)'를 알려준다면 그리고 이미 그 사람도 그쯤은 알고 있다면 그 정보는 매우 진부한 정보로서 가치가 없는 것이다.

이외에도 정보의 온전성(*completeness*), 검증가능성(*verifiability*), 경제성(*economy*) 등을 생각해 볼 수 있다.

- 온전성 : 이는 정보의 제 2특성인 "정보의 단편성(정보가치의 승수효과)"과 깊은 관련이 있다. 한 정보는 다른 정보와 결합될 때라야 비로소 가치를 발생한다 (앞서 논의한 '재화로서의 완전정보'를 상기하라). 따라서 개별적인 정보는 그 자체는 가치를 발휘하기 어렵다. 이에 관해서는 '정보화의 여정: 제2고개'에서 구체적으로 논의하기로 하자.

- 검증가능성 : 정보의 신뢰성은 정보의 효용성에 지대한 영향을 끼친다. 정보의 신빙성을 얻기 위한 현실적 방법으로는 관련 있는 다른 정보와 비교해 봄으로써 가능하다. 따라서 유용한 정보가 되기 위해서는 이용자가 검증할 수 있도록 과년 정보를 참고로 제시하는 것이 중요하다.

- 경제성 : 아무리 소중한 정보라 할지라도 이를 산출, 입수하는 비용이 이를 활용함으로써 얻을 수 있는 가치보다 크다면 그 정보의 효용성은 낮아질 수밖에 없을 것이다. 그러나 정보의 경제성에 관한 판단은 인간이 언제나 합리적이고 최적의 행동을 한다는 가정 하에 정보취득 비용과 활용으로부터 얻는 이익을 계산함으로써 가능하다. 이를 정보의 "규범적 가치"라 한다. 컴퓨터와 인터넷 등 정보기술의 활용은 정보취득 비용을 격감시킬 수 있다는 점에서 볼 때 정보의 경제성을 높여주는 결정적인 수단으로 해석될 수 있다. 그러나 비용과 대비되는 효익은 상당히 주관적일 수

있기 때문에 정보의 경제성에 대한 규범적 가치를 사전에 판단하기란 그리 용이한 일이 아니다.

1.4 정보의 가치

정보의 가치는 주관적 가치(*subjective value*), 규범적 가치(*normative value*), 현실적 가치(*realistic value*) 등 세 가지 관점에서 평가할 수 있다.

- 주관적 가치 : 우리가 획득하는 정보의 가치는 그것을 필요로 하는 상황적 맥락(*context*)과 강도에 따라 상당한 차이를 보이게 된다. 즉 정보의 가치를 평가하는 절대적 기준은 존재하지 않는다. 정보의 사용자가 가지고 있는 문제의식과의 부합도, 그리고 그것이 활용되는 상황에 따라 다르게 평가될 수 있다. 가령, 같은 '물'이라 하더라도 갈증 나는 사막에서 느끼는 가치와 개울이 많은 산길에서 느끼는 가치는 엄청난 차이가 있는 것과 같은 이치이다. 대부분의 경우 사람들은 정보의 가치를 주관적 판단에 의존한다.

- 규범적 가치 : 이는 인간이 합리적이고 항상 최적의 것을 추구한다는 가정 하에 정보 취득에 소요되는 비용과 정보 활용으로부터 얻는 이익의 차이를 계산하여 그 가치를 판단한다는 가정을 전제로 한다. 이러한 규범적 가치판단은 매우 절차적이며 구조화된 방식으로 주관적 가치와 대조를 이룬다. 규범적 관점에서 정보의 가치를 어떻게 판단하게 되는지 재고관리의 경우를 예로 들어보자. 편의상 재고를 '불확실성을 흡수하기 위해 쌓아둔 재화'로 간주하자. 불확실성에 대처하는 수단으로 우리는 재고를 쌓아두는 방식과 정보처리를 통해 재고수준을 낮추는 방식을 생각할 수 있을 것이다. 불확실성에 대처한다는 측면에서만 볼 때 재고와 정보는 그 맥을 같이 한다는 점에 주목하여야 한다. 주문에 관한 불확실성에 대처하기 위하여 정보를 처리하지 않고 무작정 안전하게 100만원 어치의 재고를 쌓아 두는 경우와 주문정보를 분석 처리하여 20만원어치의 재고만을 두어도 불확실성에 대처할 수 있는 경우를 비교해보자. 정보처리로 80만원어치의 재고를 절감할 수 있다면 그 정보의 가치는 80만원에 해당한다고 할 수 있다. 여기에다 정보처리에 소요되는 비용을 10만원이라 한다면 정

보의 순수가치는 70만원이 될 것이다. 물론 이러한 논리는 재고 및 재고관리를 지나치게 단순화 시킨 것이라는 지적이 있을 수 있으나 정보가치의 규범적 판단을 설명하기에는 충분하리라 생각된다.

- 현실적 가치 : 이는 주관적 가치 판단과 규범적 가치 판단의 중간형태로, 주관적 판단과 규범적 판단을 혼용하여 최적이 아닌 최선의 선택을 하게 되는 가치기준을 의미한다. 이는 주로 정보의 사전적 가치를 의미하는 것이 아니고, 경험(활용)을 통해 사후에 인지된 가치이다.

1.5 정보의 특성과 정보화의 여정

진정한 의미에서 우리가 정보화를 통해 경쟁력을 확보하고자 한다면 반드시 극복해야 할 네 개의 결코 쉽지 않은 고개 – 내면화(*Internalization*) 고개, 종합화(*Combination*) 고개, 일반화(*Externalization*) 고개, 그리고 사회화(*Socialization*) 고개를 넘어야 한다. 이렇듯 우리가 넘어야 할 정보화의 네 개의 고개는 다음 표 2-2와 같은 정보의 고유 특성과 밀접한 관계가 있다.

[표 2-2] 정보의 특성과 정보화의 여정(네 고개)

정보화 여정 / 정보의 특성	제 1고개: 내면화	제 2고개: 종합화	제 3고개: 일반화	제 4고개: 사회화
Information Rule 1: 정보의 비가시성(정보가치 의 주관성)	● 문제의식 (참여적 조직문화)			
Information Rule 2: 정보의 결합성(정보가치 의 상승효과)		● 창의성 (유연한 조직문화)		
Information Rule 3: 정보의 상황예속성(정보 가치의 소멸성)			● 논리성 (합리적 조직문화)	
Information Rule 4: 정보의 문화성(정보가치 의 보완성)				● 커뮤니케이션 (개방된 조직문화)

가. 내면화 고개 : 정보의 제1특성(정보의 비가시성) 극복

우리가 지식정보화의 조류를 능동적으로 타지 못하는 가장 큰 요인은 우리의 일과 생활 속에서 과연 어떠한 정보가 필요한지 정확히 알고 있지 못하다는 점이다. 정보란 그냥 주어지는 것이 아니라 찾고자 할 때 보이는 것이며, 필요로 하는 정보가 눈에 보이기 위해서는 우리의 삶 속에서 부단히 '문제의식'을 갖지 않으면 안 된다. '문제의식'은 관심과 애착으로부터 출발한다. 이는 정보의 일차적 특성인 '정보의 비가시성' 혹은 '정보가치의 주관성' 때문이다.

'문제의식'이 중요한 이유는 이를 해결하는데 필수적인 소요 정보 유형을 구체화하고 정보 입수 욕구를 유발하는 단초가 되기 때문이다. 애착으로부터 출발하는 '문제의식'은 곧 우리의 주변에서 일어나는 크고 작은 현상 속에서 지혜와 정보를 얻어내는 '혜안'을 준다는 것은 지극히 보편적인 사실이다. 솔직히 필자는 요즘 우리나라 정부와 각급 자치단체에서 진행하고 있는 각종 정보화 사업과 추진방식에 대해 상당한 회의를 품고 있다. 물론 적지 않은 성과를 이루고 있음을 인정하면서도 무작정 불에 뛰어드는 불나방과 같이 지식정보화의 본질에 대한 성찰과 고뇌 없이 외형적 성과에만 너무 집착하고 있다는 생각을 불식하기 어렵다. 정보기술은 정보화의 수단이요 필요조건이지 결코 그 자체가 목표달성의 충분조건이 될 수는 없다. 인터넷과 컴퓨터가 보통 사람들의 도구가 된 지금 대다수의 사람들은 과연 이러한 도구를 어떤데 얼마나 활용하고 있는가를 반성해 보면 정보화를 주도하는 집단이 이 단계에서 제기해야 할 근본적인 문제는 적어도 다음과 같이 세 가지로 요약될 수 있다.

첫째, 흔히들 얘기하는 '정보화 시대'의 진정한 의미는 무엇인가. 아마 정보가 중요시되는 시대, 극단적으로 표현하면 정보가 돈이 되는 시대라는 의미일 것이다. 그렇다면 '일상생활 속에서 정보가 돈이 되었던 경험은 과연 있는가'하는 의문을 우리 스스로가 제기해보아야 한다.

둘째, 왜 하필이면 요즘의 시대를 '정보화 시대'라고 하는가. 적어도 유사이래 정보가 중요시되지 않은 시대가 있는가. 마라톤의 기원이 되었던 고대 전쟁의 승전보를 알리느라 먼 길을 달려갔던 일화도 정보의 전달이요, 중세 비둘기의 다리에 메모를 달아 날렸던 것도 정보의 전달이며, 봉수대의 봉화도 정보의 전달이었지 않은가!

셋째, '신지식인'이란 무엇인가. 그리고 탐 피터스는 '97년말 미국 CBS 방송에서 호텔 청소부 할머니를 무슨 의도에서 미국 최고의 지식인으로 지목했을까? 소개할 만한 지식인이 없어서는 결코 아닐 것이다.

이러한 근본적인 문제에 대한 성찰과 고뇌가 없이는 우리가 정보화를 추구하는 근본적 목표에 이를 수 없다고 단언하고 싶다. 제기된 문제에 대해서는 강의 중에 구체적으로 논의하기로 한다.

그러나 '문제의식'을 갖기란 말처럼 쉬운 것이 아니다. 우리 생활의 대부분은 '습관적 사고'에 지배되기 때문이다. 그러나 방법은 있다. 문제의식을 갖기 위해서는 주변 현상을 새롭게 바라보는 것이며, 새롭게 바라보기 위해서는 컨텍스트(context)가 배제된 현상 그 자체만을 직시하는 것이다.

나. 종합화 고개 : 정보의 제2특성(정보의 결합성) 극복

'문제의식'을 통해 정보를 볼 수 있다면 일단 제1관문인 '내면화 고개'는 넘어갈 수 있다. 그러나 얻은 정보로부터 가치를 창출하기 위해서는 넘어야 할 또 다른 고개가 있다. 이것이 바로 '종합화 고개'이다. '종합화 고개'는 정보의 이차적 특성인 '정보가치의 단편성'을 극복해야 하는 고개이다. 여기서 '정보가치의 단편성'이란 '구슬이 서 말이라도 꿰어야 한다'는 속담처럼 한 정보는 다른 정보와 결합될 때라야 비로소 그 가치가 발휘되는 특성을 말하는 것으로, 이러한 특성을 '정보의 결합성'이라 하기도 한다. 정보화 시대를 '협력의 시대'라 부르는 이유도 바로 여기에 있는 것이다. 하나의 '노-하우'는 이제 다른 '노-하우'와 결합될 때 그 위력을 발휘하는 것이며, 바로 이것이 정보화 시대의 대표적 특성인 것이다.

'종합화 고개'를 형성하고 있는 '정보가치의 단편성'은 '정보의 결합'을 통해 극복할 수 있다 그 이유는 첫째, 정보와 정보의 결합 없이는 의사결정을 내릴 수 없기 때문이며, 둘째, 정보와 정보의 결합 없이는 인과적 사고(因果的 思考)의 틀이 형성되지 않기 때문이다. 셋째, 정보와 정보의 결합 없이는 부(富)가 창출되기 어렵다. 정보화 시대를 '협력의 시대'라고 하는 이유는 바로 여기에 있으며 이는 디지털의 특성인 단절을 퓨전으로 극복하려는 현상이 요즘의 사회를 주도하는 내재적 이유이다.

정보와 정보, 생각과 생각, 노-하우와 노-하우의 결합은 가치 발생의 중

대한 시발점이 된다. 그렇다면 비슷한 정보들의 결합으로 발생되는 가치와 관련성이 없어 보이는 정보들의 결합으로 발생되는 가치, 그 어느 쪽의 가치가 더 클까? 이에 대한 답은 '닭과 닭을 교배해서 얻는 가치와 닭과 꿩이 교배해서 얻을 수 있는 가치'를 비교한다면 쉽게 얻을 수 있을 것이다. 닭과 닭끼리의 교배는 별로 새로울 것이 없다. 그러나 닭과 꿩이 결합된다면 그 결과가 미치는 여파는 실로 상당할 것이 분명하지 않은가. 그렇다면 닭과 꿩을 교배하듯 서로 성격이 다른 정보를 교배하여 새로운 가치를 창출하기 위해서는 어떠한 소양이 요구될까? 바로 창의적 사고이며, 창의적 사고는 기존의 룰과 가정(假定)으로부터의 탈피를 요구한다.

정보가치의 단편성을 극복하기 위한 정보의 결합은 창의성을 필요로 하며 창의성이 대등하다는 가정 하에 정보간 결합의 가능성은 인터넷과 접근창구인 컴퓨터를 수단으로 할 때 폭발적으로 상승하게 된다. 입수 혹은 보유한 정보가 n개일 경우 정보가 결합을 통한 가치의 발생은 n^2-n 만큼씩 발생하게 되며 이것이 바로 지식기반 경제에서 수확체증의 법칙이 적용되는 근본적 이유이다. 앞서 '내면화 고개'에서 제기한 네 가지 근본적 의문 중에 첫 번째와 두 번째 의문에 대한 답을 바로 여기서 얻을 수 있으며, 유독 요즘의 시대를 '정보화 시대'라고 하는 이유는 바로 이러한 연유에서임을 명심할 필요가 있다.

다. 일반화 고개 : 정보의 제3특성(정보의 상황예속성) 극복

정보와 정보를 결합하여 가치가 창출된다 하더라도, 그 가치는 오래 지속될 수 없다. 이는 정보의 삼차적 속성인 '정보가치의 소멸성' 때문에 그러하다. 그 이유는 정보란 대부분의 경우 상황적 환경과 밀접하기 때문이다. 따라서 정보의 가치가 형성된다 하더라도 시간이 경과하면서 그 가치는 급격히 하락하게 되므로 보편적 유사 상황에도 적용이 가능하도록 이를 일반화하는 노력이 요구된다. 정보 가치의 일반화 과정을 우리는 지식형성과정이라 부른다.

그렇다면 이들이 강조하고 있는 '지식'이란 무엇인가? 지식은 단편적인 정보가 일정한 틀 속에서 정리(논리를 통한 정당화)되어 문자, 수식 등의 수단으로 표출될 때 형성되는 것이다. 지식을 구성하는 정보는 다양한 자료가 축적 가공되어 사람의 해석을 통해 얻어지는 것이다. 결국 이들의 지적대로 '지식혁명'만이 유일한 처방이라면 정보혁명이 우선되어야 할 것이며, 정보혁명을 성공적으로 달성하기 위해서는 우리 주변의 각종 자료가 체계적으로 정리, 축적되고 있는 지부터 자문해보아야 한다.

여기서 우리가 유념해야 할 것은 '살아있는 지식은 교육에 의해 이루어지기보다는 학습을 통해 형성된다'는 사실이다. 교육은 피동적 성향이 강한 반면 학습은, '내면화 고개'에서도 언급했듯이 '문제의식'을 가지고 그 문제를 해결하고자 하는 능동적 행위이기 때문이다.

교육열은 세계 1위, 그러나 학습열은 세계 꼴찌인 나라가 바로 우리나라이다. 그렇기에 외국인들의 눈에 '한국인들은 시키는 일은 곧잘 하는데, 일을 스스로 만들어 할 줄 모르는 사람들'로 비추어지고 있는 것도 바로 이러한 이유에서다. 정규 교육과정이 끝나면 우리는 책을 덮는다. 그리고는 어제 한 일을 오늘 반복, 내일 되풀이하면서 세월을 보낸다.

창업 초기부터 고락을 함께 한 23년 경험의 전문가가 회사를 떠나는 것을 보고 못내 아쉬워하면서도 다음과 같은 말로 스스로를 위로하던 어느 중소기업의 최고경영자가 떠오른다. "내가 잃는 것은 23년의 경험이 아니라, 단 1년의 경험뿐이다. 왜냐하면 그가 입사한 1년 후부터 22년 동안은 첫 1년의 반복된 행동뿐이었으니까..." 다같이 곱씹어 볼 일이다. 지식은 학습을 통해서 축적되는 것이지 교육을 통해 축적되는 것이 아니다! 지식의 원천인 정보는 스스로 찾지 않으면 보이는 것이 아니기 때문이다.

라. 사회화 고개 : 정보의 제4특성(정보의 문화성) 극복

지식의 정의는 다양하게 규정지을 수 있으나, 지식혁명의 맥락에서 그리고 '신지식인'의 개념과 결부 지어 볼 때 실천력이 없는 지식은 이미 지식이 아니라는 주장이 설득력을 갖는다. 그렇기에 일부 서양학자들은 지식을 '*Knowledge*' 대신 '*Knowing*'으로 정의하면서 지식의 동태적 특성을 강조하기도 한다. 여기서 '지식의 동태성'이란 이를 통한 실천으로 최종 가치를 획득하게 되며 획득된 가치는 다시금 새로운 지식의 원천이 되는 자기강화적 확대의 특성을 의미하는 것이다.

정보와 지식의 실용적 가치를 갖기 위해서는 올바른 예측과 판단, 그리고 선각자적 행동으로 이어져야 하며, 그 행동으로부터 얻는 것이 바로 부(富)요

경쟁력이다. 지식을 기반으로 하여 얻는 부와 경쟁력은 다시금 '내면화 고개'로 이어지면서 지식 창출의 순화과정을 가속, 확대해가야 한다. 이를 위해서는 시대에 걸 맞는 새로운 문화가 필요한데, 지면관계상 여기서는 토론문화, 제안문화, 놀이문화 등 세 가지 유형의 문화에 국한하여 논의하고자 한다.

1) 토론문화

앞서도 필자는 '정보화 시대는 곧 협력의 시대'라는 점을 강조한 바 있다. 정보와 정보의 결합을 위해서는 협력하고자 하는 수평적 사고가 필수적이다. 협력은 토론문화의 정착을 통해 가능하며, 바른 토론을 위해서는 상대방 중심적 의식이 전제되어야 한다. 자기의 기준에서 바라본 해결책만이 옳다고 주장한다면 어떻게 대화가 제대로 이루질 수 있을 것이며, 어떻게 문제 해결의 지혜를 얻을 수 있겠는가.

정보화 시대는 사전에 정해진 정답이 없는 시대이다. '앞에 가는 세 사람 중에는 반드시 나의 선생이 있다'고 한 공자님의 말씀이 기억난다. 이는 비록 세 사람 모두 다 철부지 어린애들이라도 그 중에는 반드시 내가 배울 구석이 있다는 의미이리라. '정보화 시대의 지식인'은 바로 여기서부터 출발하는 것이다. 공자님의 혜안이 새삼 절실하게 느껴진다.

2) 제안문화

3M사의 '포스트-잇' 히타치(Hitachi)의 모토였던 'HAL' 등은 모두 조직원의 문득 떠오른 생각과 이를 묵살하거나 무심코 지나치지 않은 리더의 혜안이 결합되어 나오게 된 걸작들이다. 자신의 지위와 학식, 경륜만으로 조직원의 생각을 '정신적 감옥'에 가둬두게 하는 리더는 더 이상 우리의 조직에 존재해서는 안된다. 정보화 시대의 조직은 모름지기 권위주의가 철저히 배제된 수평조직으로 구성되어야 한다. 수평조직이 역량을 결집시켜 일사불란하게 한 방향으로 움직이기 위해서는 공유가치의 형성이 필수적이며, 이러한 공유가치는 모토와 같은 형태로 표출될 필요가 있다. 그러나 HAL과 같은 모토는 그냥 얻어지는 것이 아니다. 구성원의 조직 몰입과 참여의식, 그리고 제안제도가 정착될 때 가능한 것이다. 그러기 위해서는 권위주의가 타파되고 처벌 지향적 리더십에서 권장 중심적 리더십으로의 전환이 무엇 보다 중요하다.

3) 놀이문화

「헤르쯔」의 무선전파, 「렌트겐」의 X선, 「다궐」의 사진용 감광판, 그리고 「알렉산더 플레밍」의 「페니실린」, 최근 세인의 관심을 끌고 있는 「비아그라」 역시 심장병 치료제를 개발하는 과정에서 발견된 우연의 산물이다. 이러한 우연한 발견은 비단 과학자들에게만 있는 것은 아니라 누구에게나 있을 수 있는 일이다. 필자도 종종 이와 유사한 경험을 하곤 한다. 가령 어떤 자료를 찾기 위해서 서고를 뒤지다가 찾으려고 하는 자료보다 더 소중한 자료를 우연히 발견하는 경우가 있다.

그렇다면 이러한 운과 조우할 수 있는 가능성을 높일 수 있는 방법은 무엇인가? 아마 논다는 것이 이상적인 방법일 것이며, 그것도 아무런 목적도 계획도 없는 놀이라야 한다. 신중히 사전에 계획된 실험들이 이론적인 조사나 연구의 길만을 줄달음질치는데 반해, 놀이라는 것은 찾으려 애써도 찾지 못하는 현상들이 우연히 나타나는 것을 조장하게 한다.

여기서 필자가 얘기하는 놀이란 단순히 쾌락을 위해 시간을 보내는 일을 의미하는 것이 아니다. 위대한 운과 조우하기 위한 놀이는 나름대로의 조건이 있다. 첫째, 하고 있는 일을 놀이로 생각해야 한다. 이를 위해서는 우선 심적 여유가 있어야 한다. 둘째, 놀이 그 자체를 의식해서는 안 된다. 놀이 그 자체를 의식하는 순간부터 논다는 그 자체가 일로 변질되고 놀이에 대한 흥미와 애착을 잃게 된다. 셋째, 놀이는 시행착오가 많을수록 좋다. 루틴하게 반복되는 놀이에서는 운과 조우할 수 없기 때문이다.

수직적 사고에 익숙한 사람들은 얼핏 보아 이러한 「놀이」를 비생산적이며 비논리적이라고 치부할 수 있겠지만, 오히려 자유로운 마음으로 놀지 못하는 것을 부끄럽게 여겨야 한다. 더욱이 지식혁명을 넘어가야 하는 첫 번째 고개인 '내면화 고개'에서 제일 먼저 요구되는 것이 '문제의식'이요, 이는 근본적으로 '애착'으로부터 출발한다는 사실을 상기할 때, 놀이문화의 정착은 구성원의 애착심을 고취할 수 있는 매우 중요한 요소가 된다. '놀이'의 어원이 '노릇'에 있다고 한다. '노릇'이란 역할(role)을 의미하는 것이니, '노세 노세 젊어서 노세, 늙어지면 못 노나니...'의 뜻도 알고 보면 늙기 전에 자기의 본분과 역할을 다하자는 것 일게다. 우리의 정서에 스며있는 이 노랫말도 일을 놀이로 바라보는 의미심장함이 자리하고 있음을 새삼 되씹어 보게 된다.

제 2 절 시스템의 이해

이 절에서는 시스템이 무엇인지 정의하고, 시스템의 특성 및 구성 요소, 시스템의 본질과 평가, 구성요소간 존재하는 인터페이스의 의미, 시스템의 유형별 분류와 분류체계에 따른 정보시스템의 정의 등 시스템 전반에 대한 이해를 돕는데 논의의 초점을 둔다.

2.1 시스템의 정의

가. 광의의 시스템

광의적 관점에서 시스템(*system*)이란 그리스어 '*systema*'에서 유래된 것으로 "특정한 목적을 달성하기 위하여 여러 가지 관련된 구성요소들이 상호작용하는 유기적 집합체"를 말한다. 전체적으로는 통일된 하나의 개체를 형성하면서도 각각의 고유기능을 수행하면서 그들의 공통적 목표를 달성하기 위해 상호 작용하는 요소들의 집합체를 '시스템'이라 한다. 행위적 관점에서 볼 때 시스템은 투입물(*Input*)을 받아 조직화된 변환과정(*Process*)을 통해 목표에 부합되는 산출물(*Output*)을 만들어내는데 관여되는 요소들의 집합체이다.

[표 2-3] 시스템의 예

시 스 템	구성 요소	기본 목표
인간신체	기관 : 세포, 골격, 신경계통	신체 활동
공　　장	사람, 기계, 건물, 대지, 자본, 원료	상품 생산
컴 퓨 터	입력, 처리, 출력, 기타 장치	자료 처리

나. 협의의 시스템

'정보시스템'이라는 협의적 관점에서 볼 때 시스템(*system*)은 크게 '조직시스템'이라고 하는 사회적 시스템과 '전산시스템'이라는 기술적 시스템 등 두 가지로 압축될 수 있다. *Davis*와 *Olson*은 정보시스템을 "조직의 운영, 관리 및 의사결정 기능을 지원하는 통합적 인간-기계 시스템"으로 정의하면서, 사람(*people*), 처리절차(*procedure*), 의사결정모형(*decision model*), 컴퓨터 하드웨어(*hardware*)와 소프트웨어(*software*), 그리고 데이터베이스(*database*) 등으로 구성된다고 규정하고 있다 (그림 2-3). 이렇듯 정보시스템은 사회적 요소(사람, 처리절차, 법·제도, 의사결정모형 등)와 기술적 요소(하드웨어, 소프트웨어, 데이터베이스 등)가 공통의 목적을 달성하기 위하여 유기적으로 결합된 집합체이다. 결국 정보시스템은 그 하위시스템인 조직시스템과 전산시스템이 동전의 양면과 같이 불가분의 관계 속에서 상승작용을 일으키는 사회·기술적(*socio-technological*) 시스템으로 규정지을 수 있다.

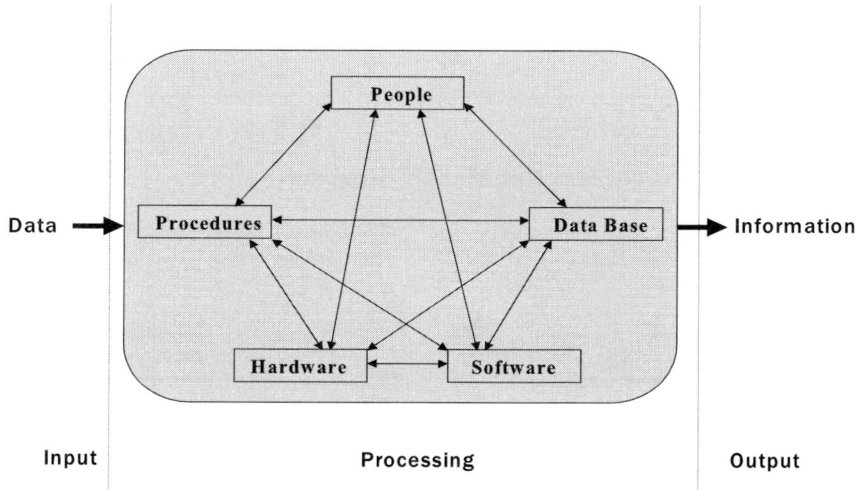

[그림 2-3] 정보시스템의 구성요소

2.2 시스템의 특성 및 구성요소

가. 시스템의 특성

존재의 이유를 갖는 세상 만물은 보기에 따라서는 모두 다 시스템이다. 그러나 엄밀한 의미에서 시스템이란 다음과 같은 주요 특성을 지니고 있을 때에만 '시스템'이라고 할 수 있다.

■ 구조적 측면

- 시스템은 입력→처리→출력(*I-P-O*)의 구조를 갖는다.
- 시스템은 피드백(*Feedback*) 구조를 갖는다.
- 시스템은 계층적(*Hierarchical*)구조를 갖는다.

■ 기능적 측면

- 시스템은 목표지향적(*Goal-oriented*)이다.
- 시스템은 자기제어적(*Self-controlled*)이다.
- 시스템은 상승작용적(*Synergic*)이다.

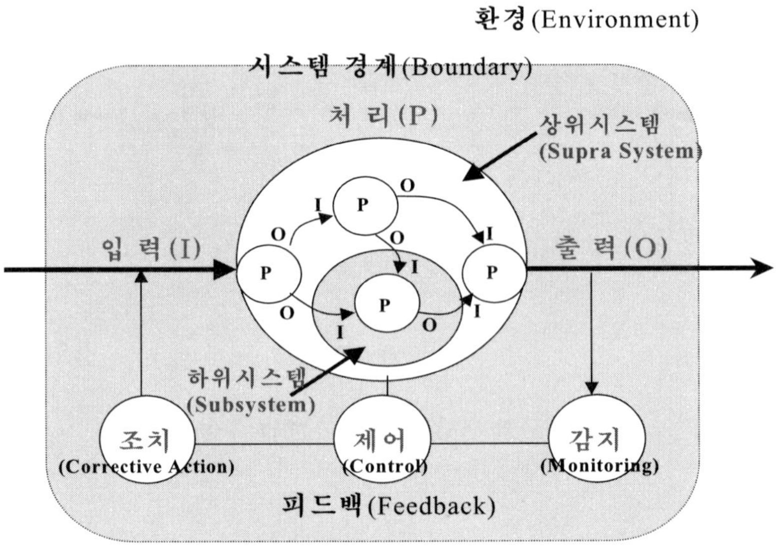

[그림 2-4] 시스템의 기본구조

1) 시스템은 I-P-O 구조를 갖는다.

시스템은 외부로부터 자원, 정보, 에너지 등을 입력(*Input*)받아 일련의 처리과정(*Process*)을 거쳐 자신의 목적에 부합되는 결과물(*Output*)을 출력하는 'I-P-O'를 기본 구조로 한다. 이러한 I-P-O 구조는 "목표지향성"이라고 하는 시스템의 기능적 특성과 밀접한 관계가 있다. 즉 시스템은 목적에 부합되는 산출(*Output*)을 내기위하여 그에 맞는 투입(*Input*)과 처리과정(*Process*)을 결정짓게 된다.

▶▷ 정보시스템을 분석하고 설계함에 있어 제일 먼저 해야 할 일은 해당시스템의 목표를 규명하는 것이다.

2) 시스템은 피드백 구조를 갖는다.

시스템은 정해진 목적에 따라 존재하고 작동한다. 따라서 시스템은 그 산출을 감지하여 그 결과에 따라 처리과정을 제어하며 수정조치를 입력에 가하는 일련의 피드백 구조를 가짐으로써 시스템이 목적에 부합되는 행위와 결과를 유지하도록 한다. 이러한 피드백 구조는 엔트로피(*entropy*) 증가의 억제를 위한 "자기제어성"이라고 하는 시스템의 기능적 특성과 밀접한 관계가 있다.

피드백은 양의 피드백(*positive feedback*)과 음의 피드백(*negative feedback*)으로 대별된다. 양(陽)의 피드백은 시스템이 움직이고 있는 현재 방향을 강화시키도록 작용하는 것으로써 현재의 활동을 반복하거나 확장하도록 해 준다. 조직에서 인센티브 제도는 양의 피드백의 전형적 예이다. 반면에 음(陰)의 피드백은 일정 허용범위 내에서 변동을 억제하고 허용범위를 벗어나는 현상을 감소시키기 위한 피드백을 말한다. 처벌이나 징계 혹은 자극 등이 이에 해당한다.

▶▷ 조직의 관점에서 볼 때 정보시스템은 조직의 엔트로피 증가를 막는 피드백 역할을 하는 것으로 해석될 수 있다.

3) 시스템은 계층 구조를 갖는다.

시스템은 설정되는 경계에 의해 식별되는데, 경계를 중심으로 하여 그 내부를 "시스템(*System*)"이라 하고 외부를 "환경(*Environment*)"이라고 한다. 대체로 이러한 경계는 명확하지만 때때로 그 경계가 명확하게 구분되지 않는 경우도 있다. 하나의 시스템은 몇 개의 부분 시스템으로 구성되기도 하며, 때로는 어떤 시스템이 다른 시스템을 포함하는 환경 내부에서 그 기능을 수행하기도 한다. 이러한 계층구조를 표현하기 위하여, 영역에 의해 규정된 시스템의 상위 시스템을 "수프라(Supra)시스템"이라 하며 하위시스템을 "서브(Sub)시스템"이라 부른다. 예컨대 비행기, 배, 자동차 및 자전거 등은 그 자체로 하나의 시스템이 되고, 각각은 운송시스템이라고 하는 상위 시스템에 포함된다. 마찬가지로 모든 시스템은 서브시스템(subsystem)이라고 하는 작은 시스템으로 분해할 수 있다. 예컨대, 자동차 시스템은 핸들 서브시스템, 엔진 서브시스템, 바퀴 서브시스템, 브레이크 서브시스템, 전기 배선 서브시스템 등으로 구성된다.

- ▶▷ 시스템의 계층구조적 성격은 정보시스템 사업을 수행함에 있어 분석하고 설계하여 개발하고자 하는 대상 시스템의 영역이 모호해져 사업 발주자(甲)와 수행자(乙)간 분쟁을 초래하기 쉽다. 사업 초기에 목표를 분명히 하고 그에 따라 개발할 시스템의 영역을 정확히 해놓지 않으면 분석이 쉽지 않을뿐더러 후에 갑과 을사이의 분쟁이 야기되기 쉽다.
- ▶▷ 시스템의 계층구조적 성격은 또한 실제 정보시스템 사업을 수행함에 있어 "분할-정복(*Divide and Conquer*)"의 접근방식을 용이하게 하기도 한다. 예컨대 하위 시스템간 상호작용이 적으면 적을수록 그 시스템은 분할 가능성이 높기 때문에 세부적인 분석에 들어갈 때 한 시스템을 여러 개의 하위시스템으로 나누어 작업을 하는데 유용한 개념으로 쓰일 수 있다.
- ▶▷ 또한 시스템의 계층구조적 성격은 정보시스템 사업을 수행함에 있어 대상 시스템의 실체를 분석하는데 하향식(*Top-Down*) 접근방식을 가능케 한다. 하위시스템들은 일단 "검은상자(*Black Box*)"로 간주하고 시스템 전체를 파악한 후 검은상자의 내부를 들어다보는 단계적 분석방식을 하향식 접근방식이라 한다. 이렇듯 "검은상자" 개념을 이용하면 분석가는 시스템의 위계상 어느 수준에 대해서도 쉽게 접근할 수 있다.

4) 시스템은 목표지향적(Goal-oriented)이다.

시스템은 어떤 목적을 달성하기 위해 존재하므로 목적을 명확하게 하는 것은 매우 중요하다. 일반적으로 시스템은 물리적 구성 요소와 인적 구성 요소로 이루어지지만, 이들 구성 요소들이 갖는 행위가 목적이 아니라, 각각의 행위를 종합한 결과가 목적이 된다. 시스템의 목적은 하나만이 아닌 그 이상이 될 수도 있으며, 큰 목적을 달성하기 위하여 작은 목적들의 복수 시스템이 존재할 수도 있다. 이와 같은 시스템의 목적을 충분히 파악해야 한다.

▶▷ 정보시스템은 경영의 매우 중요한 수단으로 자리하고 있다. 그렇다고 명확한 문제의식 없이 단순히 시대적 흐름에 편승하여 정보화사업에 착수해서는 실패할 수밖에 없다. 그 이유는 첫째, 정보화사업이 성공하기 위한 필수적 요건 중 하나는 최고경영자(CEO)의 적극적 지원과 참여이다. CEO의 지원과 참여를 끌어내기 위해서는 분명한 문제 제기와 그에 따른 대안으로서의 정보시스템 목표가 설정되어야 한다. 역설적으로, 단순히 '사업을 위한 사업'을 펼치는 한 고위층의 관심을 얻기 어려우며, 그 시스템의 성장은 지속 가능할 수 없다. 특히 공조직의 경우에 이러한 현상은 더욱 심각하게 나타난다. 둘째, 명확한 문제 설정이 없이는 해결수단으로 개발될 시스템의 목표가 분명할 수 없다. 목표가 불분명하면 분석범위가 모호해지고, 분석내용도 따라서 부실해질 수밖에 없다. 나아가 분석이 부실하면 대안도 부실해진다.

5) 시스템은 상승작용적(Synergic)이다.

제대로 작동하는 시스템은 "상승효과(*synergy effect*)"를 낳는다. 여기서 상승효과 혹은 시너지 효과란 흔히 "전체로 통합된 개체로 얻은 효과가 이를 구성하는 하위시스템(구성요소)들의 개별적 효과의 합보다 크게 나타나는 현상"으로 정의되며 시스템과 에너지란 단어가 결합되어 만들어진 용어이다. 그러나 이를 단순하게 문자 그대로 해석하기보다는 구성요소들의 개별적인 노력으로 얻을 수 없는 결과를 하나의 시스템으로서 달성할 수 있다는 뜻으로 이해하여야 한다.

▶▷ 시스템의 이러한 "상승작용적" 특성은 어떠한 대상을 분석하여 대안을 찾고자 할 때 각 구성요소들에 대한 부분적 관점뿐만 아니라 전체 시스템을 동시에 고려함으로써 문제를 전체적인 관점에서 조명하는 것이 필요한 데 이를 "시스템적 접근방법(*System Approach*)"이라고 한다. 이러한 시스템적 접근방식을 적용하게 되면 첫째, 문제해결 대상(시스템)을 전체의 관점에서 조명함으로써 개별 구성요소에 집착하는 경우 발생할 수 있는 부분최적화(*suboptimization*)을 피할 수 있다. 둘째, 문제를 전체와 구성요소로 분해하여 전체시스템에 대한 하위시스템의 역할을 분석함으로써 복잡한 문제를 쉽게 해결할 수 있는 "분할-정복(*Divide and*

Conquer)"이 가능해진다.

▶▷ 이는 마치 고리(*ring*)와 사슬(*chain*)과의 관계와도 유사하다. 고리는 게임기의 두더지처럼 개별적으로 존재하지만 사슬은 자동차처럼 각각의 연결점을 통해 이어진 상호작용 메커니즘이다. 흔히 조직은 개별적 고리들로 구성된 사슬에 비유되곤 한다. 개별 고리는 분업화된 단위업무요 사슬은 가치를 창조하는데 관여되는 일련의 업무들이 상호 작용하는 유기적 집합체인 프로세스에 해당하기 때문이다. 관리적 시각에서 볼 때, A와 B 두 개의 사물 혹은 지점을 연결하는 사슬의 경우 '고리의 무게를 관리할 것인가, 아니면 사슬의 장력을 관리할 것인가'의 문제에 귀착된다. '연결'이란 사슬의 기능으로 볼 때 당연히 고리의 무게가 아닌 사슬의 장력을 관리해야 마땅하다. 따라서 정보시스템은 조직의 개별 기능(고리)들을 가치를 창조해내는 사슬로 엮는 역할을 수행하여야 한다.

6) 시스템은 자기제어적(Self-controlled)이다

어떤 조건이나 상황의 변화가 발생하는 경우 그것에 대응하는 절차나 행동을 판단 또는 합의에 의하여 결정하는 것이 아니라 환경의 변화에 시스템이 스스로 적절히 대응할 수 있도록 조건이나 상황을 설정하여 자동적으로 처리하도록 하는 것을 자동성이라 한다. 우리 몸의 체온이 날씨나 활동으로 인해 상승할 경우 자동적으로 땀을 배출하여 체온을 조절하는 것도 우리 신체가 자동성을 가지고 있는 시스템이기 때문이다.

시스템이 그 기능을 충분히 발휘하기 위해서는 통제가 필요하다. 정해진 규칙이나 한계 또는 궤도로부터 이탈되는 현상을 미리 인식하여 바르게 진행되도록 하는 것이 시스템의 통제성이다. 통제성은 시스템의 존속을 좌우하는 중요한 특성이다. 대부분 시스템의 성과는 시간이 흐름에 따라 나빠지는 경향이 있는데 이를 엔트로피(*entropy*)라 한다. 엔트로피란 열역학 제2법칙에 나오는 용어로 시스템의 무질서 또는 복잡성의 정도를 의미한다. 즉, 시스템이 시간이 지남에 따라 점차 기능이 쇠약해져 결국 정지되어 버리는 경향을 나타내며 이를 엔트로피의 증가현상이라고 한다. 그러므로 시스템이 통제성을 가지지 못하면 엔트로피의 증가로 인하여 그 기능이 정지하거나 해체되어 버리고 만다. 따라서 어떤 시스템이 계속 존재하고 주어진 목적을 달성할 수 있도록 이와 같은 엔트로피의 증가를 억제하는 활동 또는 입력이 반드시 필요하게 되는데, 이와 같은 활동을 부(負)의 엔트로피(*negative entropy*)라고 한다. 이러한 과정을 통제라고 말하며 시스템의 결과물을 사전에 설정된 목표와 비교하여 차이가 있다면 그 차이의 원인을 수정·보완하여 시스템에 투입하는 것을 말한다. 피드백과 통제는 이후 논의할 시스템의 본질을 나타내는 중요한 개념으로 자세한 사항은 "2.3 시스템의 본질"에서 보다 자세하게 설명한다.

▶▷ 조직의 관점에서 볼 때 정보시스템은 조직의 엔트로피 증가를 막는 자기 제어적 메커니즘으로 해석될 수 있다.

나. 시스템의 구성요소

시스템으로서의 정보시스템은 앞서 그림 2-4에서 본 바와 같이 기본적으로 다음과 같은 6개의 구성요소로 이루어져 있다.

① 입력(*Input*): 출력을 성립시키기 위한 제어 조건 및 데이터

② 출력(*Output*): 입력시킨 데이터를 미리 지정된 조건에 따라 처리한 결과

③ 처리(*Process*): 입력을 시스템의 목적에 맞게 출력으로 변환하는 기능

④ 제어(*Control*): 시스템에 부과된 목표를 달성하기 위해 필요한 변환과정(*process*)을 올바로 유지하도록 하는 행위

⑤ 환류(*Feedback*): 입력이 처리되어 출력된 결과를 감지하여 기대하는 목표와 다르게 나타나면 그 차이를 수정하여 목표를 달성할 수 있도록 하는 행위

▶▷ 조직은 '설정된 목적을 달성하기 위한 자원전개 메커니즘'으로 간주될 수 있다. 이렇게 볼 때 조직은 기본적으로 "물질의 흐름(*Physical Flow*)"과 "정보의 흐름(*Informational Flow*)"등 두 가지 흐름으로 이루어져 있으며 이들 간의 관계는 빛과 그림자, 동전의 양면과 같은 관계에 있다. 따라서 조직의 유효성(*effectiveness*)은 이들 두 가지 흐름체계가 '입력→처리→출력'에 이르는 전 과정에서 얼마나 잘 동기화되어 있는가에 달려 있다고 해도 과언이 아니다. 특히 제어와 환류는 조직의 엔트로피 증가를 막기 위해 반드시 필요한 정보시스템의 고유 기능이다.

2.3 시스템의 본질과 평가

가. 시스템의 본질

1) 시스템의 복잡성(Complexity)과 제어점(Control Point)

두더지게임기와 자동차 중 어느 쪽이 더 복잡할까? 얼핏 보면 구성 부품이 수 만개에 이르는 자동차가 훨씬 복잡할 것으로 생각하기 십상이다. 정말 그럴까? 비록 두더지는 열개 남짓 하지만 이들은 각각 돌출적으로 행동한다. 그렇기에 이를 운영하는 사람 즉, 게임하는 사람은 아무리 순발력과 판단력이 뛰어나더라도 항상 높은 점수를 얻지는 못하며 그 점수는 매번 다양하게 나타난다. 반면에 자동차의 경우 비록 그 구성요소는 두더지게임기에 비할 수 없이 많지만 이를 운영하는 사람 즉, 운전자는 핸들과 브레이크로 이 모든 것을 쉽사리 제어한다.

두더지 게임기와 자동차 중 어느 쪽이 더 복합한지 다시 한 번 생각해 보자. 어떤 시스템의 복잡성 및 무질서의 정도는 그를 형성하는 구성요소의 수에 좌우되는 것이 아니라 제어 및 통제요소의 수에 좌우된다. 두더지게임기처럼 아무리 구성요소가 적더라도 이들이 서로 연결되어 있지 않고 통제요소(10여개의 두더지)가 많으면 복잡해진다. 반면에 자동차처럼 구성요소가 아무리 많더라도 이들의 상호작용 메커니즘이 존재하여 몇 가지 통제요소(핸들, 브레이크 등)로 제어가 가능하면 그 시스템은 단순해지고 정연해진다. 운영자 입장에서 볼 때 두더지 게임기가 훨씬 더 복합한 것임을 알 수 있다.

여기서 우리는 '시스템'이란 진정 무엇을 말하는 것인지를 생각하게 된다. 두더지게임기나 자동차 모두 넓은 의미에서는 시스템이다. 그러나 좁은 의미에서 두더지게임기는 더 이상 시스템이 아니다. 왜냐하면 시스템은 이를 구성하는 요소들이 그들 공동의 목표를 달성하는데 필요한 상호작용성을 보장하는 통제, 관리 및 제어 메커니즘(이를 '피드백' 이라 함)이 존재하여야 하기 때문이다. 적어도 게임기의 두더지들 사이에는 상호 작용하는 메커니즘이 존재하지 않는다. 시스템에 이러한 상호작용 피드백 메커니즘이 존재하지 않으면 '엔트로피(*entropy*)'는 급속히 증가하게 되며 시스템은 결국 와해된다. 아이러니하게도 두더지게임기는 주요 구성요소인 두더지들 간의 상호작용 메커니즘을 고의로 없애 이들의 행동에 무질서를 가함으로서 흥미를 더욱 돋우기는 하지만, 아무튼 이러한 게임기는 좁은 의미에서는 더 이상 시스템이 아니다.

2) 시스템 엔트로피(Entropy)와 피드백(Feedback)

시스템 엔트로피를 정보의 관점에서 생각해보자. 엔트로피란 쉽게 말해 "무질서의 정도"를 말한다. 그렇다면 시스템의 행위와 작동에 불확실성이 증가하면 엔트로피는 어떻게 될까? 당연히 엔트로피는 증가하는 것이다. 예를 들어 보자 교실에 학생들이 지정좌석에 앉도록 되어 있다면 "학생의 출석관리"에 관한 한 엔트로피는 매우 낮다. 그러나 학생들이 무작위로 자리를 점하고 앉는다면 엔트로피는 그 반대로 매우 높은 것이다. 이 예에서 볼 때 엔트로피가 높고 낮음은 결국 불확실성의 정도에서 비롯되는 것이며, 어떠한 방식으로든 이러한 불확실성을 흡수하기 위해 정보를 처리하여 예측이 가능하면 엔트로피는 낮아지게 된다. 우리가 정보처리를 하고자 함은 바로 시스템의 엔트로피 증가를 억제하여 시스템이 와해되는 것을 막고자 하는 것이다. 앞서 두더지게임기의 예를 보면 아이러니하게도 구성요소들의 돌출행위를 조장하여 불확실성을 증대시킴으로서 흥미를 유발하지만, 두더지게임기는 엔트로피가 매우 높은 시스템으로 규정할 수 있다.

물론 현실세계의 조직에서 엔트로피의 증가를 막는 방법은 단순히 정보처리만 있는 것이 아니다. 법 · 제도 등과 같은 사회적 장치도 물론 있다. 그러나 불확실성을 흡수하는 정보의 본원적 특성에 비추어 생각할 때 정보처리는 분명 시스템의 엔트로피의 증가를 막는 가장 보편적 수단임을 알 수가 있다. 컴퓨터시스템을 활용해 조직 활동의 불확실성을 제거하고자 하는 것이 바로 정보시스템이 필요한 이유이다. 즉 조직의 본원적 활동인 물질의 흐름을 투입에서 처리, 그리고 처리과정을 거쳐 산출에 이르기까지의 전 과정을 모니터하여 처리과정에서의 효율과 처리 후 얻은 산출의 효과를 실시간으로 측정할 수 있도록 정보의 흐름체계를 물질의 흐름과 동기화(*synchronize*)하는 것이 정보시스템의 가장 중요한 포인트가 된다.

물질과 정보 흐름의 동기화에 있어 가장 중요하면서도 해결되어야 할 것은 바로 시간 지연(*time delay*)을 어떻게 없앨 수 있는가 하는 것이며, 이러한 시간지연은 신속한 피드백 메커니즘을 부여하여 최대한 줄일 수 있다. 나아가 신속한 피드백은 컴퓨터 기반의 정보시스템 구축으로 가능하다.

이것이 바로 정보시스템을 구축해야 하는 가장 근본적인 이유이다. 역설적으로 물질의 흐름과 동기화 할 수 없는 정보시스템은 그 존재의 의미가 없다고 해도 과언이 아니다.

나. 시스템 평가

일반적으로 시스템 성능을 측정하고 평가하는 기준으로 효율성(*efficiency*)과 효과성(*effectiveness*) 등 두 가지의 개념이 적용된다(그림 3-3). 효율성이란 입력을 출력으로 바꾸는 시스템의 변환과정과 밀접한 관련이 있다. 다시 말해 효율은 시간의 단축, 비용의 절감 등과 같은 능률 측면에 초점을 두고 얼마나 적절한 방법이 사용되었는가, 처리과정은 적절하였는가와 같은 방법론적 관점의 측정기준이다. 효율을 나타내는 유사한 개념으로 생산성(*productivity*)이 있는데 이는 투입대비 산출로 표현되며, 이러한 생산성의 변화는 결국 처리과정의 효율성과 직결되어 있다.

한편 효과성은 기대결과(*expected outcome*) 대비 실제결과(*actual outcome*)가 어떠한가를 말하는 것으로 시스템의 목표달성과 밀접한 관련이 있다. 즉, 실제결과를 기대결과로 나누어 1이상이면 효과는 100%이상이라 하며 1이하이면 시스템의 효과는 100%이하라 한다. 물론 여기에 일정한 허용치가 적용되어 시스템 성능의 목표달성 여부를 판정한다. 따라서 효과성은 과정보다는 결과에 초점을 두고 있는 만큼 효율적인 시스템이 반드시 효과적 시스템이 되는 것은 아니다.

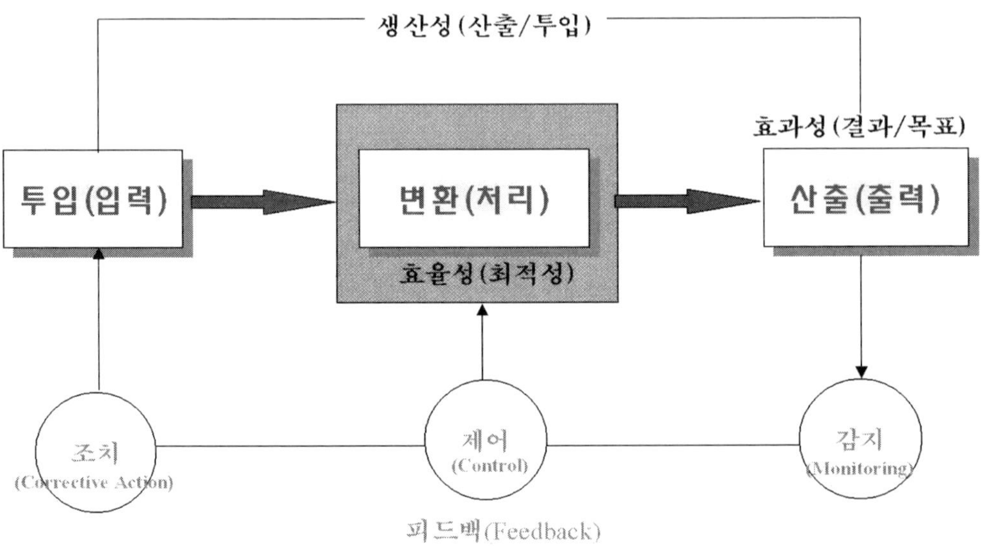

[그림 2-5] 시스템 성능평가 기준

그러나 시스템으로서의 경영조직은 목표형성과정이 다양하기 때문에 적어도 두 종류의 효과성 평가방법이 존재한다. 첫째는 시스템의 목표가 외부로부터 주어진 경우이고, 둘째는 시스템의 목표가 하위시스템 목표들 사이의 제휴관계로 형성되는 경우이다. 이때 후자의 경우에는 시스템 전체의 유효성 평가를 위한 단일의 평가지표를 만들어내기가 쉽지 않다. 개념적으로 시스템 전체의 효과성 평가를 위한 단일의 지표는 하위목표들 간의 다차원적 결합을 통해 벡터의 합으로 설정할 수 있다. 그러나 현실세계에서 상충되는 하위목표들을 결합한 단일의 벡터합을 만들어낸다는 것이 그리 용이한 일이 아니다.

민간 기업의 경우를 예로 들면 그 이유는 명확해진다. 시간과 공간상의 물리적 장벽들은 인터넷이 허물고 있지만, 분업에 의한 업무(조직)간 벽은 여전히 두텁기만 하다. 예컨대, SI업체의 경우 개발부서는 납기준수와 품질에 목표를 두고 있는 반면, 영업·마케팅 부서는 이와는 관계없이 많은 수주를 통한 실적 극대화에 있다. 그렇기에 이들 부서 간 갈등은 빈번하게 일어난다. 부문마다 서로 상충되는 다른 기준을 가지고 부서별 성과를 측정하다 보니 공통의 목표 달성을 위한 상호 협력보다는 오히려 자신의 목표달성을 위해 다른 부문의 희생을 요구하기도 한다. 영업 쪽에서 열심히 수주활동을 벌리는 것도, 개발팀이 열심히 개발하는 것도 알고 보면 회사의 수익을 극대화하고자 하는 노력 아닌가. 그럼에도 불구하고 개별 고리의 무게만을 중시하는 관행은 각자 처해있는 부문별 증상에 집착하고 전체를 위한 서로의 협조를 가로막고 있다. 각자의 일에만 충실하면 좋은 평가를 받게 되므로 문제를 독자적으로 파악하고 고립된 해결책을 제시하게 된다.

▶▷ ERP와 같은 전사적 차원의 정보시스템은 시스템으로서의 경영조직을 구성하는 주요 기능요소들을 유기적으로 연계, 통합하여 부서·부문간 장벽을 제거한 정보시스템으로 규정할 수 있으나, 이는 기술적 차원에서 그러한 것이지, 사회적 차원의 난제 즉 세부 기능요소 간 상충되는 목표로 인해 부문별 기능별 장벽은 그대로 남아있다. 이로 인해 ERP는 그 효과가 기대만큼 나지 못하고 있다는 비판이 일고 있다.

2.4 인터페이스의 의미

시스템 인터페이스(*interface*)란 크게 두 가지로 구분된다. 첫째는 대상 시스템의 경계에 의해 규정된 외부 환경과 시스템과의 계면(界面)이요, 둘째는 시스템 내부에 존재하는 구성요소, 즉 하위시스템들간의 계면(界面)이다. 그러나 그 무엇이 되었든 시스템이란 계층구조를 가지고 있는 만큼 인터페이스는 보기에 따라 전자가 될 수도 있고 후자가 될 수도 있다. 따라서 인터페이스가 갖는 의미를 이해하기 위하여 편의상 후자를 가지고 설명하기로 한다.

가. 지연(delay)의 발생

그림 2-6에서 보는 바와 같이 하나의 시스템이 설정된 목표를 수행하기 위해서 두개의 하위시스템이 상호작용을 한다고 가정하자. 이때 하위시스템들은 각기 고유의 목표를 달성하기 위해 고유 기능을 수행하면서도 그들의 공통 목표를 달성하기 위하여 상호작용을 하게 되는데, 이러한 상호작용은 곧 지연(*delay*)을 발생시킨다.

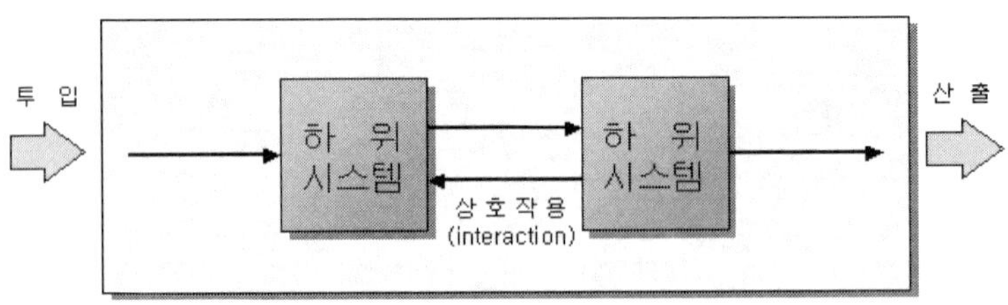

[그림 2-6] 시스템 구성요소간 상호작용

이해를 돕기 위하여 시스템으로서의 경영조직을 예로 들어 설명해보자. 위 그림에서 보는 바와 같이 한 개의 업무가 분업의 이점을 얻기 위해 A와 B 두 개의 업무로 분화되어 시스템을 구성하고 있다고 하자. 관리의 효율성 및 업무수행의 수월성 및 생산성 관점에서 이러한 분업은 분명 효과를 갖는다. 그러나 시스템 전체의 효과성 차원에서는 문제가 있음을 알 수가 있다. A와 B 두 개의 단위업무를 유지하기 위해서는 반드시 '상호작용'이란 부수적 업무가 발생한다. 이를 정보처리의 관점에서 보면 다음과 같이 설명될 수 있다.

첫째, A와 B 각 구성요소는 각각 고유한 목적을 가지고 기능을 수행한다. 따라서 A와 B사이에는 불확실성과 목표의 상이성에 따른 불협화음이 필연적으로 존재하게 된다. 둘째, 구성요소들 사이에 존재하는 이러한 불확실성을 제거하고 불협화음을 조정하기위해서는 문서발송(협조공문 등), 업무조정회의 등 정보처리를 위한 일련의 부수적 업무가 개입된다. 이는 시스템을 유지하기 위해 불가피하게 수반되는 일이지만 환경에 존재하는 고객의 시각에서 볼 때는 전혀 가치가 없는 무의미한 것이다.

이 논리를 좀더 확대하여 보자. 후기 산업사회의 경영조직은 지금까지 업무의 세분화, 전문화를 위해 조직을 분화해 왔다. 이렇게 기능 중심의 분업화는 업무 간 인터페이스의 수를 기하급수적으로 증폭시켜 결국 조직 내 불확실성 및 그에 대응하는 업무량의 폭발적 증가를 초래하여 결국 조직의 경직성과 업무처리의 시간적 지연을 낳게 된다(그림 2-7). n개의 단위과업으로 분화된 프로세스의 경우, $\sum_{I=1}^{n-1}(I)$개의 인터페이스가 발생하게 되어 그 만큼 정보처리수요(업무량)의 폭증을 낳게 된다. 이는 곧 시스템(경영조직)의 환경에 있는 시장의 요구에 신속한 반응을 보이지 못하는 심각한 문제를 초래하게 된다. 고객중심적 환경으로 급변하고 있는 요즘 경영조직이 시장의 변화와 요구에 신속히 반응하지 못한다면 그 조직은 곧 사멸을 의미하는 것이다.

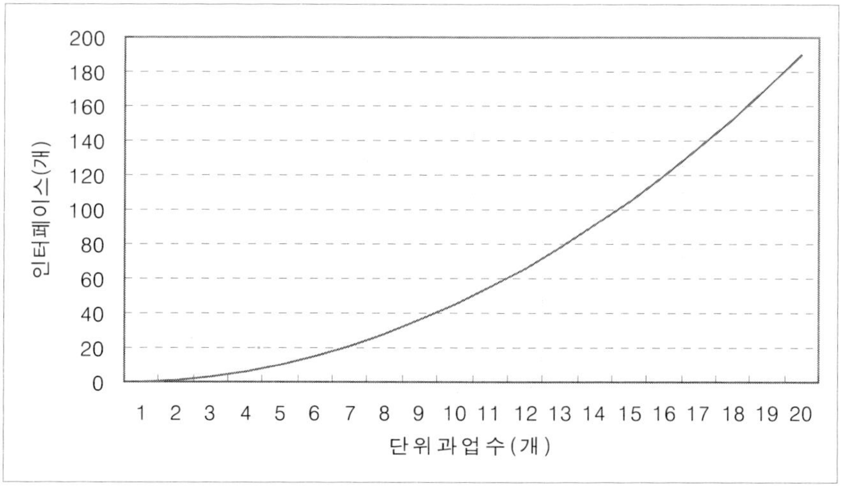

[그림 2-7] 과업의 분화정도와 인터페이스 발생관계

그렇다면 지연을 발생시키는 주범인 인터페이스의 수를 줄여 시장에 대한 조직의 반응성을 높이면서도, 분업의 장점을 최대한 살릴 수 있는 방안은 무엇일까? 이것이 바로 1990년대 초부터 미국을 중심으로 일기 시작한 업무프로세스 재설계(*BPR*)의 출발점이다. BPR 혹은 PI(프로세스 혁신)에 관해서는 제5장에서 좀더 자세하게 논의하기로 한다.

2.5 시스템의 분류와 정보시스템의 정의

시스템은 형성주체, 물리적 형태의 존재여부, 환경과의 작용성, 행태의 규칙성, 그리고 피드백 존재 여부에 따라 그 유형과 특성이 구분될 수 있다. 각 유형을 잘 살펴보고 이를 근거로 정보시스템을 정의해보자

가. 시스템의 유형별 분류

1) 형성 주체에 따른 분류

시스템은 넓은 의미에서 자연과 사람 등 시스템을 형성시킨 주체에 따라 자연 시스템과 인공 시스템으로 구분된다.

- 자연 시스템(*natural system*) : 인간에 의해서 만들어진 것이 아니고 자연계에 존재하는 시스템을 말하며, 사람 및 동식물과 같은 생물 시스템과 태양계와 지리 시스템과 같은 물리 시스템으로 나누어 볼 수 있다.
- 인공 시스템(*artificial system*) : 사람에 의하여 조직되고 관리되는 시스템으로 사회제도, 운송시스템, 통신 시스템 및 제조 시스템 등과 같이 그 형태가 매우 다양하다. 이 중 하나 이상의 컴퓨터와 상호 작용하거나 컴퓨터에 의해 제어되는 인공 시스템을 자동화 시스템이라 하기도 한다.

▶▷ 정보시스템은 인간이 만들어 낸 인공시스템이다.

2) 물리적 존재여부에 따른 분류

물리적 존재여부에 따라서 시스템은 물리시스템과 추상시스템으로 분류될 수 있다.

■ 물리적 시스템(*physical system*) : 실세계에 가시적으로 존재하여 일정 질량과 공간을 차지하고 작동하는 시스템을 말한다. 예컨대, 생명체를 비롯한 거의 모든 자연계 시스템과 인간이 만들어낸 각종 구조물은 모두 물리적 시스템에 해당한다.

■ 추상적 시스템(*abstract system*) : 가시적으로 보이지 않고 인간의 지적 활동을 통해 이룩된 개념적 시스템을 말한다. 예컨대 사회의 각종 법 · 제도, 명령 · 보고체계 등과 같은 커뮤니케이션 시스템, 이념(*ideology*), 인과응보(因果應報) 등은 분명 존재하여 작동하지만 가시적으로 보이지는 않는다.

> 물리적 시스템과 추상적 시스템은 얼핏 보아 그 구분이 쉬울 것 같으나 경우에 따라서는 혼돈하기 쉬운 개념이다. 그 이유는 "공통의 목적을 달성하기 위하여 관련된 <u>구성요소</u>들이 <u>상호 작용</u>하는 집합체"라고 하는 시스템의 정의에서 <u>구성요소들</u>은 대부분 비교적 식별이 용이한 물리적 시스템인 반면에 이들의 <u>상호작용 메커니즘</u>은 식별되기 쉽지 않은 추상적 시스템으로, 시스템 내에는 이처럼 물리적 시스템과 추상적 시스템이 공존하고 있기 때문이다.
> 예컨대 환경시스템을 생각해보자. 환경시스템하면 물, 공기 등 자연자원을 연상하기 쉽지만 그 자체는 환경시스템이 아니다. 물과 공기가 오염되거나 정화되는 메커니즘인 추상적 시스템이 환경시스템인 것이다. 정보시스템은 물리적 시스템일까 추상적 시스템일까 생각해보자.

▶▷ 정보시스템은 기술적 관점에서 보면 물리적 시스템이지만, 보다 중요한 사회적 관점에서는 추상적 시스템이다. 따라서 정보시스템을 구축한다는 것은 생각보다 그리 쉬운 일이 아니다.

3) 환경과의 작용성에 따른 분류

시스템은 그 주변 환경과의 상호 작용 여부에 따라 개방시스템과 폐쇄시스템으로 분류된다.

■ 개방시스템(*open system*) : 자원, 정보, 에너지 등을 외부 환경과 작용을 통해 주고 받는 시스템을 개방시스템이라 한다. 외부로부터 입력(Input)되

어 시스템의 처리과정(Process)을 거쳐 그 결과가 외부로 출력(Ouput) 되는 소위 'I-P-O'구조의 단방향, 일회성 작용은 이론적으로만 존재할 뿐 실제로는 존재하지 않는다. 모든 시스템의 출력은 환경에 영향을 끼쳐 다시금 입력으로 되돌아오는 순환(피드백) 메커니즘을 가지고 있기 때문이다.

- 폐쇄시스템(*closed system*) : 외부 환경과의 작용이 차단된 상태에서 존재하는 시스템을 말한다. 예컨대, 프로그램된 신호체계나 생산설비의 제어시스템 등은 교통량이나 생산현장의 변화에 영향을 받지 않는 폐쇄시스템으로 간주될 수 있다. 환경과의 상호작용이 차단된 이러한 시스템은 엔트로피가 급속히 증가하는 문제를 가지고 있다.

▶▷ 정보시스템은 기술적 관점에서 보면 폐쇄적 시스템이지만, 보다 중요한 사회적 관점에서는 개방적 시스템이다.

4) 행태의 규칙성에 따른 분류

시스템은 그것이 보이는 행태의 규칙성에 따라 확정적 시스템, 확률적 시스템, 그리고 극단적인 경우 무작위 시스템 등 크게 세 가지로 분류된다.

- 확정적 시스템(*deterministic system*) : 시스템이 나타내는 행태가 확실하게 정해진 대로 보일 경우 이를 확정적 시스템이라 한다. 예컨대, 과학의 세계에서는 1+1은 반드시 2가 되듯 모든 기술적 시스템은 철저한 합리성에 기초한 확정적 행태를 보일 때 이를 훌륭한 시스템이라 한다.
- 확률적 시스템(*probabilistic system*) : 시스템이 나타내는 행태가 확실한 패턴을 보이지는 않지만 어떠한 규칙성을 가지고 움직일 때 이를 확률적 시스템이라 한다. 역설적으로 사회적 모든 현상이 확정적이라면 예측기법을 연구할 필요가 없을 것이다.
- 무작위 시스템(*radom system*) : 어떤 규칙성을 갖는 행태를 보이는 것이 아니라 확률적으로도 전혀 예측할 수 없는 행위를 보이는 시스템을 말한다. 예컨대 주가변동시스템은 그 행태를 예측할 수 없기 때문에 영어로는 "*Random Walk in Wall Street*"라고 까지 표현한다. 주가 변동을 예측할 수 있다면 어떻게 될까? 경영학에 "투자론"이라는 것이 있는데, 이

분야에서는 기본적으로 주가변동에 대한 규칙성을 발견하고자 각종 이론을 내 놓지만 한계가 있다.

나. 시스템 유형에 따른 정보시스템의 정의

이상에서 논의한 시스템의 유형별 분류를 근거로 전산시스템과 비교하여 정보시스템을 정의해 보면 표 2-4와 같다.

[표 2-4] 시스템 유형에 따른 정보시스템과 전산시스템의 비교

시스템의 분류기준	전산시스템	정보시스템
형성주체	인공시스템	인공시스템
물리적 존재여부	물리적 시스템	추상적 시스템
환경과의 상호작용성	폐쇄시스템	개방시스템
행태의 규칙성	확정적 시스템	확률적 시스템

㈜ 정보시스템은 인공시스템이지만, 자연의 변화 등과 같이 그 의미를 확대 해석하면 자연적 시스템의 특성도 일부 지니고 있다. 또한 정보시스템은 기술적 관점에서 볼 때 물리적 시스템이지만, 사회적 관점에서는 추상적 시스템의 성격이 보다 강하게 작용한다.

참고문헌

김상욱, 시스템 분석 및 설계, 강의교안, 2005

이종학, MIS와 경영조직, 박영사, 1986

조동성, "경영정보시스템의 조직에서의 역할", 경영학연구(한국경영학회지), 1986.9

정남기, TOC 골든 룰, 한 · 언, 1994

Anthony, R., Planning and Control Systems: A Freameworl for Analysis, Cambridge, Mass: Harvard Business Press, 1965

Economist Intelligence Unit(EIU), The 2004 e-readiness rankings, 2004. 4, http://www.eiu.com

Gorry, G.A. and M.S. Scott Morton, "A Framework for Management Information Systems

Kroenke, Principles of Management Information Systems, McGraw-Hill, 1989

제 3 장

경영정보시스템 개관

제 1 절 MIS 정의와 경영정보의 분류

제2장에서 논의한 정보시스템을 기업경영 정보시스템으로 그 범위를 축소하여 경영정보시스템(MIS: Management Information Systems)을 정의하고 기업경영에 수반되는 경영정보와 이를 관리하고 지원하는 전통적 관점에서의 MIS의 분류, 학문영역으로서의 MIS 등에 관해 설명한다.

1.1 MIS란 무엇인가

경영정보시스템(MIS)을 올바로 이해하기 위해서는 이를 구성하고 있는 경영(*Management*), 정보(*Information*), 그리고 시스템(*System*)의 정의를 먼저 내려 볼 필요가 있다.

- *Management*(경영): 기업경영에서 발생되는 각종 문제를 효과적이며 효율적으로 해결하기 위한 일체의 의사결정 행위 (*Management is "an art & science for getting things done."*)
- *Information*(정보): "처리된 데이터(*processed data*)"로서 경영에 필요한 각종의 의사결정 행위에 대한 직·간접적 판단의 기준이 되는 조직 내외부의 유형, 무형의 자료
- *Systems*(시스템): 공통의 목표(예 : 조직 경영성과의 극대화) 달성에 관여되는 구성요소들이 각기 고유한 기능과 목표 하에 공통목표를 달성하기 위해 상호 작용하는 구성 요소들의 유기적 집합체

이들 각각의 정의를 하나로 연결, 통합하면 결국 MIS란 다음과 같이 정의될 수 있다.

" MIS란 기업경영에서 발생되는 각종 문제를 효과적이며 효율적으로 해결하기 위한 일체의 의사결정 행위에 직·간접적 판단의 기준이 되는 조직 내외부의 유형, 무형의 자료를 창출해 내는데 관여하는 모든 구성요소들(사람, 업무 처리과정 및 제도, 컴퓨터 및 통신망 등 하드웨어, 소프트웨어 및 데이터베이스 등)의 유기적 집합체"

위 정의에서 알 수 있듯이 결국 MIS란 자원의 조달, 처리 및 산출에 경영의 제반 행위를 수행하는 조직시스템과 이를 지원하는 전산시스템의 결합으로 해석될 수 있다. 한편 경영 전반의 관점에서 보면 MIS는 경영시스템의 하위 시스템 중의 하나로 볼 수 있다.

- MIS = a coupling of (조직시스템 + 전산시스템)

1.2 경영정보의 분류

경영정보는 조직의 계층별 관리활동과 의사결정문제의 유형에 따라 그 종류와 특성이 구분된다.

가. 조직계층(관리활동)에 따른 정보의 유형

경영활동은 조직의 계층에 따라 역할과 대상 그리고 그 폭이 달라질 수 밖에 없는데, 조직 특성 및 규모에 따라 다소의 차이는 있지만 대체로 세 가지 계층으로 나누어진다. 앤소니(*R. Anthony*)는 경영계층을 하위관리, 중간관리, 최고경영 등 3개 층으로 구분하고 각 계층의 경영활동 특성을 운영통제(*Operational Control*), 관리통제 및 전술계획(*Management Control & Planning*), 전략계획(*Strategic Planning*)으로 각각 규정하고 있다. 계층별 주요 활동을 보면 표 3-1에 보인 바와 같다.

[표 3-1] 조직계층별 주요 경영활동

경영계층	경영활동	주요 내용
(최고)경영층	전략적 계획	조직이 나가야 할 방향, 목표 및 비전 설정 경영전략 및 지침 제시 자원배분 방향, 투자, 공장입지 설정
(중간)관리층	관리통제 / 전술계획	자원 획득, 신제품 개발, 예산 수립 및 평가, 공장설계, 인력 배분, 경영개선활동, 부서별 실적 통계 등
(하위)운용층	운영통제	정해진 전략과 전술적 지침 하에 자원 및 설비의 효과적이고 효율적 이용 등의 정해진 과업 수행

이상과 같이 경영조직은 계층에 따라 고유 활동이 다르므로, 필요로 하는 정보의 유형도 차이를 보일 수 밖에 없다. 그림 3-1에 보인 바와 같이 경영의 상위계층은 광범위하고 외부지향적이며, 자주 발생되지 않는 요약된 정보를 필요로 한다. 반면에 하위계층에서는 범위가 좁고 내부지향적이며 역사적 관점에서 구체적이고 빈번히 발생하는 자세한 정보를 필요로 한다.

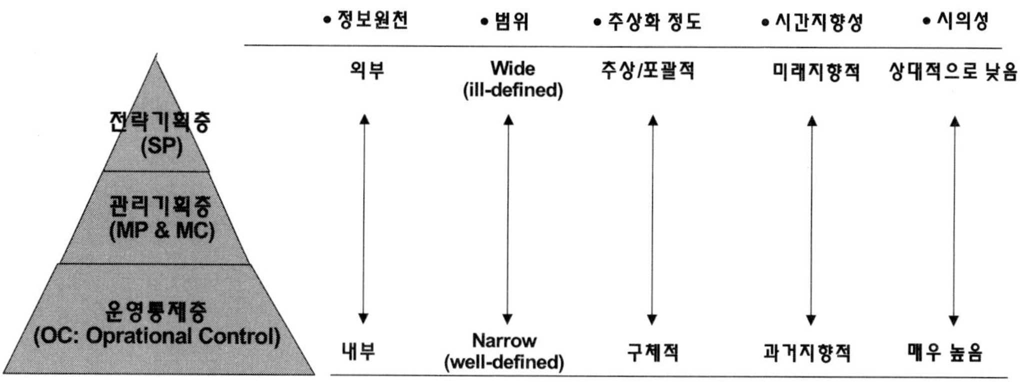

[그림 3-1] 경영계층별 정보요구사항 및 특성

나. 의사결정문제에 따른 정보의 유형

정보의 요구사항은 의사결정문제의 유형에 따라서도 다르게 나타난다. 의사결정은 대상 문제에 따라 구조적(*structured*), 반구조적(*semi-structured*), 비구조적(*unstructured*) 의사결정으로 나눌 수 있다. 구조적 의사결정은 반복적 일상적으로 발생하는 사안에 대해 그 결과를 미리 예상할 수 있어서 정해진 절차대로 처리하는 문제이다. 반대로 비구조적 의사결정은 결과를 미리 예상할 수 없고 어떤 절차에 따라 어떻게 처리해야 할지를 미리 정할 수 없는 문제로 조건과 환경이 자주 바뀌어 의사결정과정을 미리 공식화 할 수 없는 문제이다. 이 경우에는 요구되는 정보가 어떤 것인지 불분명하고 정확한 정보를 구할 수도 없는 불규칙적인 문제이다. 반구조적 의사결정은 구조적과 비구조적의 중간적 성격을 띠는 문제에 대한 의사결정이다.

고리와 몰턴(*Gory & Morton*)의 주장에 따르면 경영활동은 계층에 따라 다른 활동을 하는데 그 활동의 구분이 의사결정의 유형과 일치한다는 것이다. 최고경영층의 전략기획 활동은 비구조적인 의사결정문제이고 하부관리층의 운영통제활동은 구조적인 의사결정문제이다. 물론 전략기획활동도 구조적인 문제가 있을 수 있고, 운영통제활동에도 비구조적인 문제가 있을 수 있으나 대부분의 전략기획활동은 아래의 표 3-2에서 보는 바와 같이 비구조적인 성격이 강하며 운영통제활동은 구조적인 문제가 대부분이다.

[표 3-2] 조직계층별/의사결정문제별 주요 경영활동

조직계층 / 의사결정	운영통제	관리통제	전략기획
구조적 (Structured)	외상매출금관리 주문입력	예산분석 단기예측 인사고과	투자관리 공장입지선정 유통채널기획
반구조적 (Semi-structured)	생산일정관리 재고통제	신용평가 예산작성 공장설계 사업일정관리	공장신축 인수합병 신제품기획 품질보증기획
비구조적 (Unstructured)	소프트웨어 구매 대출승인	중역채용 하드웨어 구매 로비활동	R&D, 신기술개발 계획 사회적 책임수행계획 비전 및 공유가치 설정

이상과 같이 경영조직은 의사결정의 유형에 따라 필요로 하는 정보의 유형도 차이를 보일 수밖에 없다. 하위계층에서 수행하는 운영통제활동의 대부분을 차지하는 구조적 의사결정은 아래의 그림 3-2에서 보는 바와 같이 확정적 정보(정형 정보)를 요구하는 반면에 최고경영층의 전략계획활동의 대부분을 차지하는 비구조적 의사결정문제는 암묵적이고 경험적인 정보(비정형 정보)를 필요로 한다. 한편 중간관리층의 의사결정문제는 정형화된 정보에 기초한 확률적 정보를 요구하는 경우가 대부분이다.

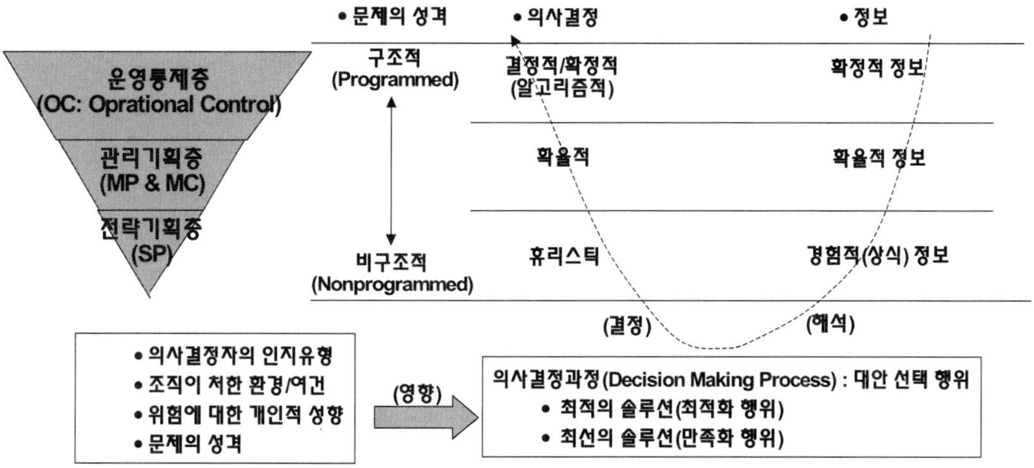

[그림 3-2] 의사결정문제 유형에 따른 정보요구사항 분류

제 2 절 MIS의 분류

조직의 계층과 수행 기능에 따라 정보의 유형과 특성이 달라지므로 이를 창출, 제공, 관리하는 정보시스템의 유형도 계층과 기능에 따라 분류될 수 있다. 전자를 수직적(계층적) 분류라 하며, 후자를 수평적(기능적) 분류라 한다.

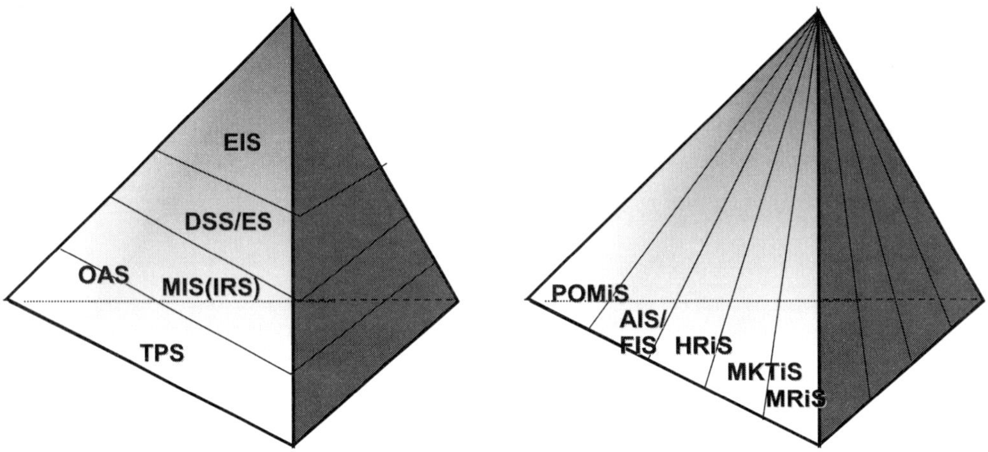

(a) 수직적 분류　　　　(b) 수평적 분류

[그림 3-3] 경영정보시스템의 분류 체계

2.1 수직적 분류 : 경영활동(Management Activities)에 따른 분류

조직의 계층과 의사결정의 유형 및 수준에 따라 정보의 요구사항이 달라진다고 함은 필요한 정보를 유지, 관리하는 정보시스템도 조직의 계층 및 의사결정 수준에 따라 분류될 수 있음을 시사한다.

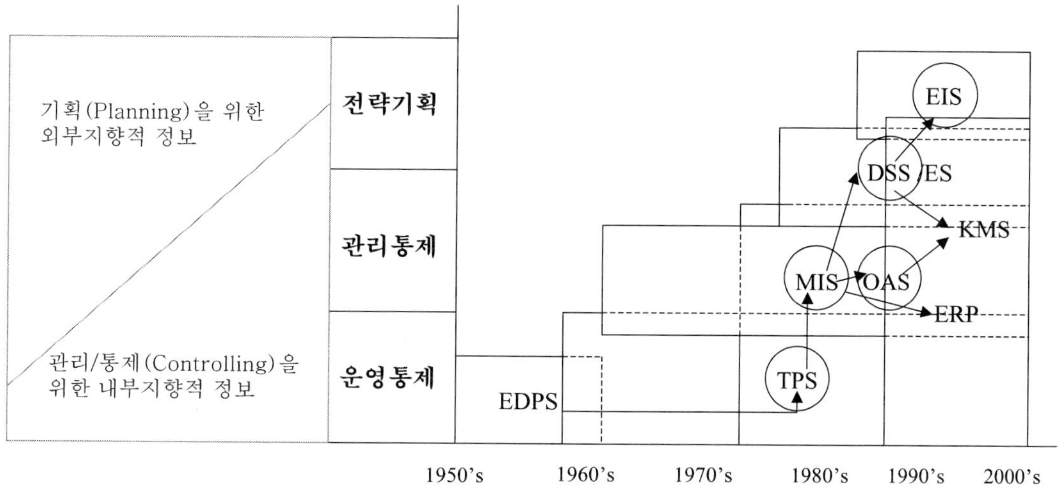

[그림 3-4] 경영정보시스템의 수직적 분류

가. 거래처리시스템(TPS : Transactional Processing System)

기업의 일상적인 업무를 처리하는 시스템으로 많은 양의 데이터를 정확하고 신속하게 처리하는 정보시스템이다. 역사적으로 경영에 전산의 활용에 있어서 가장 먼저 나타난 형태의 정보시스템으로 1950년대 중반 기업의 회계처리를 위해 컴퓨터를 도입하여 사용한 것이 TPS의 시작이다. 그 당시에는 이러한 시스템을 EDPS(*Electronic Data Processing System*)라고 불렀다. 오늘날 대부분의 기업들은 거래처리를 위한 시스템을 갖추어 단순반복적인 업무를 전산으로 처리하고 있다.

조달, 공정, 판매, A/S에 이르는 기업의 주요 가치활동과 주문관리, 재고, 급여 및 회계처리 등 이에 수반하는 활동 등의 업무는 기업의 내·외부 거래에 해당하는 것으로서 사무실 및 공장현장에서 거의 매일같이 반복적으로 발생하는 구조적업무이다. 이를 전산으로 처리하는 것이 바로 거래처리시스템이다. 이러한 거래처리시스템은 기업 활동을 유지하는데 가장 기본이 되는 시스템으로서, 영역에 따라 중요도에 다소의 차이는 있으나 업무의 효율성과 직결되는 시스템이다. 특히 은행, 여행업 등과 같이 정보 집약적 분야에서는 TPS가 구축되지 않고는 기업 자체의 존립이 불가능할 정도이다. 최근에는 인터넷을 이용한 전자상거래의 비중이 커지면서 기업은 인터넷을 통해 접수된 거래를 온라인으로 처리하는 "인터넷 기반의 TPS"로 급속히 변모해 가고 있다.

나. 정보보고시스템(IRS : Information Reporting System)

거래처리시스템이나 현장에서 발생한 데이터를 관리자에게 관리통제에 도움을 주기 위해서 요약된 형태의 정보를 제공하는 정보시스템이다. 거래처리시스템이 일상의 업무처리에는 많은 도움을 주었고 자동으로 많은 데이터를 처리, 저장하였지만 주기적 관리업무에는 크게 도움을 주지 못했다. 거래처리에서 발생한 데이터를 처리하여 관리자의 관리통제활동에 도움을 주기위하여 데이터베이스 개념이 도입된 1960년대 중반부터 정보보고시스템이 구축되기 시작하였다. 당시에는 거래처리별(단위업무별) 단순 요약 차원에 머물렀으나 데이터베이스 기술이 확산됨에 따라 단위업무간 연계된 데이터를 추출 가공하여 요약정보를 제공하는 시스템으로 발전하였다. 이러한 IRS를 경영정보시스템(협의의 MIS)이라고도 한다. 요컨대 협의의 관점에서 MIS는 단위업무 중심의 TPS에 업무간 데이터의 추출, 분류, 요약, 보고하는 기능이 추가된 형태의 정보시스템을 말한다.

다. 사무자동화시스템(OAS : Office Automation System)

1980년대 초반 생산현장은 자동화에 대한 관심과 투자로 인해 생산성은 상당히 향상된 반면 사무업무의 생산성은 크게 개선되지 못했다는 점에서 사무자동화는 시작되었다. 문서편집(워드 프로세싱)과 스프레드시트를 통한 업무분석 프로그램이 개발, 보급됨에 따라 사무의 생산성은 크게 향상되기 시작하였으며, 그 후 전자결재 및 전자문서(도면)관리, 전자우편, 원격화상회의 등으로 시간과 공간의 제약을 초월하는 사무의 혁신을 가져왔다. 특히 최근에는 인터넷을 이용한 원격지 간 실시간 사무처리가 가능해졌고 이동통신기술과 무선통신 기술을 기반으로 한 사무자동화 솔루션이 속속 개발되고 있다.

OAS는 각 단위업무의 사무처리 효율을 증대시키고자 하는데서 출발하였지만 이제는 정보의 전달과 부서와 기업 내의 커뮤니케이션 효용성을 높이는 목적의 시스템으로 진화하였고 특히 운영계 데이터베이스(*Operational DB*)와 연동이 가능해지면서 IRS와 OAS가 하나로 융합화 되어가고 있으며 의사결정지원시스템과 함께 지식관리시스템(KMS)의 기반시스템으로 응용되는 추세에 있다.

라. 의사결정지원시스템(DSS : Decision Support System)

경영자에 대한 정보 지원은 그들의 의사결정에 도움을 줄 수 있는 형태로 제공되어야 한다는 주장이 1970년대 중반부터 제기되었다. TPS에서부터 나오는 원시데이터 및 IRS를 통해 얻을 수 있는 요약정보 정도로는 의사결정을 적절히 지원할 수 없다는 문제에서 DSS는 시작되었다. 당시에 IRS가 주기적으로 다량의 요약된 정보를 보고자료 형태로 만들어 내었지만 반구조적 혹은 비구조적 의사결정 문제를 다루는 경영자의 입장에서는 이러한 정보들이 크게 도움을 주지 못한다는 불만에서 DSS에 대한 논의가 비롯되었다. 요컨대 의사결정을 지원하기 위해서는 해당 문제에 직접적으로 관련되는 분석적 정보(*Analytic Information*)의 자동 추출이 가능해야 한다는 것이다.

따라서 기존의 IRS가 기업에서 이미 구조화된 정보흐름에 맞게 설계, 구현되는 반면에 DSS는 사용자의 의사결정방법이나 행동 특성에 맞게 설계, 구현되어야 한다는 것이 두드러진 특징이다. 특히 DSS가 기존의 MIS와 차별적인 특징은 그 시스템 내에 분석적 정보를 만들어 낼 수 있는 수리모델(*Mathematical Models*)을 가지고 있다는 점이며 이 수리모델에 필요한 데이터를 운영, 관리하기 위하여 데이터베이스와 분리하여 별도의 논리적 데이터베이스를 갖는다는 점이다.

이러한 배경 하에 출현한 DSS는 그 후 개인의 의사결정 차원을 넘어 집단의사결정을 지원할 수 있는 GDSS(*Group DSS*)로 발전하였고 중역진의 의사결정지원에 특화된 EIS(*Executive Information System*)로 보다 세분화되기에 이르렀다. 최근에는 데이터웨어하우스(*Data Warehouse*)기반의 OLAP (*OnLine Analytic Processing*) 기술이 점차 보편화 되면서 운영계시스템(요약보고 기능)과 정보계시스템(분석 기능)이 연계, 통합된 전사적 차원의 DSS로 발전하고 있다. 이에 대한 구체적 논의는 제9장 의사결정지원시스템에서 별도로 하기로 한다.

마. 임원정보시스템(EIS : Executive Information System)

기업의 최고경영층은 기업 전반의 활동을 관리할 뿐만 아니라 목표를 설정하고 이를 달성하기 위한 전략과 행동계획을 수립한다. 즉 임원진은 현재의 경쟁상황이나 기업 성과수준의 이해, 기업이 당면하고 있는 문제나 위기 혹은 새로운 기회의 발견, 그리고 시장, 기술, 기타 사업환경에 있어서의 새로운 변화에 대한 예측 등을 통하여 새로운 사업을 구상하고 기업의 방향을 설정하게 된다. 이들에게는 많은 종류의 복잡한 전략적 문제를 해결하기 위해서는 비구조적이고 비정형적인 의사결정이 요구되며 항상 시간의 압박에 시달린다. 또한 이들은 기업 외부적으로는 협상가로, 내부적으로는 상호 합의를 위한 조력자와의 의견충돌 시 해결자로 활약해야 한다.

따라서 임원진의 업무 특성을 반영한 정보의 신속한 제공과 의사결정의 지원은 기업의 성공에 절대적인 영향을 미치는 요소라 할 수 있다. EIS는 이러한 임원들만이 가지는 특수한 환경을 지원할 목적으로 설계, 구현되는 정보시스템으로 여러 가지 다양한 상황을 직관적으로 조합, 파악할 수 있도록 그래픽과 같은 요약, 표출기능이 강화되어야 하며, 경우에 따라서는 표출된 집약정보의 상세자료를 추적할 수 있도록 *Drill up-down* 기능이 강화되어야 한다. 또 한 가지 EIS의 차별적 특징은 접근의 이동성과 쉽고 빠르게 접근할 수 있는 인터페이스가 강력하게 지원되어야 한다는 점이다.

바. 지식관리시스템(KMS : Knowledge Management System)

지식이란 경험 또는 통찰에 의해 즉시 활용될 수 있도록 정제된(논리적으로 구조화된) 정보나 사용자의 요구에 맞추어 가치를 창출할 수 있는 정보를 의미한다. 지식관리는 이러한 개인의 지식이나 조직적 차원의 지식을 체계적으로 정리하여 축적, 공유하고 이 지식을 이용하여 경쟁력을 제공하고 더 나아가 부가가치를 창출하도록 하는 것을 일컫는다. 아울러 이렇게 정리된 지식정보를 원하는 사용자에서 신속하게 제공할 수 있도록 IT 기술을 이용한 시스템을 지식관리시스템이라고 할 수 있다. 즉 지식관리시스템이란 기업 조직의 각 구성원들이 보유하고 있지만 체계적으로 정리되지 않은 정보인 지식을 이끌어내어 시스템화, 조직의 비즈니스 지식으로 창조하고 공유하며, 재생산할 수 있도록 해주는 정보시스템이다. KMS는 일반적으로 정보의 생성과 관리부분을 관할하는 전자문서관리시스템과 그룹내의 의사소통과 문제해결의 기능을 제공하는 그룹웨어, 그리고 저장된 문서들을 효율적으로 검색, 활용할 수 있게 하는 문서검색 시스템으로 구성된다. 특히 이들이 개별적으로 기능을 하면서도 통합적으로 조직의 지적 자산을 관리하도록 하는 것을 KMS라고 한다. 최근 KMS의 추세는 그룹웨어(전자결재), ERP, EDMS, 사내 업무시스템 등 지식근로자가 기존에 사용하던 시스템은 물론 업무 수행에 필요한 모든 시스템을 단일 환경에서 처리할 수 있도록 해주는 이른바 EIP(*Enterprise Information Portal*)로 가고 있다. 따라서 데이터 및 시스템이 여러 개로 분산되어 있더라도 마치 하나의 시스템을 사용하는 것처럼 통합적인 검색, 통합적인 업무수행, 단일의 편리한 사용자 환경을 제공하고 다양한 시스템이 통합되어 있지만 사용자가 어떠한 업무 수행을 하더라도 필요한 정보를 제공받을 수 있다. 해외에서는 이미 KMS 구축, 운용이 일반화되고 있는 상황으로 포천 1,000대 기업 대부분이 KMS 프로젝트를 진행하고 있다. 특히 IDC의 조사에 따르면 2003년까지 전 세계 상위 2,000대 기업의 75% 이상이 KMS를 구축할 것으로 전망하고 있으며 우리나라에서도 주요기업들은 다양한 형태의 KMS 구축을 장기적인 플랜으로 추진하고 있다.

KMS에 대한 관심이 고조되는 요즘에도 일각에서는 KMS를 기존 그룹웨어, EDMS, DBMS, 검색엔진을 조합해 놓은 것에 불과하다는 부정적인 시각이 적지 않은 것이 사실이다. 하지만 지식사회에서 최고의 가치로 대두되는 지식을 어떻게 창조, 보존, 공유, 재창조할까라는 문제가 앞으로 성공하는 기업의 관건이 될 것임이 분명하다. 일례로 세계적인 컨설팅그룹 앤더슨 컨설팅의 경우 전 세계 사무실간 업무공유나 의견교환의 어려움과 업종 특성상 높은 이직률로, 지식이나 경험의 계속성을 유지할 필요를 절실히 느껴 지난 92년 이후 *Knowledge Engine Strategy*라고 하는 프로젝트를 진행하여 지식관리의 비전과 전략을 하고 추진한 결과 큰 성과를 올리게 되었다. 반복적인 지식의 축적과 학습의 과정을 통해 학습조직으로서의 기능이 극대화되고 개인의 경험을 공유하며 토론을 통해 전문적인 지식과 새로운 아이디어를 창출할 수 있게 된 것이다. 이 기업의 주요성공요인을 분석해 보면 회사의 전략과 지식관리체제 구축을 동일시하여 회사의 궁극적인 경쟁력의 핵심으로 간주하였으며 CEO의 적극적인 관심과 지식 공유 문화 형성의 의지, 공유 문화 정착에 힘쓴 것이다. 이에 대한 보다 구체적인 논의는 제6장 지식경영과 균형성과지표에서 다시 하기로 한다.

사. 전사적자원관리시스템(ERP : *Enterprise Resource Planning System*)

ERP는 인사, 재무, 생산 등 기업의 전 부문에 걸쳐 독립적으로 운영되던 인사정보시스템, 재무정보시스템, 생산관리시스템 등을 하나로 통합하여 기업

내 인적, 물적 자원의 활용도를 극대화하고자 하는 경영혁신수단의 일환으로 도입되기 시작하였다. 따라서 ERP를 구축한 기업의 경우, 한 부서에서 데이터를 입력하기만 하면 전 부서의 업무에 반영되어서 즉시 처리할 수 있게 된다. ERP는 완전히 새로운 것이 아니라 1980년대 초 나왔던 자재소요계획(*Material Requirement Planning* : MRP)과 뒤이어 1980년대 후반에 개발된 MRP-Ⅱ 보다 개념과 기능이 크게 향상된 것이라 할 수 있다. 즉 기업의 생산관리 부문에서 원활한 자재관리 및 구매활동을 위해서 제안된 MRP에서 시작, MRP-Ⅱ라는 과도기를 거쳐 기업의 모든 기능영역의 정보 통합을 위한 전사적인 개념으로 전개되고 있는 것이다. ERP가 경영혁신기법으로 새로운 바람을 불러일으키고 있는 것은 ERP 패키지로 불리는 혁명적인 소프트웨어가 개발된 것이 계기가 됐다.

ERP의 가장 큰 특징은 조직의 계층적 관점에서나 기능분야별 관점에서 출발한 것이 아니라는 점이다. ERP는 조직의 상 · 하위를 통괄하고 기능들을 횡단한(Cross-functional) 프로세스의 개념에서 출발한 것으로서 프로세스 재설계(BPR) 혹은 프로세스 혁신(PI)이라는 경영혁신 차원에서 이를 가능케 하는 수단으로 도입된 것으로 보는 것이 타당하다. 이러한 측면에서 볼 때, 엄밀히 말해 ERP는 조직의 계층적 (수직적) 관점이나 기능적(수평적) 관점의 정보시스템 분류로는 적합지 않다.

ERP는 최근 인터넷의 확산과 그로 인해 제기되고 있는 "공급자와 고객에 이르는 조직 외부로의 프로세스 확장"의 연장선에서 주목되고 있는 공급사슬관리(e-SCM)와 고객관계관리(e-CRM)와 함께 e-비즈니스의 3대 핵심 시스템으로 인식되고 있으며, 이를 위해 기존의 C/S 환경에서 구축되었던 ERP는 인터넷 환경에서의 ERP(즉, ERP-Ⅱ)로 신속히 전환되고 있는 추세이다. ERP는 제8장에서, e-비즈니스는 제7장에서 보다 구체적으로 논의한다.

아. 전략정보시스템(SIS : Strategic Information System)

전략정보시스템은 조직의 최상부의 전략계획활동을 지원하는 정보시스템이나 앞에서 살펴 본 어느 특정한 정보시스템을 의미하는 것이 아니라 TPS, DSS 등 그 어느 시스템이 되었든 간에 기업의 경쟁전략과 결부하여 전략의 전개수단으로 활용되면 이를 전략정보시스템이라 한다. 즉 SIS는 정보시스템의 전략적 활용(*Strategic Use of Information System*)을 의미하는 것이다. 예를 들면 과거 은행의 자동입출금기계(ATM : *Automatic Transfer Machine*) 와 관련된 정보시스템은 조직의 운영계층에서 활동되는 "운영계시스템"으로 TPS에 해당하는 것이었으나 이를 경쟁우위 확보차원에서 도입되었기 때문에 이는 SIS로 간주되었다. 그러나 이제는 모든 은행이 다 이러한 시스템을 필수적으로 활용함에 따라 전략적 가치를 상실하게 되어 지금은 다시 TPS의 한 형태로 남아 있다.

최근에는 정보시스템이 기업 활동의 효율을 높이는 차원을 넘어 경영혁신과 경쟁우위를 확보하는 수단으로서 그 역할이 강조되고 있어 SIS의 중요성은 한층 더 높아지고 있다. 이에 관해서는 제4장 "정보시스템 패러다임 변화와 전략적 활용"에서 보다 자세히 논의하기로 한다.

> 이상과 같이 조직의 계층적(수직적) 관점에서 분류한 경영정보시스템의 유형 중 TPS, IRS (협의의 MIS), OAS, ERP는 "운영계시스템"이라 하며 DSS, EIS, KMS는 "정보계시스템"이라고도 한다.
> 운영계시스템의 특징은 경영조직의 일상적 활동을 지원하는 시스템으로 대량의 데이터를 생성, 관리하기 때문에 대형의 주전산기에 운영 데이터베이스를 근간으로 하고 있다.
> 반면에 정보계시스템은 운영계시스템에 기초하여 분석적 기능과 표출 기능을 강조하고 있으며 이를 위해 중소형 서버에 주제(문제) 중심의 데이터베이스를 별도로 운영하고 있다. 이렇듯 정보계시스템은 기존의 운영계시스템을 바탕으로 하기 때문에 개념적 구분을 위해 운영계시스템을 기존의 시스템, 즉 영어로 "*Legacy System*"이라고도 한다.

2.2 수평적 분류 : 경영기능(Management Functions)에 따른 분류

경영조직의 기능영역에 따라 정보시스템을 분류하기도 한다. 생산, 재무, 마케팅, 회계, 인자자원관리 등 주요 기능을 지원하는 시스템들로 MIS는 분류된다. 다만, 현실적으로 존재하는 많은 정보시스템들은 단지 하나의 사업기능만을 수행하기보다는 여러 개의 기능영역을 하나의 정보시스템에 통합·수용함으로써 처리의 능률과 효과를 높이는 방향으로 나아가는 것이 근래의 추세라는 점에서 볼 때 기능영역별 정보시스템의 분류는 더 이상 합리성을 상실한 것으로 볼 수 있으나 정보시스템을 이해하고 그 발달과정을 살펴보는 데는 아직도 유용한 것이다.

가. 생산정보시스템(PIS : Production Information System)

생산정보시스템은 재화와 서비스의 생산계획 및 통제와 관련된 모든 활동을 지원한다. 공장입지와 설비배치, 공정 및 제품 설계, 총괄생산계획과 일정계획의 수립, 원자재 조달과 재고관리, 품질관리 및 유지보수에 이르기까지 다양한 생산 활동을 지원하는 소프트웨어와 하드웨어의 유기적 집합(체계)이 이에 속한다. 제품설계를 위한 CAD(*Computer-Aided Design*), 공정설계를 위한 CAPP(*Computer-Aided Process Planning*), 원자재의 수요 예측과 적시구매를 지원하기 위한 MRP (*Material Requirement Planning*)와 여기에다 생산일정계획과 공정흐름제어 등의 기능을 부가한 MRP-Ⅱ, 기계공구 및 조립 로봇의 제어 등 작업장의 흐름을 제어하며 제조활동을 지원하는 CAM (*Computer-Aided Manufacturing*) 등이 생산정보시스템의 범주에 속한다. 최근에는 생산과정의 단순화, 자동화 및 통합화를 촉진하고 다품종, 대량생산을 위한 유연생산 등을 가능케 하는 컴퓨터 기반의 통합생산(*Computer Integrated Manufacturing System*)으로 진화하고 있다. 그러나 엄밀한 의미에서(혹은 좁은 의미의 경영정보시스템) 볼 때 생산정보시스템은 MRP → MRP-II → ERP에 이르는 생산관련 정보를 생성, 관리, 분석을 지원하는 사무 중심의 정보시스템으로 축소 해석될 수 있다.

나. 마케팅정보시스템(MKIS : Marketing Information System)

마케팅정보시스템은 시장에서의 제품에 대한 계획, 촉진 및 판매 활동은 물론 (잠재)고객에 대한 보다 나은 서비스 제공을 위해 신시장과 신제품을 개발하는 활동을 지원한다. 마케팅정보시스템은 시장 및 고객의 요구사항과 변화에 신속하게 반응하기 위하여 인터넷 기반의 e-CRM으로 확장되고 있으며, 시장이 과거와 달리 고객주도가 주축을 형성함에 따라 "고객의 요구와 반응의 동기화(*synchronization*)"를 궁극적 목표로 하는 e-CRM은 기업의 사활에 매우 중요한 요소로 작용하고 있다. 마케팅정보시스템의 주요 기능 몇 가지를 살펴보면 다음과 같다.

- 판매관리 : 판매조직의 성과를 계획, 통제하는 데 도움을 줄 수 있는 정보를 제공한다. 매출액을 제품계열별, 고객(유형)별, 판매원 및 판매지역별

등으로 분석, 제시하는 판매현황 및 판매분석보고서 등이 이에 해당한다.

- 판매예측 : 시장조사자료, 과거의 매출자료, 촉진계획, 그리고 통계적 예측모형을 이용하여 기업의 장단기 판매예측 정보를 제공한다.
- 제품관리 : 특정제품, 제품계열 혹은 상품의 성과계획 및 통제를 위한 정보를 제공한다. 제품의 가격, 수입, 비용, 성장 등에 관한 정보가 다양한 분석모형을 통해 가공, 제시되며 이를 이용하여 기존제품은 물론 신제품 개발에 대한 성공가능성 평가, 가격 결정 등에 관한 정보를 제공한다.
- 광고 및 촉진 : 시장조사 정보와 촉진분석모형을 이용하여 촉진매체와 방법의 선택, 자금 할당, 통제와 평가 등에 관한 정보를 제공한다.
- 시장조사 : 각종 통계기법을 이용하여 고객, 소비자 및 경쟁자 등 시장에 관한 정보를 분석, 관리한다.
- 마케팅관리 : 제품의 판매, 이익 및 성장목표를 세워 장단기계획의 대안을 개발하고 각 안의 타당성을 분석, 평가하는 데 필요한 정보를 관리, 제공한다.

다. 재무정보시스템(FIS : Financial Information System)

재무정보시스템은 자금의 조달과 할당, 그리고 이에 대한 통제활동을 수행하는데 필요한 정보를 제공한다. 재무정보시스템은 그 성격상 회계정보시스템을 핵심에 두는 경우가 많다. 재무정보시스템의 주요 기능 몇 가지를 살펴보면 다음과 같다.

- 현금관리 : 실시간 또는 주기적 형태로 현금의 흐름(유입과 유출) 상태를 파악하여 여유자금의 투자 또는 부족자금의 조달 결정을 지원하는 정보를 제공한다. 포트폴리오 관리 모형을 이용하여 자금의 투자 및 조달에 관한 위험을 분산하고 최적 믹스(mix)를 결정하는데 필요한 정보를 관리, 제공한다.
- 자본예산 : 여러 가지 투자분석기법을 이용하여 자본적 지출계획에 대한 수익과 위험을 평가한다. 전자스프레드시트가 널리 활용되고 있으며 기업 재무계획을 위한 의사결정지원시스템(DSS: *Decision Support System*) 및 전문가시스템(ES: *Expert System*)이 이에 해당한다.

- 재무계획 : 시장경제상황, 임금수준, 가격수준, 이자율 등을 예측하여 재무계획을 위한 기초자료와 각종 수리모델을 이용하여 시나리오에 따른 민감도분석, 목표탐색분석 등을 통해 최적의 재무계획을 도출할 수 있는 정보를 관리, 제공한다.

라. 회계정보시스템(AIS : Accounting Information System)

회계정보시스템은 MIS의 하위정보시스템 중 가장 오래되고 널리 사용되고 있는 정보시스템이다. 기업의 거래 또는 기타 경제적 행위를 기록하고 보고하는 회계정보시스템은 기본적으로 복식부기회계에 기초하고 있으며, 그 외에 책임회계, 이익회계 등의 개념을 반영하여 정보시스템으로 구축한다. 최근에는 ERP가 보급됨에 따라 "활동기준회계(ABC: *Activity-Based Costing*)"같은 원가관리회계시스템도 도입되고 있다.

- 주문처리 : 고객으로부터의 주문 접수, 송장 발급은 물론 판매분석과 재고관리에 필요한 자료들을 생성한다. 고객의 주문에서 인도까지 전 과정을 기록, 유지함으로써 신속 · 정확 · 능률적인 주문처리를 지원한다.
- 재고관리 : 출하 · 입고 등에 따른 제반사항을 처리하고 제품별 재고수준을 기록 · 유지한다. 각종재고관리모형을 이용하여 최적주문량 및 주문시기를 결정한다.
- 외상관리 : 외상매출, 외상매입에 따른 대금지급 및 대금회수에 관한 자료를 유지하여 신속 · 정확한 대금결재를 촉진한다. 이를 통해 고객, 공급업자와의 좋은 관계를 유지하고 악성채무에 따른 손실을 줄이고 현금흐름관리 등의 재무통제를 강화할 수 있다.
- 급여관리 : 종업원 급여와 그에 따른 수입, 세금, 공제 등에 관한 내역을 관리하며, 노무비와 생산성에 대한 분석의 기초자료를 생성, 제공한다.
- 재무제표 : 회계말 대차대조표와 손익계산서를 생성하기 위한 모든 회계정보를 관리하며, 기타수입 및 지출에 관한 다양한 회계보고서를 산출함으로써 효율적으로 재무통제 및 경영관리를 위한 정보를 제공한다.

마. 인적자원정보시스템(HRIS : Human Resource Information System)

인적자원정보시스템은 종업원의 모집, 선발, 배치, 인사고과, 보상, 훈련 및 개발, 건강, 안전 등에 관한 계획 및 통제활동을 지원하기 위한 제반 정보를 관리, 제공한다. 요컨대 HRIS는 조직의 인력을 보다 능률적, 효과적으로 배치하여 활용하기 위한 각종 지원활동을 수행하는 것이 주목적이다. 최근에는 인력이 곧 기업의 성패를 좌우한다는 인식이 확산됨에 따라 지금까지 종업원을 단순히 일하는 근로자로서 활용의 대상으로만 보아왔던 시각에서 벗어나 종업원을 고객으로 간주하여 그들에 대한 캐어(*care*)형 서비스를 통해 조직 몰입에 필요한 각종 정보를 관리하는 차원까지 이르렀으며, 잠재 인력 확보를 위한 시장의 인적자원정보를 입수, 관리하는 수준에 이르고 있다.

> 조직의 기능적(수평적) 관점에서 분류한 경영정보시스템의 유형과 주요 수행기능을 보면 MIS는 경영 제반분야의 상세 절차 및 내용을 파악하지 않고는 구현이 불가능하다는 점을 시사한다. 결국 MIS는 시스템 차원에서만 보더라도 기술적 문제보다는 업무적 차원의 전문성 습득이 훨씬 더 중요함을 알 수 있다. 사실, 조직의 기능적(수평적) 관점에서 볼 때 MIS는 각 기능영역별 경영의 제반 이슈 그 자체라고 보아도 무방하다. 따라서 기업경영에 대한 전문지식이 없이는 MIS를 분석, 설계, 구현할 수 없다.

제 3 절 학문 영역으로서의 MIS

이 절에서는 MIS가 하나의 학문영역으로서 어떠한 정체성을 가지고 있는지를 논의한다. 나아가 그 연장선에서 MIS 전문가 혹은 경영자에게 전문적 지식으로 제공하고 조직의 정보시스템 및 정보자원을 종합적으로 관리하는 CIO(정보화 최고 책임자)가 갖춰야 할 기본소양을 설명한다.

3.1 MIS의 학문적 정의

앞서도 논의하였지만 MIS는 단적으로 사회 · 기술적(*socio-technological*) 시스템이다. MIS는 정보통신기술을 기반으로 한 전산시스템과 조직의 제반 기능을 수행하는 업무시스템이 합치된 조직시스템이다. 따라서 마치 수레의 두 바퀴와 같이 전산시스템이 업무시스템과 기능적으로 정확히 합치된다면 그 정보시스템은 성공적으로 구현된 것으로 볼 수 있다.

그러나 문제는 기술적 시스템인 전산시스템과 사회적 시스템인 업무시스템의 근본 속성이 너무나도 다르다는데 문제가 있다. 전산시스템은 1+1은 정확히 2가 되는 특성을 지닌 시스템이지만, 업무시스템은 1+1의 결과는 2보다 훨씬 크거나 못할 수도 있다. 이는 마치 열대지방에서 어느 나무가 아무리 아름다운 꽃을 피우고 좋은 열매를 맺는다고 해서, 대책없이 전혀 환경이 다른 한대지방에 옮겨 심는다면 그 나무는 좋은 꽃과 열매를 맺기는 커녕 고사하고 마는 경우와 너무나도 닮아 있다. 전산시스템이 아무리 기술적으로 훌륭한 가능성을 지니고 있다 해도 전혀 성격이 다른 업무시스템에 아무런 대책없이 적용하려 한다면 그 결과는 자명한 것이다. 그렇기에 정보시스템 금언에는 이런 말이 있다:

"잘 설계된 시스템과 작동가능한 시스템은 전혀 별개의 것이다."

기술적으로 아무리 잘 설계되었더라도, 정보시스템이 운영되는 조직의 제반 문제를 사회적 관점에서 해결하지 않으면 제대로 작동하지 못하다는 의미이다. 이는 정보시스템의 사회적 특성을 강조한 것이다.

따라서 MIS는 전산시스템의 기술적 특성과 적용 대상인 업무시스템의 사회적 특성 차이를 잘 이해하고, 전산시스템을 업무시스템에 옮겨 심는 방법론의 공부하는 학문이다. 즉, 아래의 그림 3-5에서 보는 바와 같이 MIS는 전산시스템을 조직(업무)시스템에 결합시키는 데 필요한 방법을 공부하는 학문영역으로 규정지을 수 있다.

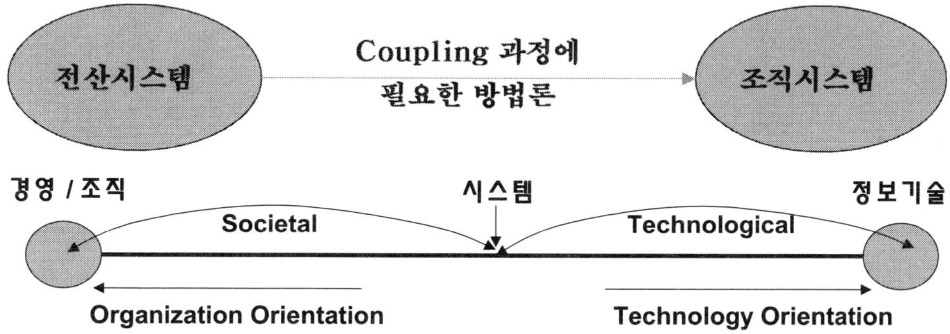

[그림 3-5] MIS의 학문적 의미

조직의 기능을 원활히 유지되도록 하기 위해서는, 마치 혈액 순환계(*blood circulation system*)와 신경계(*neuro system*)가 상호 작동하면서 원활히 유지될 때 우리의 몸이 제대로 기능을 발휘하듯, 물질의 흐름과 정보의 흐름이 동전의 양면처럼 일치되는 것이 최대의 관건이다. 여기서 물질의 흐름은 업무시스템에 의해 유지되며, 정보의 흐름은 전산시스템에 의해 신속히 유지된다는 점을 상기하면, 전산시스템과 업무시스템의 기능적 합치가 얼마나 중요한 것인지 이해할 수 있을 것이다. 학문영역으로서의 MIS은 바로 이들 양대 시스템이 합치될 수 있도록 하기 위한 방법론을 공부하는 학문인 것이다. 따라서 MIS는 전산 정보통신기술에 대한 기능적 특성을 이해하고 조직의 특성 및 제반 의사결정문제, 이용자 행태, 그리고 정보자원관리 전반의 이해를 필요로 한다.

3.2 MIS 전문가의 소양

성공적인 MIS를 구축하기 위해서 경영자는 단지 컴퓨터를 이해하고 기능적으로 능숙하게 잘 쓰는 것만으로는 부족하다. 경영정보시스템은 비단 자료처리, 통신 및 사무기술에 관한 개별적인 지식을 요구할 뿐만 아니라 이같은 기술들을 조정, 통합하는 능력을 필요로 하고 있다. 나아가 경영자는 정보시스템의 구성을 위해 조직의 문제를 인식하고 시스템적 해결을 모색할 수 있어야 하며 이를 위해서는 정보기술의 특성에 대한 이해는 물론 조직과 인간의 행동에 관한 지식을 갖추고 있어야 한다. 선택된 목표나 기능을 정보시스템으로 달성하기 위해 조직내에서 어떻게 구성되고, 적용되어야 할 것인가에 대한 전문지식을 필요로 한다.

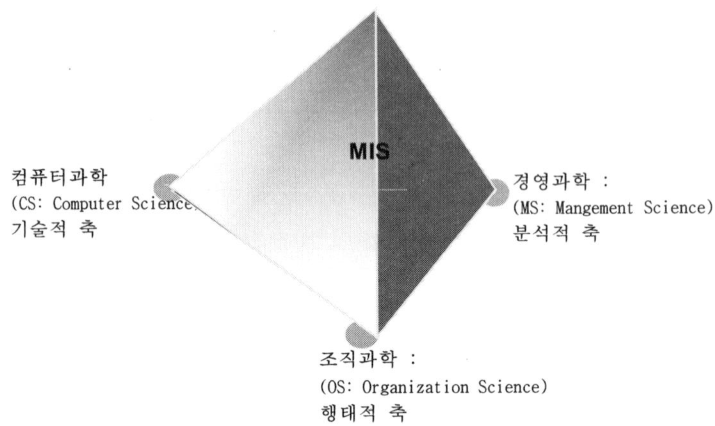

[그림 3-6] MIS 전문가의 3대 기본 소양

좀더 구체적으로 설명하면 MIS 전문가가 되기 위해서는 그림 3-6에 보인 바와 같이 컴퓨터 과학 분야의 컴퓨터 및 정보통신기술에 대한 기초 지식과 의사결정에 필요한 논리적, 수리적 능력과 조직의 제반문제를 이해하고 대응하기 위한 조직과학의 전문 지식 등 3대 분야의 지식을 기본 소양으로 한다.

그리고 무엇보다 중요한 것은 전산과 조직을 이어주는 다리 역할을 하는 혼혈아와 같이 커뮤니케이션 능력을 갖추는 것이다. 요컨대 MIS 전문가는 사회적 요소(경영/조직)와 기술적 요소(정보통신)에 대한 지식을 갖춘 혼혈아이어야 하며, 지식기반사회의 "*IT-based Business Doctor*"가 되어야 한다.

참고문헌

안중호 · 권순동. 경영정보론(제3판), 홍문사, 1998, pp. 24-39

Ahituv, Niw and Seev Newmann, Principles of Information Systems for Management, Wm.C. Brown Publishers, 1986, pp.46-54

Davis G.B. and M.G. Olson, Management Information Systems, 2nd ed., McGraw-Hill, 1985

Gorry, G.A. & Scott Morton, M.S(1971), "A Framework for Management Information Systems", Sloan Management Review, 13(1), pp. 55-70

Laudon K.C. and Jane P. Laudon, Management Information Systems, Prentice-Hall, 1997, pp. 91-94

제 4 장

기업경영과 정보시스템의 역할 변화

기업경영에서 정보시스템이 차지하는 비중과 역할이 변화하고 있는데, 이 장에서는 기술적 관점과 사회적 관점에서 그 배경을 개괄한 후, 정보시스템에 대한 전통적 시각과 새로운 시각을 비교 설명한다. 그리고 전략적 관점에서의 정보시스템 활용에 대해서 논의한다.

우선 정보시스템 역할 변화의 동인을 기술적 관점과 사회적 관점에서 살펴보기로 하자. 기술적 관점에서는 정보기술이 다음과 같이 세 가지 가능성을 제시하고 있다.

① 1차적 효과: 재화 및 각종 소요 물자의 전달체계를 단순화시킴으로서 효율적 물류관리에 따른 비용절감을 꾀할 수 있다.

② 2차적 효과: 정보의 발생 및 이용에 있어서의 상승효과를 의미하는 것으로서 불확실성의 흡수효과와 조직 구성체간 유기적 결속효과를 기대할 수 있다.

③ 3차적 효과: 정보기술의 경제성 향상으로 일반 재화와 마찬가지로 데이터의 처리과정을 통하여 얻어진 정보의 경제적 가치는 그 정보에 대해 사용자가 느끼는 효용의 외적 표현이다. 정보기술에 의한 저장, 분류, 변환 등 데이터 처리의 자동화는 과거 수동식 처리에 소요되었던 직접비용의 현저한 감소를 통해 정보처리 및 창출의 혁혁한 생산성 증대를 이룩하였다. 이러한 처리비용의 저렴화를 통한 경제적 가치의 향상 외에 정보기술의 가격하락으로 도입이 촉진될 수 있다.

한편 사회적 관점에서 볼 때, 위에 제시한 정보기술의 잠재적 기대효과는 다음과 같은 사용자의 요구에 부합하는 것으로서 기술에 대한 기대와 사회적 수요가 상승작용을 일으키면서 정보시스템의 역할이 변화하고 있다.

① 시장 환경적 측면: 시장환경적 특징은 수요와 공급의 측면에서 살펴 볼 수가 있다. 첫째, 수요패턴에 변화가 급속히 진행되고 있다. 소비자의 필요와 욕구는 한마디로 다양화, 개성화, 고급화로 급변하고 있는 것이다. 둘째, 이러한 수요패턴의 동적 변화에 대처하기 위하여 공급 측면의 선진기업들은 생산과 영업부문에 혁신적 전략을 도입하고 있다.

② 기업 구조적 측면: 조직의 복잡 다양화, 전문화가 가속되고, 정부의 탈규제(*Deregulation*)로 조직 활동 거점이 광역·분산화 되고 있다.

③ 정보 기능적 측면: 정확한 상황 판단과 경영시야의 확대는 불확실성이 날로 고조되는 현대 사회에서 절실히 필요한 것이 되었으며, 특히 컴퓨터의 가공할 처리속도로 인해 더욱 짧아진 「피드백」을 통한 즉각적 경영 전략의 수립과 의사결정이 요구되었다.

④ 정보가치에 관한 인식 변화: 과거 「소비재」로서의 정보 개념에서 새로운 재화를 창출할 수 있는 「자본재」로 새롭게 인식되어 가고 있다. 소위 "3M"으로 일컬어지는 인력(*Man*), 자금(*Money*), 설비(*Machine*)와 더불어 생산 활동에 주요 요소로써의 인식이 확대되고 있다.

정보기술의 전략적 기회 = *f* (정보기술의 경제성 향상, 불확실성 증대, 기타)

where

- **정보기술 경제성 ← 비용하락, 기능의 고도화**
- **불확실성의 증대 ← 다양화, 전문화, 세분화에 따른 조직의 의존적 취약성 증대**
- **기타 ← 탈규제, 개방화에 따른 조직 거점의 광역화**

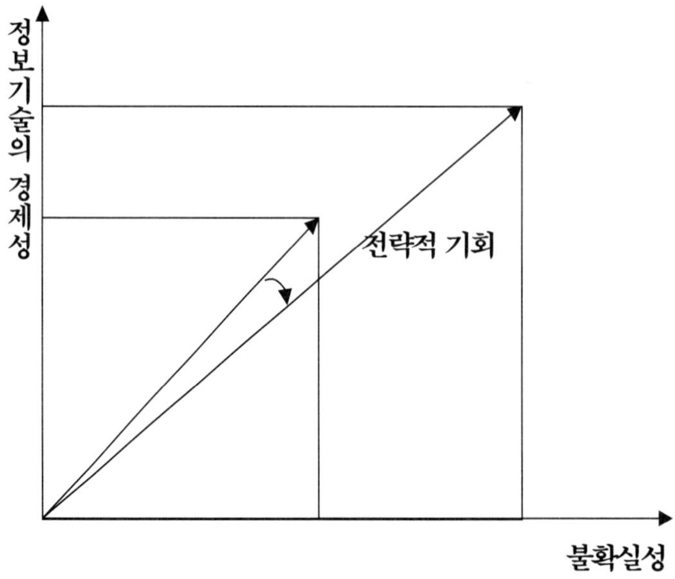

[그림 4-1] 정보기술의전략적 가치 백터

제 1 절 정보시스템(IS)에 대한 시각 변화

1.1 전통적 시각

인체의 활동이 기본적으로 피의 순환과 신경의 흐름에 의해 이루어지는 것처럼, 조직의 활동은 물질의 흐름(*physical flow*)과 정보의 흐름(*information flow*)으로 이루어진다. 인체활동의 원동력이 피의 순환이라면, 외적인 변화에 대응하는 행태는 신경계의 작용에 의해 결정된다고 할 수 있는 것이다. 마찬가지로, 조직의 활동은 기본적으로 물질(재화 및 용역)의 흐름으로 이루어지며, 그 조직의 성과를 결정짓는 행태(관리 · 통제 및 계획)는 정보시스템에서 얻어지는 정보에 좌우케 된다. 아래의 그림 4-2에 보인 바와 같이 정보시스템은 물류체제의 효율 및 효과에 관한 정보를 제시하여 설정된 목표를 성취할 수 있도록 올바른 대안을 수시로 제공하는 「피드백」 역할을 하는 것이다. 신경계의 기능이 부실할 때 인체는 외적 변화에 제대로 대응할 수 없듯이, 정보체제의 기능이 부실한 경우, 그 조직 활동성과는 기대할 수 없는 것이다. 따라서 정보시스템은 조직의 「피드백 메커니즘」으로 해석될 수 있으며 그 효과는 다음과 같다 :

- 정보의 수집 · 분석을 통한 불확실성의 흡수효과
- 정보공유를 통한 조직 구성체간의 유기적 결속효과
- 정확한 상황판단(*environmental scanning*)과 경영시야의 확대능력 제공효과
- 짧은 「피드백」 주기를 통한 실효성 있는 전략수립과 의사결정 지원효과

결국 전통적 시각에서 볼 때, 기업경영에서 정보시스템의 역할은 업무처리방식의 변화, 신속 정확한 의사결정 지원, 조직과 업무분담의 재정비 등으로 집약할 수 있다.

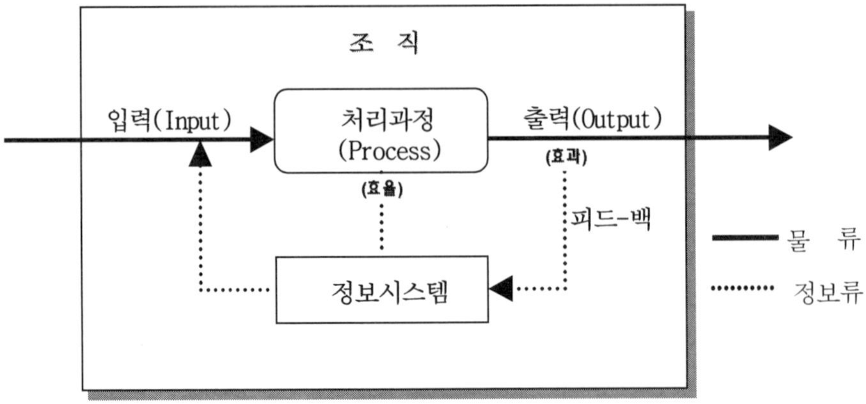

[그림 4-2] 조직에서의 정보시스템 기능

가. 업무처리방식의 변화수단

기업 업무수행에 컴퓨터가 활용되기 시작한 이래 정보시스템의 전통적인 역할은 업무나 계산의 효율성 증대에 있었다. 업무의 효율성을 높이기 위한 정보시스템의 활용은 생산, 판매, 인사 등 업무 전반에 걸쳐 범위가 확대되어 왔다. 주문처리시스템이나 항공예약관리시스템 등과 같이 거래처리의 효율화를 위한 정보시스템은 오늘날 기업 활동의 근간이 되었으며, 일부 정보시스템은 초대형화하여 기업의 중요한 전략적 자산이 되기에 이르렀다.

나. 신속 정확한 의사결정 지원수단

경영자가 수행하는 가장 핵심적인 활동의 하나는 의사결정이다. 경영층에게 보고할 자료의 작성, 업무평가와 통제를 위한 요약된 정보의 제공 등과 같은 기능을 수행하는 정보보고시스템(*Information Reporting System*, IRS)이나 특정한 의사결정을 위한 정보의 자원이나, 의사결정과정의 지원을 위한 의사결정지원시스템(*Decision Support System*, DSS) 등은 이러한 경영층의 의사결정에 도움을 주어 효과적인 기업경영을 지원한다.

다. 조직 재정비의 가능수단

환경변화에 의해 조직은 혁신을 필요로 하며, 조직혁신에 중요한 역할을 하는 사람은 경영자이다. 유능한 경영자는 양(*quantity*)에서 질(*quality*)로, 대형(*macro*)시장에서 소형(*micro*)시장으로, 규모(*scale*)의 경제에서 형태(*style*)의 경제로 경영초점을 성공적으로 혁신할 수 있어야 한다. 오늘날의 정보기술은 조직혁신을 지원하며, 비용이 저렴해서 누구나 접속이 가능하고, 다양한 의사소통 채널을 제공하며, 넓은 주파수 대역 때문에 필요할 때 쉽게 사용할 수 있다.

Schein(1994)은 혁신적인 조직에 사용되는 정보기술은 접근가능하고, 빠르며, 동시에 여러 사람이 사용가능하고, 표현형식이 자유롭고, 복잡한 관계를 나타낼 수 있으며, 사용자에게 친숙하며, 사용자간 설명이 가능하고, 팀워크를 지원하며, 권력구조에 유동적이며, 외부에 의존하기 보다는 자체를 변화시킬 수 있는 힘을 가진 자체 계획 등의 특징을 가지고 있다고 하였다.

Ernst, Young(1992)은 낮은 성과의 조직에 대해 고객관계 향상을 위한 훈련, 고객에게 가까이 갈 수 있는 문제 해결, 고객만족도 측정, 비용절감을 위한 기술사용 등을 제안하였다. 중간성과의 조직에 대해서는 부서수준의 개선 팀 추구, 공급자와 친밀한 관계유지, 프로세스의 단순화, 중간 관리자에게 질 향상 관련 정보 제공 등을 제안하였으며, 높은 성과의 조직에 대해서는 신규직원의 고객관계에 대한 훈련, 최상의 벤치마킹, 고객 충성도 구축, 고객과 자연스럽게 호흡할 수 있는 권한 부여, 기술과 전략적 파트너십을 통한 아웃소싱, 혁신, 성과, 적용성 등을 제안하였다.

1.2 전략적 시각

IS의 전통적 기능이 업무의 효율화에 있었다면, 이제 IS는, 산업의 특수성에 따라 그 역할에 차이를 보이기는 하지만, 종전의 단순한 '지원(*Support*)' 기능에서 벗어나 전략적 활용 수단으로 이용되기에 이르렀다. 이는 물론 IT의 혁신에 의한 것이며, IS는 이제 새로운 경쟁적 우위를 점할 수 있는 무기로서 그 역할이 확대 되고 있음에 주목하여야 한다.

조직 경영의 무게 중심이 내부에서 외부 지향적으로 이동함에 따라 조직 내부의 수직적 관리 및 통제에서 공급자 및 고객 중심의 수평적 관리로 확대되고 있다. 그 결과 최근에는 외부가치연쇄에 대한 정보기술의 전략적 활용이 매우 중요하게 인식되고 있다. IT시대에 접어든 지금 IT/IS가 전략적 무기로서의 활용가치는 적어도 다음의 네 가지 측면에서 찾아 볼 수 있다.

첫째, 생산성 및 업무성과의 개선이다. 이는 물론 전통적 관점의 IT/IS '기능인 내부 업무의 효율화'와 무관하지 않다. 그러나 한 가지 주목하여야 할 것은 개별 업무의 효율성 극대화란 측면에서 부터 개별 업무 간 접점에서의 최적화(*Joint Optimization*)를 도모함으로써 일련의 관련 업무들을 모두 포함한 단위 프로세스의 효율성 극대화로 IT/IS를 확대 응용하는 것이다. IT/IS의 전략적 활용의 첫 번째는 개별 가치활동의 효율화는 물론 내부 가치연쇄의 총체적 성과개선에 초점을 두고 있는 것이다.

둘째, 경쟁우위의 확보이다. 마이클 포터(*Michael Porter*)에 의하면 기업의 경쟁 무대에는 동종 경쟁자(*Rivalry*), 공급자(*Suppliers*), 고객(*Customers*), 신규 진입자(*New Entries*), 대체세력(*Substitutes*) 등 5 가지 경쟁세력(*Five Competitive Forces*)이 힘의 균형을 이루며 존재한다. 작금의 선진 기업들은 기업의 내외적 여건(SWOT)을 분석하여 IT/IS를 활용하여 힘의 균형을 깨고 자기 쪽으로 유리하게 끌고 갈 수 있는 기회를 찾는다.

셋째, 신규사업 진출 기회 제공이다. 기존의 정보시스템 혹은 새로이 전략적으로 개발되는 시스템은 신규사업으로의 진출기회를 제공한다.

넷째, 새로운 경영조직화 방식의 제공이다. IT/IS는 외부의 환경변화에 대응할 수 있는 새로운 경영조직의 구성에 결정적인 역할을 하게 된다. 이에 대해서는 제5장 "비즈니스 프로세스 관리"에서 집중적으로 설명될 것이다.

전략적 수단으로써의 정보시스템 가치는 공급자와 고객까지의 프로세스 중심 경영, 새로운 조직화, 신규 사업 창출 등 세 가지 측면에서 찾아 볼 수 있다.

가. 공급자, 고객과의 밀착 경영

정보기술은 조직 내 기능부서들간의 통합 뿐만 아니라 공급자, 소비자 등과 같은 조직 외부의 주요 주체들과의 관계를 강화하는 수단을 제공한다. 사회적 생산 네트워크에는 기업 뿐만 아니라 부품 공급자, 소비자, 경쟁업자, 심지어는 잠재 고객 및 잠재 경경자까지 관여되어 있다. 정보기술은 이러한 관련 주체들과의 협력관계를 더욱 긴밀하게 유지할 수 있는 여건을 제공한다. 예컨대, 거래선과의 관계에서 상호 제휴나 협력을 통해 거래 관련 정보나 시장정보를 보다 원활하게 공유하고 교류할 수 있다. 소비자와의 관계에 있어서도 인터넷을 통해 다양한 서비스 기능을 제공하고 고객을 제품 설계 및 제조에 참여토록 유도하며, 고객 데이터를 이용하여 보다 차별화된 판매전략을 전개할 수 있다. 이렇듯 프로세스의 외부 확장을 통해 기업의 경쟁력을 높이는 핵심 사상이 바로 'e-비즈니스'이다. 이에 관한 보다 구체적인 논의는 제7장에서 하기로 한다.

나. 새로운 조직화

오늘날 기업들이 조직의 재편성, 흡수나 합병, 위치 이전 등을 하는 사례가 급증하고 있다. 정보기술이 지니고 있는 연결성을 기업 내부에 적절히 활용함으로써 환경에 보다 신속히 반응할 수 있는 새로운 조직을 설계할 수 있다. 또한 글로벌 시대에 부응하여 조직의 거점을 광역화하여 현지경영을 촉진하는 수단으로 정보기술을 활용할 수도 있다. 아울러 정보기술의 발전은 프로세스 재설계를 통한 조직의 최적화를 도모하고 업무처리 방식을 기존의 집권화, 직렬처리에서 분권화 병렬처리로 전환시키는 핵심수단으로 이용되고 있다. 프로세스 재설계를 중심으로 한 보다 구체적인 논의는 제5장에서 하기로 한다.

다. 신규 사업 창출

정보기술의 활용을 통해 인적 · 물적 자원, 자금, 정보 등의 경제자원을 결속함으로써 종합적인 관리가 가능케 되고 그에 따라 새로운 분야로의 진출 가능성이 열리게 된다. 예컨대, 지금까지는 독립적으로 수행되는 연관분야에서 종합적인 서비스를 제공하는 시스템 상품의 개발이 가능하게 되었으며 무점포 판매 등 새로운 유통경로와 기법의 개발로 기업이 고객에게 접근할 수 있는 방식을 다양화 할 수 있게 해준다. 뿐만 아니라 기업은 정보기술을 활용함으로써 업태를 혁신할 수 있고 신상품을 제공할 수 있는 능력을 강화할 수 있다.

이상에서 살펴본 "정보시스템에 대한 시각변화"를 시스템의 적용 범주, 역할 및 수행기능 차원에서 정리하면 다음의 표 4-1에 보인 바와 같다.

[표 4-1] 정보시스템에 대한 시각 변화

구 분	전통적 시각	새로운 시각
범 주	조직 내부 지향적 (효율제고수단)	조직 외부 지향적 (전략수행수단)
역 할	조직의 피드-백 메커니즘 Cost-Center	조직간 피드-백 메커니즘 Value Creation-Center
기 능	조직활동의 지원수단 조직의 예측기능 (정보의 불확실성 흡수효과)	조직전략의 실현수단 조직의 학습기능 (통신의 동기화 효과)

제 2 절 정보시스템(IS)의 전략적 활용

2.1 전략격자 모형

정보기술(*Information Technology*, IT)에 대한 막연한 기대감에 앞서 경영층들은 그들의 조직에 정보기술이 과연 중요한지, 왜 중요한지, 또 어떻게 중요한지를 이해할 필요가 있다. 맥팰란과 맥킨니(*McFarlan & McKenney*, 1983)는 기업에서 정보기술이 가지는 중요성을 알려주는 개념적인 틀로서 전략격자모형을 제시하였다 (그림 4-3).

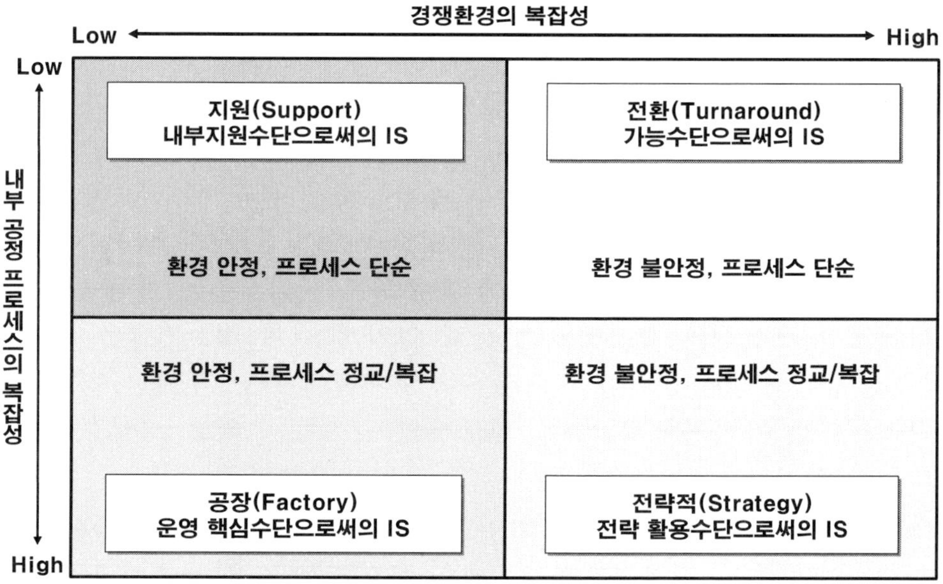

[그림 4-3] IT 전략격자모형

※ 자료 : Cash J. F. McFalan F. W. McKenney J. L. (1983), *Corporate Information Systems Management: The Issues Facing Senior Executives(3rd ed)*, McGraw-Hill.

- 지원(*Support*): 정보시스템이 현재나 미래에 별로 큰 영향을 미치지 않는다면 정보기술은 일종의 "지원활동"으로 간주된다. 이 경우 정보기술에 대

한 투자는 평균치를 넘지 않으며 경영층의 관심도 높지 않다. 정보기술에 대한 자세는 '우리가 당신을 찾기 전에는 우리를 찾지 말라'는 식이다. 내부 효율성 증진을 위한 몇 개의 관리 시스템이 설치되어 있고 제고공정 개선을 위한 전문기술의 도입이 완만하게 진행되는 경우에 해당될 것이다.

- 공장(*Factory*): 정보시스템이 현재의 운영 및 관리에는 핵심적이지만 미래전략의 중심에는 있지 않다면 정보기술은 일종의 "공장활동"으로 간주된다. 현재는 고도의 시스템이 사업의 계획과 통제를 위해 설계되어 있지만, 이러한 기본적인 시스템 이외에는 사업을 근본적으로 변환시킬 새로운 응용시스템의 개발은 계획되고 있지 않다. 이 경우 정보기술은 원래의 위치에서 벗어나면 안되고 엄격히 관리되어야 하는 '작업장'으로 인식된다. 또 정보기술 예산은 항상 중시되며, 시스템은 정지되는 일 없이 효율적으로 운영된다. 정보기술 임원은 실력 있고 신뢰할 수 있는 중견관리자로 임명된다.
- 전략(*Strategic*): 정보시스템이 현재 조직에 핵심적일 뿐만 아니라 조직의 미래가 그에 의해 좌우된다면, 정보기술 활동은 "전략활동"으로 간주된다. 업무의 수행이 컴퓨터 없이는 불가능하며 신규 새로운 제품과 서비스의 개발 역시 컴퓨터에 의지한다. 또한 사업의 다각화 역시 컴퓨터, 정보통신망, 통합 데이터베이스 등에 의존하게 된다. 결국 제품-시장 전략과 정보기술 전략은 실타래처럼 서로 엉키게 되며 정보기술은 사업의 핵심요소로서 운영될 것이다. 이 경우 정보기술에 대한 투자는 기업 자본예산의 대부분을 차지하게 되며, 정보기술 관리자는 최고 경영층의 일원이 될 공산이 크다.
- 전환(*Turnaround*): 기존 정보기술의 중요성은 그다지 높지 않은 반면 현재 계획되고 있는 개발 중인 시스템은 앞으로 조직의 생존이나 성장을 결정할 만큼 중요하다. 이 경우 정보기술 예산은 급격히 증대되며 정보기술 리더쉽은 이사회로부터 나오게 된다. 또 정보기술 담당 중역이 임명되고, 임원들을 대상으로 한 정보관리 교육이 실시된다. 이 경우의 기업의 전략 격자모형은 IT 잠재력과 기업 운영 및 전략의 일치도, IT에 대한 최고경영층의 전략적 의사결정(효율인가 가치창조인가), 기업의 경쟁환경의 변화 등 3가지 요인에 의해 결정된다.

기업의 전략격자모형은 또한 전략적 사업단위(*Strategic Business Unit*, SBU), 사업부 등 독자적 제품 시장을 가지고 있는 주체들을 대상으로 한다. 따라서, 여러 개의 사업부로 이루어진 다각화된 기업은 각 사업부별로 각기 다른 전략격자를 가지게 되며, 정보기술 활동에 대한 관리도 사업부별로 달라진다. 한 사업부의 정보기술의 중요성 또한 시간이 흐름에 따라 변할 수 있기 때문에 이러한 변화의 시점을 제때에 파악하는 것은 매우 중요하다. 과거에 '지원' 혹은 '공장'에 해당되었던 많은 사업부들이 고객, 공급자 또는 경쟁업체들의 압력, 산업구조의 변화, 또는 정보기술이 제공하는 새로운 사업기회 등으로 인해 '전환' 또는 '전략'의 위치로 급속히 변하고 있다. 이상에서 나타난 시사점은 결국 현재와 미래의 정보기술 관리는 정보 시스템이 가지는 중요성에 따라 결정된다는 점이다. 그러므로 모든 경우에 통용되는 정보관리 원칙이란 매우 위험할 수 있으며, 상황에 따라 적절히 조절되어야 한다.

2.2 IT/IS의 전략적 활용

'지원'격자에서 정보시스템(*Information System*, IS) 계획은 임시방편적이다. IT 부서는 때마다 사용자의 요구에 따라 반응하기 때문에 많은 사람이 그 존재를 느끼지 못하며 단지 필요한 때만 찾게 되는 철저한 후방부서의 성격을 띠게 된다. 이러한 방식은 사용자가 만족하는 한 아무런 문제가 없다. '지원'격자에서 가장 중요한 통제는 프로젝트 수행시간, 예산, 그리고 목표의 달성도 정도이다. 서비스는 계약을 통해 제공된다. IT부서는 또 가급적 다양한 기술에 대한 정보를 유지하기 때문에 새로운 요구가 발생할 때마다 가장 적절한 기술을 선택한다. 따라서 조직의 기술정책은 매우 취사선택적일 수 있다.

'공장'격자에서는 정보시스템을 효율적, 지속적으로 제공하는 것이 중요하다. 그러므로 계획의 가장 중요한 측면은 소요자원의 수준을 정확히 예측하는 것이다. 또 모든 IT활동은 엄격히 관리되고 필요로 하는 사람 모두에게 제공되어야 하므로 담당 IT 부서가 만들어지게 된다. IT 부서의 통제는 예산을 통해 이루어지는데, 예산은 곧 자원 사용의 계획 · 측정을 나타내기 때문이다. 반면, IT 부서내의 통제는 품질이나 기타 운영의 통제방식을 따른다. 또 현 시스템이 기업운영에 핵심적이기 때문에 기술적 모험을 하지는 않는다. 따라서 기술정책은 매우 보수적이며, 주로 산업표준을 따른다.

'전환'격자에서 IT는 기업의 미래사업 구상의 핵심이 된다. 따라서 새롭게 재배치된다. 뚜렷한 목표의식 아래 계획이 강조되며 계획에 앞서서 심도 있는 분석이 요구된다. IT는 그 위상과 영향력을 증대시키기 위하여 재무관리나 인사관리와 같은 수준으로 격상되고, 기업의 주요기능의 하나로 조직화된다. 통제는 당분간 예산을 확보하고 제대로 집행하는 것이 정보기술의 효과를 높이는 길이라고 믿는 최고경영자의 손에 맡겨진다. 정보기술은 새로운 전략의 중심이기 때문에 기술정책은 전면적 재검토가 필요해진다. 새로운 관점, 공급업체, 표준, 그리고 기술을 포용하게 된다.

'전략'격자에서 정보시스템 계획은 그 정의 자체가 사업계획과 연결된 전략적 · 장기적 과제이며 실제 사업전략과는 상호의존적이다. 조직에서 정보기술이 빼놓을 수 없는 경영요소가 됨에 따라 더욱 복잡한 조직형태가 등장하게 된다. 모든 부서와 사용자가 나름대로 정보시스템을 개발하게 되고 이에 따라 명확히 규정된 권한과 책임의 경계가 무너졌다. 통제도 마찬가지로 모든 관리자가 정보기술 사용과 공급에 관한 어느 정도의 권한과 책임을 가진다는 점에서 모두 일정의 정보관리자의 책임을 갖는다. 하지만 IT가 가지는 중요성이 너무나 크기 때문에 기술적 혼란을 일으키는 이완된 통제나 산만한 조직구조는 결코 용납할 수 없다. 결국 기술정책은 더욱 거시적이 되며 연결, 종합, 호환성, 관리의 용이성 등에 초점이 모아진다.

결론적으로 말하면 경영층은 각 전략격자에서 어떤 정보관리 방식이 적절한지를 이해해야 한다. 또 기업이 전략격자에서 위치를 이동할 경우 그 전환의 시점을 포착하며 그에 대한 적절한 대비를 할 수 있어야 한다. 다음 표 4-2는 전략격자에 따른 정보관리를 나타내고 있다.

[표 4-2] 전략격자에 따른 정보관리

전략격자 / 정보관리	지원	공장	전환	전략
계 획	임시방편적	자원	방향제시	전략적
조 직	보조기능	부서	부문	복합
통 제	프로젝트통제	예산통제	프로그램통제	혼합
기 술	선택적	전통적	재사고	기반 구조적

※ 자료: Earl M.(1989), *Management Strategies for Information Technology*, Prentice Hall.

전략적 연계와 기능통합을 위한 대안들 간의 관계를 이해하기 위해서는 연동관점이 필요하다. 그림 4-4에 보인 바와 같이 이들 각각은 사업영역과 정보기술영역, 내부영역과 외부영역의 요소들로 이루어진다.

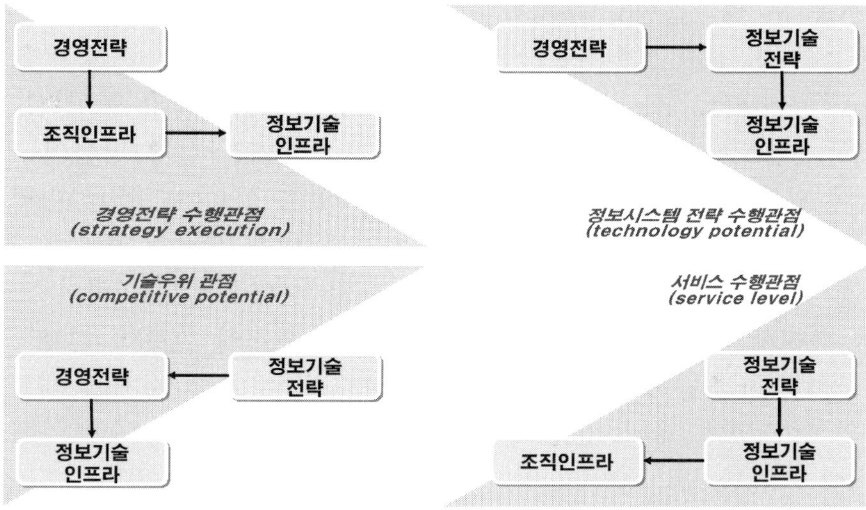

[그림 4-4] 네 개의 연동관점

※ 자료: Henderson J. C. Venkatraman N. Oldach S. (1996), "Aligning Business and IT Strategies," In J.F. Luftman (Ed), *Competing in the Information Age: Strategic Alignment in Practice(21-42)*, New York: Oxford University Press.

가. 경영전략 수행관점

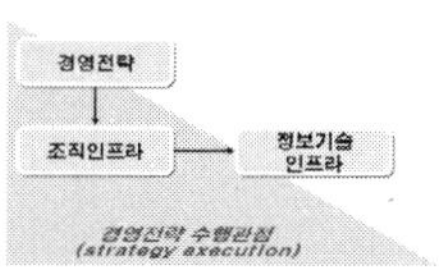

경영전략을 출발점으로 하여 조직 인프라를 수정한 후에 정보기술 인프라를 조정하여 이를 지원함으로써 연동을 달성하는 방식이다. 이 관점은 조직인프라와 정보기술 인프라에 대해 경영 전략이 추진의 바탕이 된다는 생각을 전제로 하고 있다. 최고경영자는 사업영역을 파악하고 목표의 실행을 위한 자원을 마련하고 완전한 경영전략을 만들어 조직에 이를 전파한다. 이 관점은 하향식 방식을 통해 시행된다. 정보기술 관리의 역할은 경영전략을 지원하는데 필요한 정보기술 인프라를 효율적·효과적으로 조정하는 것이다. 평가기준

은 재무적인 이익, 업무 프로세스 효율성의 증가 정도 등이다. 이 관점에 있어서 정보기술의 목표는 최고경영진에 의해 제안된 경영전략의 요구를 충족시키는 것이다. 정보기술 성과의 평가기준은 비용으로서 주로 손익분기분석, 활동기준원가계산(*Activity Base Costing*, ABC) 등과 같은 지표를 이용해 효율성에 초점을 둔 성과분석을 수행한다.

이 관점의 전략을 실행하는 구체적인 방법은 비즈니스 프로세스 재설계(*Business Process Reengineering*, BPR)나 정보기술계획 등이다. 만일 업무 절차가 재검토될 필요가 있다면 BPR이 유용한 전략실행 방법이 될 수 있다. 그러나 만약 업무 절차가 최근에 재검토되었고 이미 변형되었다면 정보기술계획이 적절한 방법이 된다. 기술적 인프라에 대한 요구가 중요한 경우라면 BPR은 경영전략에 대한 비전을 바탕으로 이를 실현시키기 위하여 조직의 프로세스와 관리체계를 재설계한 후에 정비된 프로세스에 맞추어 정보기술 아키텍처를 구축하고 관리해 나가는 방법을 말한다. 정보기술 자체에 대한 전략은 수동적 위치에 있게 되며, CIO의 역할은 기업전략 및 조직 인프라에 맞추어 지원하는데 국한된다.

사례	미국의 보험회사 중의 하나인 MBL(*Mutual Benefit Life insurance*)社는 보험증권의 발행 및 위험평가 절차를 리엔지니어링해 BPR을 성공적으로 수행한 대표기업으로 꼽힌다. 그 결과 비용은 40%정도 절감됐고 증권발행 소요기간도 기존의 5~25일에서 2~5일로 단축됐다. 기존에는 일을 처리하는데 4단계, 12기능, 80가지 역할이 필요했으나, 개선된 업무절차에서는 한 사람과 이를 지원하는 2명의 보조원만으로 일을 처리할 수 있게 됐다. 그러나 MBL사는 리엔지니어링 직후 파산을 선언하였는데, 이는 BPR의 출발점이 프로세스가 아니라 경영전략에 따른 시장의 거시적 비전이 되어야 한다는 사실을 간과했기 때문이다.

나. 정보시스템 전략수행 관점

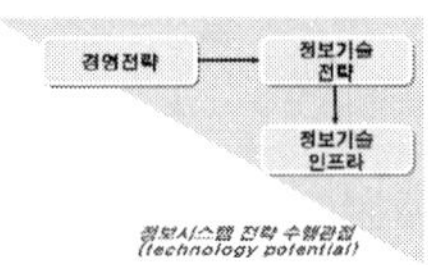

경영전략을 정하고 정보기술시장에서 자신에게 가장 적합한 경쟁력 있는 기술을 찾고 확보된 기술역량과 비전을 통해 정보기술 인프라를 구성하는 방식이다. 이를 위해서는 경영전략이 정보기술전략에 미치는 영향과 그에 따르는 정보기술인프라에 대한 영향을 이해해야 하고 선택된 경영전략을 가장

잘 지원할 수 있는 정보기술논리와 선택을 명확하게 표현하는 기술적인 비전을 제시하여야 한다. 최고경영진의 역할은 기술적인 비전을 가지고 사업에 정보기술을 적용시키는 방법을 제시하는 것이다 정보기술 시장의 특성과 자사 정보기술 인프라의 강점과 약점을 이해하고 기술적인 위험을 효과적으로 관리할 필요가 있다. 또한 기술시장에서 기업의 전략을 뒷받침할 수 있는 효과적인 활용대상 기술군을 선택하고 이 기업이 선택한 기술을 지원할 수 있도록 인력을 적절하게 교육하며 시스템의 변화를 유도해 주어야 한다.

정보시스템 관리자는 외부의 정보기술전략을 수행하기 위한 정보기술 인프라를 효과적이고 효율적으로 구축할 수 있는 기술적인 설계능력을 충분히 가지고 있어야 한다. 앞의 관점과 마찬가지로 변화는 하향식 방식을 통해 이루어지고, 정보기술 활동의 평가는 정보기술이 기업의 최종 생산품 또는 서비스에 부가한 가치를 바탕으로 이루어진다. 정보기술의 초점은 전략을 효율적·효과적으로 지원할 수 있는 가치를 더하는데 있다. 유형의 평가기준으로는 수익의 증가, 새로운 서비스의 제공, 경쟁적 우위의 제공 등이 있고, 무형 기준으로는 기업과 고객의 관계, 경쟁 대처효과 등이 있다.

이 관점에서의 구체적 전략 실행방법은 정보기술전략을 고안하는 것이며 정보기술전략의 실행방안으로 정보기술 전략기획과 BPR을 혼합하여 정보기술 주도형 BPR을 추진할 수도 있다.

사례	*Rosenbluth Travel*社의 최고경영자 *Rosenbluth*는 다른 항공예약 시스템을 통합하려는 전략을 수립했다. 여러 시스템을 통합함으로써 고객이 필요로 하는 최적의 정보를 제공하는 새로운 항공정보를 제공하게 되었다. 또한 정보제공 서비스를 전세계에 걸쳐 제휴관계를 맺고 있는 많은 기업들에게 제공함으로써 세계적 활동범위를 가진 가상기업을 창출하게 되었다.

다. 기술우위 관점

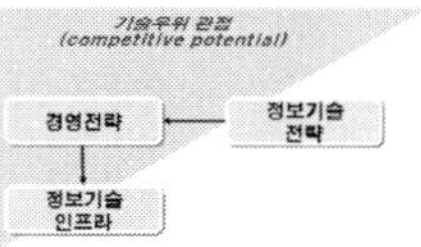

기업에 경쟁우위를 제공할 신규 경영전략의 실현을 가능케 하는 기술역량에 초점을 둔다. 정보기술전략을 바탕으로 경영전략을 수립하고 이를 지원할 정보기술 인프라를 마련함으로써 기술우위 관점을 실행할 수 있다. 이 관점은 새로운 제품이나 서비스, 전략적 경쟁우위, 그리고 새로운 통제관계(IT *governance*)의 설정에 영향을 주는 정보기술능력과 연관되어 있다.

앞의 두 관점과는 달리 이 관점은 정보기술능력을 바탕으로 한 경영전략의 수정을 허용한다. 정보기술전략의 세 가지 요소에서 시작하여 사업에 대한 전략적 방안을 정한 후 여기에 맞는 조직의 인프라와 프로세스를 유지하는 것이다. 이 때 최고경영진은 사업 비전을 가져야 한다. 사업 관리자는 정보기술을 사업에 효과적이며 효율적으로 적용할 수 있는 방법에 대해 이해하고 있어야 한다는 것이다. 경영자가 정보기술의 잠재력에 대해 인지하고 있다면 새로운 사업기회를 찾고 전략을 수행함에 있어 정보기술의 비중과 의미를 증가시킬 수 있다. 정보시스템 관리자는 잠재 기회와 위협을 경영자가 이해할 수 있도록 정보기술의 변화경향을 확인하고 제시하는 역할을 한다. 이 관점에서 평가기준은 경쟁우위 확보, 수익증대, 고객관계 개선, 위험감소 등 기업의 고객에 대해 정보기술이 영향을 미치는 정도가 된다.

전략 실행방안은 정보기술전략을 경영전략으로 구현하는 것이다. *Poter*(1985)의 가치사슬(*Value chain*)이나 기술탐색(*technology scans*)은 기술이 사업에 활용되는 방법을 확인하는데 중요한 역할을 할 수 있다. 정보기술전략을 수립한 후에는 경영전략과 조직의 인프라를 재조정해야 하는데 이때 기술의 변화에 일치하는 업무절차를 마련하기 위해 BPR을 활용하기도 한다.

사례	*American Airline*社의 SABRE 시스템은 매일 50만 명의 승객예약 업무를 처리하며 초당 20만개의 메시지를 처리한다. 기술을 경영전략에 활용할 수 있게 한 비전과 1960년대 이후부터 사용 가능했던 기술을 새로운 관점으로 이용 가능하도록 만든 경영진의 노력이 *American Airline*社의 주요성공요인이다. *American Airlines*社가 사용했던 핵심기술은 대용량 저장기술로 시작해 온라인 터미널, 네트워크, 편집기술로 발전되어 갔다.

기술우위 관점과 정보시스템 전략수행 관점에서는 경영전략을 위한 새로운 기술의 경쟁사로의 확산에 대한 고려가 반드시 있어야 한다. 성공한 선도기업이 사용한 기술과 정보기술 인프라를 후발기업이 도입하는데 걸리는 시간은 매우 중요한 의미를 가진다. 정보기술 인프라가 준비되어 있지 않은 후발기업은 선발기업을 쫓는 데 많은 시간이 걸릴 것이며, 그 시간 동안 시장에서 일어나는 변화는 후발기업의 생존과 안정을 위협할 수 있기 때문이다. 기업에게

있던 타기업의 전략을 그대로 쫓는 것은 경쟁우위 확보 측면에서 좋은 선택이라 할 수 없다. 나름대로의 자신의 기업에 적절한 아키텍처를 구축하는 것이 최선의 대안이다.

라. 서비스 수행 관점

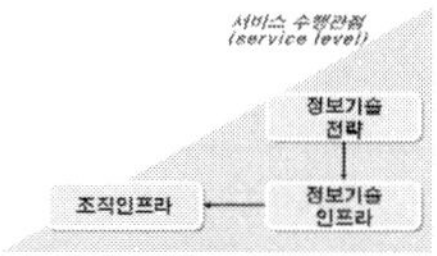

정보기술전략의 선택으로부터 시작하여, 정보기술 인프라를 통해 조직인프라의 구축을 추구한다. 이 관점에서는 제품과 서비스를 보다 잘 제공해 기업의 업무절차를 잘 지원할 수 있는 능력에 초점을 둔다. 최고경영진은 기업과 정보기술에 희귀한 자원을 효과적으로 배분할 수 있도록 우선순위를 매기는 역할을 하지만, 정보기술전략의 수립이 기업전략에는 거의 영향을 주지 않기 때문에 최고경영진의 역할이 그리 크지는 않다. 임원들은 정보기술 아키텍처에 대한 장기적 투자 요구와 단기목적을 조화시킬 필요가 있다. 정보시스템 관리자는 최고경영자의 운영에 관한 지침 내에서 정보시스템 조직을 성공적으로 이끌어 나갈 수 있는 리더십을 가져야 한다.

이 관점에서 정보시스템 활용도, 성과향상과 같은 기술적인 성과에 기반을 두어 평가를 수행한다. 정보기술관리에 있어 중요한 사안은 정보기술에 관련된 정책들을 마련하는데 있어 정보기술이 맡고 있는 역할의 파악이다. 정보기술의 범위가 프로세서, 네트워크, PC, 사무자동화 등으로 빠르게 확대되기 때문에 더 효과적인 결과를 얻기 위해서는 변화하는 구조와 경향을 포함한 정보기술의 역할을 지속적으로 이해하고 파악하는 것이 필요하다.

전략적인 실행방안에는 정보기술기획, 정보기술 프로세스 리엔지니어링, 사전에 정의된 프로젝트의 수행 등을 들 수 있다. 세 가지 방법 중 어느 것을 선택하느냐는 정보기술의 초점이 기업의 조직과 업무처리과정에 있는지 또는 고도의 계획을 개발하거나 수행하는데 있는지에 달려있다. 특히 정보기술이 기업의 핵심 경영전략을 지원하지 않을 때는 외부조달(*outsourcing*)이 유용한 방법이 될 수 있다.

마. 연동모형 주기의 반복

이상 네 개의 전략적 관점의 개념과 특징을 요약하면 표 4-3과 같다. 이 연동모형은 네 관점 중 하나를 실행하는 것으로 전체 한 주기가 끝나게 된다. 기업환경이 변화함에 따라 기업의 사업영역과 정보기술영역을 새로이 정비할 필요가 있는데 연동모형 주기의 반복은 이러한 연동모형의 네 가지 요소(경영전략, 조직인프라, 정보기술전략, 정보기술 인프라) 간의 균형을 유지하는 것을 가능하게 한다.

[표 4-3] 네 가지 전략적 관점

구 분	경영전략수행 관점	정보시스템 전략 수행관점	기술우위관점	서비스수행 관점
최고경영자 역할	경영전략수립	기술적 비전제시	사업비전제시	정보기술 프로젝트 자원배분
정보 기술관리 역할	조직인프라에 대한 정보기술지원	정보기술전략 도출	정보기술의 사업전략화	프로젝트간 우선순위 조정
정보기술 초점	수동적 역할	경영전략 지원 가능한 가치의 창출	신규사업기회제공	기업 내부 업무간 조정
정보기술 성과 평가기준	재무적 이익	제품과 서비스에 정보기술이 부가한 가치	고객에 대한 정보기술의 영향력	고객만족
전략실행 방법	BPR 또는 정보기술기획	정보기술전략	경영전략	정보기술계획, 정보기술리엔지니어링 및 실행

※ 자료 : Luftman, J. N. (1996), Applying the strategic alignment model, In J. Luftman (Ed), *Competing in the Information Age (43-69),* New York: Oxford University Press.

바. 전략적 연동방법과 수단의 결합

사업영역과 정보기술영역 사이의 통합 정도나 정보기술 투자를 통해 얻는 가치에 대한 불만족의 주된 원인은 정보기술 인프라와 경영전략 간의 전략적 연동의 구현이 미흡하기 때문이다. 전략적 연동모형에 비추어 살펴볼 때, 경영전략과 정보기술 인프라 사이의 연계는 '경영전략 수행관점'과 '정보시스템 전략 수행관점'에서 그 논리를 찾을 수 있다. 경영전략 수행관점은 조직인프라에 반영된 경영전략의 의미를 정보기술 인프라에 적용하는 것이다. 정보시스템 전략 수행관점에서는 경영전략의 배경 하에서 효과적인 정보기술을 점유한 것을 바탕으로 정보기술 인프라를 정비하는데서 그 연계를 발견할 수 있다.

마찬가지로 정보기술전략과 조직인프라의 연계는 정보기술전략을 원동력으로 하고 조직인프라에 영향을 주는 '기술우위 관점'과 '서비스 수행관점'에서 찾아볼 수 있다. 기술우위관점은 경영전략에 대한 정보기술전략을 바탕으로 정보기술 인프라를 재설계하는데 적절한 원칙을 개발함으로써 내부의 고객에게 가능한 최상의 서비스를 제공하고자 하는 것이다.

전략적 연동모형의 네 영역 중 개별 영역에 대한 이해나 네 가지 연동관점 중 하나를 선택하는 일은 정보기술투자를 통해 이익을 실현하려는 경영진의 노력의 일부가 되어야 한다. 전략적 연동을 이루기 위한 수단인 의사결정권한 적정 배분수준과 능력관리는 전사적 가치관리의 차원에서 지속적으로 수정·보완되어야 한다. 시간경과에 따른 연동 메커니즘은 기업의 효과적 변신을 위한 역동적인 능력을 만들어 낸다.

이상의 접근법과 모형의 실행을 위해서는 연동모형의 역동적 성질을 이해해야하는 것이 중요하다. 1970년대와 80년대에 유행했던 전략 계획의 한계는 전략의 역동적인 성질을 인지하는데 실패한 데서 비롯된 것이다. 중요한 것은 연동 모형의 네 영역간의 정적인 연동을 이루는 것이 아니라 외부환경에 따라 지속적으로 기업을 재 위치설정(*re-positioning*)시키고 네 영역 간에 걸친 영향을 끊임없이 평가한다는 것이다. 연동관점에 대한 지속적 변화의 필요성은 성공적인 기업이 끊임없이 변화하며 환경에 적합한 모습을 갖추는데 있어 기업의 학습과 적응능력을 중시하는 것과 그 맥을 같이한다. 전략적 연동에 이르는 과정은 일회성의 행사가 아니라 장거리 여행과 같음을 깨닫는 것이다.

전략을 만들어내고 실행하는데 있어 일반적으로 가장 좋은 방법은 없다. 따라서 네 가지 연동모형의 관점을 고려한 후에 개개 관점에 따른 다양한 정보기술의 잠재력을 예측하고 각 기업에 적절한 연동계획을 세워야 한다는 마인드를 갖는 것이 중요하다.

제 3 절 전략정보시스템(SIS) 사례

3.1 전략정보시스템의 정의

최근 SIS, BPR, 벤치마킹 등의 경영용어가 등장하면서 우리를 혼란스럽게 하고 있다. 그런데 이러한 용어들의 한결같이 공통되는 목표는 '경쟁우위의 확립'이다. 이 절대 절명의 목표를 어떠한 방법으로 실현시킬 것인가 하는 방법론에서만 차이를 나타내고 있을 뿐이다. 마이클 포터는 그의 저서("*Competitive Strategy*")에서, "경쟁에서 이기기 위해서는 업계 구조의 현상태를 고치며, 시장을 개발, 크게 하는 한편, 새로운 경쟁자를 시장에 들어오지 못하게 하지 않으면 안된다."고 말한다. 그중에서 SIS는, 이제는 유행이 지난 것 같은 기분(?)도 들지만, BPR의 궁극적인 목표가 SIS구축이라고도 할 수 있다는 점에서 SIS의 기본개념파악은 중요하다고 하겠다.

전략정보시스템(*Strategic Information System*: SIS)이란 경쟁우위 확보 수단으로 활용되는 정보시스템을 뜻한다. 또한 SIS에서 전략이란 한 기업이 다른 기업보다 경쟁적 우위를 점하기 위해 취하는 제반방법을 의미한다. 그렇다면 경쟁적 우위는 무엇으로부터 획득되는가? 마이클 포터는 기업이 취할 수 있는 순수한 전략으로 저원가, 제품/서비스 차별화, 집중화를 들고 있다. 다시 말해 SIS는 기업이 경쟁적 우위를 점할 수 있도록 기업의 전략적 측면을 지원하거나 강화하는 정보시스템이라고 할 수 있다.

따라서 SIS는 TPS, IRS, DSS 등 MIS의 분류에 따른 한 유형이 아니라 정보시스템을 경영전략 실천의 수단으로 활용되느냐의 여부, 즉 전략에 관심을 갖고 정보시스템을 개발, 운영하느냐, 그렇지 않고 실시하느냐의 여부에 달려 있다. 정보시스템이 기업의 전략에 활용되는 방안은 크게 네 개의 요소로 나눌 수 있다. 우선 정보시스템을 이용해 제품이나 서비스의 내용을 바꿀 수 있다. 또한 기업은 정보기술을 이용해서 고객과의 관계를 더욱 굳건하게 할 수 있다. 또한 이러한 정보기술은 공급업자와의 관계에서 전략적 우위를 확보하는 도구로 사용되기도 한다. 마지막으로 효율적인 내부관리 및 통제를 가능하게 하여 전략적 목적달성을 가능하게 해 주기도 한다. 이와 같이 정보시스템이 직접 또는 간접적으로 기업의 전략적 우위를 확보하는 방향으로 이용될 때 이를 전략정보시스템이라고 부른다.

3.2 Sears사의 SIS 사례

가. 정보시스템 재편 전의 Sears사

*Sears*사는 미국에서 세 번째로 큰 소매업체이다. 전국적으로 체인망을 갖고 있는 이 백화점은 1990년대 중반까지 지난 10여년동안 다각화전략을 강구하였다. 이에 보험, 부동산, 증권회사 등 새로운 분야에 진출하였다. 새로운 사업기회를 가졌다는 긍정적인 면도 있었지만 소매유통업이라는 본래의 사업영역에 몰두할 수 없었다. 자연히 매출면에서 부진을 면하기 어려웠다. 1992년 결산시에는 17억 달러라는 손실을 초래했다. 표 4-4는 이와 같은 *Sears*사가 처한 상황과 정보시스템 부문현황을 간략히 보여주고 있다.

[표 4-4] Sears사의 현황과 문제점

Sears사의 경영환경	Sears사의 정보시스템 부문환경
- 사업다각화에 치중하느라 본래의 소매유통업에 소홀하였음 - 유통산업 경쟁심화에 따른 매출 및 수익감소	- 메인프레임 환경에 의존하고 있었음 - 비용구조의 불합리성 : 전산부문 예산이 업종평균이 1.2%인데 비해 매출액대비 1.6%에 이름 - 소매유통업체에 필요한 응용시스템을 갖추지 못했음 : 매출관련 구체적인 정보를 제공못함, 각 사업부의 당일 매출총액 정보만 제공

아울러 정보시스템 부문도 제 역할을 하지 못했다. 메인프레임 컴퓨터 환경에 의존해 온 정보시스템 부서도 매출액 대비 전산부문 예산이 타업체보다 높았다. 소매업체의 매출액 대비 업종평균이 1.2%인 데 비해 Sears는 1.6%에 이르렀다. 불합리한 비용구조를 갖고 있었을 뿐만 아니라 소매업체라면 당연히 가지고 있어야 할 응용시스템도 갖고 있지 못했다. 특히 매출관련 구체적인 정보를 제공해 줄 수 있는 정보시스템을 제대로 갖추지 못했다. 누가 어떤 매장에서 무엇을 구입하는가에 대한 정확한 정보를 제공하지 못했다. 기껏해야 각 사업부(예를 들면 의류사업부)의 당일 매출총액 정보만 제공되었다.

나. 최고경영진의 등장과 정보시스템 부문 재편

이런 상황에서 *Sears*백화점은 나름대로 조직이 나아갈 목표와 전략을 새롭게 정립할 필요를 느꼈다. 1995년 *Martinez*라는 새로운 사장을 발탁하였고 그는 소매유통업으로의 위치를 재정립하려는 비전을 품게 되었다. 그러기 위해서는 특히 정보시스템이 새롭게 태어나야 할 필요성을 느끼게 되었다. 종전의 정보시스템 부서는 기업의 전략적 노력에 기여한 바가 없었다는 점을 지적하고, 이제는 정보시스템 부문이 기업전략의 선봉에 서야 함을 강조하였다. 즉 정보시스템 재편을 통한 기업경쟁력 강화를 조직의 전략목표로 삼게 되었다.

Martinez 사장은 이를 위해 외부로부터 정보담당 총괄이사(CIO)를 영입하였다. 새롭게 영입된 CIO는 정보시스템과 담당조직을 평가하여 새로운 정보시스템 부문 목표와 나아갈 방향을 수립하였다. 우선 그는 정보시스템을 전사적 전략목표의 수행에 보다 충실하도록 재편하는 것을 목표로 삼았다. 이를 위해 나아갈 방향을 다음과 같이 크게 세가지로 정했다.

· 정보시스템 비용체계의 재편

· 전략정보시스템의 구축 및 활용

· 정보시스템 담당조직의 전략적 재구성

1) 정보시스템 비용체계의 재편

우선 정보시스템 비용체계의 재편을 위해 *Sears* 백화점은 여러 가지의 노력을 강구하였다. 우선 이제까지는 정보시스템 자원을 효과적으로 관리하기 위한 표준적인 절차를 가지고 있지 못했다. 예를 들면, 각 부서는 자기들에게 필요한 컴퓨터 등을 독자적으로 구입하곤 했다. 이 자체가 자원의 낭비일 뿐만 아니라 조직 전체의 입장에서 볼 때 다른 부문과의 연계를 힘들게 하는 요인이 되기도 하였다. 이러한 문제는 결국 소매업체의 매출액 대비 전산예산이 평균 1.2%인 데 비해, *Sears* 백화점은 1.6%에 이르게 되었던 것이다. 우선, CIO는 정보시스템 외부용역업체와의 향후 10년 계약을 재협상하면서 20%의 삭감을 얻어 냈다. 이 외부용역 비용은 정보시스템 전체예산의 70%에 이르는 것으로 상당한 비용감축을 거둔 셈이었다.

두 번째는 인력의 감축과 재구성을 꾀하였다. 종래 약 1,400여 명의 정보시스템 요원을 보유하고 있었다. 그중 60% 가량은 *Sears*의 자체 직원이었고 나머지는 외부업체의 용역이었다. 새로운 CIO는 현업 부문과 정보시스템 부문의 보다 긴밀한 연계를 위해서는 정보시스템 요원의 기술 및 직무 능력을 향상시킬 필요가 있다고 믿었다. 종래는 해당 프로젝트가 끝나면 용역인력은 떠나게 되어 있었다. 이에 대해 CIO는 프로젝트를 통해 얻어진 많은 경험과 노하우가 빠져나가는 것을 안타깝게 여겼다. 이렇게 하여서는 정보시스템 요원의 기술 및 직무능력을 향상시킬 수 없음을 인식하곤 인력구성을 재편하였다. 그 결과, 현재는 1,000여 명의 *Sears* 정보시스템 인력 중 *Sears* 자체 직원이 90%에 해당한다. 아울러 메인프레임 환경에서 클라이언트-서버(*client-server*)체제로 변경하여 적은 비용으로 보다 유연한 정보시스템 개발을 가능하게 하였다. 그리고 각 매장은 자체 서버를 확보함으로써 현업 자료를 본사로 신속하게 보낼 수 있게 되었다. 아울러 정보시스템 예산을 연간 1억 달러 가량 줄일 수 있었고 매출액 대비 정보시스템 예산을 산업평균인 1.2%로 낮출 수 있었다. 아울러 경상비 지출도 매출총액의 22.7%(1992년 4분기)에서 21.3%(1996년 2분기)로 낮출 수 있었다.

2) 전략정보시스템의 구축 및 활용

Sears 백화점의 정보시스템 역할이 단순한 지원기능에서 전략목표 달성의 수단으로 바뀌게 된 것은 무엇보다도 전략적 실적보고시스템(*Strategic Performance Reporting System* : SPRS) 덕택이었다. 이 새로운 시스템은 담당자라면 누구라도 매출실적을 보다 정확하게 파악할 수 있게 해 주었다. 매장별, 지역별, 제품별 매출액을 파악할 수 있을 뿐만 아니라 특정제품의 규격과 같은 세부 아이템별로도 매출실적을 파악할 수 있게 해 준다. 아울러 컴퓨터 마우스를 몇 차례 두드리면 해당 자료를 지난 주 또는 지난 연도의 수준과 쉽게 비교해 주는 기능을 제공하기도 한다.

불과 1,2년 전만 하더라도 각 사업부의 총매출 실적을 알아볼 수 있었을 뿐인 것과 비교하면 대단한 발전임에 틀림없다. 한 예로 버지니아 페어팩스 지역의 매장에서 오늘 하루 몇 대의 에어컨이 팔렸는가에 대한 정보를 쉽게 검색할 수 있고, 또한 컴퓨터 화면상의 일기예측 기능을 이용하면 내일의 에어컨 예측판매 대수 정보를 쉽게 구할 수 있다. 이와 같은 정보는 이용자의 선택에 따라 그래프나 파이차트와 같은 모양으로 제공된다.

이와 같은 시스템의 개발을 위해 경주한 *Sears*사의 노력도 다른 기업과 특이한 점이 많다. 시스템의 개발에 상품기획부서의 간부들을 차출하여 풀타임으로 시스템 개발에 직접 참여시켰다. 즉 이러한 시스템을 이용하게 될 현업경영자들로 하여금 정보제공 형태의 모양을 설계하도록 하고 현업 요구사항을 제시하게끔 하였다. 개발 후에도 각 사업부문 마다 담당 CIO제를 둠으로써 현업과 정보시스템 부문과의 연계를 계속 추구하고 있다.

3) 정보시스템 담당조직의 전략적 재구성

기업의 전략적 목표를 달성하기 위한 정보시스템의 재편 노력에서 빼놓을 수 없는 부분이 정보시스템 담당조직의 전략적 재구성이었다. Sears사의 전략적 목표에 맞게끔 정보시스템 담당조직을 재편하는 것은 가장 어려운 일 중의 하나였다. 정보시스템 예산 삭감과는 달리 여기에는 조직문화의 변화가 먼저 이루어져야 하는 것이었다. 우선 정보시스템 부문의 핵심요원을 현업부문에 전진 배치하였다.

이는 수년 전부터 시행되어 온 노력의 연장이었다. 초창기에는 현업요원과 의사소통이 잘 안 되는 등 여러 가지의 문제점을 노출시켰지만, CIO의 지속적 노력 덕택에 이젠 서로간의 필요성을 느끼면서 상황이 많이 달라지게 되었다. 즉 정보시스템이야말로 현업부서의 업무를 개선시켜 주었으며 전 부문간을 통합 연계시켜 주는 접착제 역할을 하는 중요한 자원으로 인식하게 되었다. 아울러 현업 핵심요원의 정보시스템 요원화도 특이한 점이라고 볼 수 있다. 앞에서 지적한 바와 같이 각 사업부별로 별도의 CIO를 임명하고, 이중 상당수가 정보시스템하고는 전혀 관계가 없는 현업 핵심요원으로 임명되었다.

다. 정보시스템 재편 효과

이와 같은 *Sears*사의 대폭적인 정보시스템 재편노력은 놀랄 말한 결과로 나타났다. 우선 2년 만에 정보시스템 관련 비용을 1억 달러 절감할 수 있었다. 이는 매출총액 대비 1.6%였던 수준에서 업계평균인 1.2%로 끌어내릴 수 있었다. 앞으로는 이를 1.0%로 끌어내릴 수 있을 것이라고 목표를 정해 놓았다. 이와 같은 정보시스템 재편 노력은 단순히 정보시스템 비용을 줄이는 효과뿐만 아니라 기업의 전체적 비용절감 및 수익성 향상에 큰 효자 역할을 하고 있다. 즉 구매요원 및 상품기획요원들에게 매출과 관련된 정확한 정보를 적시에 제공함으로써 보다 효과적인 의사 결정을 하게끔 해 주었다. 이는 바로 경비절감과 수익성 향상으로 이어졌다. 표 4-5는 정보시스템 재편 후의 효과를 간략하게 보여주고 있다.

[표 4-5] Sears사의 정보시스템 재편효과

구 분	1992	1993	1994	1995
매출액(억 달러)	329	300	330	349
매출액 대비 총비용	96.4%	92.9%	92.7%	91.2%
매출액 대비 정보시스템 비용	1.6%	1.6%	1.3%	1.2%

참고문헌

Bowman B. Davis G. B. Wetherbe J. C., "The Stage Model of MIS Planning", Information and Management, 6(1), 1983, pp. 11-25

Cash J. F. McFaran F. W. Mckenney, J. L., Corporate Information Systems Management: The issues facing senior executives, Mcgraw-Hill, 1983

Cassidy A. (1998), A Practical Guide to Information Systems Strategic Planning, Boca Raton: St. Lucie Press, 1998

Earl M. (1989), Management Strategies for Information Technology, Prentice Hall, 1989

Henderson J. C. Venkatraman N. Oldach S. (1996), "Aligning Business and IT Strategies", In J.F. Luftman (Ed), Competing in the Information Age: Strategic Alignment in Practice(21-42), New York: Oxford University Press, 1996

Lederer A. L. Sethi V. (1988), "The Implementation of Strategic Information System Planning Methodologies", MIS Quarterly 12, 1988, pp. 441-461

Luftman, J. N., Applying the strategic alignment model, In J. Luftman (Ed), Competing in the Information Age (43-69). New York: Oxford University Press, 1996

Porter M. E., Competitive Advantage: Greating and sustaining superior performance, New York: Free Press, 1985

Ward J. Griffiths P., Strategic Planning for Information Systems (2nd ed), Chicester: Wiley, 1996

Wetherbe J. C, Systems Analysis and Design, West Publishing Co., 1990

Wiseman C., Strategy and Computers, Dow Jones Irwin, 1985

www.simnet.org (Society of Information Management)

제 5 장

비즈니스 프로세스 관리

거듭되는 IT의 혁신은 고도의 불확실성(High Degree of Uncertainty), 고속화(High Speed), 고객주도(Customer-Orientation), 글로벌화(Globalization) 등 일련의 사회적 환경의 변화를 초래하고 있으며 환경의 변화는 곧바로 조직의 경영전략의 전환으로 이어지고 있다. 또한 경영전략의 변화는 이를 추진하기 위한 자원 전개의 메커니즘으로 해석되는 조직의 변화로 이어지고 있다. 조직 변화의 핵심에는 기존의 단위과업(기능) 중심에서 관련 과업들을 연결한 프로세스 중심으로의 시각 변화가 자리하고 있다. 따라서 이 장에서는 환경변화에 따른 경영전략의 변화를 개괄하고, 새로운 전략 기조 하에서 과거 분업이론이 기초한 기능식 관료제 조직의 문제와 대안을 논의한 후, 정보처리 관점에서 프로세스 관리 방안을 제시한다. 끝으로 비즈니스 프로세스 재구축에 관한 주요 사항들을 논의한다.

제 1 절 정보기술 혁신과 전략기조의 변화

1.1 전략기조의 변화

가. 규모의 경제에서 연결의 경제로

후기 산업사회는 컴퓨터와 이를 연결하는 통신망이 수송의 주요 기능을 대체하고 모든 거래의 주요 수단으로 등장하면서 사회 각 조직의 활동규모에 지대한 변화를 초래하고 있다. 산업사회가 진행됨에 따라 '규모의 경제(*Economies of Scale*)'를 실현키 위해 추구된 전문화 및 분업화는 조직을 기능적으로 세분화시켰으며 집단 간 상호의존을 더욱 심화시켰다. 결국 상호 역학관계에 놓인 집단의 수가 많아짐에 따라 불확실성은 더욱 증대되었으며, 불확실성의 증대는 곧 엄청난 양의 정보를 처리하여야 할 필요성을 낳았다. 상황인식의 범위와 판단하여야 할 폭과 깊이는 유래 없이 확대되었으며 신속 정확한 통제 및 계획, 시의 적절한 의사결정 및 시행능력의 확보는 새로운 경영 전략적 이슈로 부각되었다. 요컨대, 시장경쟁하의 상대적 우위의 확보는 이제 '규모의 경제'에 달려 있다기보다는 최근 혁신적 발전을 거듭하고 있는 정보처리 기술의 활용을 통해 불확실성을 흡수할 수 있는 '범위의 경제(*Economies of Scope*)' 실현 여부에 좌우되게 되었다.

여기서 '범위의 경제'란 컴퓨터와 데이터베이스를 활용하여 과거의 자료를 축적 · 분석함으로서 신속 · 정확한 계획 및 통제를 가능케 하여 경쟁력 제고를 꾀하고자 함을 의미하는데, 이때 전제가 되는 가정은 시간을 축으로 했을 때 더 긴 시간적 범위의 데이터를 분석하면 할수록 공간적 표적(목표)에 더 정확히 이를 수 있다는 것이다. 더욱이 정보통신기술을 이용하여 정보의 신속한 교류를 가능케 함으로써, 조직 활동 거점의 광역화에 따라 분산된 조직을 유기적으로 통합함으로써 얻을 수 있는 소위 「연결의 경제(*Economies of Networking*)」는 한 차원 더 발전된 경영전략의 초점이 되고 있음에 주목해야 할 것이다.

[표 5-1] 정보기술 혁신에 따른 경영전략 개념의 변화

구　　분	경영전략 (Business Strategies)	정보기술 (Information Technologies)
산업화 시대	규모의 경제(Economy of Scale) ◀── 소품종 대량생산	物流(Physical Flow)의 자동화 ◀─ 컴퓨터 제어기술
정보화 시대	범위의 경제(Economy of Scope) ◀── 내부통제 및 기획능력	컴퓨터 / 데이터베이스 기술 ◀─ 데이터의 축적 (Stock Data)
	연결의 경제(Economy of Networking) ◀── 조직 내·외부 연결 강화	컴퓨터 통신기술 추가 ◀─ 데이터의 이전 (Flow Data)

요컨대 정보통신망을 이용하여 연결의 경제성을 실현케 되면, 동일 부문간의 수직적 결합과, 관련 부문간의 수평적 결합이 가속되어, 결국 전혀 별개의 기술이 연결되어 새로운 기술이나 새로운 제품이 만들어지는 기술의 융합화와 본업분야에서 다른 업종 분야로의 진출을 유도하는 시장의 융합화가 현실로 이루어지게 될 것이다. 이렇게 될 때 기업행동의 비중이 예측에 의한 행동으로부터, 시장에서 계속적으로 발생되는 정보를 신속히 피드백하여 경험을 통해 적응을 시도하는 학습에 의한 행동으로 옮겨지게 된다.

[표 5-2] 환경 변화와 경영전략

변화정도	1	2	3	4	5
환경변화	반복형 (무변화)	변화형 (점진적 변화)	급변화형 (빠른 점진적 변화)	단속형 (불연속 예측가능)	격변형 (불연속 예측불가)
경영전략	안정추구	효율위주	효율·효과 동시추구		창조·혁신추구

나. 규모의 변화에 따른 형태의 변화

시장의 수직·수평적 분화, 기존 시장의 쇠퇴와 새로운 시장의 창출이 혼재하는 '고도의 불확실성', 개성중심의 고객수요와 탈규제화, 제품수명주기의 단축 등 '변화의 가속화', 거듭되는 기술혁신과 '사건의 불연속', 새롭게 전개되는 이러한 모든 상황들은 기존의 경영원칙과 묵은 패러다임을 무기력하게 만들고 있다. 이는 곧 지금까지 유지되어 온 패러다임을 무너뜨리고 원점(*zero base*)에서부터 새로운 상황에 부합하는 패러다임을 쌓아 나가야 한다는 당위성을 뒷받침하고 있는 것이다. 영국의 유명한 생물학자인 다시 톰슨(*D'Arsy Thompson*)이 그의 저서 「형태의 성장」에서 "규모의 변화는 단순히 선형적 변화를 의미하는 것이 아니라 형태의 변화를 초래하게 된다"고 한 말은 작금 전개 되고 있는 새로운 변화를 새로운 관점에서 파악하여 그에 맞는 형태(틀)를 근본적으로 재구성해야 함을 시사하고 있다.

산업사회에서 정보사회로의 이행은 곧 집단위주의 지배적 사회에서 개성위주의 인본적 사회로, 중앙집권적 사회에서 지방분권적 사회로, 수직적 통합사회에서 수평적 연합사회로, 그리고 획일적 표준화 사회에서 다기능적 세분화. 전문화 사회로의 구조적 변화를 의미한다. 정보기술에 의한 형태의 변화는 사회구조적 차원에서 뿐만 아니라 경쟁적 우위를 추구하여야 하는 각 산업조직에서 더욱 민감하게 나타나고 있다.

1.2 후기 산업사회 조직의 문제점

과거 산업혁명이 초래한 산업사회는 조직의 비대화를 가속화 시켜왔다. 사회학자 막스 베버(*Marx Weber*)가 간파한 바와 같이 조직이 커지게 되면 관료제 조직이 된다. 규모의 경제가 전략적 초점이 되어 왔던 산업사회의 각 조직은 공식화, 계층화, 집권화라는 특성을 갖는 관료제 조직을 구성하여 조직운영의 효율성을 추구하게 되었다. 관료제조직은 계층분화로 이루어지는 피라미드형의 구조적 특성을 지니게 되며 이러한 형태의 조직 운영에 필수적인 공식화는 조직활동에 있어 규칙과 절차를 강제한다.

가. Y축에서의 문제점

- **문제 1** : 조직 계층의 분화가 심화됨에 따라 조직의 명령 및 보고계통(*communication line*)이 상당히 길어지고 있다. 요즘 거의 모든 조직에서 이용되고 있는 품의제도도 여기서 유래한 것으로서 긴 사슬 모양이 되어 경우에 따라서는 10여개 이상의 도장을 받아야 최종 의사결정이 이루어지게 되는 사례까지 발생하게 된다. 이러한 상황 하에서 권한은 최고경영자에게 집중 될 수 밖에 없다.
- **문제 2** : 환경변화에 대응한 조직의 탄력적 적응력이 상실되고 있다. 조직의 비대화는 조직의 경직성을 강화하게 되고 조직의 경직성은 의사결정 효율성의 저하를 촉진하며 정보의 원활한 흐름을 저해하게 된다. 이는 결국 조직의 활력과 혁신의욕의 쇠퇴, 종업원의 소속감 저하를 강화하는 결과를 낳고 있다.
- **문제 3** : 정보의 흐름과 물질의 흐름간 불일치가 심화되고 있다. 조직 생존에 필요한 흐름을 정보류(情報流)와 물류(物流)로 대별할 때, 정보의 흐름은 기능 부서 중심의 수직적 흐름이 주류를 이루고 있는 반면, 물질(공정 혹은 업무처리 과정)의 흐름은 기능부서를 횡단 하는 수평적 흐름에 의해 이루어 지고 있다. 원론적으로 볼 때, 정보의 흐름과 물질의 흐름은 동전의 양면과 같은 것으로서 같은 방향으로 이전되어야 할 것이나, 후기 산업사회 조직 구조에서는 양자가 전혀 다른 방향으로 흐르고 있다는 데에 문제가 있다.

나. X축에서의 문제점

- **문제 1** : 조직의 기능적 분업이 심화됨에 따른 총체적 효율이 저하되고 있다. 아담 스미스의 분업화 이론과 테일러리즘(*Taylorism*)에 입각한 과

업의 과학적 관리는 업무의 효율화 내지 최적화를 추구해 왔으며 실제 대량생산체제 하의 효율성제고에 결정적인 기여를 해 온 것이 사실이다. 더우기 정보기술이 조직에 도입, 응용되면서 각 업무는 효율의 극대화를 실현할 수 있었다. 그러나 관련 업무들의 집합체인 프로세스의 측면에서 볼 때, 총체적인 효율성이 기대 수준에 미치지 못하고 있음이 드러나게 되었다. 이는 조직의 기능적 세분화와 계층적 세분화가 심화됨에 따라 업무와 업무간의 연결점이 많아지게 되며 동시에 이러한 연결점은 프로세스의 총체적 효율을 저해하는 요소로 작용하고 있기 때문이다.

- **문제 2** : 가치창조를 위한 업무의 비중이 지나치게 낮다. DEC 컨설팅에 따르면 실제 업무의 70-80%는 가치를 창출하지도 못하고 업무 그 자체 혹은 업무를 수행하는 자신을 위하거나 낭비적인 일로 소모되며, 단지 20-30% 정도의 노력만이 가치를 창출하는 일을 하고 있다고 한다. 가치창조는 업무가 연계가 원활히 이루어질 때 가능한 것인데 반해 분업화에 의한 업무의 단절은 업무의 반복적 수행을 강화하고 있다.

다. 중간관리자의 위기 시대

피라밋 조직에서의 또 한가지 문제점은 중간관리자 역할의 상대적 약화로 인한 대량 실업사태가 예견되고 있다는 점이다. 수직적 피라밋 조직구조에서 중요시되어 왔던 「통제의 한계(*span of control*)」는 이제 수평적 구조하에서 「통신(의사소통)의 한계(span of communication)」로 조직관리의 원칙이 변화하고 있다. 또한 지금까지의 전문화, 다양화, 세분화, 탈규제화 등 새로운 특성을 지니고 있는 정보화사회는 과거 산업사회의 연속·반복적 상황여건을 불연속·혁신적 여건으로 변화를 촉진하고 있음도 주목해야 할 사항이다. 미래학자 죤 네이스비트(*J. Naisbitt*)는 "중간관리자의 위기시대가 도래할 것임"을 예고하고 있다. 이는 조직이 혁신적 변화를 추구하여 탈산업화시대에 부응해야 할 것임을 의미하는 것이다. 피라밋 구조의 기계식 관료적 조직에서 중간관리자의 역할은 다음과 같은 두 가지 측면에서 중요시 되어왔다.

첫째, 피라밋 구조의 긴 명령·보고계통을 효율적으로 유지하기 위해서는 전략경영층의 계획이나 명령하달 사항을 하부조직에 전달하고 하부조직의 상황 및 현황을 상부에 보고하는 조직 의사소통체계의 연결자(linker) 역할이 필수적이었다.

둘째, 방대한 하부조직의 효율적 통제를 위해서는 현장에 정통하여 종업원의 업무를 지도, 관리할 수 있는 중간계층이 필요하게 되었다.

그러나 이러한 중간관리자의 역할은 정보기술의 혁신과 그로 인한 여건의 변화로 쇠퇴일로를 걷고 있다. 현장과 조직전체의 현황파악을 중간관리자의 보고에 의존하여 왔던 임원진은 결국 급변하는 상황파악에 미흡함을 느끼게 되었고 급기야는 의사소통의 단절이라는 극단적인 결과를 낳기에 이르렀다. 이러한 현상을 미국 제너럴 일렉트릭(GE)사의 회장은 NETMA (*Nobody ever tells me anything.*)라고 함축성 있게 표현하고 있다. 또한 중간관리자를 거쳐 이루어지는 의사결정은 신속성을 결여하기가 쉬우며 급변하는 환경하에서 의사결정의 지연에 따른 업무집행의 지연은 치명적인 결과를 초래한다. 결국 의사소통의 직결과 의사결정의 신속성을 기하기 위해 최근 영리를 추구하는 대기업을 중심으로 임원정보시스템(EIS)과 자동보고시스템(ARS) 등이 개발보급되고 있다. 이러한 정보시스템은 결국 연결자로서의 중간관리자의 역할을 약화시키고 있는 것이다. 게다가 과거와는 달리 상황의 변화가 불연속적으로 일어남에 따라 중간관리자가 지니고 있는 업무경험의 가치가 상대적으로 약화되고 오히려 새로운 지식과 창의적인 사고가 더욱 중요하게 되어 가는 추세이다. 이러한 변화들은 결국 중간관리자의 존재가치를 약화시키게 되며 조직 상하부의 직접 대화를 가능케 하는 통신망의 이용은 결국 긴 피라미드 조직을 중간계층이 극히 줄어든 납작한 표주박 형태의 조직으로 유도하게 된다.

이상에서 살펴 본 바와 같이 정보기술은 규모의 변화를 가져오며 규모의 변화는 곧 사회의 구조적 변화를 초래한다. 결국 정보기술의 변혁은 사회의 구조적 변혁을 유도하며, 사회의 구조적 변혁은 다시 정보기술 혁신을 더욱 가속시키고 있다. 선진 대기업들의 업무처리절차와 조직의 재구성은 정보화시대에 급변하는 환경에 능동적으로 대처하기 위한 노력으로 해석된다. "격화되는 경쟁에서 살아남기 위해서는 조직의 경량화와 조직의 개혁이 불가피하다"고 역설하는 게이오대학의 오쿠무라 교수의 말은 이제 더 이상 새로운 것이 아니다. 오히려 이보다 한 단계 더 나아가 경영절차 전반에 걸쳐 기존의 원칙이나 패러다임을 무너뜨리고 전사적 차원에서 조직의 재구성과 정보시스템의 적극적인 활용방안을 강구하는 것이 작금 선진 기업들이 추구하는 일반적인 추세이다.

제 2 절 프로세스 관리의 주요 시각

2.1 프로세스 관리 이슈

프로세스를 어떻게 구성하고 관리할 것인가 하는 문제는 조직의 효율성 및 변화와 외부 자극에 대한 반응성과 직결되는 중대한 사안이다. 특히 전통적으로 유지되어 온 분업의 장점을 유지하면서도 분업이 본질적으로 갖는 인터페이스의 폭증 문제에 어떻게 대처할 것인가 하는 것은 조직의 경쟁력에 직결되는 사안이다.

프로세스 관리 상의 가장 심각한 딜레마는 분업과 지연의 상충 문제를 어떻게 효과적으로 해결할 것인가에 귀착된다. 분업은 학습효과를 통한 단위업무의 생산성 증대와 관리 효율을 증대시킬 수 있다. 그렇기에 산업혁명 이래 분업은 모든 조직에서 금과옥조로 간주되어 왔다. 그러나 이는 어디까지나 제 1세대 공진화를 지배했던 점(*node*)의 세계관에 적용되는 것일 뿐, 세계관이 점에서 선(*line*)으로, 선에서 면(*plain*), 공간(*space*)으로 진화되면서 조직 관리의 초점이 된 프로세스의 관점에서 볼 때에는 분업에 내재되어 있는 구조적 문제가 크게 두 가지로 드러난다.

첫째는 분업으로 인해 필연적으로 유발되는 인터페이스의 폭증과 그로 인한 조직의 반응성 저하이다. 시스템 관점에서 볼 때 여기서 조직의 반응성이란 외부 환경으로부터의 새로운 자극(*stimulus*)에 대한 반응(*response*)을 의미한다. 환경변화에 대한 신속하고 탄력적인 대응은 시장과 고객 중심의 시대적 환경으로 볼 때 매우 중차대한 사안으로 부각되었다.

둘째는 개별 과업 중심의 생산성 극대화가 프로세스 관점에서는 결코 최종 결과의 극대화로 이어지지 않는다는 점이다. 비유컨대 개별 고리(*ring*)의 무게가 증대된다 해서 사슬(*chain*)의 장력이 증대되는 것은 아니라는 점이다. 사슬의 장력은 그것을 이루고 있는 고리들을 관통하는 처리량(*throughput*)에 좌우되는 되는 것이며, 프로세스의 단위 시간당 최종 처리량은 처리능력이 가장 적은 고리에 의해 결정된다. 따라서 아무리 여타 고리들의 처리능력을 높여도 사슬의 처리량(*throughput*)은 개선되지 않는다.

이상의 두 가지 문제를 인터페이스 관리의 측면에서 먼저 생각해보기로 하

자. 프로세스 상의 단위 업무들 사이에는 인터페이스가 존재하게 된다. 특정 프로세스를 시스템의 범주로 볼 때, 하위시스템 즉 프로세스를 구성하고 있는 단위업무들 사이에 존재하는 상호작용점, 즉 인터페이스(*interface*)의 유형에는 대략 아래의 그림 5-1과 같이 세 가지로 구분된다.

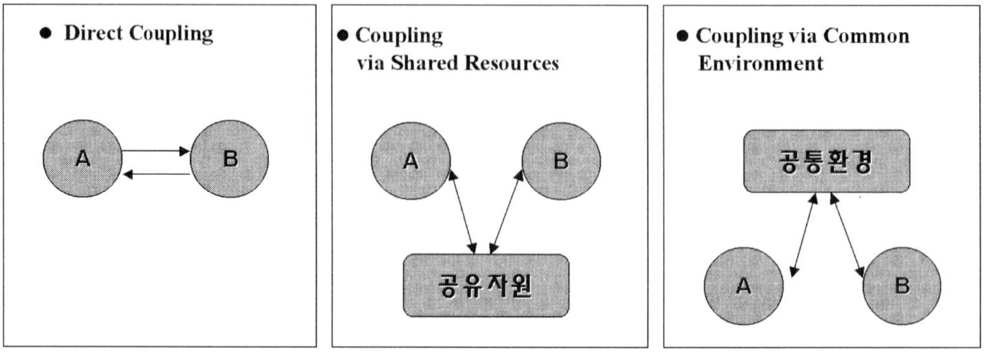

[그림 5-1] 하위시스템간 인터페이스의 유형

첫째는 "직접작용(*Direct Coupling*)"이요, 둘째는 "공유자원을 통한 간접작용(*Coupling via Shared Resources*)"이며, 셋째 유형으로는 "환경을 통한 간접작용(*Coupling via Common Environment*)"이다. 이들 세 가지 인터페이스 유형은 상호 배타적 관계에 있다기보다는 보는 관점에 따라 분류된 것이다. 예컨대, 첫째 유형은 공정 등에서 하위시스템간 직접적인 교류를 나타내고 있으며, 둘째 유형은 시스템 전체의 관점에서 자금, 물자 등 공통의 자원을 상호 배분해서 쓰는 경우를 보이고 있는 반면에 세 번째 유형은 시스템이 처해 있는 공통의 환경과 간접적으로 작용하고 있는 상황을 보이고 있다.

앞서 논의한 바와 같이 외부 자극에 대한 시스템의 반응을 늦추는 '지연 발생점'이 바로 인터페이스에 있음을 감안할 때, 이상과 같은 인터페이스의 유형 분류는 프로세스의 반응성을 높이는 방안을 모색하는데 매우 중요한 사고의 틀을 제공한다.

업무처리의 관점에서 볼 때, 인터페이스는 업무간 흐름을 저해하는 매듭으로 해석되며 업무의 협조를 위해 새로운 자료 발생이나 교환 등 업무의 증대를 의미하게 된다. 결국 이에 대한 일차적인 해결책은 단위업무간 연결점을 최적화 함으로써 인터페이스의 수를 경감하는 방안이 제기 될 수 있다. 업무

통폐합을 통해 업무간 연결점(인터페이스)의 수를 줄이는 방법으로는, 상호 교류가 빈번한 업무간 결합, 기능적으로 유사하거나 자료의 공유도가 높은 업무간 결합 등을 생각해 볼 수가 있다 (그림 5-2).

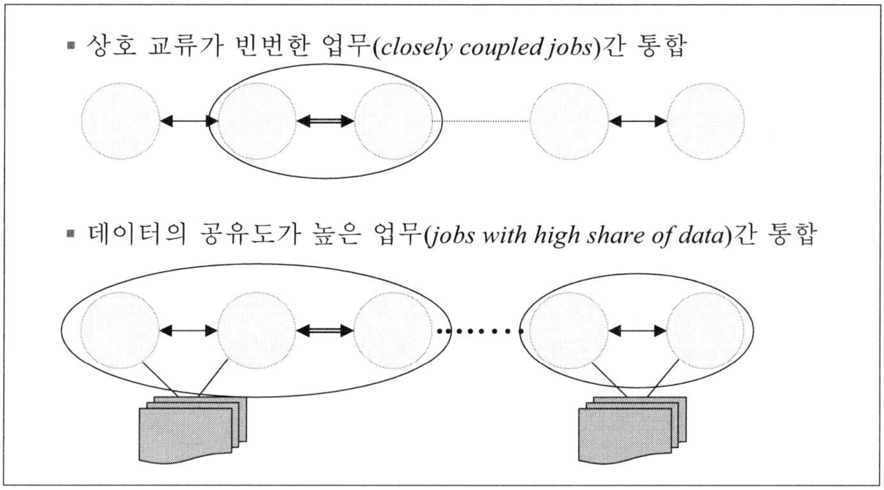

[그림 5-2] 업무간 연결점(인터페이스) 최적화

조직의 반응성이 정보처리 속도에 좌우된다고 보면, 업무간 통폐합 없이 그 대안으로 제기될 수 있는 방안은 크게 정보처리 수요 감축과 정보처리 능력 증대 등 두 가지 차원에서 찾아 볼 수 있다.[18]

2.2 정보처리 관점에서의 프로세스 관리

가. 정보처리 수요 감축 전략과 대안

정보처리수요 감축(*Information processing needs reduction*)을 위해서는 시스템의 하위 구성요소간 상호의존도(상호작용)을 낮추는데 주력하여 공유자원의 확보(*creation of shared resources*)와 자족적 업무 구성(*creation of self-contained tasks*) 등 두 가지 방안을 생각해 볼 수 있다.

18) Galbraith, Jay R. (1074), Organization Design: An Information Processing View, Interface, 4(3), pp. 23-36.

1) 공유자원의 확보(creation of shared resources)

우선 공유자원의 확보가 어떻게 정보처리수요를 원천적으로 줄일 수 있는지 그 효과를 살펴보자. 그림 5-1에 대응해 보면 구성요소간 상호 의존도가 높은 인터페이스 유형은 제일 좌측의 '*Direct Coupling*' 형태에 해당한다. 그리고 이러한 상호 의존도를 논리적으로 낮출 수 있는 것은 바로 '*Coupling via Shared Resources*'에 해당함을 알 수가 있다.[19] 결과적으로 두 번째 인터페이스 유형은 정보처리수요 감축 방안으로 해석된다. 따라서 전사적 차원의 공유 데이터베이스 구축과 이를 토대로 운영되는 통합 어플리케이션, 즉 ERP는 비단 정보공유 차원에서 뿐만 아니라 정보처리수요를 원천적으로 감축함으로써 조직의 업무 지연을 최소화하는 방안이라는 점에서 더 큰 의미가 있다. 프로세스 관점에서 보면 인터넷 포털(*portal*)도 조직의 전방위(*front-end*) 인터페이스의 수를 획기적으로 줄이는 효과를 도모하고자 하는 것으로 해석될 수 있다.

2) 자족적 업무 구성(creation of self-contained tasks)

시스템 구성요소간 상호 의존도를 낮추기 위한 또 다른 방안인 자족적 업무 구성은 문자 그대로 외부 의존요소들을 내부에 두어 자족적 기능을 수행토록 하자는 것이다. 이 개념은 결국 팀(*team*) 제도를 만들어낸 것으로서 구성요소간 직접 상호작용(*direct coupling*)이 어떻게 자족적 업무 구성을 통해 제거될 수 있는지 개념도(그림 5-3)를 이용하여 살펴보자.

---

19) 공유자원을 구성요소간 인터페이스에 둠으로써 상호의존도를 낮추고 정보처리수요를 근본적으로 줄여 조직의 지연을 최소화 하는 방안은 실제로 컴퓨터 시스템에서도 사용되고 있다. 상호 긴밀하게 작용하는 컴퓨터와 프린터의 경우 그림 5-1의 제일 좌측 그림과 같이 공유자원 없이 서로 'Direct Coupling'되어 있을 경우, 전체 시스템의 성능은 프린터에 맞춰지는 소위 2인3각(二人三脚)현상이 나타난다. 그러나 프린터 버퍼(*buffer*)를 그 사이에 두게 되면 시스템을 이루고 있는 컴퓨터와 프린터는 논리적으로 분리되어 컴퓨터는 속도가 현저히 느린 프린터의 속도에 관계없이 자신의 과업을 독자적으로 수행할 수 있게 된다.

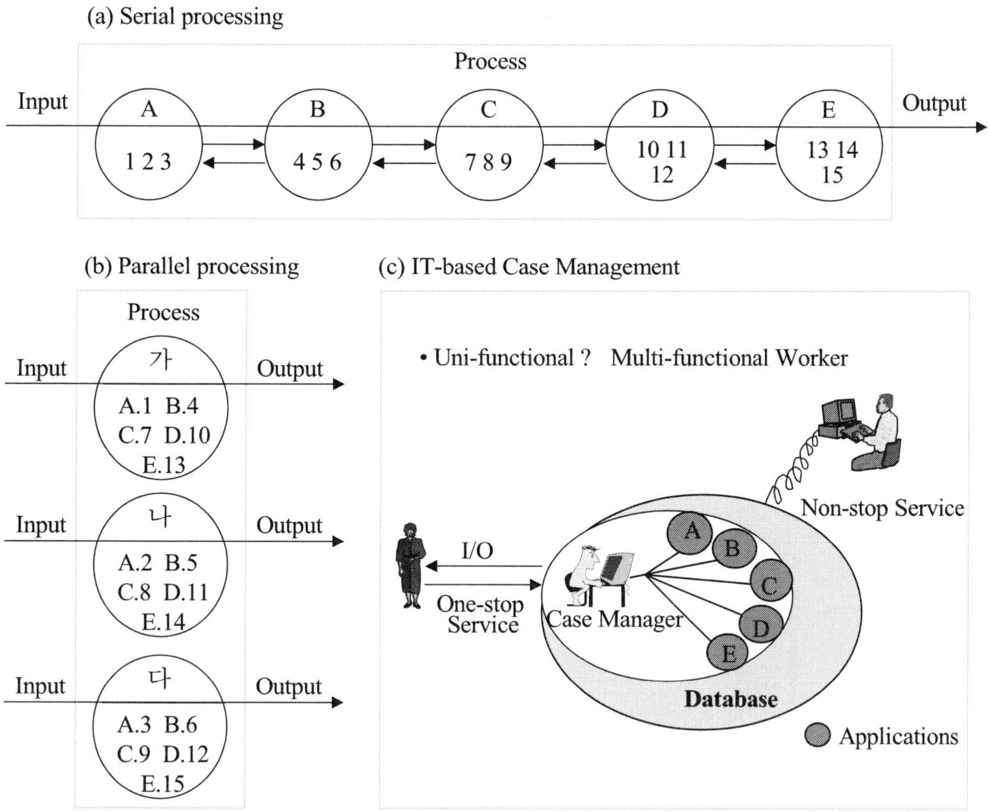

[그림 5-3] 프로세스 관리 유형

그림 5-3(a)와 같이 어느 프로세스가 기능중심으로 분화된 다섯 개 단위업무(A, B, C, D, E)로 구성되고 각 업무에 3명씩 배정되어 총 15명이 일을 하는 상황에서 업무가 상호 연속적으로 작용하는 경우를 가정하자. 이들간 인터페이스는 *direct coupling* 형태를 보이고 있다. 이는 분업화 조직에서 전형적으로 나타나는 것으로서, 단위업무간 상호작용으로 이어지는 전체 공정(프로세스)을 직렬처리(*serial processing*) 방식에 의존할 수밖에 없다. 그러나 그림 5-3(b)는 각 단위 업무에 특화된 요원들을 차출하여 자족적 팀(가, 나, 다)으로 구성하게 될 경우 인터페이스의 제거는 물론이요, 특정 시점 *t*에서 한 개의 업무만이 처리되던 것이 세 개의 동일한 업무가 병행처리(*parallel processing*) 됨으로 인한 프로세스의 단축으로 전 공정의 효율성이 획기적으로 제고될 수 있음을 보여준다.

나아가 그림 5-3(c)에 보인 바와 같이 공유 데이터베이스 기반의 응용 S/W (*applications*)와 정보통신망을 활용하게 되면 기존의 5개 단위업무 수행 인력을 1-2명의 인력(이를 "*Case Manager*"라 함)으로 감축하는 것이 가능하다. 여기서 *Case Manager*는 단기능인력(*Uni-functional Worker*)이 아니라 다기능인력(*Multifunctional Worker*)을 의미하는 것으로서, 단위업무의 수행자 혹은 단편적인 정보처리자가 아니라 단위업무간 가치연쇄를 통괄 혹은 정보간 결합을 통해 부가가치 정보를 만들어 내는 경영의 새로운 지식인이다. 요컨대, *Case Manager* 제도는 조직의 거래처리층을 주요 대상으로 하여 기존의 기능중심 업무분장제도에서 벗어나 서비스 중심의 프로세스 재구축에 핵심 개념으로 활용될 수 있을 것이다.

나. 정보처리 능력 증대 전략과 대안

한편 정보처리능력 증대(*Information processing capacity increase*) 차원에서는 조직 구성요소간 인터페이스를 줄이는데 초점을 둔 측면관계 관리(*creation of lateral relations*) 강화와 IT 기반의 정보시스템 투자(*investment in information systems*)를 확대하는 등 두 가지 방안을 생각해 볼 수 있다.

1) 조직의 측면관계 관리(creation of lateral relations)

조직을 이루고 있는 부서 혹은 단위업무 차원에서 협업을 통한 의사결정과정에 개입되는 구성요소간 상호작용 인터페이스를 줄임으로써 정보처리 효율을 증대 시키는데 초점을 두고 있다. 상황과 문제 유형에 따라 다를 수 있으나, 여기에는 대략 *Liaison Role, Task Force* 팀, *Integrating Role* 등 세 가지 유형의 직제 도입을 고려할 수 있다 (그림 5-4).

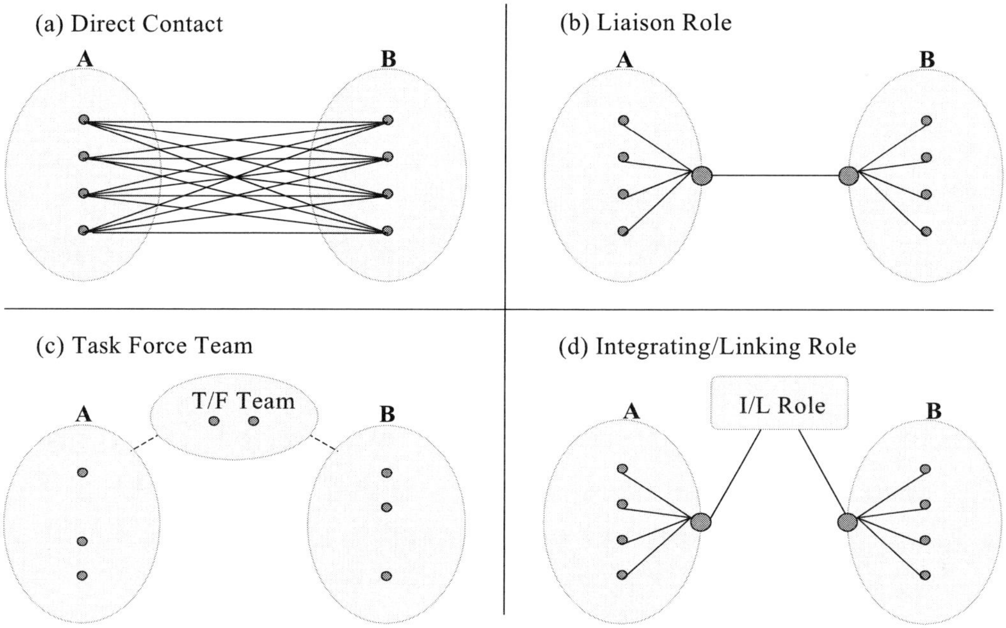

[그림 5-4] 조직의 측면관계 관리 유형

위 그림에서 보면 (a) 직접접촉(Direct Contact)의 경우 인터페이스는 16개, 그러나 나머지의 경우는 인터페이스가 현저히 줄어들고 있음을 볼 수가 있다. (b)는 각 부서(업무)의 대표자(*Liaison role*)를 내세워 그들간 협의를 통한 의사결정이 이루어지는 경우를 보이고 있으며, (d)는 보다 강력한 조정이 필요하고 전문성을 요할 때 별도의 직제와 부서를 두어 권한을 부여(*Integrating/Linkg Role*)하는 경우로서 정보화책임관(CIO) 부서가 그에 해당된다. 특히 (d)의 경우는 앞서 본 그림 5-2의 최 우측 "환경을 통한 간접작용(*Coupling via Common Environment*)"의 유형에 해당된다. 끝으로 (c)는 널리 알려진 바와 같이 특정 사안을 해결할 때 까지 한시적으로 관련 업무 혹은 부서에서 인원이 차출되어 과업을 수행하는 형태이다.

2) 정보시스템 투자(investment in information systems)

여기서 정보시스템에 대한 투자 확대는 조직의 거래처리층(*Transactional level*)에 국한된 것이 아니라 분석 관리층(*transformational level*), 그리고 전략기획층(*Tacit Level*)으로의 수직적 확대를 의미하는 것이다. 특히 중간계층인 분석 관리층으로의 정보시스템 확대는 조직의 정보처리 능력 확대에 결정적인 영향을 끼친다.[20] 이는 조직의 총체적 정보처리능력은 개별 구성요소의 처리능력이나 같은 층에서의 구성요소간 상호작용성도 중요하지만, 그 보다는 조직 계층간 상호작용성에 좌우됨을 시사하는 것이다. 요컨대 조직의 수평적 정보흐름보다는 수직적 정보흐름에 더 큰 병목이 존재함에 주목할 필요가 있다. 원시 데이터(*transactional data*)를 가공 정보(*transformational information*)로, 가공된 정보를 체화된 지식(*tacit knowledge*)으로 변형시키는 과정이 훨씬 어렵고 많은 시간이 소요된다는 것을 의미하는 것이다.

선진 민간조직에서 도입되고 있는 임원정보시스템(*EIS*), 자동보고시스템(*ARS*) 등과 같은 정보기술(IT)을 이용한 수직적 통합으로, 조직의 집행부와 현장을 온-라인으로 연결함으로써 의사소통의 직결과 의사결정의 신속성을 기할 수 있으며, 표준화를 통한 결재권의 대폭 이양으로 상하 계층간 정보처리능력을 증대시킬 수 있다. 중간관리자를 거쳐 이루어지는 의사결정은 신속성을 결여하기가 쉬우며 급변하는 환경 하에서 의사결정의 지연에 따른 업무집행의 지연은 치명적인 결과를 초래하기 때문이다. 이러한 정보시스템은 결국 연결자로서의 중간관리자의 역할을 약화시킬 가능성이 높다.

20) 업무의 70-80%는 가치를 창출하지도 못하고 반복적 업무와 사적 용무 등 낭비적인 일로 소모되며, 단지 20-30% 정도의 노력만이 가치를 창출하는 일을 하고 있다는 미국 「DEC 컨설팅」의 조사 결과가 이를 뒷받침 한다.

제 3 절 경영조직 재설계

3.1 조직 개혁의 대세론

미국에서 널리 알려진 교수이며 컨설턴트인 이거 안소프(*Igor Ansoff*) 박사는 15여년에 걸쳐 국제적으로 시행한 연구 결과를 통해 '전략적 성공 패러다임(*Strategic Success Paradigm*)'이 존재함을 입증한 바 있다. 기업의 성공여부는 경영전략의 패턴과 환경변화가 얼마나 일치하는가에 달려 있다는 것이다. 경영전략을 수행하기 위한 자원 전개의 메커니즘이 바로 조직이라 정의 할 때, 환경변화에 따른 경영전략의 변화는 곧 조직의 변화를 의미할 수 있다. 선진국은 물론 국내 대기업들이 보이고 있는 대표적 대응책은 업무처리절차(프로세스)의 재구성과 정보기술의 응용과 그에 따른 조직구조의 변화로 요약된다.

가. 프로세스의 재구성(BPR)과 정보기술의 응용

조직의 슬림(*slim*)화는 최근 우라 나라 기업에게도 유행처럼 번지는 구호가 되고 있다. 경기침체, 경쟁의 심화, 환경의 역동적 변화, 수익률의 지속적 저하 등 한계상황 하에서 기업이 살아남을 수 있는 방법은 무엇이며 나아가 경쟁력을 제고할 수 있는 방법은 무엇인가. 다운사이징(*downsizing*)과 아웃소싱(*Outsourcing*)으로 조직의 규모를 줄이고 구조조정으로 군살을 빼는 소위 「조직 슬림화 전략」이 그에 대한 일반적 대응이다. 그러나 단순히 인원절감을 통한 조직의 슬림화만으로는 경쟁력 강화를 도모할 수 없다는 점을 간과해서는 안될 것이다. 조직의 재구성이 따르지 않는 단편적 인원절감은 단기적 효과는 있을지 모르나 중장기적으로는 보다 적은 것으로 보다 적은 것을 도모하게 되어 시장점유의 우위를 상실할 가능성이 잠재해 있음을 주시하여야 한다. 조직의 단순 슬림화 보다는 보다 적은 규모로 보다 많은 것을 얻어낼 수 있는 적극적 전략을 모색하여야 할 것으로 생각된다. 이것이 바로 「비지니스 리엔지니어링(*Business Reengineering*)」 혹은 「비지니스 리스트럭춰링(*Business Restructuring*)」이라고 불리는 혁신적 개념이다 (*Hammer & Champy, 1993*). 기업의 가치관과 경영의 모든 원칙을 전부 지워버리고 비지니스 전 과정의 과감한 재구성을 통해 보다 적은 투자와 보다 적은 노력, 보다 적은 인원으로 생산성과 품질, 서비스와 속도에 혁신을 가져오는 경영과 업무처리 절차(프로세스)의 재창조 과정이 바로 그것이다. 기존의 조직이나 기구 및 과정을 일부 손질하거나 개선하는 것이 아니라 전체 경영구도를 「헤쳐 모여」식으로 허물고 이를 새로운 시각에서 다시 구성 설계하여 새로운 조직의 생명력과 역동성을 불어넣는 것이다. 과거의 연장선에서 이루어지는 기업의 쇄신이나 조정을 넘어선 「조직 재창조」 혁명이다. 「리엔지니어링」은 경영원리 면에서 아담 스미스의 「분업의 경제」에 정면으로 도전하는 것으로 분업과 위계질서에 의한 통제 등을 통한 생산성 향상과 경쟁력 강화는 산업사회의 금과옥조였다. 그러나 시장의 수직적·수평적 세분화, 개성 중심의 고객수요, 제품수명주기의 단축, 기술의 거듭되는 혁신 등이 낳은 시장 경쟁구도의 불안정성은 기존의 경영원칙과 묵은 패러다임을 무기력하게 만들고 있다.

미국 IBM산하 방계기업인 IBM CREDIT사는 IBM제품 구입자에게 할부금융 서비스를 제공하기 위해 설립된 회사로 고객이 제품구입과 함께 할부 금융을 신청해 오면 고객의 신용 체크, 할부이자계산 등 모두 다섯 단계를 거친다. 여기에 소요되는 기간이 보통 엿새 정도였다. 판촉부서로부터 이 기간이 너무 길어 손님을 놓친다는 불평을 받아 온 이 회사의 두 간부는 어느 날 고객의 신청서를 들고 직접 5개 관련 부서를 돌며 단계를 밟아 보았더니 실제 소요시간은 90분 정도, 6일 중 나머지 시간은 서류가 부서 사이에서 잠자는 시간임을 알게 되었다. 신용체크와 이자계산 등 5개 부서에는 전문직들이 배속돼 있었지만 컴퓨터 데이터베이스에서 간단한 조작으로 자동적인 계산이 가능하다는 것도 추가로 알게 되었다. 4명의 전문직을 일반직으로 대체하고 컴퓨터 데이터베이스를 이용한 결과 소요시간은 단 4시간으로 단축되었다. 포드자동차는 부품업자에게 납품대금을 지급하는 부서에서 얼마 전 까지만 해도 500명을 고용하고 있었다. 비록 규모는 작지만 단 5명이 이 업무를 해내고 있는 마쓰다 공장의 사례에 충격을 받고 전체 과정의 개혁작업에 착수했다. 납품장소에 온라인 데이터베이스를 설치하고 컴퓨터에 의한 납품조회와 수표발행 등을 추진한 결과 인원은 125명으로 줄었다. 납품종류가 잡다하지 않은 엔진부서 같은 곳은 종래 인원의 5% 수준으로 격감시킬 수 있었다. 이 외에도 「비지니스 리엔지니어링」으로 성공한 회사는 코닥, 홀마크, 타코벨, 벨아틀랜틱 등 세계 굴지의 대기업들을 중심으로 그 수가 점차로 늘어나고 있는 추세이다.

일본의 선진 기업들도 이미 조직의 개혁 작업에 착수하여 부장, 차장, 과장과 같은 직급을 없애고 조직도상 전 사원의 평등화를 추구하고 있다. 실례로 지난 89년 하반기 도요타 자동차가 과장제와 품의제도를 없앤 것을 필두로

6,700여직원, 연간매출액이 300억엔을 넘는 세계 굴지의 카메라 제조업체인 미놀타의 경우, 500개에 이르렀던 부과(部課)를 350개로 30%나 줄였으며, 일본 IBM과 소프트회사인 ABC와의 합작사인 A&I사도 라인조직은 폐지하여 상하서열을 없앰으로써 조직원의 책임의식을 부여하고 각 분야별 전문가를 길러 생산성을 높이려는 전략을 추구하고 있다. 식품가공회사인 후지 제유(製油)도 생산라인을 제외한 전 부서에서 과(課)를 폐지하였다. 1,200여명의 종업원을 거느린 이 회사는 이제 팀이나 그룹제도를 채택하여 부(部)나 실(室)이 조직을 총괄하여 환경변화에 따라 팀이나 그룹 수를 자유자재로 조정할 수 있게 되었다.

나. 조직구조의 변화

일찍이 맥스 웨버(M. Weber)가 간파한 바와 같이 조직이 비대해 지면 효율과 통제의 중요성이 강조되는 관료제 조직(*bureaucratic organization*)으로 변화하게 된다. 요즘 거의 모든 조직에서 이용되고 있는 품의제도도 여기서 유래한 것으로서 조직의 명령 및 보고체계는 긴 사슬을 형성하여, 경우에 따라서는 10여개 이상의 도장을 받아야 최종 의사결정이 이루어지게 되는 사례까지 발생하게 된다. 이러한 상황 하에서 권한은 최고경영자에게 집중될 수밖에 없다. 조직의 비대화는 조직의 경직성을 강화하게 되고 조직의 경직성은 의사결정 효율성의 저하를 촉진하며 정보의 원활한 흐름을 저해하게 된다. 이는 결국 조직체내에 활력과 혁신의욕의 쇠퇴와 종업원의 소속감이 저하를 강화하는 결과를 낳고 있다. 이는 최근 국내외 대기업의 증후군이라 규정되고 있으나, 대기업뿐만 아니라 중소기업 역시 규모는 작더라도 대기업과 대동소이한 조직 구조상의 형태를 갖추고 있기 때문에 유사한 문제점을 안고 있다.

3.2 프로세스 재구축(BPR)

가. BPR과 프로세스의 정의

정보기술을 활용하여 업무의 흐름과 프로세스를 활용하여 업무의 흐름과 프로세스를 혁신적으로 개선하고자 시도되는 BPR은 1911년 프레드릭 테일러(*Frederick Taylor*)가 유명한 그의 저서 「과학적 관리원칙(*Principles of Scientific Management*)」에서 주장한 동작연구와 과학적 경영방식이 기업에

끼쳤던 영향만큼이나 새로운 경영혁신 방식이다.

리엔지니어링 또는 업무 재구축의 기본개념은 고객 중심적 이념을 토대로 프로세스의 효과적 흐름을 방해하는 벽을 허물고 고객의 요구를 만족시키기 위한 모든 활동을 통합하여 프로세스를 재창조하는 것이다. 결국 BPR이란 기존의 프로세스들을 첨단의 정보기술과 과학기술을 이용하여 새로이 설계함으로써 혁신적인 경영성과를 이룩하려는 시도라고 정의할 수 있다. BPR을 통해 얻을 수 있는 성과로는 고객만족, 비용절감, 서비스의 질적 향상 및 시간 단축 등을 들 수 있다. 마이클 해머는 "장기적으로 기업의 성공을 가져다주는 것은 제품 그 자체가 아니라 프로세스다. 즉 좋은 제품이 경쟁에서의 승리자를 만드는 것이 아니라, 승리자가 좋은 제품을 만든다"고 주장하고 있다. 이는 BPR의 중요성을 단적으로 나타낸다.

여기서 프로세스(*Process*)라 함은 '업무처리과정 즉, 설정된 목표(결과)를 얻어내기 위해 수행되는 일련의 업무들의 집합'을 말한다. 프로세스는 고객의 요구에 의해 시작되고 그러한 요구가 충족되었을 때 끝나는 일련의 활동들을 의미하는 것이다. 표 5-3에 제시된 바와 같이 프로세스는 영역설정에 따라 조직간(*Interorganizational*) 프로세스, 기능부서간(*Interfunctional*) 프로세스, 기능부서내(*Interpersonal*) 프로세스로 구분되며, 형태에 따라 물리적(*Physical*) 프로세스와 정보(*Informational*) 프로세스로 구분된다. 한편 앤소니의 조직 계층적 차원에서 볼 때는 운영(*Operational*), 관리(*Managerial*), 전략(*Strategic*) 프로세스 등으로 구분된다.

[표 5-3] 프로세스의 분류

프로세스 유형	전형적 예	IT의 역할
범위:		
조직간 프로세스	◆ 고객주문 처리	◦거래처리비용의 절감: 중개절차 제거
조직내 프로세스	◆ 신 상품 개발	◦부서간 유기적 결속
부서내 프로세스	◆ 은행융자 결정	◦역할 및 과업 통합
형태:		
물리적 프로세스	◆ 제품 생산	◦공정조정의 유연성 제고
정보적 프로세스	◆ 사업제안서 작성	◦의사결정 과정의 자동화
활동:		
운 영 프로세스	◆ 고객주문 처리	◦시간,비용의 절감/ 제품,서비스 향상
관 리 프로세스	◆ 예산계획 입안	◦분석능력 제고/ 참여 유도
전 략 프로세스	◆ 신규사업 진출 계획	◦상황인식 능력 제고, 집단의사결정지원

나. BPR의 배경

BPR의 배경은 우선 거시적 차원에서 볼 때 급변하는 환경에 탄력적으로 대응코자 하는데 있다. 그러나 직접적인 배경은 다음과 같다. 아담 스미스의 분업화 이론과 테일러리즘(*Taylorism*)에 입각한 과업의 과학적 관리는 업무의 효율화 내지 최적화를 추구해 왔으며 실제 대량생산체제 하의 효율성제고에 결정적인 기여를 해 온 것이 사실이다. 더욱이 정보기술이 조직에 도입, 응용되면서 각 업무는 효율의 극대화를 실현할 수 있었다. 그러나 관련 업무들의 집합체인 프로세스의 측면에서 볼 때, 총체적인 효율성이 기대 수준을 미치지 못하고 있음이 드러나게 되었다. 이는 조직의 기능적 세분화와 계층적 세분화가 심화됨에 따라 업무와 업무간의 연결점이 많아지게 되며 동시에 이러한 연결점은 프로세스의 총체적 효율을 저해하는 요소로 작용하고 있기 때문이다. 정보기술이 BPR의 핵심수단으로 인식되는 이유는 IT가 연결점 최적화(*Joint Optimization*)를 가능케 할 수 있는 사회 · 기술적(*Socio-technical*) 특성을 지니고 있기 때문이다. 이는 앞서 얘기한 대로, IT가 조직에 있어 '범위의 경제' 내지 '연결의 경제'를 가능케 하는 핵심수단이 된다는 사실과 밀접한 관계가 있다.

DEC 컨설팅에 따르면 실제 업무의 70-80%는 가치를 창출하지도 못하고 업무 그 자체 혹은 업무를 수행하는 자신을 위하거나 낭비적인 일로 소모되며, 단지 20-30% 정도의 노력만이 가치를 창출하는 일을 하고 있다고 한다. BPR은 이런 낭비적인 요소를 철저히 제거하고 가치를 창출하지 못하는 일은 리엔지니어링을 통해 개선하자는 것이다. 벤치마킹(*Benchmarking*)이나 총체적 품질관리(TQM: *Total Quality Control*) 등과 같이 창의력과 학습을 통해 기존의 프로세스를 점진적으로 개선하려는 노력과는 달리, BPR은 IT를 위시한 과학기술을 이용하여 기존의 프로세스들을 근본적으로 재설계함으로써 획기적인 혁신을 추구하는 방법이다(표 5-4).

BPR 옹호자들은 사람들은 다음과 같은 이유를 들어 BPR의 유용성을 강조한다. 기존의 업무 프로세스는 계층적, 수평적 분화로 인해 비용이 많이 들고 고객의 요구와 상황의 변화에 신속하게 대응할 수 없기 때문에 기존의 구조를 통한 점진적 개선은 고객중심의 경영을 하기 어려울 뿐만 아니라 기업이 안고 있는 문제들을 근본적으로 개선하는 것도 불가능하다는 것이다.

[표 5-4] BPR에 있어서 IT의 역할 (예시)

프로세스에 대한 시각의 변화		활용가능 IT/IS
과거의 시각	새로운 시각	
◦ 정보는 단지 한번에 한 장소에만 존재한다.	◦ 정보는 필요시 동시에 여러 장소에 존재할 수 있다.	통신망(LAN)을 통한 데이터베이스의 공유
◦ 전문가 만이 복잡한 일을 할 수가 있다.	◦ 일반직도 전문가의 일을 수행할 수 있다.	지식베이스를 활용하는 전문가 시스템
◦ 기업은 집중화와 분산화 중 하나를 선택해야 한다.	◦ 기업은 집중화와 분산화의 이점을 동시에 누릴 수 있다.	통신네트워크의 설치
◦ 관리자가 모든 의사결정을 수행한다.	◦ 의사결정은 모든 사람의 업무의 일부분이다.	DSS, ES, EIS 등 IS의 고도화
◦ 정보는 지정된 곳에서 송수신, 검색이 가능하다.	◦ 장소에 관계없이 정보의 송수신, 검색이 가능하다.	휴대용 컴퓨터, PCN, 무선통신을 이용한 MOS
◦ 고객과의 가장 좋은 접촉 방법은 개인적 접촉이다.	◦ 고객과의 가장 좋은 접촉 방법은 효과적 접촉이다.	멀티미디어 기반의 비디오디스크
◦ 사물이 어디에 있는지 직접 찾아내야 한다.	◦ 사물이 스스로 있는 곳을 알려 준다.	자동식별 및 추적 기술 (전자식 바-코드)
◦ 계획이나 반복업무는 주기적으로 수정된다.	◦ 계획이나 반복 업무는 즉시 수정된다.	고성능 온-라인 컴퓨팅

다. BPR 추진절차

다른 혁신방법과 마찬가지로 리엔지니어링의 시행도 회사의 성격 및 여건과 외부 전문가의 견해에 따라 절차상의 차이를 보일 수는 있으나, 대부분의 내용이나 시행순서에는 기본적으로 큰 차이가 없다. 여기서는 다섯 단계로 나누어 프로세스 재구성의 절차를 설명한다.

- **제1단계**(*Develop Business Visions and Process Objectives*)

기업의 전략과 중장기 비전을 설정하고 그 전략에 핵심적으로 작용하는 프로세스(기본 프로세스)들을 찾아낸다. 각 프로세스의 목표는 비용절감, 시간절감, 목표결과의 질적 개선, 작업환경의 질적 개선 등으로 분류된다.

• 제2단계(*Indentify Processes to be Redesigned*)

비전 및 경영전략에 부합되는 핵심 프로세스를 식별하고 해당 프로세스의 내 · 외부 고객이 누구이며, 그들이 무엇을 요구하는지를 분석한다.

• 제3단계(*Measure Existing Processes*)

현재 운영되고 있는 프로세스를 프로세스 매핑과 같은 방법으로 업무와 정보의 흐름에 따라 그려본다. 통상적으로 데이터의 교류가 빈번한 업무들은 하나의 프로세스로 묶는다. 각 프로세스를 비용, 시간, 결과, 작업환경 등을 기준으로 하여 성과를 측정하고 재구축의 필요성 여부를 평가한다.

• 제4단계(*Identify IT Levers*)

IT는 프로세스를 지원하는 차원이 아니라 프로세스 설계 대안들을 도출하는 핵심이다. 따라서, 재구축 대상 프로세스에 대해 IT의 응용가능성과 IT 의 이용 여지, 그리고 기대 효과를 분석해 본다.

• 제5단계(*Design and Build A Prototype of the Process*)

고객으로부터 얻어낸 창의적 아이디어나, 대상 프로세스와 동일 또는 유사한 프로세스로써 타 기업이 갖고 있는 우수한 프로세스에 관한 정보를 입수, 분석하여 이를 벤치마크로 삼아 재구축을 실시한다. 재구축시 일반적으로 고려해야 할 사항은 다음과 같다.

-IT활용의 극대화를 염두에 두고 프로세스를 단순화한다.
-프로세스를 구성하고 있는 업무(중간 단계)의 수를 가능한 줄인다.
-프로세스 자원의 관련 업무간 균등배분과 업무들의 일반화를 추구한다.
-프로세스 재설계가 설정된 목표를 얼마나 달성할 수 있는지 평가한다.

3.3 성공적 BPR을 위한 제언

지금까지 우리는 IT 시대의 환경변화와 제 특성, 그리고 그에 탄력적으로 대응할 수 있는 BPR과 조직 재설계를 살펴보았다. 많은 기업이 리엔지니어링을 시도하였고 또 추진을 계획하고 있다. 일본의 경우 전체 기업의 약 75%

정도가 BPR을 고려하고 있는 것으로 보고되고 있다. 리엔지니어링이 급진적 혁신방법임에는 틀림이 없으나 그러한 기법이 항상 필요하거나 성공하는 것은 아니다. 많은 경우 기업 내부적으로 고통을 동반하거나 때론 부작용을 일으키는 것도 간과할 수 없다. 지금까지 보고된 사례를 보면 BPR의 약 25% 정도만이 성공을 거둔 것으로 알려져 있다. 이러한 실패는 기업의 리엔지니어링 프로젝트에 대한 그릇된 시각에 그 원인이 있다. BPR에 대한 가장 그릇된 시각은, 앞서도 언급 바 있거니와, 리엔지니어링은 단순히 IT를 이용한 프로세스의 재설계 내지 자동화를 추구하는 것으로 생각하는 것이다. 또한 BPR을 조직개편으로 오해하는 것도 큰 문제로 작용한다.

기존의 프로세스의 성과를 더욱 향상시키고자 하는 점진적 개선기법인 벤치마킹과 총체적 품질관리와 기존의 프로세스를 과감히 버리고 새로운 프로세스를 구축해 내는 혁신적 경영기법인 BPR은 공통적으로 고객의 수요로부터 출발하여 거기에서부터 거꾸로 일을 해간다. 그러나 TQC나 벤치마킹과는 달리 BPR은 조직을 지탱하는 프로세스들을 혁신적으로 바꾼다는 의미에서 볼 때 BPR을 통한 조직의 변화는 훨씬 빠르게 요구될 것이다. 오늘날 글로벌 경제에서 고객의 요구에 빠르고 신축성 있게 대응하고, 신속한 의사결정, 병렬 업무처리 등을 통해 기업경영의 능률을 향상시키는 것은 치열해 지는 경쟁에서 기업이 생존하는 데 필요한 핵심요인이라 하지 않을 수 없으며, 리엔지니어링의 궁극적인 목적도 바로 여기에 있는 것이다.

이 외에도 가상조직(*Virtual Organization*)을 구성한다거나, 단일 통신망을 활용한 고객 및 공급자와의 관계강화(*Relationship Operations & Marketing*), 동종 및 이종기업간 교류 및 제휴 등도 새로운 시각에서 도출될 수 있는 새로운 프로세스로 인식되고 있으며, 이들은 정보기술 및 정보시스템(IT/IS)의 전략적 차원에서 이루어지는 '조직간 프로세스'이며 동시에 '전략 프로세스'로 해석된다. 프로세스에 대한 이러한 거시적 관점은 조직의 개념을 확대 시켜놓고 있다. 이제 한 조직의 성공은 해당 조직의 내부적 역량보다도 관련 타 조직과의 관계 설정과 외부적 교섭력에 좌우된다. 이제 조직의 개념은 해당 조직의 전·후방에 포진해 있는 관련 타 조직(예: 공급자, 수요자 등)까지 포함하는 개념으로 확대되어야 할 것이다.

성공적 BPR은 공정에 맞추어 조직 전체가 어떻게 변화하는가에 달려 있다. 리엔지니어링은 초기 학자나 컨설턴트들이 주장했던 것처럼 단순히 IT를 이용한 업무처리과정의 재설계가 아니다. 그 이유는 일단 프로세스가 재설계되면 기능적 부서로부터 프로세스 팀으로 작업단위가 변화하게 되며 단순과업에서 다차원적 작업으로 변하게 되기 때문이다. 과업단위가 변하게 되면 조직의 구조가 변화하게 되며 새로이 도출되는 조직구조는 그에 걸 맞는 가치관, 조직문화, 경영 스타일 등을 포괄하는 조직전체의 변화를 요구하게 된다. 즉 업무 재구축과 업무의 자동화와는 명확히 구분되어야 한다. 물론 리엔지니어링은 조직구조의 개편을 전제로 하는 것은 아니지만, 과거 관료제 조직이 필요했던 이유가 조직의 프로세스가 너무 분화되었기 때문이었음을 상기해 볼 때, 리엔지니어링을 통해 조직을 더 이상 분화되지 않게 만들면 관료제는 자연 제거될 것이다.

참고문헌

이상문, 글로벌 시대의 초일류 기업, 명진출판, 1994

마이클 해머 · 제임스 공저 (안중호 · 박찬구 역), 리엔지니어링 기업혁명, 김영사, 1993

Davenport, D.H. & J.E. Short, "The New Industrial Engineering: Information Technology and Business Process Redesign", Sloan Management Review, MIT. 1990

Bell, D., The Coming of Post-Industrial Society: A Venture in Social Forecasting, Harper, 1973

Galbraith, Jay R., Organization Design: An Information Processing View, Interface, 4(3), 1974, pp. 23-36.

Hammer, M., "Reengineering Work : Don't Automate, Obliterate!", Harvard Business Review, Harvard University, 1990

Naisbitt, J., Megatrends, Warner Book, 1984

Porter, M.E., Competitive Strategy, Free Press, 1980

Ross, J.W. "Dow Corning Corporation C: Transforming the Organization", CISR Working Paper No. 305, Center for Information Systems Research, Sloan School of Management, MIT, June 1999.

Wiseman C, Strategy and Computers, Dow Jones Irwin, 1985

제 6 장

지식경영과 지적자본

기업의 경영방식이 생산위주에서 정보위주, 그리고 이제는 지식위주로 변화되어 가고 있으며, 조직의 지식화는 기존의 경영방식에 커다란 변화를 주어 지대한 성과를 주고 있다. 이 때문에 축적된 지식을 기업경영에 적극적으로 활용하여 최대의 효과를 얻고자 하는 것이 지식경영(*Knowledge Management*)의 기본 배경이다. 기업이 보유한 유형자산의 경우 시간의 경과에 따라 감가되거나, 가치 창출을 위해 소모되는 반면 무형자산의 경우 시간의 경과에 따라 진부화로 인해 소멸될 수는 있으나 감가되지 않으며 가치 창출 활동에 투입되어도 소모되지 않기 때문에 사용하면 할수록 가치를 배가시키는 자기강화적 성격을 지니는 경우가 많다.

뿐만 아니라 다운사이징이나 구조조정으로 지식을 갖고 있던 종업원의 이직이 늘어나게 되었다. 이로 인해 개인이 갖고 있는 지식을 조직지로 승화시키지 않으면, 개인의 이직에 따른 지식의 손실을 감수하지 않으면 안되게 되었으며 이는 유형자산의 손실보다 장기적으로 더 큰 문제를 야기할 수 있기 때문에 이를 방지할 수 있는 대책이 요구되었다. 나아가 지식의 중요성이 더욱 증대함에 따라 부문에만 존재하거나 개인이 갖고 있는 지식을 전사적으로 공유해야 할 필요성이 대두되고 있다.

종합하면, 오늘날 지식과 정보가 기업의 가치를 창출하는 지식정보화 시대를 맞는 기업에 있어서 지속적인 가치 창출을 위해서는 그들이 지닌 무형자산인 지식을 효율적으로 축적 · 관리하여야 하며 이를 통하여 기업의 가치를 극대화시키기 위한 노력이 요구된다. 즉 지식을 통한 가치 창조를 위해서는 우선 보유한 지식이 많아야 하며, 지속적으로 획득 및 축적되어야 하고 보유된 지식이 조직내에서 자유로이 확산되고 변환되고 활용되어야 하기 때문에 이를 위한 일련의 활동인 지식경영이 필요한 것이다.

그러나 그간 지식을 바라보는 관점에 따라 지식경영의 핵심 및 접근방식에서 차이를 보여왔다. 지식을 관리의 대상인 객체(*knowledge = object*)로 보고 이를 효율적으로 관리하려는 시각과 기존의 지식 그 자체보다는 새로운 지식을 창출하는 과정(*knowledge = process*)을 지식경영의 핵심으로 보는 시각이 바로 그것이다. 전자는 주로 미국 등 서구에서 바라보는 시각이며 이에 기초하여 정보시스템을 통해 지식을 체계적으로 공유, 관리하고자 하는 취지의 지식경영시스템(KMS)이 개발되게 되었다. 이는 주로 기술적 시각에 기초한 지식경영 방식이다. 반면에 후자는 주로 일본에서 바라보는 시각으로 지식을 창출하는 과정 자체를 관리하고자 하는, 소위 사회적 시각에 기초한 지식 경영 방식이다.

이 장에서는 지식의 본질과 특성에 기초하여 지식경영을 긍정적 시각과 부정적 시각에서 논의하고 정보시스템의 일종인 지식경영시스템의 기술적 주요 사항들을 소개한다. 아울러 지식을 체계적으로 관리하고 경영하기 위한 지표로 잘 알려져 있는 지적 자본(IC: *Intelligence Capital*) 개념과 지식경영의 한 부류로 주목받고 있는 균형성과관리(BSC)에 대해서 논의한다.

제 1 절 지식경영의 본질

1.1 지식경영은 없다

2004년 12월에 발표된 한 논문에는 그간 학계 일각에서 끊임없이 제기되어 온 '정보기술 생산성 패러독스(*IT Productivity Paradox*)'가 현실로 나타나고 있음을 구체적으로 제시하고 있다. 그 내용을 요약하면 다음과 같다. 연간 매출 대비 정보기술 투자는 전체 조사 대상 기업(7,500개) 평균 3.7%, 그에 비해 기업성과 상위 25개 기업은 평균 0.8%에 그치고 있는 것으로 드러났다. 더욱 놀라운 것은 정보기술 투자율이 높은 기업들이 동종 업계 우수 집단에 비해 최대 50%까지 성과가 저조한 것으로 나타났다.

이런 현상이 왜 일어날까? 정보시스템을 일상 업무처리 중심의 '운영계'와 의사결정지원 중심의 '정보계'로 구분할 때, 운영계 시스템의 경우 정보기술 투자와 기업성과는 높은 상관관계를 갖는 반면 인적, 사회적 요소가 크게 작용하는 정보계 시스템의 경우에는 그 만큼 실패 확률이 높기 때문이다. 지식경영시스템, 소위 'KMS(*Knowledge Management System*)'는 전형적인 정보계 시스템이다. 조직의 정보기술 의존도가 갈수록 확대되고 운영계 시스템에서 정보계 시스템으로 정보기술 투자가 집중 될수록 정보시스템 사업은 정보기술 생산성 패러독스가 그 만큼 더 크게 작용하게 되는 것이다. 한마디로 기술적으로 잘 설계된 시스템과 실무에 맞는 시스템은 전혀 별개의 것(*A well designed system is one thing, a workable system is another*)이라는 금언을 유념할 필요가 있다.

이러한 맥락에서 우리는 지식경영과 관련하여 다시 한 번 그 근본을 되돌이켜 보아야 한다. 지식의 중요성을 새삼 언급할 필요조차 없는 시대적 상황에서 '지식경영'은 요즘 회자되고 있는 '블루오션(*Blue Ocean*)' 만큼이나 매력적인 수사(*metaphor*)임에 틀림이 없다. 그렇다고 해서 'KMS'라는 또 다른 'ABC Soup'에 대책 없이 빠져선 안된다. '지식경영'이란 문자 그대로 지식을 경영한다는 것이다. 이는 마치 시대적 명제처럼 들리지만, 지식의 정체는 무엇이며, 지식은 경영이 가능한 것인지, 가능하다면 어느 정도 가능한 것인지에 대한 근본적인 의문에 답할 수 없다면 '지식경영'은 없다.

가. 지상(地上)으로 내려온 지식

지식은 시대와 관점에 따라 다양하게 변화·정의되어 왔다. 중세 상업이 발달하기 이전까지 지식은 현실세계와 괴리된 형이상학 세계의 지식에 국한되었고, 이후 형이하학 차원으로 내려오는 중간세계의 지식으로 확장되었으며, 산업혁명을 기점으로 형이하학 세계의 지식으로 그 범주가 확대되었다. 필자는 이들 각각을 "천상(天上)의 지식", "연옥(煉獄)의 지식", "지상(地上)의 지식"이라 부른다.

중세 이전까지 지식, "천상(天上)의 지식"은 본래 '무엇을 할 수 있는 능력' 즉 실용성을 내포하고 있지 않았다. 소크라테스가 인간을 도덕적·정신적으로 성장케 하는 것을 지식의 유일한 기능으로 생각하였듯이, 지식은 논리(論理)이자, 문법(文法)이며, 수사학(修辭學)이었다. 이를 '삼학(三學)'이라 하여 중세학문의 핵심이 되었다. 지식에 대한 동양의 시각도 마찬가지였다. 유학자들에게 지식이란 출세와 성공의 한 방편으로서, 무엇을 어떻게 말해야 하는가를 아는 것이었으며, 도가(道家)와 선승(禪僧)들에게 지식이란 자신에 대한 깨달음과 지혜에 이르는 수단이었다.

그러나 상업이 번성하면서 자신만의 경쟁력 있는 물건을 만들어 내는 실천적 지식이 생겨나게 되었는데, 이것이 바로 "연옥(煉獄)의 지식"이다. 이러한 지식은 상업적 이유에서 동서를 막론하고 공유되거나 전파되는 것이 아니었다. 이러한 실천적 지식을 '비결(秘訣)' 혹은 '비법(秘法)'이라 하였으며, 이를 공유하거나 전수 받기 위해서는 도제 생활을 통한 경험적 접근만이 유일한 수단이었다.

산업혁명이후 공장제도가 도입되면서부터 "지상(地上)의 지식"으로 확대되었다. 대량생산을 위해 대규모 인력이 집단화되면서 비밀스런 장인의 경험은 세계화된 지식으로 바뀌었고 도제 대신 교과서가 만들어지면서 공개적으로 대다수의 사람들에게 전수되는 체제가 출현하게 되었다. 결국 현대적 의미에서 지식이란 매우 전문화된 지식, 나아가 실용성(*utility*)과 실천성(*practicability*)이 담보된 지식 – 즉 '기술(*technology*)'을 의미한다. '테크놀로지'란 장인의 기능(*skill*)을 의미하는 '*technē*'와 이를 목적 지향적으로 조직화하고 체계화함을 의미하는 '*logy*'가 합성된 것이다. 즉 좁은 의미에서 지식이란 내면화 된 기능과 정보를 목적 지향적으로 조직화하고 체계화한 결과물을 말하는 것이다.

최근 들어 학계의 일각에서는 학습의 중요성을 강조하여 '알아가는 과정(*knowing*)'까지도 지식이며, 지식 형성의 단초가 되는 '알고자 하는 욕구(*desire to know*)' 그 자체도 지식의 범주에 포함되어야 한다고 주장하고 있다. 그러나 지식의 가장 보편적 정의는 '정당화된 진정한 믿음(Justified true belief)'이다. 이를 수학등식으로 표현하면 다음과 같다: *Knowledge = Justification + Truth + Belief*. 자신이 참(진리)이라고 믿는 것을 정당화 한 것이 곧 지식이다. '아는 것(*know*)을 체계화 혹은 구조화(*ledge*)한 것'으로서 '*knowledge*'가 바로 그것이다. 이는 한자어, '知識'에 담긴 의미와 일맥상통한다. 지식의 '知'는 矢(화살 시)와 口(입 구)로, '識'은 言(말씀 언)과 戠(찰흙 시)로 구성되어 있는 것으로 미루어 보아 지식이란 알고 있는(혹은 참이라고 믿는) 것을 언어로 찰지게 구성하여 표출한 것이다. 이렇듯 지식의 정의에서 가장 중요한 것은 자신이 알고(믿고) 있는 것을 논리적으로 표현한 것, 즉 방법지 혹은 형식지를 말한다.

지식의 핵심에 논리적 틀(*justification*)이 자리하고 있음은 '지식인(知識人)'에 대한 사전적 정의에서도 알 수 있다. 지식인의 여부를 결정하는 것은 지식의 양보다는 지식의 전달능력에 좌우된다. 도자기를 빚거나 빵을 굽는 기술을 가진 사람을 우리는 지식인이라 하지 않는다. 그 대신 장인(匠人)이라 부른다. 장인도 넓은 의미에서 분명 지식인이다. 그러나 그들은 자신에 체화된 암묵적 지식을 형식지로 바꾸는 능력이 없기 때문에 지식인의 범주에 들지 않는다. 사실 인류가 오늘에 이렇게 발전하게 된 것은 암묵지(체화지)를 형식지(방법지)로 바꿔내는 능력을 통해 지식이 전파되었기 때문이라 해도 과언이 아니다.

나. 지식경영의 딜레마: 형식지(形式知)의 한계

지식의 발달과정에서도 보았듯이 형식지는 암묵지에서 출발한다. 암묵지는 형식지와는 달리 'KMS'라고 하는 전산시스템으로 쉽사리 유통, 공유, 관리될 수 있는 대상이 아니다. 더욱이 사람의 형식지는 암묵지의 극히 일부에 불과하다. '지식경영'의 딜레마는 바로 여기에 있다.

스웨덴의 지식경영학자 스베이비(*Karl-Erik Sveiby*)는 형식지의 한계와 암묵지의 강력한 힘을 설명하고자 다음과 같은 간단한 주문을 하고 있다: "눈을 감고 검지손가락으로 당신의 코끝을 만져보라. 그리고 어떻게 하면 손가락이 코끝에 정확히 닿을 수 있는지 설명해보라." 아마 정상적 신체기능을 가지고 있는 성인이라면 모두 예외 없이 아주 쉽사리 손가락으로 코끝을 만질 수 있을 것이다. 그러나 어떻게 하면 손가락으로 코끝을 정확하게 만지게 될 수 있는지 그 절차를 써 보라고 하면 얘기는 달라진다. 60%이상의 사람들이 표현하기 어렵다는 반응을 보인 반면, 단지 5-10%만이 별 어려움이 없다는 반응을 보였다고 한다. 여기서 우리는 형식지의 본원적 한계를 둘러싼 두 가지 사실에 주목할 필요가 있다.

첫째, 별 어려움이 없다고 한 사람마저도 손가락으로 정확히 코끝을 만지는 행위 자체는 순간적으로 이루어질 수 있지만 그 절차를 글로 표현하는데는 상당한 시간이 걸린다는 점이다. 그렇기에 프루삭(*Prusak*)과 스베이비(*Sveiby*)는 "사람은 말할 수 있는 것보다 훨씬 많은 것을 알고 있다"며 형식지의 근본적 한계를 지적하고 있다. 형식지화될 수 있는 의식 세계에서 인간의 정보처리 속도는 초당 16에서 40 비트 정도인 반면 체화된 지식, 즉 암묵지를 통해 이루어지는 무의식 세계에서의 정보처리 속도는 초당 1,100만 비트에 달한다고 하니 가히 암묵지의 위력을 가늠할 수 있다.

둘째, 설혹 손가락으로 코끝을 만지는 행위의 절차를 설명할 수 있다하더라도 이렇게 기술된 형식지가 제대로 효과적으로 전수될 수 있을지는 전혀 별개의 문제이다. 예컨대 손가락으로 코끝을 만지는 지식을 로봇에 전수한다고 가정하자. 그 절차를 형식지로 변환하여 컴퓨터가 인식할 수 있는 언어로 주입하면 될 것이다. 그러나 그 로봇이 인간처럼 정확하게 손가락으로 자신의 코끝을 만질 가능성이 얼마나 될 것이며, 상황이 조금이라도 바뀔 경우 학습 없이 주입된 형식지는 어느 정도나 제대로 작동할 수 있을까?

이렇듯 형식지는 자신의 생각을 타인에게 전달하는데 한계가 있다. 특히 머리보다는 가슴이 중요한 혁신의 경우 형식지의 전파는 그 효과가 극히 제한될 수밖에 없는 것이다. 몰라서 못하는 것이 아니라 스스로 필요성을 느끼지 못하거나 심리적 저항으로 인해 마음의 귀와 눈을 닫아버리는 경우, 이러한 형식지의 전파는 더욱 의미를 갖지 못한다.

다. 지식경영의 지혜: 우회의 신비

1958년 폴라니(*Michael Polanyi*)에 의해 지식의 개념이 최초로 경영에 접목된 이래 1990년대 들어서면서부터 '지식경영'의 흐름은 기술 중심의 공학적 시각("*IT-oriented*")과 인간중심의 경영적 시각("*People-oriented*")으로 구체화되기 시작했다. 공학적 시각은 지식을 객체(*knowledge = object*)로 간주하고, 정보기술로 이를 관리하고자 하는 것으로서 주로 미국을 위시한 서양의 시도였으며 이로부터 'KMS'라는 용어가 만들어졌다. 경영적 시각("*People-oriented*")은 지식을 과정(*knowledge = process*)으로 간주하고, 지식 그 자체보다는 지식창출과정을 관리하고자 하는 것으로서 일본식 지식경영이 이를 선도하고 있으며 이로부터 'Ba' 즉 '지식교류의 장(場)'이라는 개념이 형성되었다.

양자 모두 지식의 경영 내지 관리를 통해 조직의 경쟁력 증대를 도모하고자 한다는 점에서는 일맥상통한다. 그러나 전자는 조직 내·외에 산재해 있는 지식을 체계적으로 모으고 유통, 공유하는 등 '지식의 효율적 관리(*knowledge capture & dissemination*)'에 초점이 맞추어져 있는 반면, 후자는 '지식의 형성 과정(*knowledge creation process*)'에 초점을 두고 새로운 지식 창출을 통한 가치 창조에 역점을 두고 있다는 점에서 근본적인 차이를 보인다. 전자는 그 대상의 초점이 형식지에 있고 후자는 암묵지에 있다. 그리고 전자는 '효율'에 목표가 있고 후자는 '가치'에 목표가 있다.

따라서 더 논의할 필요도 없이, 양자는 보완관계에 있음에 틀림이 없다. 그러나 현실적으로 문제는 양자의 추진방식과 현시되는 성과가 너무 다르다는데 있다. 전자는 예산이 수반되는 정보시스템사업으로 그 성과(?)가 단기에 드러난다. 그러나 후자는 지식경영에 걸 맞는 새로운 조직문화의 정착을 도모해야 하는 만큼 성과는 잘 보이지 않을 뿐만 아니라 시간을 두고 서서히 나타난다.

따라서 조직의 지식경영을 주도하는 집단은 전자에 몰두하게 된다. KMS 벤더나 개발자들은 시스템 플랫폼, 인터페이스, 측정지표, 시스템 이용도를 높이기 위한 마일리지 제도 등을 운운하며 고객을 현혹한다. 그러나 겉으로 보기에 그럴듯한 정보시스템(KMS)을 만들어 성과라고 홍보할 수는 있으나, 이는 착시현상일 뿐 진정한 성과는 아니다. 그야말로 '붕어 없는 붕어 빵'에 불과할 뿐이다.

70년대 가수 서유석의 히트곡이었던가? '아름다운 사람'이란 제하의 유행가를 보면 이런 귀절이 있다. "장난감을 받고서 내일이면 벌써 그를 준 사람조차 잊어버리는 아이처럼..." '지식경영시스템(KMS)'이라는 그럴듯한 라벨을 달고 도입된 시스템은 노랫말의 '장난감' 같은 것이요, 이용자는 그것을 받아든 '아이'와 같은 것이다. 정보시스템의 일반적 속성이 그러하다. 이를 빗대어 정보시스템 금언에는 이런 말이 있다: "*IS project is a high-risk, high-return business.*" 정보시스템 사업은 성공하면 상당한 파급효과가 있지만 그만큼 실패의 위험도 크다는 말이다. 여기서 실패란 기술적 실패를 말하는 것이 아니라, 사회적 실패를 의미한다. 특히 KMS 구축사업과 같은 정보계 시스템은 더욱 그러하다.

KMS와 관련하여 문제는 또 있다. KMS가 지향하는 '효율'은 경쟁의 피바다(*Red Ocean*)에서는 덕목일지언정, 우리가 이제부터 추구해야 하는 비경쟁의 푸른바다(*Blue Ocean*)에서는 '가치'가 덕목이다. 그렇다고 'KMS'를 버리자는 말은 결코 아니다. 다만 지식경영을 너무 기술중심으로 바라보지 말자는 것이다. 지식경영의 핵심에는 새로운 '가치 창조'가 자리하고 있는 만큼 아무리 단기적 성과가 필요하다 해도 '지식' 그 자체보다는 '지식형성과정'을 관리하는데 보다 큰 역점을 두자는 말이다.

이러한 의미에서 볼 때, 적어도 지식경영에 관한 한 '우회의 신비'를 염두에 둘 필요가 있다. 어느 텔레비전 방송 오락프로에서 다음과 같은 간단한 퀴즈를 본적이 있다. 구슬을 위에서 아래로 굴리는데 직선 코스와 원의 한 호와 같은 사이클로이드 곡선 중 어느 코스를 택하는 것이 목표 지점에 더 빨리 닿을까 하는 문제였다. 얼핏 생각하면 직선 코스가 빠를 것 같지만 실제 거리가 더 먼 사이클로이드 곡선이 더 빠르다. 이러한 자연 현상은 물리학적으로 어렵지 않게 입증될 수 있지만, 사회학적인 해석으로도 정답 도출이 가능하다. 우회하는 동안에 보다 큰 힘을 축적하여 장기적인 시간 위에서 그 힘을 발산

케 함으로써 더 나은 결과를 거둘 수 있다는 우회축적논리(迂廻蓄積論理)가 바로 그것이다. '단기적 처방은 중장기적으로는 질병이 된다'고 하는 시스템 사고(*Systems Thinking*)의 가르침을 명심하자. 그리고 정보화가 더욱 확산되면서 더욱 두드러지게 나타나는 '정보기술 생산성 패러독스'를 다시 한번 되새겨 보자.

1.2 지식경영은 있다

앞에서도 강조하였지만 지식경영의 핵심에는 '가치 창조'가 자리하고 있는 만큼 '지식' 그 자체보다는 '지식형성과정'을 관리하는데 보다 관심을 가져야 한다. 지식의 형성과정을 올바로 이해하려면 지식의 원천자원인 정보(*information*)의 속성을 제대로 알아야 한다.

제2장에서도 논의했지만[21] '정보'의 어의(語意)를 보면 동양에서는 '취한다(*take*)'는 의미가 강한 반면 서양에서는 '준다(*give*)'는 의미가 더 강하다. 아무튼 '정보'는 '주고 받는' 흐름(*flow*)의 성격과 '~을 해석하고 이해한다'는 의미를 가지고 있다. 이와 관련하여 정보전문 저널, '와이어드(*Wired*, 1994. 3)'는 다음과 같이 정보를 정의하고 있다:

> *Information is an activity. Information is a relationship. Information is a verb not a noun. It is something that happens in the field of interaction between minds or objects or other pieces of information.*
> 정보란 행위이며, 관계이다. 정보란 사람의 생각, 사물, 또 다른 정보와 상호 작용하는 과정에서 발생하는 그 무엇으로, 동사(verb)지 명사(noun)가 아니다.

가. 정보의 특성에 기초한 지식의 정의

먼저 정보의 특성과 각 특성에 대응한 지식의 정의를 살펴보자. 정보는 비가시성, 결합성, 상황예속성, 문화성 등 '4대 특성(*Four Information Rules*)'을 가지고 있다.

21) 정보의 개념적 해설에 대해서는 제2장(제 35-36쪽)참조

- **특성 1**: 정보의 비가시성(정보가치의 주관성)

정보는 쉽사리 보이는 것이 아니다(*Information is not easily visible*). 정보는 인지하는 '행위'적 성격이 매우 강하기 때문에 정보의 가치는 매우 주관적이다. 정보는 개인의 문제의식과 호기심, 알고자 하는 열망 등에 의해 상황인식이 형성되지 않는 한 쉽사리 보이지 않는 특성을 지니고 있다. 정보의 가치는 수신자가 가지고 있는 문제의식과 정보의 부합도에 따라 크게 달라진다. 따라서 정보의 제 1특성은 조직의 관점에서 볼 때, 수신자의 몰입과 적극적 참여의식이 매우 중요함을 시사한다.

- **특성 2**: 정보의 결합성(정보가치의 승수성)

개별 정보 그 자체는 가치를 갖지 않는다(*Information is of no value in itself*). 정보의 가치는 상승작용적이다. 즉, 개별 정보는 다른 정보와 결합, 비교, 연계되지 않는 한 가치를 발생하지 않는 특성을 가지고 있다. 정보의 가치는 수신자가 다른 정보와 연계하여 해석할 때 발생되며 동종 정보간 결합하여 발생되는 가치보다는 이종 정보간 정보가 결합될 때 발생되는 가치가 훨씬 더 크다. 따라서 정보의 제 2특성은 이종 정보간 결합에 결정적으로 작용하는 수신자의 창의성이 매우 중요함을 시사하고 있다.

- **특성 3**: 정보의 상황예속성(정보가치의 소멸성)

정보는 시간과 상황 예속적이다(*Information is time-dependent and situation-specific*). 따라서 정보의 가치는 시간이 경과함에 따라 소멸하는 특성을 지니고 있다. 어느 특정 상황이 종료되면 그에 대한 정보의 가치는 급격히 소멸하기 때문에, 정보의 가치를 유지하기 위해서는 논리적 체계 속에서 이를 일반화하여 유사한 상황에 적용될 수 있도록 하는 것이 매우 중요하다. 따라서 정보의 제 3특성은 논리적 표현력을 조장할 수 있는 합리적 조직문화가 정보화를 촉진하는데 또 다른 중요한 요소임을 시사하는 것이다.

- **특성 4**: 정보의 문화성(정보가치의 사회성)

정보는 관계요 문화다(*Information is a relationship and a culture*). 조직 내에 적절한 정보문화가 배양될 때라야 정보의 가치는 창출되며 파급된다.

예컨대 어느 한 사람이 자신이 인지한 정보 및 생각을 문서, 말, 수학적 표기 등의 형식을 빌어 표현하게 되면 이를 접한 다른 이들은 그 정보를 자신이 가지고 있는 정보 혹은 생각을 통해 확인, 비교, 또는 잘못된 부분을 지적, 수정, 보완 하는 등 보다 진보된 새로운 정보를 만들어 낸다. 따라서 정보의 제 4특성은 활발한 커뮤니케이션과 토론 등 개방된 조직문화가 결정적인 것임을 시사한다.

정보가 지식의 원천 자원임을 감안하면 지식도 정보의 이런 특성을 그대로 담고 있음을 어렵지 않게 짐작할 수 있다. 그간 각종 문헌에서 소개하고 있는 지식의 정의를 정리하여 이를 확인해 보자.

- **정의** 1: 지식이란 '경험이나 학습을 통해 얻은 사실, 진리 등에 대한 이해와 깨우침(*Knowledge is the awareness and understanding of facts, truths or information gained in the form of experience or learning*)'이다. 이 정의에 따르면 문제의식, 호기심 등 알고자 하는 욕구가 지식형성의 시발점이며, 정보의 제 1특성(정보의 비가시성)과 맞닿아 있음을 알 수가 있다. 그렇기 때문에 스베이비(*Sveiby*, 2003)는 '알고자 하는 욕구 그 자체도 지식(*Desire to know itself is also knowledge*)'이라고 주장한다. 결국 조직원의 알고자 하는 욕구를 촉진하는 내면화(*Internalization*)는 지식경영의 1차 대상인 것이다.
- **정의** 2: 지식이란 '자신이 가지고 있는 개별적 정보의 파편들을 상호 연결지워 인지된 결정체(*Knowledge is appreciation of the possession of interconnected details*)'이다. 결국 지식의 가치는 개별적으로 존재하는 의미들이 서로 비교, 결합될 때 발생한다. 이러한 지식의 정의는 정보의 제 2특성(정보의 결합성)에 그대로 부합됨을 있음을 알 수가 있다. 그렇기에 폴라니(*Polanyi*, 1964)는 '알아 가는 과정 그 자체도 지식(*Knowing or a process of knowing is also knowledge*)'으로 간주되어야 한다고 주장한다. 결국 정보의 파편들을 상호 연결지워 새로운 가치 발생을 촉진하는 종합화(*Combination*)는 지식경영의 두 번째 대상이 된다.
- **정의** 3: 지식이란 '정당화된 진정한 믿음(*Knowledge is equivalent to justified true belief*)'이다. 자신이 참(진리)이라고 믿는 것을 정당화 한 것, 즉 일정한 논리적 틀 속에 자신이 알고 있는 것을 표출한 것이 곧 지

식이라는 것이다. '논리적 정당화'를 핵심으로 하고 있는 이러한 정의는 정보의 제 3특성(정보의 상황예속성)과 밀접한 관련이 있음을 알 수가 있다. 그렇기에 중세 철학자들에게 '지식은 논리(論理)이자, 문법(文法)이며, 수사학(修辭學)'이었다. 결국 암묵적으로 자신이 알고(인지하고) 있는 것을 논리적으로 표출하는 능력과 문화, 즉 외부화(*Externalization*)는 지식경영의 세 번째 대상이 된다.

- **정의 4**: 지식이란 '정당화된 진정한 믿음(*JTB: Justified True Belief*)에 미지수 X가 추가된 것(*Knowledge is a combination of JTB account plus a societal factor,'X'*)'이다. 이를 수학 등식으로 표현하면 *Knowledge = (Justification + Truth + Belief) + X*로 나타낼 수 있다. 여기서 'X'는 지식 성장의 사회적 요소를 의미하는 것으로, 이를 처음 주장한 게티어(Gettier, 1964)의 이름을 따서 "*Gettier Problem*"이라 한다. 암묵지(체화지)를 형식지(방법지)로 바꿔내는 외부화(*Externalization*)가 이루어지면 이를 접한 다른 이들이 자신의 또 다른 지식 혹은 생각을 통해 확인, 비교하거나 잘못된 부분을 지적, 수정, 보완 하는 등 보다 진보된 새로운 지식을 만들어 낸다는 것이다. 지식의 이러한 특성은 정보의 제 4특성(정보의 문화성)과 일치하는 것임을 알 수가 있다. 결국 지식 성장에 반드시 필요한 사회화(*Socialization*) 과정은 지식경영의 네 번째 대상이 된다.

나. 지식형성과 지식경영의 핵심 대상

앞서 논의한 정보의 4대 특성과 지식의 정의를 결부지어 보면 지식형성과정에는 내면화(*Internalization*), 종합화(*Combination*), 외부화(*Externalization*), 사회화(*Socialization*) 등 네 가지 작용이 개입됨을 알 수가 있다(표 6-1). 나아가 이들 네 가지 작용은 지식형성과정에서 개별적으로 존재하는 것이 아니라 이들이 상호 작용하는 동태적 특성을 지니고 있음에 유의할 필요가 있다. 결국 지식형성의 각 단계는 단선적 메커니즘이 아닌 상호 피드백 메커니즘 속에서 서로 작용한다. 그리고 그 과정을 세심히 살펴보면 지식 형성을 촉진하기 위한 경영의 주요 대상과 조치를 알 수가 있다. 이러한 의미에서 볼 때, 결코 쉽지 않은 이들 네 고개를 제대로 넘을 수만 있다면, '지식경영(KM)'은 있다.

[표 6-1] 지식경영의 4대 영역

지식형성과정 정보의 4대 특성	제 1고개: 내면화 *(Internalization)*	제 2고개: 종합화 (*Combination*)	제 3고개: 외부화 (*Externalization*)	제 4고개: 사회화 (*Socialization*)
Information Rule 1: 정보의 비가시성 (정보가치의 주관성)	문제의식 (참여적 조직문화)			
Information Rule 2: 정보의 결합성 (정보가치의 상승효과)		창의성 (유연한 조직문화)		
Information Rule 3: 정보의 상황예속성 (정보가치의 소멸성)			논리성 (합리적 조직문화)	
Information Rule 4: 정보의 문화성 (정보가치의 사회성)				커뮤니케이션 (개방된 조직문화)

일본의 저명한 지식경영학자인 노나카 다케우치는 지식변환 프로세스를 다음과 같이 설명하고 있다.[22] 그들에 따르면 지식변환은 조직에서 지식을 획득 · 공유 · 표현 · 결합 · 전달하는 창조 프로세스의 메커니즘이며, 암묵지와 형식지의 상호작용으로 원천이 되는 지의 축과 변환되어 나온 결과물로서 지의 축으로 이루어지는 매트릭스로 표현된다. 그림으로 나타나는 바와 같이 지식간의 변환에서 4가지 기본적인 지식변환 유형이 도출된다. 지식변환은 개인을 출발점으로 하여 개인의 집합인 집단, 나아가서는 조직 차원까지 집약적으로 창조 프로세스를 파악하는 구조이다.

22) 노나카 · 다케우치(1999), 지식창조이론(The Knowledge Creating Company 中에서)

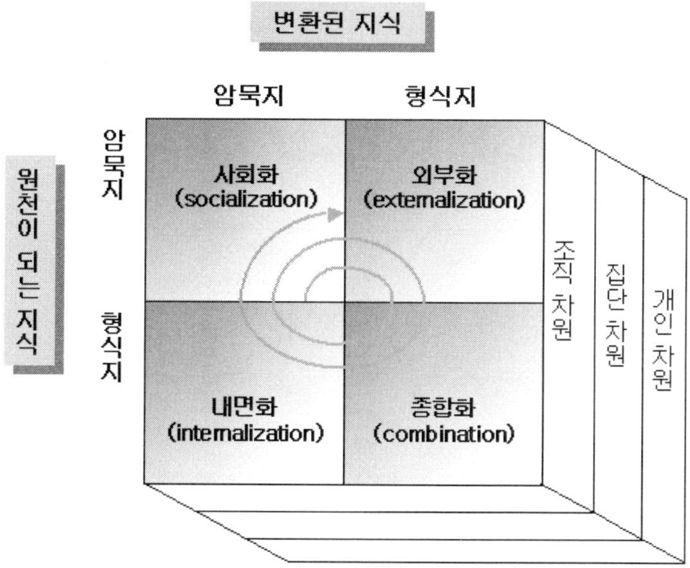

[그림 6-1] 지식 변환 프로세스

- 암묵지에서 암묵지로 ▸ 사회화 : 신체로 지를 얻는다.
- 암묵지에서 형식지로 ▸ 외부화 : 생각이나 노하우를 말하거나 형태로 표현한다.
- 형식지에서 형식지로 ▸ 종합화 : 말이나 형태를 조합한다.
- 형식지에서 암묵지로 ▸ 내면화 : 말이나 형태를 체득한다.

모든 지식은 개인으로부터 출발하여 조직에 전파되며 이때 지식은 형식적이거나 암묵적일 수 있다. 개인이 보유한 개인지는 외부 환경으로부터의 암묵지와 형식지의 습득과 경험을 통하여 축적되며 축적된 개인지는 결합 및 변환되어 새로운 지식을 창출한다. 즉, 지식의 형성은 그림 6-2에 보인 바와 같이 개인지와 조직지, 암묵지와 형식지를 순환하며 자기강화적인 프로세스를 통해 이루어진다고 볼 수 있다.

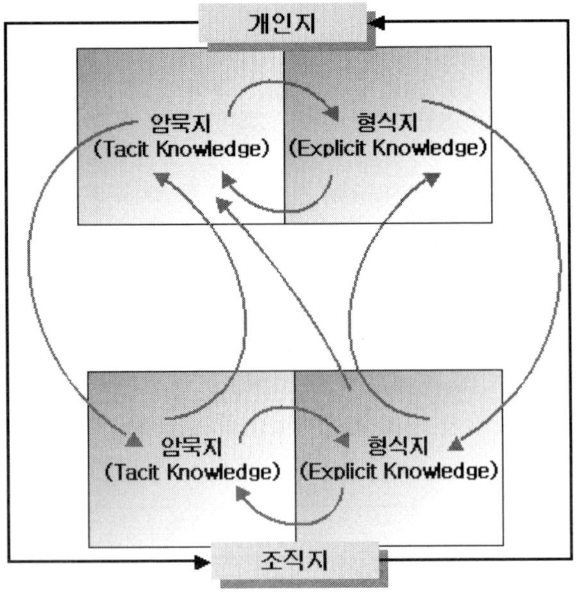

[그림 6-2] 지식형성의 동태적 프로세스

결국 지식경영은 내면화, 종합화, 외부화, 사회화 등 지식의 형성과 성장 과정에 개입되는 네 가지 작용을 어떻게 촉진할 수 있을 것인가에 그 핵심이 있다. 인적, 사회적 요소가 크게 작용하는 이러한 지식경영 과제들을 해결하지 않고는 앞에서 언급한 것처럼 '정보기술 생산성 패러독스(*IT Productivity Paradox*)'를 극복할 수 없을 것이다. 우리가 흔히 'KMS'라고 칭하는 IT기반의 정보시스템은 지식 형성의 사회화를 촉진하는 수단으로는 도움이 될 수는 있으나, 그 자체가 지식경영시스템이 될 수는 없다.

제 2 절 KMS 구축방법과 정보기술 요소

제1절에서 지식경영을 지식의 본질에 기초하여 사회적 관점에서 논의하였다면, 이 절에서는 기술적 관점에서 KMS 구축 방법과 소요 정보기술 요소의 핵심사항들을 소개한다.

2.1 KMS 구축방법

일반적으로 KMS의 구축과정은 지식관리(경영)의 비전과 목표를 우선적으로 제시하고, 그에 맞추어서 시스템의 아키텍처를 디자인하며, 디자인한 것을 가지고 시스템을 개발하고, 개발한 시스템을 구현하고 확산하는 절차를 따른다. 지식경영의 구체적 구현 단계인 지식관리시스템의 구축시에는 설정된 지식경영의 모델에 근거하여 지식관리시스템을 구축할 필요가 있다. 지식경영의 모델은 여러 가지 형태로 정의될 수 있다. 그러나 여기에서는 조직의 문제와 이의 솔루션을 도출하는 일련의 개념적 흐름을 제시하였다.

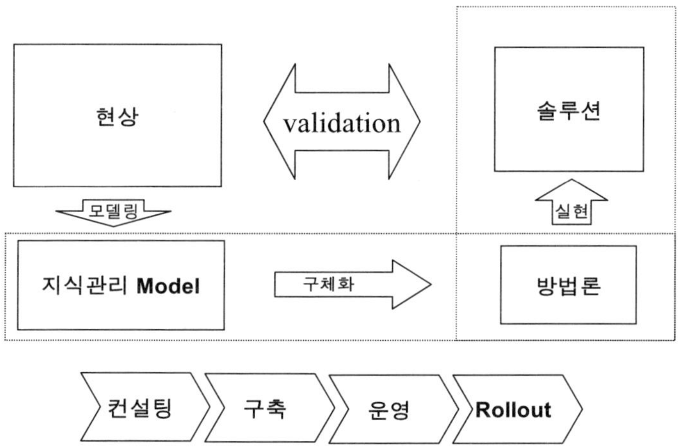

[그림 6-3] 지식경영지원 프로세스 흐름도

이는 전형적인 의사결정 지원 모델로서 문제의 정의를 지식경영이라는 관점에서 지식경영 모델의 설정과 이를 구체적으로 구현하는 방법론, 그리고 최종 산출물인 솔루션이라는 단계로 표현되었다. 지식경영 모델 및 방법론의 타당성은 정의된 문제에 대한 필요 충분 기능을 점검함으로써 증명할 수 있다. 이러한 지식경영 프로세스를 지원하는 단계별 활동을 기술하면 다음 표 6-2와 같다.

[표 6-2] 지식경영 프로세스를 지원하는 단계별 활동

단계	단계별 주요 활동
• STEP 1: 문제 정의	조직의 핵심역량을 근간으로 하는 문제의 인식 및 정의, 그리고 조직 내외에 존재하는 정보자원의 인식과 그것들을 어떻게 연결시킬 것인가 하는 과제 정의
• STEP 2: 변화에 대한 준비	성공적인 지식경영 프로그램은 조직행위 및 기술관점의 변화를 요구
• STEP 3: 지식경영팀 구성	전사 관점의 지식경영팀을 구성하여 시범적 프로젝을 추진하여 지식경영 추진 원칙과 확산전략 도출
• STEP 4: 지식분류체계 정의	핵심역량과 연관된 지식의 분류체계 정의(핵심역량, 가치사슬, 콘텐츠, 조직, 네트워크경영)
• STEP 5: 지식관리시스템 정의	지식경영 과제의 우선순위 선정과 이를 추진하기 위한 지식경영시스템 도구를 선택
• STEP 6: KMS 구축 대상 정의	지식저장고, 지식검색, 지식연결, 컨텐트 관리, 분산시스템의 구조를 수행
• STEP 7: 기존 정보시스템과 통합	경영정보시스템, WWW, 전문가시스템, 전자도서관 등과의 지식통합구조 설계

이러한 일련의 과정을 수행하기 위하여 KM Task Force(*Chief Knowledge Officer* 주관)수립에서부터 지식구조를 도출하여 KMS를 구축하는 절차를 개념적으로 나타내면 그림 6-4에 보인 바와 같다.

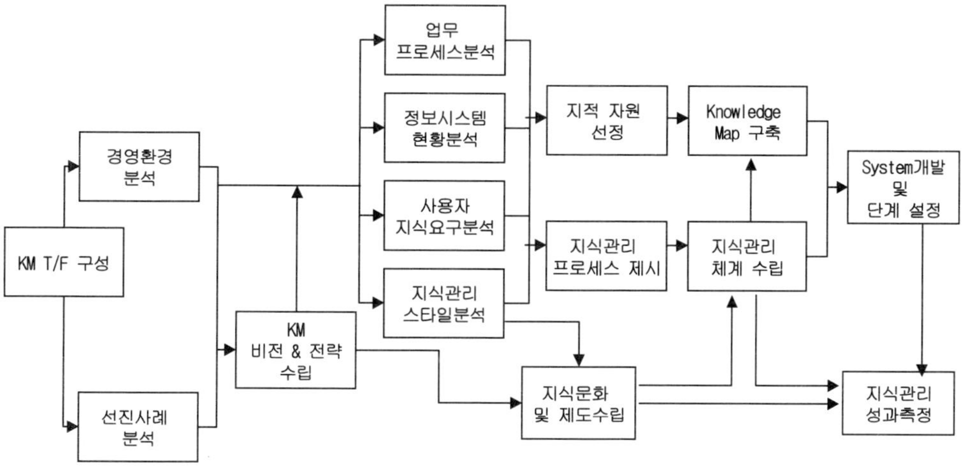

[그림 6-4] 지식관리시스템(KMS) 구축절차 개념도

가. 지식경영 비전과 목표설정

이 단계는 기록물 검토(*Archive Review*) 등 각종 조사와 여러단계 브레인스토밍을 통하여 지식경영의 목표 가치(지식경영 노력을 집중시켜 중점적으로 추구할 몇 개의 Value)와 비전(지식경영을 성공했을 때 달라진 회사의 모습)을 설정하는 부분으로 KMS 구축의 초기 단계에 해당한다.

1) 기록물 조사, 분석 및 조사 계획의 수립

기록물을 조사·분석하는 목적은 지식경영을 하고자 하는 조직의 환경, 구조, 전략에 대하여 사전 이해를 도모하고, 의미있는 조직단위 그룹을 추출, 심층분석 대상 항목, 조사 대상 항목, 확인 대상 항목 등을 분류하는데 있다. 조사대상은 업의 특성, 조직현황, 경영현황, 경영계획 등을 설명하는 자료, 비전, 환경, 구조, 전략, 핵심역량 관련조사 자료 및 보고서, 업무분석 및 조사 자료, 조직진단(종업원 만족 지수, 고객만족지수) 등의 조사자료, 경쟁사 및 경쟁상황 분석 자료, 기존의 경영혁신 및 지식경영 관련 활동의 기획, 추진과정 및 결과를 기록한 자료 등이 있다. 조사대상이 선정 되었으면 조사단위를 결정해야 하는데 다음과 같이 단위를 설정하는 것이 좋다.

- 조사단위는 최소 조사 단위와 최대 조사 단위로 구성
- 집단내 동질성과 집단간 이질성이 극대화 되도록 설정(최대 조사 단위)
- 단위내 소속인력 1명이 해당 조직에 대한 충분한 설명을 제공할 수 있는 단위로 설정(최소 조사 단위)
- *Full Time* 전담인력 1명이 감당할 수 있는 정도의 범위로 설정(최대 조사 단위)
- *Part Time*조사 지원인력 1명이 감당할 수 있는 정도의 범위로 설정(최소 조사 단위)

조사 단위가 결정되었으면 조사방법을 결정하고, 대상자를 결정해야 한다. 조사 방법으로는 심층면담과 핵심관련자 브레인스토밍, 설문조사 방법을 사용하며, 심층면담의 경우는 관련된 모든 임원(개별면담), 관련된 모든 팀장(개별면담 원칙이나 많으면 집단 면담), 관련된 모든 간부 및 사원(집단 면담)을 대상으로 한다. 브레인스토밍의 경우는 추진전담조직, 현업대응 조직, 현업 핵심관련자 중에서 적정인원을 선정하는 것이 좋으며, 설문조사는 의미 있는 최소의 집단에서 최소 5명 이상을 임의 표본추출해 조사하는 것이 바람직하다.

2) 임직원 심층면담

심층면담의 목적은 환경, 구조, 전략 및 핵심역량에 대한 조직단위별, 계층별 의견을 조사하고, 의미있는 환경요인, 구조요인, 전략특성 및 핵심역량 항목을 나열하는데 있다. 면담대상은 관련된 모든 임직원이며, 임원 및 팀장은 개별면담 방식으로 정해진 질문과 순서를 가지고 수행하는 것이 좋으며, 간부 및 사원의 경우는 집단면담 방식으로 정해진 순서대로 하되 자유 토론형식을 빌리는 것이 좋다. 다음은 임원 및 팀장 면담시 제시할 수 있는 질문을 몇가지 나열한 것이다.

- 현재 귀 사업부(팀)의 경영성과에 큰 영향을 미치는 요인이 있다면, 긍정적 영향을 미치는 요소와 부정적 영향을 미치는 요소로 나누어 말해 주십시오.
- 귀 사업부(팀)의 주요 경쟁자는 누구입니까? 가장 중요한 경쟁자를 세개만 골라 주십시오.

- 향후 3년 이내에 귀 사업부(팀)와 관련하여 다음과 같은 사항에 주요한 변화가 있을 것으로 생각하십니까? 만일 있다면 그 내용은 어떠한 것이라고 생각하십니까?
- 귀 사업부(팀)에서는 앞으로 어떤 측면에 경영 노력이나 자원을 집중시키실 계획입니까?
- 귀 사업부(팀)에 있어 수익창출에 크게 기여하는 핵심 프로세스 혹은 핵심활동은 무엇입니까?
- 현 시점에서 귀 사업부의 영업 및 관리상 주요 현안은 어떠한 것들이 있습니까?

3) 최초 브레인스토밍

초기 브레인스토밍의 목적은 전사·사업부를 대표할 수 있는 환경·자원·전략적 특성 및 핵심역량을 정리하고, 각 환경·자원·전략 특성 및 핵심역량 항목별 KM Relevance(지식관리에 얼마나 연관성이 있는지를 나타내는 척도)를 판정하는데 있다. 환경/자원/전략/핵심역량 항목별 KM 연관성 판정은 환경·자원 관계 및 KM Relevance Table(표 6-3), 전략·핵심역량 관계 및 KM Relevance Table(표 6-4)을 사전에 만들어 시행하는 것이 바람직하다.

[표 6-3] 환경-자원 관계 및 KM Relevance Table(예시)

		환경 특성 Group 1		환경 특성 Group 2		KM Relevance
		환경특성1.1 Description	환경특성1.2 Description	환경특성2.1 Description	환경특성2.2 Description	
자원특성 Group 1	자원특성 1.1 Description					
	자원특성 1.2 Description					

Marking Guideline: ●관련성 매우 높음, ◐관련성 높음, ○관련성 있음, Blank 관련성 없음, N/A적용불가

[표 6-4] 전략-핵심역량 관계 및 KM Relevance Table(예시)

		전략 항목 Group 1		전략 항목 Group 2		KM Relevance
		전략항목1.1 Description	전략항목1.2 Description	전략항목2.1 Description	전략항목2.2 Description	
핵심역량 Group 1	핵심역량 1.1 Description					
	핵심역량 1.2 Description					

Marking Guideline: ●관련성 매우 높음, ◐관련성 높음, ○관련성 있음, Blank 관련성 없음, N/A적용불가

4) 설문조사

설문조사의 목적은 KM Value(지식경영을 추진함으로써 추구할 수 있는 가치)별 중요도에 대한 인식측정과 각 KM Value별로 KM 추진시의 기대 가치(*Expected Value*) 및 위험요인을 측정하는데 있다. 설문조사를 위해서 층화임의표본추출에 의한 표본추출과 다음과 같은 설문 문항으로 구성이 이루어져야 한다.

- 교육: KM에 대한 기본지식 교육
- 예시: 사전작업에서 정리된 환경/자원/전략/핵심역량 예시
- 질문: 각 환경/자원/전략/핵심역량별 KM Relevance 질문
- 예시: 사전작업에서 정리된 KM Value 예시
- 질문: 각 KM Value별 중요도, 성공 가능성, 위험요인 질문
- 질문: KM추진의 필요성 및 시급성 질문
- 질문: KM추진시 유의사항이나 당부사항 질문

5) 중간 브레인스토밍

이 단계의 목적은 심층면담 및 설문조사 결과에 바탕하여 KM 목표 가치(KM Value중 지식경영 노력을 집중시켜 중점적으로 추구할 몇개의 Value)을 추출하고, 이에 기초하여 종합적인 KM 비전(지식경영을 성공했을때 달라

진 회사의 모습)을 설정하는데 있다. 중간 브레인스토밍을 위해서는 설문조사 결과의 정리가 사전에 이루어져야 한다. KM 목표가치를 설정할 시에는 가급적 적을수록 좋으며 최대 3개가 넘지 않도록 하는 것이 좋다. KM 비전의 경우는 극적인 효과를 보여주는데 집착하지 말고, 최대한 현업 사용자들이 공감할 수 있는 현실적인 내용으로 구체화하는 데 주력하는 것이 바람직하다.

6) 분석결과 상세보고회의

상세보고회 실시의 목적은 추진팀에 의한 자료수집 및 분석 결과를 현업에 제시하고, 그 타당성에 대한 의견에 대하여 피드백을 받고, 본격적으로 지식경영시스템 기획 작업에 착수하기 전에 현업의 인식을 제고하고, 향후 기획 및 구축과정에서 현업의 적극적 참여를 유도하는데 있다. 다음은 상세보고회 실시 시 고려사항이다.

- 최대 분석 단위별로 실시한다.
- 분석 단위의 장을 반드시 참석시킨다.
- 가급적 조직의 여러계층의 사람들이 참석할 수 있도록 유도한다.
- 결정사항의 일방적 전달 분위기가 되지 않도록 각별히 유의하고, 자유로운 토론과 문제제기가 이루어질 수 있는 분위기를 최대한 유도한다.
- 가급적 보고는 분석단위 소속의 전담인력이 할 수 있도록 한다.
- 반드시 서기를 지정하여 상세보고회 때 제기된 문제 및 그에 대한 토론내용을 상세하게 기록하며, 기록내용은 반드시 보고회 참석자에게 회람시키고 검증을 받는다.

7) 최종 브레인스토밍

최종 브레인스토밍은 KM 목표가치와 비전을 최종 확정하고, 지식경영을 본격적으로 추진할 시범조직, 중점 추진업무 및 지원계층을 선정하는데 목적이 있다. KM 목표가치와 비전을 확정할 때는 상세보고회시 제기된 현업의 질문이나 문제제기 내용을 검토하여 기존에 설정한 KM 목표가치와 비전에 문제가 없는지를 검토하여야 하며, 이에 따라 지식경영 추진의 전략 및 범위 등을 논의하여야 한다. 1차 지원대상 조직/업무/계층의 선정이 이루어져야 하는

데, KM Relevance가 가장 큰조직이 적합하며, 업무프로세스의 경우는 지식강도, KM Relevance, 목표가치, 지식의 중심성, 관련지식 노동자 기반의 광범위성을 평가하여 가장 높은 점수를 받은 2~3개의 프로세스를 선정하는 것이 좋다. 계층은 각 프로세스에 있어서 핵심 기여자 계층을 선정하면 된다.

나. KMS Architecture Design

KMS 구축에 앞서 기술적 솔루션에 의존적이지 않은 설계사양을 도출하고, KM 비전과 목표가치에 적합한 부분에 집중, 불필요한 군더더기를 제거하고 핵심적인 지식 및 지식기능을 추출하여, 실제 업무와 연관있고 구체적인 실체를 선정하여, 획득 가능한 지식을 대상으로 KMS를 설계하는데 목적이 있다.

1) 과제수행절차 및 핵심 의사결정사항 조사

이 단계의 목적은 업무를 지나치게 광범위한 단위로 인식할 경우 관련 지식도 매우 추상적이고 모호하게 인식할 우려가 있으므로, 1차 지원대상 업무를 충분히 세분화하여 구체적인 관련지식을 연상해 낼 수 있도록 유도하여야 한다. 이 때, 구체적인 의사결정 항목을 먼저 생각하게 함으로써 관련지식도 구체적인 수요 및 활용도를 반영해 연상해 낼 수 있어야 한다. 또한, 이 단계에서는 업무 구성도와 업무 흐름 및 주요 의사결정 조사표를 도출하여야 한다. 업무구성도는 업무단위를 상위단위 업무에서 하위 단위업무로 분할한 후 상위 단위업무의 아래쪽에 하위 단위업무들을 수평적으로 배열하여 구성하면 된다. 업무단위 구분은 상황에 따라 임의로 할 수 있으나 다음과 같은 기준을 따르는 것이 좋다.

- 주 흐름상의 주요사건을 한 단위의 종결시점 및 다음 단위의 시작시점으로 설정
- 의미있는 중간 성과물이나 중간 산출물이 발생되는 시점을 한 단위의 종결시점 및 다음 단위의 시작 시점으로 설정
- 한 행위 종료 후 다음 행위 발생시까지 장기간의 시간적 지체가 있거나 시간적 지체의 길이가 불확실한 경우 업무단위를 구분
- 각 단위별 관련 행위주체 수의 최대값 및 최빈값이 최소화 될 수 있도록 업무 단위의 구분을 조정

다음 표 6-5는 이 단계에서의 업무흐름 및 주요 의사결정 조사표의 예시이다.

[표 6-5] 주요 의사결정 조사표(예시)

Phase: 1. Name Of Phase One					
Sub Phase	Tasks	Critical Decision Points	Key Actors	KPI	비고

2) 설문대상 선정

조사하고자 하는 바에 대한 정확한 정보를 제공해 줄 수 있는 응답자의 선정과 정해진 기간내에 일정수준 이상의 조사를 완결하기 위해 적정 수의 응답자를 다음과 같은 절차로 선정한다.

- 중점 조사 대상 사업부를 선정
- 주요 업무 및 의사결정과 연관되어 있는 관련자를 실제 부서에서 조사
- 조사한 내용을 현업에서 확인하고, 이를 수정, 보완
- 수정, 보완한 내용을 바탕으로 업무수행 및 관련의사결정에 필요한 인터뷰할 조사 대상자를 업무 단위별로 선정

3) 지식 지표(Knowledge Index) 조사

구체적인 업무나 업무 수행상 의사결정 사항과 연관된 지식 항목과 출처가 명확하고 현실적으로 획득 가능한 지식 항목을 추출하여 상대적 중요도를 현업 응답자의 직관에 의해 1차 평가하는데 목적이 있다. 이 단계는 인터뷰 수행자에게 업무 단위별 필요 정보/지식 요구사항 조사표를 작성하게 함으로써 수행할 수 있다. 작성된 요구사항 조사표는 현업에서 확인을 하고 수정 및 보완하는 작업을 수행하여 내용을 확정해야 한다. 다음 표 6-6은 요구사항 조사표의 예시이다.

[표 6-6] 요구사항 조사표 (예시)

<table>
<tr><td>업무단위</td><td></td><td colspan="2">업무형태</td><td colspan="2"></td></tr>
<tr><td>작성자/직책</td><td></td><td colspan="2">조사대상자</td><td colspan="2"></td></tr>
<tr><td colspan="6">주요업무#1</td></tr>
<tr><td rowspan="2">업무내용</td><td rowspan="2">주요의사결정</td><td colspan="2">필요정보</td><td colspan="2">정보출처</td></tr>
<tr><td>정보내용</td><td>중요도</td><td>사내</td><td>사외</td></tr>
<tr><td></td><td></td><td></td><td></td><td></td><td></td></tr>
</table>

4) 주요 지식 지표(Knowledge Index)와 기능 조사

업무단위별 필요 정보·지식 요구사항 조사 결과를 바탕으로, 필요 정보·지식 요구사항의 세부 항목들을 중요도에 따라 A, B, C급 정보로 나누고, 추가적인 중요도 분석의 대상이 될 필요정보/지식 항목들을 선정하여 정해진 분류 기준에 따라 분류한다. 다음은 이 단계의 개략적인 절차이다. 그리고 표 6-7은 작업결과를 예시한 것이다.

- 업무단위별로 사전에 조사된 필요 정보/지식 요구사항의 세부항목들을 중요도에 따라 A,B,C급 정보로 분류
- 추가적인 중요도 분석을 위한 필요 정보/지식 항목을 선정
- 업무단위별로 선정된 필요 정보/지식 항목들을 정해진 기준에 따라 분류
- 분류된 업무단위별 필요 정보/지식 카테고리들의 이름을 선정
- 현업 확인 및 수정 보완 후, 업무단위별 필요 정보/지식의 최종 분류 확정

[표 6-7] 주요 지식 지표(Knowledge Index)와 기능 조사 결과표(예시)

Market & Commodity			Sales Infrastructure		
Inquiry	품목	시장동향	계약서/법규	표준양식	보험
거래선 협력사 지점 수주예상	품목핵심경쟁요소 품목전문지식 업계표준 품목수급현황	국내시장현황 시장변동요인 시장 및업계동향 품목별수급현황	계약서 사례 및 유형, 계약시 유의 사항 계약조건	Proposal Prsentation 자사소개자료	보험조건, 요율 보험사고사례 내륙운송 보험정보

5) KM 목표달성지표 선정

중요성은 높으면서 입수하기 쉬운 정보·지식을 몇개만 골라 초기 지식관리 노력을 집중하고, 보관의 필요성이 높고 재활용 가능성이 높으면서 널리 공유하면 좋은 정보 및 지식을 추출한다. 다음은 이 단계의 수행절차를 나열한 것이다. 그리고 표 6-8은 지식 지표 평가결과의 유형별 집계표의 예시이다.

- 업무 단위별로 파악된 필요 정보·지식 유형의 개별 항목들에 대해 사전에 선정된 인터뷰 대상자들을 대상으로 여러 정보·지식 중요도 평가 기준에 대한 조사
- 인터뷰 조사를 통해 얻어진 여러 가지 중요도 평가 기준들의 평가값들을 평균하여 개별 정보·지식 항목별로 중요도를 계산하고, 이전단계에서 얻어진 업무단위별 필요 정보·지식 등급별 리스트 완성
- 업무 단위별 필요 정보·지식 유형의 각 항목에 대해
  - ·중요도와 입수 난이도를 기준으로 KMS 적용 대상 영역을 파악
  - ·지식관리 가치와 연관도 평가
  - ·지식관리에의 적합성/기존 시스템으로 대체 가능한지 조사
  - ·기준별 평가를 통해 KMS 적용에 적합한 주요 *Content*영역 선정
- 현업에서의 확인 및 수정 보완
- 지식관리 시스템을 적용할 주요 *Content*영역을 최종 확정

[표 6-8] 지식 지표 평가결과의 유형별 집계표 (예시)

유형	합계	평균	필요정보사항	정보 중요도	입수 난이도	가치 연관도	KM 적합성	채택 여부
거래선	27	9	거래선별 협상사례	10	2	상	적합	Y
			수요처 회사정보	8	2	중	부적합	N
			거래선 면담정보	9	1	하	적합	Y
품목	15	7.5	유사프로젝트	9	3	상	적합	Y
			시장/업계정보	6	3	중	부적합	N

6) 지식 패턴(Knowledge Pattern) 추출

시스템에 대한 요구사항이 지나치게 복잡해지거나, 자체의 모순을 내포하는 것을 막기 위해 *Knowledge index*들을 토폴로지(*Topology*)에 의해 집단화 함으로써 시스템화 대상 객체수를 감축시키는 것이 이 단계의 목적이다. 정보/지식에 대한 속성을 조사하고, 조사한 속성에 대한 군집(*Clustering*)을 통한 패턴(*Pattern*)을 발견하고, 그 발견된 패턴에 해당되는 정보 및 지식 항목을 분류하는 절차를 따르면 된다. 이 단계는 이제까지 수행한 절차를 군집화하는 중요한 단계이다. 표 6-9는 패턴 조사표의 예시이다.

[표 6-9] 지식 패턴 조사표 (예시)

<table>
<tr><td>정보/지식명</td><td colspan="5"></td></tr>
<tr><td>관련업무</td><td colspan="2">From</td><td colspan="3">To</td></tr>
<tr><td>축적 필요성</td><td></td><td>재사용도</td><td></td><td>공유정도</td><td></td></tr>
<tr><td>입수난이도</td><td></td><td>정보지식세부내용</td><td colspan="3"></td></tr>
<tr><td>주관부서</td><td></td><td>사용자 범위</td><td></td><td>양식사용여부</td><td></td></tr>
<tr><td>형　　태</td><td colspan="2">텍스트, 이미지, 수치</td><td>보안 여부</td><td colspan="2">직급( )
부서( )
기타( )</td></tr>
<tr><td></td><td>필요성</td><td>누가</td><td>언제/주기</td><td>어떻게</td><td>비고</td></tr>
<tr><td>입수/생성</td><td></td><td></td><td></td><td></td><td></td></tr>
<tr><td>취합</td><td></td><td></td><td></td><td></td><td></td></tr>
<tr><td>확인</td><td></td><td></td><td></td><td></td><td></td></tr>
<tr><td>저장</td><td></td><td></td><td></td><td></td><td></td></tr>
<tr><td>첨가</td><td></td><td></td><td></td><td></td><td></td></tr>
<tr><td>폐기</td><td></td><td></td><td></td><td></td><td></td></tr>
</table>

7) 기능 및 기술요구사항 분석

KMS에 대한 사용자 요구사항을 조사하고, 패턴별로 나누어 요구사항을 조사함으로써 보다 구체적이고 세밀한 요구를 다음과 같은 절차를 거쳐 도출한다. 그리고 표 6-10은 정보·지식 패턴별 기능 및 기술 요구사항표의 예시이다.

- 패턴별 기능요구사항과 기술요구사항 조사
- 일반적 기능 요구사항과 기술요구사항 조사
- 현업확인 및 수정 보완 후 요구사항 최종 정리

[표 6-10] 지식 Pattern별 기능 및 기술 요구사항표 (예시)

정보/지식 패턴	정보/지식 항목	기능요구사항	기술요구사항
Pattern명 1			
Pattern명 2			

8) 위험 및 성공요소 분석

지식경영 추진상의 위험요인 및 성공요인을 예측함으로써 위험요인 관리를 통해 실패 가능성을 최소화함과 동시에 성공요인관리를 통해 성공가능성을 최대화하여, 분류된 *Pattern*별로 위험요인과 성공요인을 조사함으로써 보다 구체적이고 현실적인 위험요인 및 성공요인을 조사한다. 표 6-11은 정보·지식 *Pattern*별 위험 및 성공 요인표의 예시이다.

[표 6-11] 지식 Pattern별 위험 및 성공 요인표 (예시)

정보/지식 패턴	정보/지식 항목	기능요구사항	위험요인	성공요인
Pattern명 1				
Pattern명 2				

2.2 KMS를 위한 주요 기술요소

지금까지 지식관리시스템 구축을 위한 계획 수립 및 설계의 일반적인 절차에 대해 논의하였다. 이제 기술적 관점에서 KMS가 필요로 하는 정보기술 요소들은 무엇이 있는지 각 요소에 대한 주요 사항들을 살펴보기로 한다. 특히 Ovum의 KMS Framework(그림 6-5)을 기준으로 주요 요소와 현 수준 및 향후 발전방향을 전망한다.

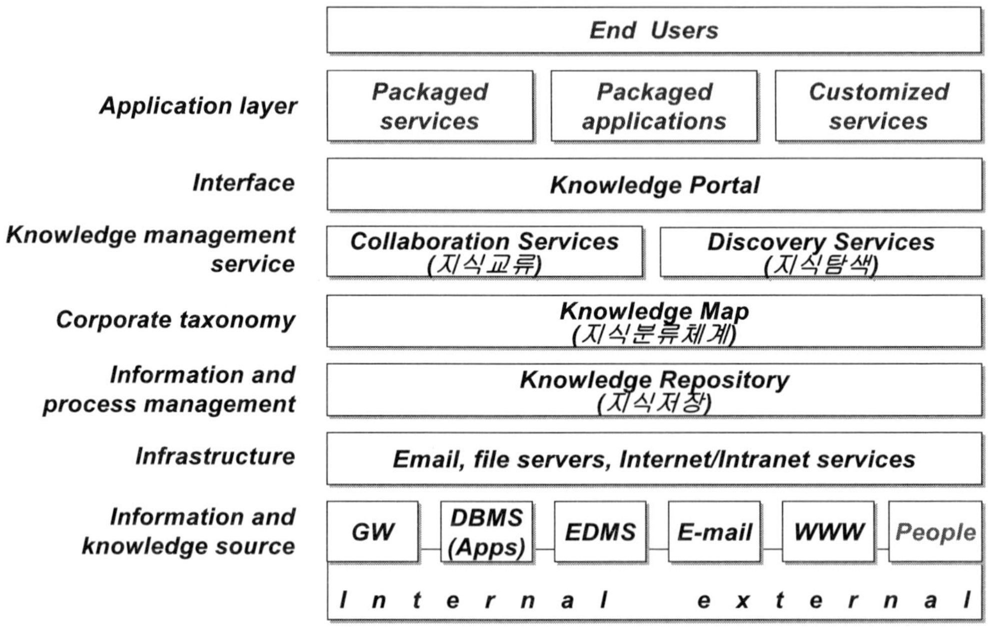

[그림 6-5] Ovum의 KMS 프레임워크

가. 지식원천(knowledge source) 포맷 변환 및 통합

지식은 특성상 포맷이 다양하고 다양한 형태로 존재한다. 지식은 산재되어 있고 비정형적이며 지속적으로 변동, 추가, 소멸되는 특성을 가지고 있다. 지식이 담겨 있는 형식은 문서 형태로만 보더라도 전세계적으로 300개 이상이고, 기간시스템에서부터 작업자들의 머리 속에 이르기까지 다양하게 존재한다. 따라서 지식 포맷의 활용을 위해서는 포맷변환 기술이 필요하며 지식통합 기술이 필요하다. 아울러 Groupware(*Notes, OpenMail, etc*)에서부터 DBMS(*DB Harvester*), EDMS(*DocsOpen, Documentum, etc*), WWW(*Web Robot*), SAP, PDM, NewsFeed에 이르기까지 다양한 지식원천을 통합할 수 있어야 하고 작업자들이 지식입력을 쉽게 할 수 있도록 지원하는 기술을 필요로 한다. 다음 그림 6-6은 예시 차원에서 KMS 구축도구인 KWave의 지식통합 개념을 표현한 것이다.

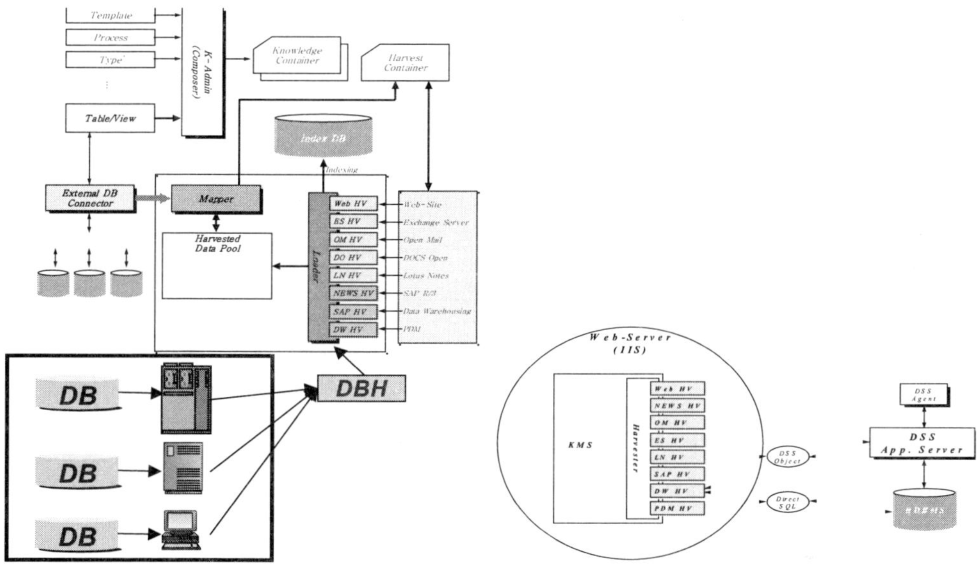

[그림 6-6] Kwave의 지식통합 개념도

나. 지식 저장소(Knowledge Repository)

지식저장소는 지식 중개자(*broker*)로서 사용자의 요구에 대해 적절한 결과를 제공하는 역할을 한다. 지식의 특성 때문에 지식저장소는 비정형, 비정제, 비무결성의 특성을 가진다. 따라서 지식저장소는 메타데이터(인덱스, *author, title, registration date* 등)를 유지하며, 정보검색기술과 대용량 저장기술, 지식창출을 위한 Text Mining(*Summarization, Clustering, Classification* 등), Case-Based Reasoning을 위한 기반구조 제공, Thesaurus처리 기능(define, access, and substitute common definition), 지식간 관계성 표현(hyperlink)

등의 기술을 필요로 한다. 구현방법은 인덱스와 메타데이터만 저장하는 가상지식저장소(*Virtual Knowledge Repository*)와, *Indexing Server with* RDBMS, RDBMS with SQL *extensions*(예: *Oracle Data Cartridge, Informix DataBlade*), *Document Management System* 등 다양한 솔루션들이 사용될 수 있다. 다음 그림 6-7은 'Indexing Server with RDBMS' 또는 'RDBMS with SQL extensions'방식에 대한 개념을 나타낸 것이다.

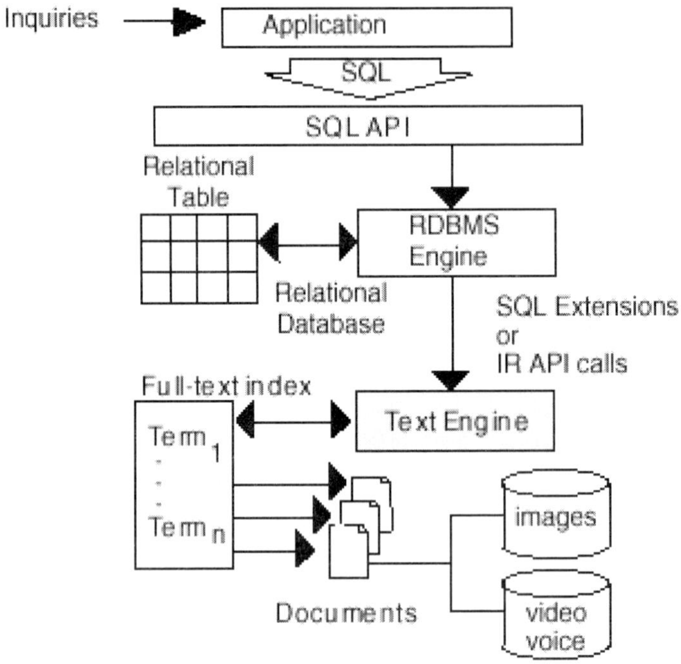

[그림 6-7] 지식저장소(Knowledge Repository)의 개념적 구조

다. 지식 분류체계(Knowledge Map)

지식분류체계는 지식의 논리적 구조를 표현하는 수단이며 KMS 구축 시 *Enterprise Knowledge Architecture*와 함께 중요한 시스템화 기준이 된다. 아래의 그림 6-8은 지식분류체계의 개념도를 보여주고 있다.

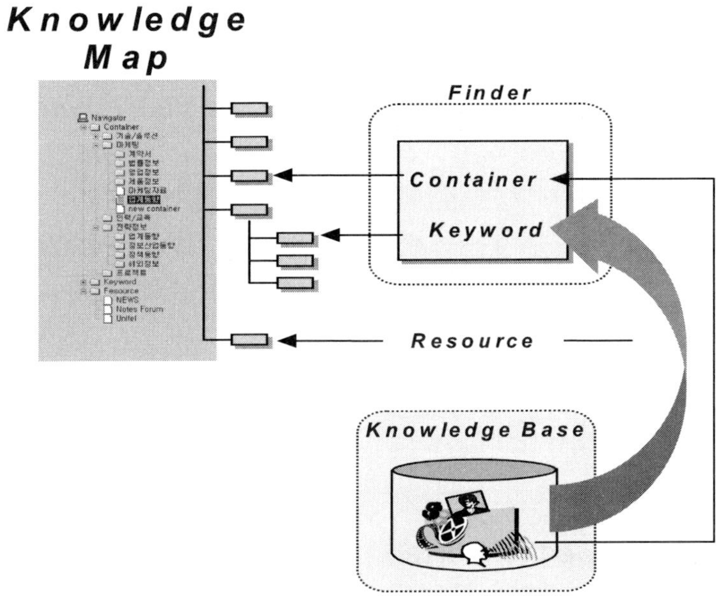

[그림 6-8] 지식분류체계(Knowledge MAP)의 개념적 구조

라. Collaboration & Discovery

*Collaboration & Discovery*는 지식을 활용하고 진화시켜가는 과정으로 볼 수 있으며 상호 관계는 그림 6-9와 같이 설명될 수 있다.

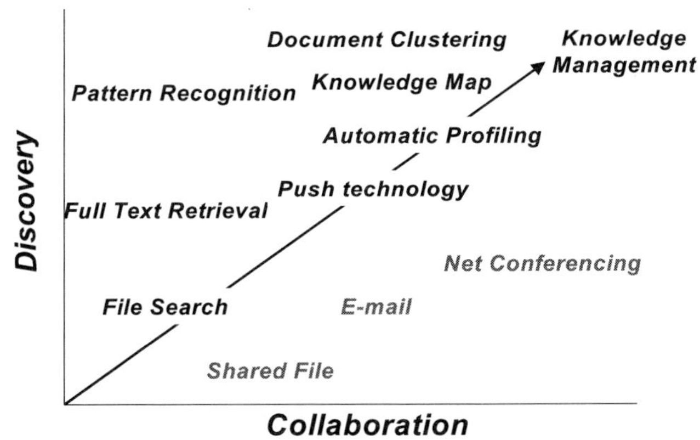

[그림 6-9] 지식창출을 위한 협업과 발견의 상호관계

여기서 '*Knowledge Collaboration*'은 문자 그대로 지식 창출을 위한 협업을 의미하는 것으로, 이를 지원하기 위해서는 *Messaging, Net Conferencing* (*Video Conferencing, Electronic Confer-encing, Audio conferencing* 등), *Text conferencing*(*Chat*), *Co-work*(*Whiteboarding, Mark up tool, Application sharing* 등), *Discussion database* 등의 기술이 필요하다. 한편, '*Knowledge Discovery*' 지식검색을 의미하는 것으로서 *Navigation tool, Direct Discovery,* 분류 및 분석기술을 필요로 한다. *Direct Discovery*는 *Text search*(*keywords, boolean expression* 등), 통합검색, 패턴매칭, 의미분석, 컨셉 마이닝 등의 기술이 필요하며, 분류 및 분석에는 *Decision tree*와 CBR 기술이 사용되고 있다.

마. 지식 포털(Knowledge Portal)

조직 내외부 관련자들과의 원활한 지식 교류와 지식의 활용도를 높이기 위해서는 인트라넷 환경 하에서 포털 개념의 지식전달 체계가 필요하다. 개인별 지식환경을 제공하기 위해서 개인별 뷰제공과 에이전트 기술, 복합지식화, 필터링 기술 등이 요구된다.

이상에서 Ovum이 정의한 KM Framework의 단계별 기술요소들을 살펴보았다. 그러나 KMS는 여러 유형을 가지는데 용도와 범위, 사용자층에 따라 달라질 수 있다. 이러한 다양성을 수용하는 한 가지 대표적인 유형이 주로 거론되고 있는 '*Enterprise Memory*'로서의 KMS와 시스템 통합의 역할을 수행하기 위한 KMS가 있을 수 있다. KMS는 KM을 실현하기 위한 필수요소로 인식되고 있으며, 다양한 기술이 통합될 것으로 전망되고, EC, DW(*Data Warehouse*), CRM, SFA 등 관련 분야와의 통합도 활발히 일어날 것으로 예상된다.

제 3 절 지적자본과 균형성과관리

지식은 다른 자원과 달리 보이지 않으며 암묵지, 형식지 등 여러 형태로 존재할 뿐만 아니라 지식은 유형자산과는 달리 사용할수록 더 큰 지식으로 발전할 수 있으며, 한 명이 이용하나 100명이 이용하나 지식의 원가는 차이가 없다. 또한 지식 창출을 위한 초기 비용은 높을 수 있으나 사용 시 추가 비용이 거의 발생하지 않는다. 유형 자산과 달리 지식이 가지고 있는 이러한 특성 때문에 기존의 자산관리와 다르게 지식을 관리하고 성과를 측정한다는 것은 매우 어려운 일이다. 그럼에도 불구하고 측정되지 않으면 관리될 수 없다는 경영상의 일반적 지론은 지식을 관리하고 경영함에 있어서도 예외는 아니다.

이러한 배경 하에서 1990년대 초반부터 많은 학자들에 의해 지식 성과를 측정하고 관리할 수 있는 방안들이 제시되었다. 그 중에서 가장 주목할 것은 바로 지적 자본(*Intellectual Capital*) 개념과 균형성과관리 개념이다. 따라서 이 절에서는 지적자산에 대한 다양한 시각과 지식경영의 한 가지 방식인 균형성과관리를 소개하고, 논의한다.

3.1 지적자산의 개념 및 분류체계

지식경영의 분야를 크게 두 가지로 요약한다면 지식의 창출과정과 지식자산의 측정에 있다고 해도 과언이 아니다. 후자의 경우 자산이란 개념이 도입된 것은 회계학에서 유래된 것으로 지식을 계량적으로 표현할 수 있다면 회계학에서처럼 관리도 가능할 것이라는 전제에서부터 출발한 것이다. 하지만 제도상 각종 제한과 객관적 수치를 강요하는 기존의 회계학적 측정방식으로는 지적자산을 측정할 수 없다는 데 문제가 있다.

가. 지적자산 분류체계

지적자산의 개념은 초기에는 개인의 지적 능력에 주된 초점이 맞추어졌으나 지적자산 용어가 경영일선에서 빈번하게 사용되면서 보다 조직과 관련된 개념이 되었고, 현재는 유형자산을 대표하는 재무자본에 대응하는 것으로서 기업보유의 무형자산을 총칭하는 개념으로 인식되고 있다. 그간 지식경영학자들이 제시한 지적자산 분류체계 중 대표적인 것들을 발췌하여 소개하면 다음과 같다.

1) 애니 브루킹(Annie Brooking)의 분류

지식자산을 크게 시장자산, 인간중심자산, 지적소유자산, 인프라자산 등 네 가지로 분류하고 있다.

- 시장자산 : 회사가 시장을 통하여 수익을 창출하는데 필요한 모든 자산을 총칭한다. 시장자산은 기업에 차별화된 경쟁우위를 제공하는 지식자산의 핵심 요소로서, 서비스, 브랜드, 고객 규모와 충성도, 명성, 수주잔고, 유리한 라이선스 계약, 유통경로 등의 경쟁우위 확보에 도움을 주는 모든 자산을 포함한다.
- 인간중심자산 : 조직 구성원에 의해 구현되는 집단적 전문기술능력, 창조적 문제해결능력, 리더십, 경영기술 등을 망라하는 개념이다. 교육수준, 자격증, 업무수행능력 및 관련 지식 등이 인간중심자산의 대표적 예이며, 극단적 상황 등 특수한 경우에 개개인이 어떻게 행동하는지를 보여 주는 지표나 심리 측정 데이터도 포함된다.
- 지적소유자산 : 노하우, 기업비밀, 저작권, 특허 및 다양한 상표권, 컴퓨터 소프트웨어, 디자인권, 영업비밀 등이 포함된다.
- 인프라자산 : 조직이 기능하는 데 필요한 기술과 방법론, 그리고 절차를 의미한다. 이는 직원과 업무 프로세스를 유기적으로 연결하여 조직체를 유지, 강화하고 업무효율을 높이는 토대가 될 뿐만 아니라 지식공유의 장을 마련한다. 기업문화, 위험대처, 판매능력, 재무구조 등이 이에 해당한다.

2) 토마스 스튜어트(Thomas Stewart)의 분류

스튜어트는 지식자산을 크게 인적자산, 구조적 자산, 고객자산으로 나누어 제시하고 있다.

- 인적자산 : 종업원들이 임무를 수행하는데 필요한 지식과 기술, 혁신적 능력, 기업문화, 기업의 가치 및 철학 등이 포함되며, 이러한 인적자산은 개인의 지식이기 때문에 기업이 소유할 수 없다.

- 구조적 자산 : 기업이 보유한 하드웨어, 소프트웨어, 데이터베이스, 조직구조, 특허, 등록상표 등 조직의 능력으로 종업원들이 퇴근한 다음에도 조직에 남아 있는 지적자산으로, 이는 기업이 소유하고 거래할 수 있는 자산이다.
- 고객자산 : 고객과의 관계로부터 창출되는 지식자산으로 고객의 만족도, 브랜드 인지도, 고객과의 거래범위, 거래 빈도, 충성도 등을 포함한다.

3) 칼 스베이비(Karl Sveiby)의 분류

스베이비는 지식자산을 내부적 구조자산과 외부적 구조자산, 그리고 개별적 능력자산으로 구분하고 있다.

- 내부적 구조자산 : 특허, 컨셉트, 모델과 컴퓨터와 행정시스템들로 구성되며, 고용자에 의해 창조되고 조직에 의해 소유되는 문화 또는 정신이 일반적으로 이에 속한다.
- 외부적 구조자산 : 고객과 공급자의 관계, 브랜드, 상표, 명성 또는 이미지 등으로 구성된다.
- 개별적 능력자산 : 다양한 상황에서 행동하는 사람의 능력을 의미하며 기술, 교육, 경험, 가치들과 사회적 기술이 포함된다.

4) 레이프 에드빈슨(Lief Edvinsson)의 분류

지적자산에 대한 개념을 지식 자본, 비재무적 자산, 비물질적 자산, 숨은 자산, 보이지 않는 자산, 목표성취를 위한 수단, 그리고 시장가치에서 장부가치를 제외한 부분과 동일한 의미를 지닌다고 정의하고 있다. 그는 시장가치를 재무적 자본과 지적자본으로 구분하고 지적자본을 인적자본과 구조적 자본으로 구분하였으며 구조적 자본을 다시 고객 자본과 조직 자본으로 나누었고 조직자본을 혁신자본과 프로세스 자본으로 구분하였다.

이상 살펴 본 바와 같이 지식자산분류체계는 학자마다 다소의 차이는 있지만 이들의 시각을 종합하면 아래의 표 6-12와 같이 정리될 수 있다.

[표 6-12] 지적자산 분류체계

<table>
<tr><th>Thomas A. Stewart</th><th>Annie Brooking</th><th>Karl-Erick Sveiby</th><th>Kaplan Norton</th><th colspan="2">Leif Edvinsson</th><th>해당 무형자산</th></tr>
<tr><td rowspan="2">인적자본</td><td>지적중심자산</td><td rowspan="2">개개인의 능력자산</td><td rowspan="2">학습과 성장</td><td colspan="2" rowspan="2">인적자본</td><td>노하우, 기업비밀, 저작권</td></tr>
<tr><td>인간중심자산</td><td>창조적 문제해결 능력, 리더쉽, 경영기술, 기업의 가치·철학, 기업문화, 경험</td></tr>
<tr><td rowspan="2">구조적 자본</td><td rowspan="2">인프라 자산</td><td rowspan="2">내부적 구조자산</td><td rowspan="2">내부비즈니스 프로세스</td><td rowspan="2">조직자본</td><td>프로세스 자본</td><td>업무제조, 유통프로세스, 기업의 가치·철학, 기업문화, 판매능력, 관리방식, 시장·고객정보 데이터베이스, 하드웨어 및 소프트웨어</td></tr>
<tr><td>혁신자본</td><td>신제품 및 서비스 개발 능력</td></tr>
<tr><td>고객자본</td><td>시장자산</td><td>외부적 구조자산</td><td>고객</td><td colspan="2">고객자본</td><td>브랜드 인지도, 고객 만족도, 명성, 반복거래</td></tr>
</table>

나. 지적자산 측정 방식

1) 간접적 측정 기법

- 초과자산 수익률법(*Return on Assets; ROA*): 이 방법은 ROA에 기초한 것으로 당해연도의 부가가치를 고려하는 경제적 부가가치(*Economic Value Added; EVA*)와 같은 개념이다. ROA는 당기순이익을 자산총액으로 나누어 구하는 것이며, 이렇게 구해진 ROA가 산업평균에 비해 높은지 낮은지를 비교하여 평가하는 방법이다. 이 방법을 간단한 기준식으로 요약하면 다음과 같이 나타낼 수 있다.

① 기업의 ROA − 산업의 평균 ROA ≤ 0 : 산업의 평균에 비해 초과 무형자산을 가지지 않는 것이 되고 따라서 무형자산의 가치는 0인 것으로 간주

② 기업의 ROA − 산업의 평균 ROA > 0 : 산업에서 상대적으로 초과 무형자산을 가지고 있는 것이 되고 이러한 초과자산 수익률에 회사의 총 유형자산이 곱해져 무형자산의 가치를 구한다. ▸ 무형자산가치(당기 초과수익) = 초과자산 수익률 * 총 유형자산

③ 이렇게 계산된 ROA 방법은 당기 초과수익을 고려한 것으로 당해연도 무형자산 가치만을 반영. 무형자신의 미래가치를 반영하기 위해서는 미래에 발생할 초과수익을 할인하여 현재 가치화 하여야 한다.

▸ 무형자산가치(미래가치반영) $= \sum \frac{기대초과자산수익률 i * 총유형자산가치}{(1+할인률)i}$

이러한 방법은 미래의 초과이익과 초과이익 발생기간을 예상하기 어렵고, 할인율 산정에도 자의적인 요소 개입 여지가 있다는 단점이 있다.

- 자본시장프리미엄 접근법(MCM) : 이 방법은 자본시장 프리미엄(*capital market premium*)에 기초한 방법으로 무형자산의 가치를 주주의 지분에 대한 시장자본화 초과분을 계산하여 무형자산의 가치를 구하는 방법이다. 시장자본화 초과란 시장에서 해당 기업의 가치가 높게 평가되어 발생하는 가치로서 시장부가가치(*market value added*)와 같은 개념이라 할 수 있다. 예를 들어, 시장가치가 1억원인데, 장부가치가 1000만원이라고 가정할 경우에 발생하는 장부가치를 초과하는 시장가치 9000만원이 무형자산의 가치로 평가하는 것이다.

그러나 이 방법은 정확한 계산을 위해 역사적 재무제표는 인플레이션이나 대체원가에 의한 효과에 의해 조절되어야 하는 번거로움이 있으며, 자본시장이 전적으로 효율적이라는 가정에 기초하고 있으며 주식가격의 단기 변동 할 때마다 무형자산 가치가 급변하는 문제점을 가지고 있다.

2) 직접적 측정 기법

이 방법은 회사의 중요 관심사항인 무형자산의 지표를 설정하여 직접적으로 회사의 무형자산을 측정하는 방법이다. 현재 개발되어 사용되고 있는 방법에서는 무형자산을 몇 가지 시각으로 구분하고 각 시각별 지표를 추출하여 측정하고 있다. 대부분의 방법들에서 채택하고 있는 대표적인 측정 시각은 고객충성도와 시장점유율 같은 고객 및 시장으로서의 자산, 특허와 같은 지적자산, 노하우와 같은 기술자산, 교육 훈련과 같은 인적자산, 정보시스템과 같은 구조적 자산의 시각으로 구분하고 있다. 이에 대하여 지금까지 개발된 대표적 방법들 몇 가지에 대하여 살펴본다.

- 스칸디아 모형: 스웨덴의 금융회사인 Skandia AFS사는 1995년부터 이를 재무제표의 부속명세서로 공시하기 시작하였다. 이 회사는 재무, 고객, 과정, 갱신 및 개발, 인간에 대한 5가지 항목을 측정하고 있으며 그 세부지표는 표 6-13의 예시와 같다.

- Skandia AFS사는 표의 지표들을 측정한 후 이들을 총합하는 지표인 지적자본 효율성 계수를 계산하고 여기에 임의로 산정한 지식자산 절대치를 곱하여 지식자산의 가치를 절대적 수치로 나타낸다. 즉, 지식자산 = 효율성계수 × 지식자산 절대치
- 여기서 효율성계수란, 시장점유율, 고객만족지수, 리더쉽지수, 동기유발지수, R&D지수, 교육훈련지수, 종업원지수, 관리효율성 등의 평균이며 지식자산 절대치는 기업이 달성할 수 있는 가장 높은 자산액으로서 자의적인 요소가 포함된다.

[표 6-13] 스칸디아 지적자산 측정 세부지표

재무	고객	과정	갱신 및 개발	인간
기금자산	시장점유율	관리비용/관리자산	능력개발비용/직원수	리더십지수
기금자산/직원수	계정수	관리비용/총수입	직원만족지수	동기유발지수
소득/직원수	상실고객수	관리오류비용/경영수입	마케팅비용/고객수	권한이양지수
소득/관리자산	전화통화용이도	처리시간,대외지급	마케팅비용/관리자산	직원수/제휴회사의
프리미엄소득	포기조항이없는제품	무오류완결계약수	"방법및기술"시간의비율	직원수
신규사업으로부터	계약	기능점수/월간직원수	훈련시간의비율	직원이직률
얻은 프리미엄소득	고객등급	개인용컴퓨터/직원수	개발시간의비율	평균근속연수
고객상대시간/직원	고객내사횟수	관리비용/직원수	연구개발비용/관리비용	관리자수
근무시간	고객방문일수	정보기술비용/관리비용	정보기술비용/관리비용	여성관리자수
보험결과/직원수	시장커버리지	직원정보기술해득률	훈련비용/직원수	훈련비용/직원수
시장평균대비손실률	공실률		훈련비용/관리비용	직원평균연령
직접수익률	총임대수입/직원수		정보기술개발비용/정보	40세미만직원비율
순영업소득	계약수		기술비용	훈련시간(일수/년)
시장가치/직원수	저축액/계약수		정보기술훈련비용/정보	
순자산대비수익률	영업창구수		기술비용	
정보기술투자	기금수			

- *Annie Brooking* 방법 : *Annie Brooking*은 지적자본의 평가방법을 네 가지 구성요소로 구분하여 제시하고 있다. 여기서 네 가지 구성요소는 시장자산, 인적자산, 지적소유자산, 인프라자산으로 구분하고 있다. 시장자산은 고객설문조사, 면담, 판매자료분석, 제조원가분석 등과 같은 조사방법으로 평가하며, 인적자산은 기업 경쟁력에 미치는 중요성을 감안하여 인터뷰, 테스트, 다양한 다면 평가방법을 이용하여 인적중심자산을 평가한다. 지적소유자산은 시장흡인력조사, 투자수익분석, 노하우 조사 등의 조사방법에 의하고 있으며, 인프라 자산은 경영철학과 기업문화 같은 관념적인 자산들과 정보기술의 합으로 구성되며, 보유기술상태조사, 투자

수익평가, 종업원면담 등을 통해 평가하고 있다. 이 방법은 항목별 현황과 이상적 상태간에 존재하는 차이점을 찾아내고 이에 대한 고객과 종업원의 인식을 조사하는 방법으로 실시된다.

3.2 지식경영성과측정 모형

가. 메이젤의 BSC 모형

메이젤의 모형은 *Norton*과 *Kaplan*의 모델과 동일한 명칭을 사용하고 있으며 네 가지 시각으로 구분하고 있다는 점에서도 흡사하다. 다만 메이젤은 학습과 성장의 시각 대신 인적자원 시각을 활용하였다. 이는 경영진이 조직 및 조직원들의 효율성에 관심을 갖고 이를 측정해야 한다고 생각했기 때문이다. 메이젤의 모델의 시각 구성 및 흐름을 도시하여 보면 아래 그림 6-10과 같이 나타낼 수 있다.

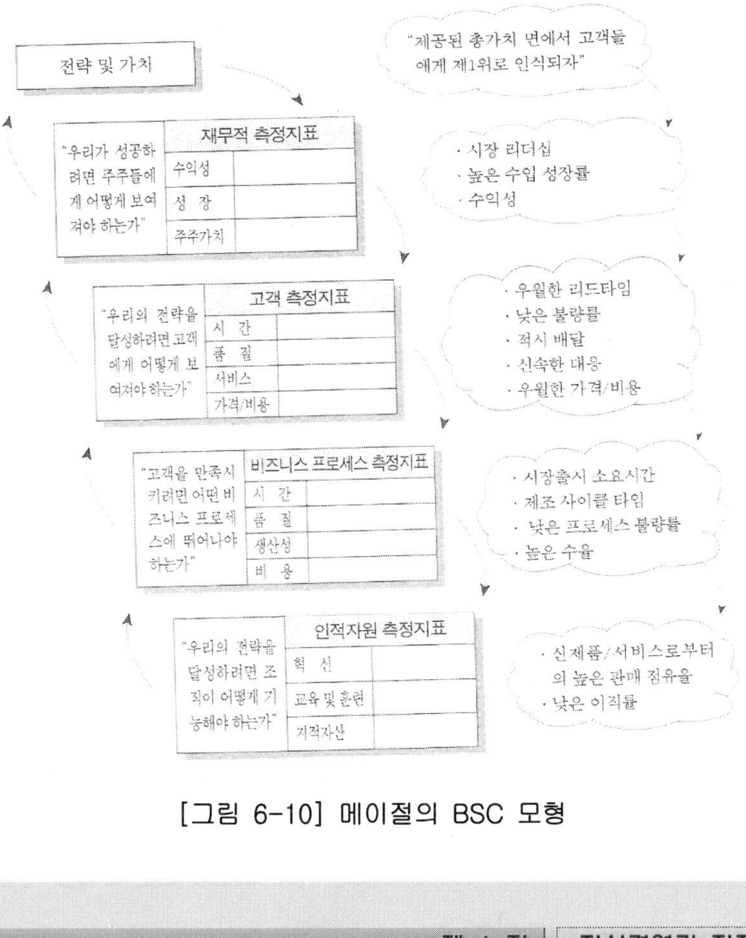

[그림 6-10] 메이젤의 BSC 모형

나. 멕네어의 성과피라미드

멕네어는 성과피라미드란 모델을 제시하였다. 이는 기업전략과 연계된 고객지향의 모델로서 재무적 수치를 몇 개의 비재무적 핵심비율들에 의해 보완되어 있다. 성과피라미드 모델은 전사적 품질관리, 산업공학, 활동기준회계 등의 개념에 기초하고 있으며, 기업을 네 개의 계층으로 보여주고 조직의 각 계층에서 포괄적인 기업의 비전을 실현하는 데 필요한 쌍방향 커뮤니케이션 시스템 구조를 제공하고 있다. 목표들과 측정지표들은 기업의 전략과 활동간의 연결고리 역할을 하며, 측정지표는 아래서 위로 통합되고, 목표들은 위에서 아래로 세분화된다. 멕네어의 성과피라미드 모델의 구조 및 흐름을 아래의 그림 6-11과 같이 나타낼 수 있다.

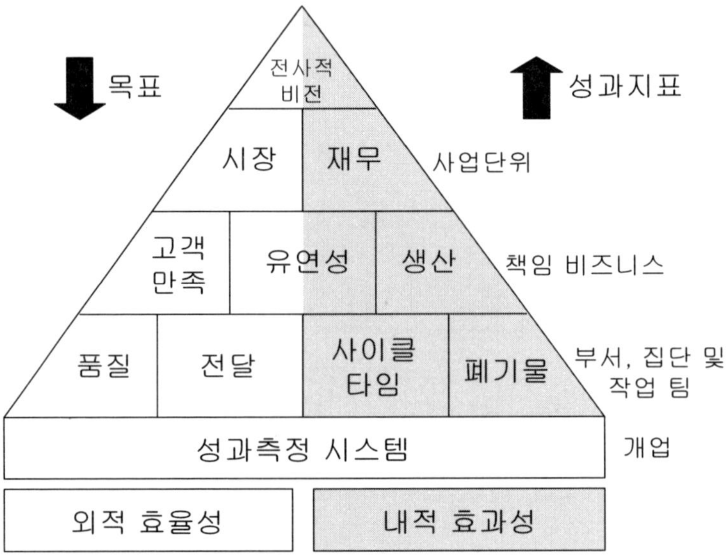

[그림 6-11] 멕네어의 성과 피라미드

다. EP^2M

에덤스와 로버츠(*Adams & Roberts*, 1993)은 또 다른 모델을 제시하고 있다. 이것은 효과적인 진보 및 성과측정(EP^2M)으로서 기업을 네 가지 영역에서 평가하는 것이 중요하다고 강조하고 있다. 그 네 가지 시각은 외부적 측정지표로 고객 및 시장관리를 제안하고 있으며, 내부적 측정지표로는 효과성 및 효율성의 향상, 하향지향의 측정지표로 전반적인 전략의 세분화 및 변화과정의 가속화, 상향지향의 측정지표로서 권한이양 및 행동의 자유향상에 대한 측정을 제안하고 있다. 이러한 성과 측정 시스템의 목표는 기업의 전략 실행뿐 아니라, 끊임없는 변화를 추구하는 문화를 고양시키는 것이라 주장한다. 또한 효과적인 측정지표의 조건으로 점검 가능해야 하며, 의사결정자 및 전략수립자에게 신속한 피드백을 제공할 수 있어야 함을 강조하고 있다 (그림 6-12).

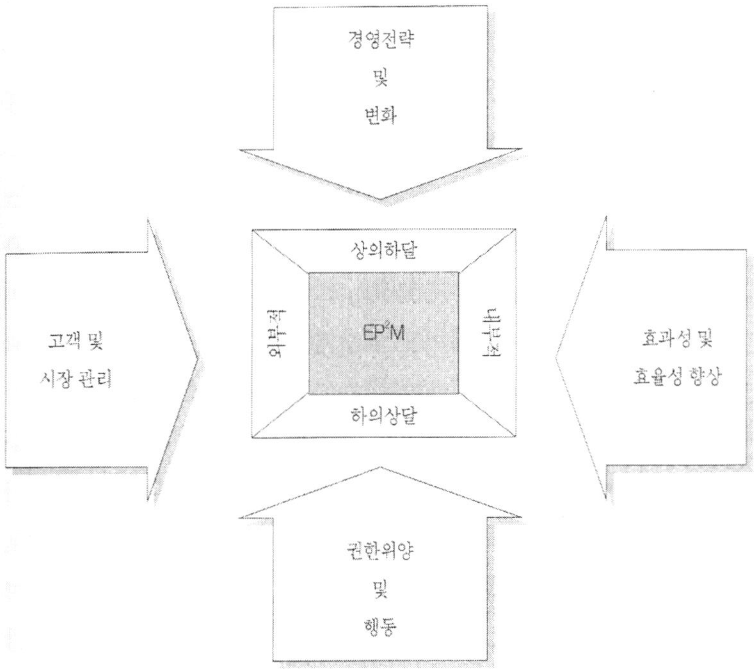

[그림 6-12] 에덤스와 로버츠의 EP^2M 모형

라. 균형성과지표(BSC)

BSC는 기업이 전략적 목표를 향해 움직이고 있는가를 측정하기 위하여 위의 그림에 나타난 바와 같이 재무, 내부프로세스, 고객, 학습과 성장이라는 4가지 시각에서 기업의 과거, 현재, 그리고 미래성과를 살펴보고 전사적 성과개

선을 도모하기 위한 전략적 도구로서 종합적이고 균형적으로 기업의 성과를 측정하는 평가시스템 및 경영관리 도구라 할 수 있다. 각 시각을 간단히 살펴보면 다음과 같다 (그림 6-13).

우선 재무적 시각이란 전통적인 평가방법의 주요 핵심사항이던 수익성, 성장률, 활동성 등과 같은 여러 가지 재무적 지표의 성과측정치를 의미한다.

두 번째 시각은 고객시각으로, 일단 목표시장이 결정되면 기업은 가격우위, 품질, 패션, 디자인, 브랜드 이미지 등 고객에게 전달할 가치명제를 파악하여 시장점유율, 고객유지율, 고객확보율, 고객만족도, 고객 수익성 등의 측정지표로서 성과 측정을 하는 시각이다.

세 번째 내부 비즈니스 프로세스 시각은, 기업 내부의 비즈니스 프로세스가 무엇인지를 파악하여 성과를 측정해야 한다는 시각으로 내부 프로세스를 혁신프로세스, 운영프로세스, 판매 후 서비스 프로세스의 3가지 가치사슬로 구분하고 새로운 고객 확보 정도, 품질 정도, 반품률 정도 등 프로세스 상의 성과를 측정하는 것을 말한다.

마지막으로 학습과 성장 시각은, 장기적 성장과 개선을 이루기 위해 필요한 기반 구조로 종업원 개개인의 역량, 정보시스템의 구축정도, 동기부여 및 권한 정도 등의 측정지표를 통하여 성과측정을 하는 것을 말한다.

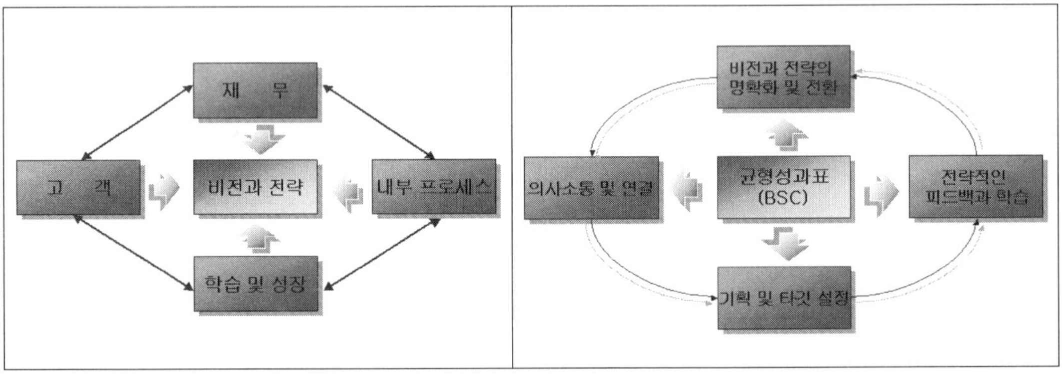

[그림 6-13] 균형성과지표(BSC) 기본 개념도

아래의 표 6-14는 지적자산 성과측정 방식별 장단점으로 보이고 있다.

[표 6-14] 지적자산 성과측정 방식별 장단점

Tool	Primary Rationale	Advantages	Disadvantages
인적자원 회　계	재무적으로 표현된 인적 자본은 손익계산서상의 비용이 아닌 대차대조표에 자본화되어야 한다.	- 재무적으로 계산되어짐 - 서비스 산업에서 내부적 활용도가 높음	- 너무 많은 가정 - 주관적
경 제 적 부가가치 (EVA)	회사의 목적은 주주의 가치를 최대화하는 것과 자본의 효과적 활용을 최대화하는 것이다. 이것은 모든 의사결정 및 회사의 모든 수준에서 반영되어야 한다.	- 주식 가격과 상관관계가 비교적 높음 - 예산수립, 재무계획수립, 목표설정, 인센티브 보상과 연결	- 복잡한 조정절차 - 역사적 원가에 근거한 자산의 장부가치를 사용 - 설명력이 약함 - 주주만의 이익을 위한 지배구조 가정
초과자산 수익률 (ROA)	총자산 수익률이 산업평균보다 높다면 기업은 무형자산을 가지고 있는 것으로 평가되어야 한다.	- 미래가치를 반영한 무형 자산의 가치에 대한 수치적 정보 제공 - 재무계획수립, 목표 설정, 보상과 연계	- 미래의 초과이익과 초과이익 발생기간 예상의 어려움. - 주관의 개입 여기 큼 - 정적인 평가
균　형 성과표 (BSC)	회사는 내적 외적 지표를 만들어내는 시스템을 필요로 하고 있다	- 매우 논리적 - 지표와 재무적 성과와의 분명한 상관관계 - 많은 개발과 문헌	- 경직됨 - 인적자산과 부적합한 지식창조절차의 고려 - 역학적 고려 없음 (정적임) - 외부와의 비교 곤란
지　적 자　본 (I C)	회사에서 만들어지는 가치의 많은 부분은 무형의 자원으로부터 나오며, 따라서 이들 자원은 물리적 자원과 같이 관리되어져야 한다	- 유연함 - 동적모델 - 부분적으로 외부와 비교가능 - 비영리조직에 적용 가능	- 문헌이 혼란 - 개발이 초기단계 - flow보다 stock에 지나친 집중

기업에 있어서 장기적 목표는 대부분 재무적 성과이며 나머지 측정지표들은 조기경보기능의 역할을 하거나, 사업의 방향이 올바른 선상에 유지하도록 모니터 하는데 유용하다. 이처럼 BSC는 전략과 연계되지 않는 재무적 측정지표 위주의 기존의 성과측정 시스템이 가지고 있는 한계를 극복하고 경영자로 하여금 장기적인 관점에서 지속적인 경쟁우위 수립에 중요한 4가지 시각에 대한 새로운 지침을 제공하였다는 데 큰 의의가 있다.

참고문헌

김상욱, "지식경영을 위한 우리의 도전", 금융결제원, 2006

김인수, "지식경영: 학문적 연계성과 연구방향", 매일경제 지식경영포럼, 1996

매일경제, 제2회 지식경영 학술심포지엄, 1999

유영만, 지식경영과 지식관리 시스템, 1999

이순철, 지식경영의 이해, 1999

Consortium Benchmarking Study, "Skandia", Knowledge Management, American Productivity & Quality Center, 1996d, pp. 106~109.

Davenport, T. H. and L. Prusak, "Working Knowledge", Harvard Business School Press, 1998.

Nonaka, I. and H. Takeuchi, "Theory of Organizational Knowledge Creation", The Knowledge-Creating Company, Oxford University Press, 1995, pp. 56~94.

Stewart, T. A., "Human Capital", Intellectual Capital, Doubleday/ Currency, 1997b, pp. 79~106.

Sveiby, K. E., "Managing External Structures to Maximize Knowledge Assets", The New Organizational Wealth : Managing & Measuring Knowledge-Based Assets, Berrett-Koehler Pulishers, 1997, pp.108~128.

제 7 장

e-비즈니스와 전자상거래

인터넷 이용의 보편화로 인해, 업무간 조직간 인터페이스는 웹(*Web*)으로, 통신프로토콜은 TCP/IP로 통일되어가면서 공급자 노드에서부터 고객 노드에 이르기까지 전 프로세스를 단일의 전산 환경에서 연계, 연동시킬 수 있는 가능성이 열리게 되었다.

이렇듯 비즈니스 프로세스의 외부 확장과 이에 수반되는 제반 사항을 통칭하여 'e-비즈니스'라고 한다. 'e-비즈니스'는 첫째, 공급 노드에서부터 고객 노드에 이르는 공급사슬 관리(*Supply Chain Management*)의 디지털화(e-SCM)와 둘째, 고객 노드(즉, 시장)에 대한 각종 정보를 공급 노드와 공유하여 제품 및 소재의 공동 개발 등 협업을 통해 고객의 잠재수요에 능동적으로 대처하는 고객관계 관리(*Customer Relationship Management*)의 디지털화(e-CRM), 셋째, 이를 양대 노드와 연동할 수 있는 조직 내부의 디지털화(e-Organization) 등 3대 영역으로 구성되며, 이들 모두를 포함한 확장된 프로세스의 디지털화 과정을 '*e-Transformation*'이라 한다.

'e-비즈니스'와 흔히 혼동하여 쓰는 개념으로 '인터넷 비즈니스'와 '전자상거래'가 있다. 그러나 이들은 인터넷을 수단으로 한다는 의미에서는 맥을 같이 하지만 엄밀한 의미에서 전혀 다른 개념이다.

'인터넷 비즈니스'는 전통기업(오프라인)이 인터넷 가상공간에서 수익활동을 전개하는 등 인터넷으로의 기능적 확장과 나름대로의 수익모델을 가지고 순수 인터넷에서만 영리활동을 하는 형태를 말한다.

한편 '전자상거래'란 'e-비즈니스'를 거래적 관점으로 국한하여 본 개념으로 B2B(기업과 기업간), B2C(기업과 시장간), B2G(기업과 정부간), B2E(기업과 종업원간) 등 거래의 대상에 따라 구분되며, 이에는 거래 당사자간 전자문서(EDI)의 표준화 및 인증, 전자대금결재, 국제거래 시의 관세 문제 등이 주요 사안으로 다루어진다.

따라서 이 장에서는 e-비즈니스의 핵심을 개괄하고, 이와 유사한 개념으로 쓰이는 인터넷 비즈니스와 전자상거래의 주요사항들을 논의한다.

제 1 절 e-비즈니스

'e-비즈니스'는 21세기를 접어들면서 화두로 떠오르는 새로운 경영패러다임이며, 이는 인터넷 등 정보통신기술을 가능수단으로 하고 있다. 그러나 'e-비즈니스'는 갑자기 생겨난 경영패러다임이 아니라, 과거 단일 노드(点)에서부터 출발하여 노드와 노드간 일대일 커넥션(線), 일대다 커넥션(面) 그리고 사이버 공간(空間)으로 경영 영역이 확장되면서 나타난 소산임에 주목할 필요가 있다.

'e-비즈니스'의 핵심사상은 프로세스의 외부확장을 중심으로 하여 프로세스의 역류, 해체, 강화, 통합 등 프로세스의 변형을 통한 경쟁우위를 점하고자하는 일련의 경영조치를 말한다. 따라서 여기에서는 프로세스의 관점에서 e-비즈니스를 논의하기로 한다. 그리고 e-비즈니스의 핵심을 이루는 주요소, 즉 ERP, e-SCM, e-CRM, 그리고 OLAP 기반의 DSS 등은 별도의 장에서 다루기로 한다.

1.1 e-비즈니스의 정의의 및 본질

가. e-비즈니스의 정의

e-비즈니스란 인터넷을 활용하여 제반 기업활동의 가치사슬을 전략적으로 확장, 변형함으로써 경쟁우위를 확보하는 일련의 경영조치를 의미한다. 따라서 e-비즈니스는 단순히 인터넷을 이용하여 거래를 신속하게 처리하고 사이버 공간으로 신규 사업의 진출만을 의미하는 것이 아니다. 이를 뒷받침 하듯 하멜과 샘플러(*Gary Hamel & Jeff Sampler*)는 e-비즈니스를 다음과 같이 정의하고 있다[23]:

It's not just a way to speed up Transactions, but the foundation for a new industrial order.

필자는 'e-비즈니스'를 정의함에 있어 'e-'를 ***e***lectronically, ***e***nvisioned, ***e***nabled 등 세 가지 'e-'로 해석하고자 한다. 결국 'e-비즈니스'는 전자적으로(***e***lectronically) 기업활동을 수행하는 것을 의미할 뿐만 아니라, 정보기술

23) Gary Hamel and Jeff Sampler (1998), *'The E-Corporation,' 'Fortune December 7, 1998*

에 의해 새롭게 제시되는 경영 지평(envisioned)을 전략적으로 활용하고 정보기술로 가능해진(enabled) 경영 행위를 수행하는 것을 의미한다.

이러한 맥락에서 볼 때 'e-비즈니스'는 비단 거래적 관점에서 바라 본 '전자상거래'와 수익모델을 기반으로 바라 본 사업적 관점에서의 '인터넷 비즈니스' 보다는 훨씬 포괄적인 개념임을 알 수가 있다.

나. e-비즈니스의 본질

행위적 관점에서 볼 때 e-비즈니스의 본질은 크게 가치사슬의 재정의와 복잡한 지식관리 시스템의 구축으로 대별된다. 전자는 가치사슬 확장과 변형을 위한 새로운 경영조치들이 수반되는 것이며, 후자는 정보공간의 확대로 인해 유발되는 신속한 상황인지와 의사결정의 필요성이 대두됨에 따른 것이다. 후자는 이미 제6장에서 논의하였으므로 여기에서는 가치사슬을 중심으로 e-비즈니스를 구체적으로 논의하기로 한다.

다만 여기서는 e-비즈니스를 전체적으로 조망하는 차원에서 e-비즈니스 3대영역과 e-비즈니스 실천을 위한 조직의 정보시스템 아키텍처를 제시하며 각각 그림 7-1 및 7-2에 보인 바와 같다.

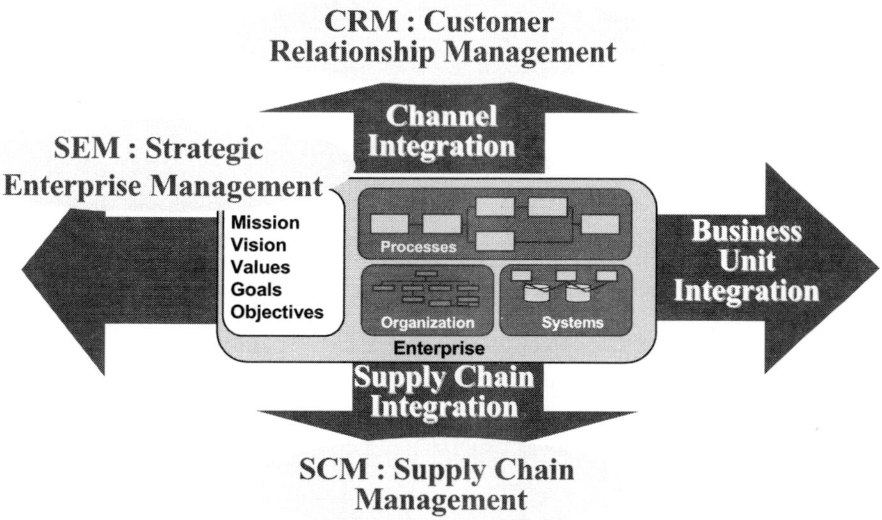

[그림 7-1] e-비즈니스 3대 영역(SCM, CRM, SEM)

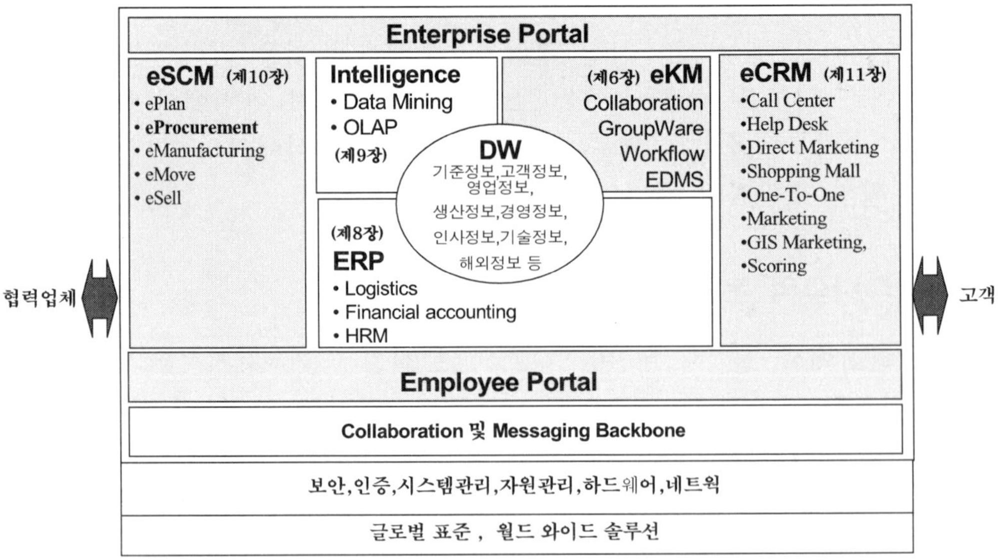

[그림 7-2] e-비즈니스 아키텍처 및 구성요소

1.2 가치사슬의 변형과 새로운 사상

인터넷이 보편화 되면서 경쟁전략 차원에서 선진기업들은 조직간 프로세스를 상호 연동하는데 그 역량이 집중되었다. 그 과정에서 프로세스의 변형이 일어나게 되었는데, 대표적 유형은 가치사슬의 외부 확장(*external extension*)을 비롯하여 가치사슬의 역류(*reverse flow*), 분해(*decomposition*), 선별적 강화(*enhancement*), 통합(*integration*) 등이 그것이다.

가치사슬(*value chain*)이란 고객에게 가치를 제공함에 있어서 부가가치 창출에 직·간접적으로 관련된 일련의 프로세스를 의미한다. 가치사슬은 1985년 경영전략의 대가로 알려져 있는 마이클 포터(*M. Porter*)가 모델로 정립한 이후 광범위하게 활용되고 있는 개념적 틀로서, 아래의 그림 7-3과 같이 주 가치활동(*primary value activities*)과 지원 가치활동(*supportive value activities*)으로 구분된다.

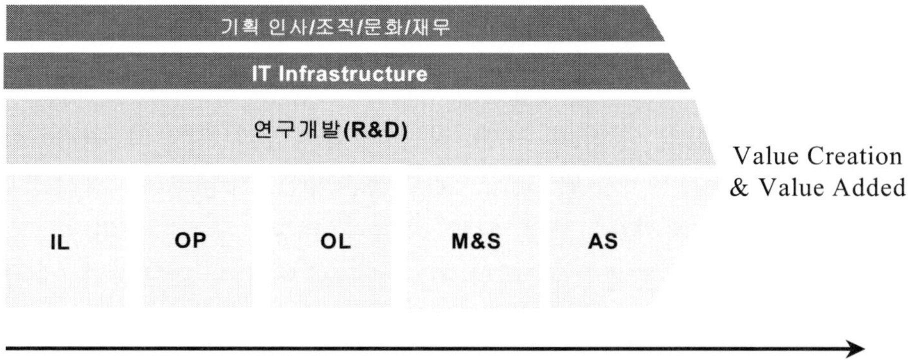

[그림 7-3] 전통적 가치사슬(Value Chain)의 전형

주 가치사슬은 투입(IL, *Inbound Logistics*), 생산(OP, *Operations*), 산출(OL, *Outbound Logistics*), 마케팅 및 영업(M&S, *Marketing & Sales*), 사후 서비스(AS, *After Services*) 등 고객에게 전달되는 부가가치 창출에 직접적으로 기여하는 본원적 가치활동의 연속적 작용 프로세스를 의미한다. 한편 지원 가치사슬은 조직 인프라(*Organization Infrastructure*), 인적자원관리(HRM), 연구개발(*Research & Development*), 소모성 부품의 구매조달(*Procurement*) 등 직접적으로 부가가치를 창출하지는 않지만, 본원적 활동들을 지원하는 활동의 상호작용 프로세스를 말한다.

이러한 가치사슬 모형은 가치활동 각 단계에 있어서 부가가치 창출과 관련된 핵심활동이 무엇인가를 규명하고, 각 단계 및 핵심활동들의 강점이나 약점 및 차별화 요인을 분석하고, 나아가 각 활동단계별 주요 동인을 분석하여 경쟁우위 구축을 위한 경쟁전략 수립 도구로 널리 활용되고 있다. 그러나 위 그림에서 주목해 보아야 할 것은 첫째, 가치가 좌측에서 우측으로 진행되면서 발생하는 것으로 되어 있다. 포터가 이 모형을 만들어 낼 때만 해도 시장을 고객이 아니라 공급자가 주도하던 시절이었기 때문에 가능했다. 둘째, 가치사슬이 조직 내부로 국한되어 있다. 이는 제 2세대 공진화 시절 폐쇄시스템인 클라이언트-서버(C/S)가 조직의 기반을 이루고 있었기 때문이다. 이제 시장은 고객에 의해 주도되고 있으며, 인터넷이라고 하는 개방시스템이 보편화 된 현 시점에서는 이 두 가지 기본 가정을 가치사슬의 외부 확장과 역류 관점에서 재검토할 필요가 있다.

가. 가치사슬의 외부 확장(External Extension)

진정한 의미에서 조직별 가치사슬만으로는 경쟁 우위에 설 수 있는 입지를 확보할 수 없다. 조직의 후방에 놓여 있는 공급자들과 전방의 최종 소비자에 이르기까지 조직간 가치사슬로 확장, 관리하여야만 가능하다. 자사의 가치사슬, 후방 공급자의 가치사슬, 전방 채널 참여자(유통 · 구매 · 소비자)의 가치사슬을 포함하는 메가 프로세스에 대한 연계, 통합관리가 요구된다. e-SCM과 e-CRM은 이러한 필요에 의해 나타난 프로세스의 새로운 패러다임의 전형이다. 아울러 조직간 거래비용을 축소하기 위한 수단으로 형성된 것이 조직간 거래(B_2B)를 위한 e-마켓플레이스(*e-marketplace*)이다.

이러한 가치사슬의 외부 확장은 실시간 정보공유를 통한 프로세스상 공정재고의 획기적 절감, 거래비용의 감축, 관련 조직간 협업을 통한 상승효과 극대화 등을 도모하고자 하는 것이다. 그러나 이러한 목적을 위해서는 단편적으로 프로세스의 외부 확장만으로 가능한 것이 아니라 프로세스의 역류, 분해, 통합 등 새로운 개념이 도입되어야 가능한 것이다. 또한 조직간 프로세스의 확장은 가상공간의 디지털 환경에서만이 가능한 것이므로 자체 조직 내부의 디지털화와 매듭없는 프로세스 운영을 기본 전제로 하는 것이다.

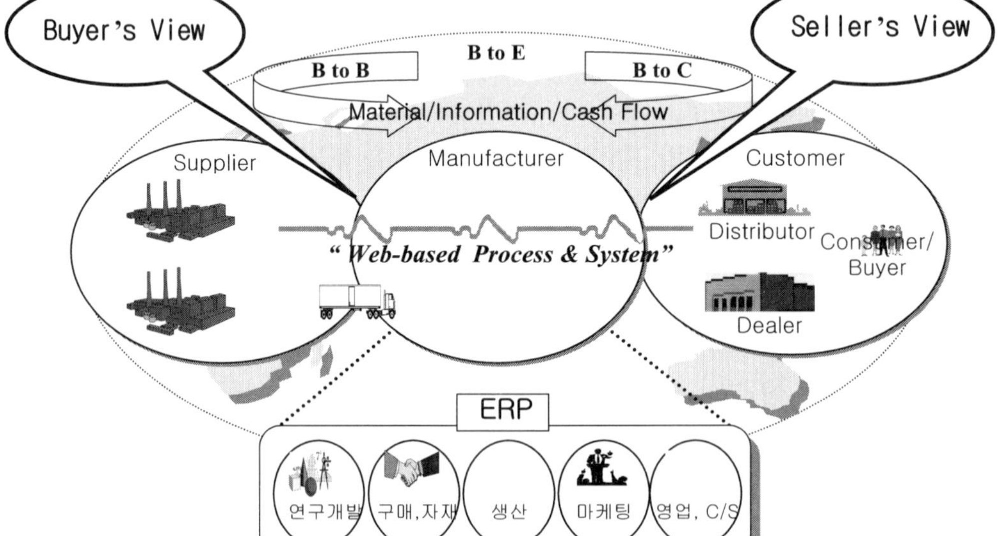

[그림 7-4] 가치사슬의 외부 확장

나. 가치사슬의 역류(Reverse Flow)

가치사슬의 역류란 프로세스 진행의 출발점을 기존의 공급자에서 고객의 관점으로 바꾼 것이다. 가치 발생의 근원은 고객에 있다는 시각에서 출발하는 것이다. 이러한 가치사슬의 역발상은 e-비즈니스에서 가장 독특한 개념으로, 프로세스 관리의 관점에서 볼 때 두 가지 의미를 던지고 있다.

첫째는 시장(고객)을 중심으로 실시간 정보공유를 통하여 특정 프로세스에 개입되는 모든 주체들간 협업이 가능토록 함으로써 동시에 관련된 업무를 처리토록 하는 것이다. 아래의 그림 7-5는 주식회사 델(*Dell*) 컴퓨터의 가치사슬 역류 모델이다. 창업주 마이클 델(*Michael Dell*)이 언급한 바와 같이 개념적으로는 일본 토요다(*Toyota*) 생산방식으로 널리 알려진 'JIT (*Just-in-Time*)'와 거의 유사하다. 기술적으로는 제 3세대 공진화의 두드러진 특징 중에 하나인 가상공간에서의 '*On-Demand*' 경제를 실현한 대표적 사례로 알려져 있다. 고객의 주문을 순차적으로 관련 조직에 전달하는 것이 아니라 주문 내용을 PC부품, 모니터 제조회사, 배송회사까지 동시에 공유함으로써 실시간 협업이 가능토록 하고 있다. 이 모델은 민원행정 프로세스에도 그대로 적용될 수 있다. 민원인의 신청을 민원창구에서 접수하여 순차적으로 처리되지 않고 접수 내용이 동시에 관련 업무에 전달되도록 함으로써 동시 처리가 가능하게 될 수 있다.

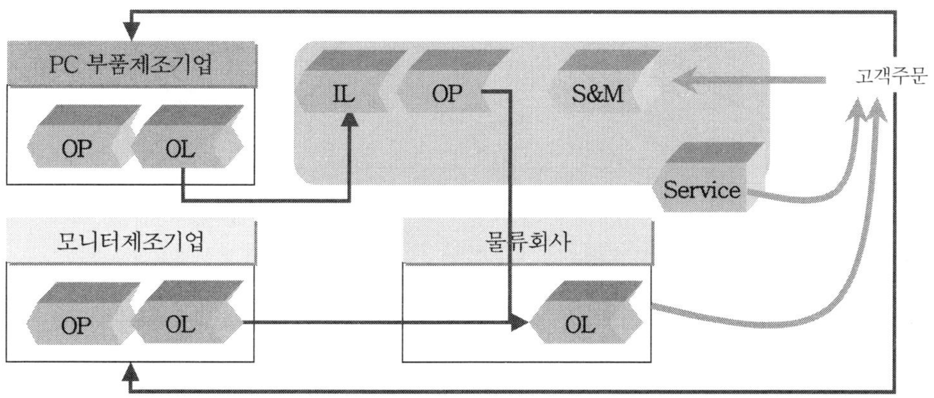

[그림 7-5] 가치사슬 역류 모델 예시

둘째는 업무처리 방식을 기존의 '*Push*'에서 '*Pull*' 패러다임으로 전환함으로써 프로세스상에서 발생하는 '소 채찍효과(*bull-whip effects*)'를 최소화 하고자 하는 것이다. 여기서 '소 채찍효과'란 다음 그림 7-6에서 보는 바와 같이 공정단계별 불확실성과 정보전달 지연으로 인해 전체 프로세스상에 누적되는 재고가 단계를 거치면서 더욱 증폭되는 현상을 말한다. 이러한 비효율적인 문제를 해결하는 방안으로 민간의 공급망에서 널리 활용되고 있는 것이 'VMI(*Vendor Managed Invetory*)'라는 것이다. 이는 기본적으로 프로세스의 진행을 뒤 공정에서 앞 공정으로 밀어내는 방식(push)이 아니라 뒤 공정이 앞 공정의 상황을 관리하면서 Pull VMI는 공급 사슬의 운영 효율을 높이기 위하여 사용되는 대표적인 협력사간 제휴 기법 중 한 가지이다. 공급업체가 다수의 구매업체의 수요 정보 및 재고 정보를 공유하여 구매업체의 재고 관리 기능을 대신 수행함으로써, 전반적인 재고감소와 안정화된 제품공급을 지향하는 기법이다. 이러한 VMI의 성공적인 적용을 위해서는 구매업체들의 정보에 대한 공급업체와의 효과적인 공유가 필수적인 요소이다.

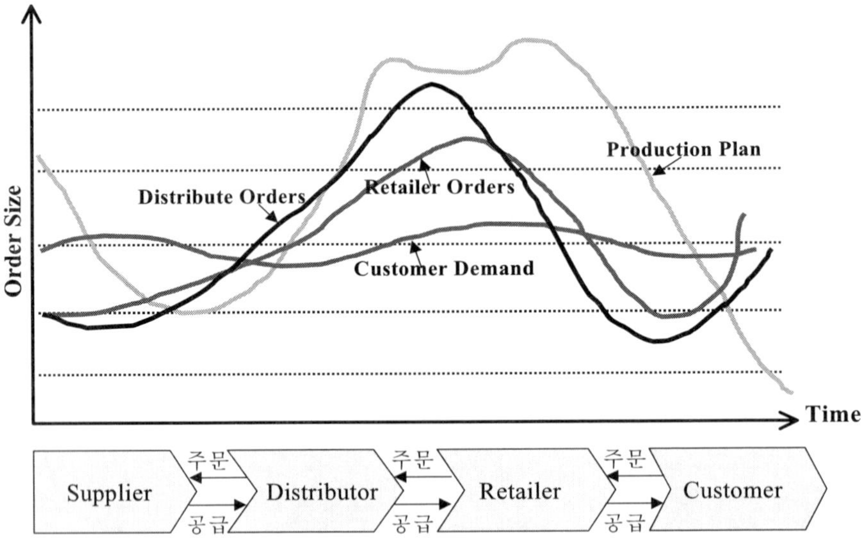

• 자료: McGuffry(1998), Electronic Commerce and Value Chain Management

[그림 7-6] 공급사슬상에서의 소채찍 효과

다. 가치사슬의 분해(Decomposition)

외부의 사업협력기관과의 협업을 통해 비핵심 프로세스를 아웃소싱하고 있으며 정보기술과 인터넷의 발전으로 이러한 경향은 더욱 가속화되고 있다. 이렇게 핵심역량 집중을 통해서 결국 기업들은 물리적 자본이 줄어드는 기업과, 이들 기업에 아웃소싱 서비스를 제공하는 기업으로 점차 구분되는 결과를 낳고 있으며 핵심역량집중기업과 외부 아웃소싱서비스제공기업의 네트워크가 협업하는 새로운 비즈니스 모델로 발전하고 있다. 이렇게 물리적 자본이 줄어들고 경량화되어 환경변화에 능수능란하게 적응하고 핵심역량을 집중하여 더욱 경쟁력이 강화된 기업의 특징은 강력한 브랜드파워를 바탕으로 한 고객충성도를 확보하고 있다는 것과, 고객중심적인 사고를 지니고 행동하는 인력을 구성하고 운용한다는 것, 그리고 비즈니스모델을 최적화하여 최소한의 운전자본으로 운영하며, 아웃소싱을 통해서 탈자본화하고 있다는 것이다. 그 대표적인 예가"브랜드 소유기업"이라고 할 수 있다. 이러한 기업들은(제조유통기업의 경우) 브랜드관리, 고객관리, 협업네트워크관리를 소유하고 집중할 것이며 상대적으로 핵심적 우선순위가 떨어지는 대고객서비스, 마케팅활동, 원자재조달, 물류, 생산, 판매활동 등은 그 기업보다 더 효과적이고 더 효율적으로 제공해줄 수 있는 외부 아웃소싱사업자로부터 해당서비스들을 제공받는다. 기업의 전통적인 가치사슬이 해체돼가고 있는 것이다.

한편으로 외부에서 아웃소싱서비스를 제공하는 개별 기업에 의해 수행되던 가치사슬상의 각 기능은 점차 이 기능을 가장 잘 수행할 수 있는 소수의 업체로 집중될 것이며 이에 따라 부가가치를 지닌 외부 아웃소싱 네트워크(VAC, *Value Added Community*)가 형성될 것이다. VAC는 브랜드 소유기업의 외부에 존재하는 비즈니스 네트워크로서, 브랜드 소유기업 및 고객에게 가치사슬의 모든 단계에 걸쳐서 공급체인, 브랜드 소유기업 및 고객간의 상호 정보교류, 공유서비스, 제품 생산 및 운송, 특정 산업에 특화된 정보제공 및 제품생산, 서비스 거래, 인사 등의 아웃소싱 서비스를 제공한다. 이 같은 경향은 이미 하이테크산업에서 나타났다. 1980년대 이후 하이테크 산업에서는 가치사슬의 분화가 이루어져 최근에는 가치사슬상의 특정 기능을 중심으로 이를 전문적으로 수행하는 아웃소싱 네트워크가 형성되어 제조만을 전담하는 EMS(*Electronic Manufacturing Services*) 기업들이 등장하였고, 브랜드를 보유한 하이테크 주요업체들은 고객관련 직접적 가치실현에 초점을 맞추기 위해 생산의 적극적인 아웃소싱, R&D 및 마케팅 집중이라는 가치사슬상의 위치 재편을 진행 중이다.

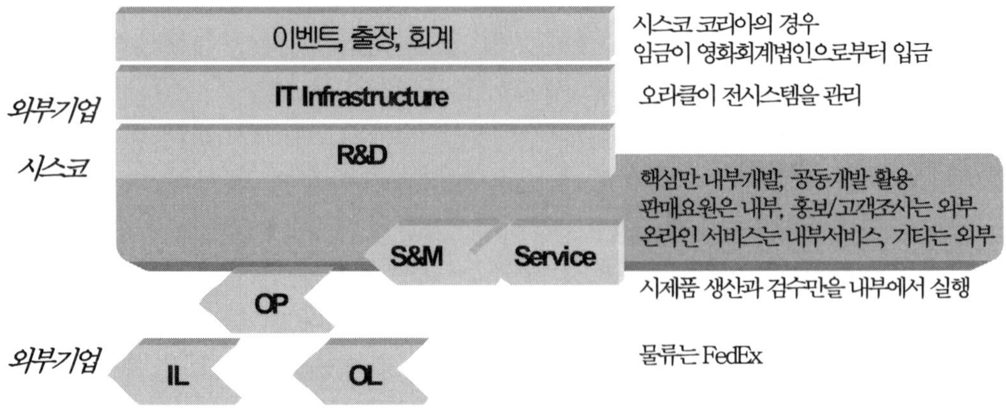

[그림 7-7] 가치사슬 분해 (Cisco 사례)

라. 가치사슬의 강화(Enhancement)

가치사슬의 성과는 그 시야를 프로세스로 좁혀 보면 종속성(*dependency*)과 변동성(*variability*) 등 두 가지 요소에 의해 좌우된다. 여기서 종속성이란 프로세스를 구성하고 있는 단위과업들은 처리순서에 따라 선후 관계가 결정되므로 그 구조에 과업들이 속박되어 있음을 의미한다. 앞서 제5장의 프로세스의 반응성 증대 방안에서 살펴 본 프로세스의 구조 변화는 바로 이러한 '종속성'에 관한 논의였다. 한편 변동성이란 프로세스를 구성하고 있는 단위과업들은 제 각기 처리 능력(속도)에 차이가 있을 수 있음을 상정한 것이다. 결국 변동성을 상정할 때, 프로세스의 성과, 즉 산출량(*troughput*)은 이를 구성하는 개별 과업들의 능력을 평균한 값이 아니다. 이는 각 과업에서의 가동율을 극대화하는 것이 생산성 증대와 직결되는 것으로 믿었던 과거의 지배적 세계관인 점(*node*) 중심의 사고에 불과하다. 그러나 사고를 선(*line*)으로 확장해 보면 가장 취약한 과업의 처리능력에 의해 결정된다는 것을 쉽게 알 수 있다. 요컨대 각 공정의 평균(가동율의 균형)이 아니라 병목이 프로세스의 성능을 좌우한다는 것이 제약이론(TOC)의 핵심이며 출발점이다.

이를 보다 쉽게 설명하기 위하여 아래의 그림 7-8과 같이 프로세스를 직경이 상이한 관들로 연결된 파이프라인으로 가정하자. 여기서 병목을 나타내는 과업은 'E'로 시간당 처리능력이 20건이다. 이를 TOC에서는 능력제약자원(CCR: *Capacity Constraint Resource*)이라 하며 전체 프로세스의 진행속도를 결정짓는다는 의미에서 이를 'Drum'(북) 이라 부른다. 실제로 프로세스의 최종 산출량은 이 프로세스의 CCR인 'E'의 처리능력으로 결정된다. 따라서 아무리 다른 과업의 작업 효율을 높인다 해도 프로세스 전체 성능에는 변함이 없음을 알 수 있다. 오히려 프로세스 상에 유휴자원 만이 늘어날 뿐이다. 따라서 이러한 문제를 방지하기 위해서는 다음과 같은 두 가지 조치가 필요하다.

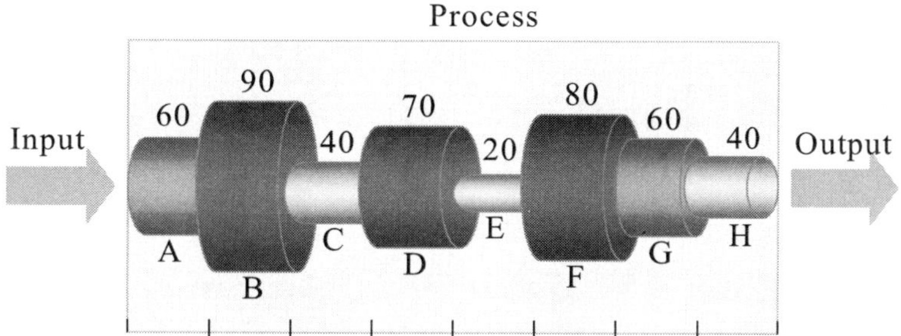

Time	t+0	t+1	t+2	t+3	t+4	t+5	t+6	t+7	t+8	
	60 →	60	60	40	40	20	20	20	20	→ 20
	20 →	20	20	20	20	20	20	20	20	→ 20

[그림 7-8] 병목으로 인한 가치사슬의 제약

첫째는 시스템으로 들어오는 입력(비제약 자원)을 CCR과 연결하여 입력량을 CCR의 처리능력에 맞춰 조절하는 것이다. 이것을 '비제약을 제약에 종속시킨다'하여 Rope(끈)으로 연결한다고 부른다. 예컨대, 위 그림 7-8에서 볼 때 Input과 현재 이 프로세스의 CCR인 과업 'E'를 Rope로 연결하여 Input량을 시간당 20건으로 맞추어도 60건의 경우와 마찬가지 결과로 프로세스로부터 최종 시간당 20건이 산출된다.

둘째는 CCR 앞에 Buffer(완충자원)를 두어 이 능력제약자원을 보호한다. 그 이유는 혹시라도 일어날지 모르는 장애(*Murphy* 현상)로 인해 CCR이 100% 가동되지 못하는 경우가 발생하면 전체 프로세스의 산출량은 그 만큼 저하되기 때문이다. 예컨대, 위 그림 7-8에서 CCR인 과업 'E'가 100% 가동되지 못하고 80%만 가동될 경우 최종 시간당 프로세스의 산출량은 16건(20건 × 0.8)으로 줄어들게 된다.

이로부터 우리는 프로세스의 산출량(*throughput*)을 증대시킬 수 있는 핵심 대상을 알아 낼 수 있다. 프로세스 상에 존재하는 CCR을 찾아내어 그 과업의 처리능력을 2차 제약자원(과업) 수준으로까지 확대하면 프로세스의 산출량은 그 만큼 향상된다. 그러나 만약 동일한 2차 제약자원이 다수 있게 될 경우에는 더 이상의 제약자원 해소(*relaxation*)는 신중한 검토가 필요하다. 예컨대, 그림 7-8에서 현재 CCR인 과업 'E'의 처리능력(20건/시간)을 2차 CCR 대상인 과업 'C'와 'H'의 처리능력(40건/시간) 만큼 확대하기 위해 과업 'E'에 자원을 투입하여 1시간 처리능력을 더 확보하면, 최종 프로세스 산출량은 시간당 40건으로 증대된다. 그러나 이 경우, 새로운 CCR은 과업 'C'와 'H'도 'E'와 함께 새로운 CCR이 된다. 따라서 또 다시 'E'에 자원(1시간)을 투입하여 시간당 60건으로 처리능력을 확대할 경우 프로세스의 최종 산출량을 결정짓는 새로운 CCR은 과업 'C'와 'H'가 되므로 이들 과업의 처리능력을 적어도 0.5시간씩 추가하여 시간당 60건으로 올리지 않는 한 프로세스의 성과는 나타나지 않는다.

[표 7-1] 프로세스 관리상의 투입과 효과 (예시)

	DRUM (CCR)	투입 자원 BUFFER	ROPE	1회 투입당 공정재고(건)	프로세스상의 체류시간
As-is (그림 7-8)	E E	0시간/일 0시간/일	N Y	140건 0건	31시간 31시간
To-be (E: 20→40건/시간)	C,E,H	8시간/일	N	60건	19시간
(E: 20→60건/시간)	C,H	16시간/일	N	60건	19시간
(E: 20→60건/시간) (C,H: 40→60건/시간)	A,C,E G,H	16시간/일 8시간/일	N	0건	15시간

표 7-1은 다음과 같은 가정을 전제로 하여 이상 논의된 예시(그림 7-8)에 대한 프로세스 관리상의 투입과 효과를 요약한 것이다 : 매 시간 60건씩 작업주문(*work order*)을 접수하여 하루 8시간 동안 투입된 작업물량(총 480건)을 프로세스가 처리하며, 프로세스에는 A부터 H까지 8개의 단위 공정이

순차적으로 작용한다고 가정하였다.

DBR의 운영체계를 단순화 하여 도식하면 아래 그림 7-9와 같다. 이 그림은 'Drum'으로서의 CCR과 'Buffer'와 'Rope'의 역할 및 상호작용을 개념적으로 설명하고 있다. 이와 같은 DBR(*Drum-Buffer-Rope*) 기반의 프로세스 관리 방식은 제조업의 생산 프로세스에만 해당되는 것이 아니라 민원행정과 같은 서비스 프로세스에도 적용된다. 물론 생산 프로세스와 서비스 프로세스는 성격상 동일하진 않지만 효율적 프로세스 관리를 위한 DBR 적용 원리는 대동소이 하다.

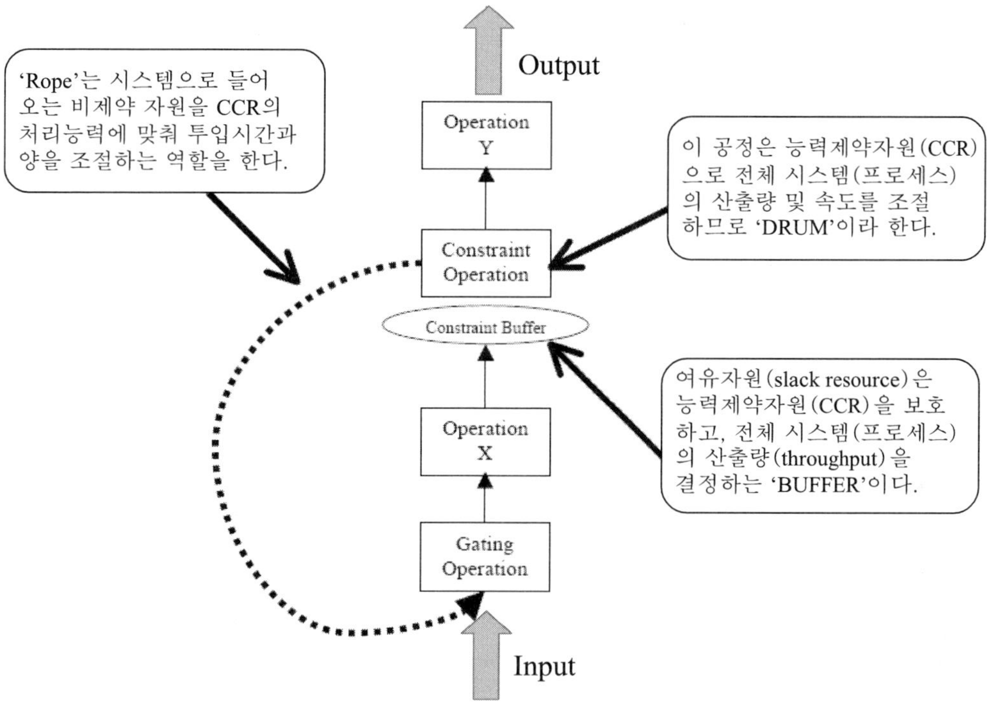

[그림 7-9] 단순화된 DBR 시스템 개념도

첫째, 제약(CCR)을 찾는다. 작업 대기(*queue*), 즉 병목현상은 능력제약자원(CCR) 공정으로 작업이 유입되는 시점에서 나타난다.

둘째, 드럼(*Drum*)을 작성한다. 앞서도 논의가 있었지만 'Drum'이란 단적으로 CCR에서 자원의 유한능력을 감안하여 작성되는 실행가능한 작업 스케줄이다.

셋째, 버퍼(*Buffer*)를 설정한다. 주문에 대한 납기를 맞추기 위해 CCR의 100% 가동율을 보장하거나, 프로세스의 산출량을 증대시키기 위해 CCR의 처리능력을 증대하기 위한 여유자원을 설정하는 것이다.

넷째, 로프(*Rope*)를 연결한다. 이는 'Drum'의 내용을 프로세스의 초기 투입 단계와 연결하여 전체 프로세스의 공정이 동기화될 수 있도록 하는 것이다.

이상과 같이 프로세스의 산출량 관리에 있어 가장 중요한 단초가 되는 것은 CCR을 식별해 내는 일이다. 지금까지 정보화 사업은 수 없이 많은 BPR/ISP를 시행해 왔지만 프로세스의 산출량 관리 차원에서 CCR를 찾아 제약을 개선하고자 하는 선별적인 노력은 거의 없었다.

마. 가치사슬 통합(Integration)

가치사슬 통합은 수평적 통합(*horizontal integration*)과 수직적 통합(*vertical integration*) 두 가지로 대별될 수 있다. 이는 기업 간 수평적, 수직적 제휴에 의한 새로운 가치사슬의 구축과 플랫폼(*Platform*) 비즈니스를 수행하는데 목적이 있다. 대표적 사례로는 수퍼 벤더형과 고객접점 장악형을 들 수 있다.

- SUPER VENDER형 : 가치사슬의 특정 부분에서 업계 표준을 장악한 전문업체가 막강한 교섭력을 이용하여 네트워크를 형성(인텔, 시스코 등)
- 고객접점 장악형 : *Customer Carer*에 해당하는 업체들이 고객접점을 장악하고 이를 바탕으로 *Problem Solver, Vendor* 등을 조직화는 것으로써 이는 주로 브랜드(*brand*)력을 바탕으로 한 베네통, 나이키 등이 대표적 예이며, *Navigation* 등 새롭게 등장한 업체들이 고객접점을 장악하면서 업계를 선도하는 것도 이에 해당한다.

제 2 절 인터넷 비즈니스

2.1 개 요

인터넷 비즈니스(*Internet Business*)란 "인터넷을 매개로 한 제반 거래 행위"로 개념을 규정할 수 있다. 즉, 인터넷을 이용하여 다양한 형태의 상품 및 서비스를 제공하고 그에 대한 보상을 받는 모든 거래 행위를 가리켜 인터넷 비즈니스라고 칭한다. 따라서 어떤 행위가 인터넷 비즈니스에 속하기 위해서는 크게 다음 두 가지 요인을 만족시켜야 한다.

첫째, 모든 인터넷 비즈니스는 고객에게 가치가 있는 무엇인가를 인터넷을 통해 제공해 줄 수 있어야 한다. 그 대상은 다양할 수 있겠으나, 고객에게 아무런 부가적인 가치를 제공할 수 없거나, 인터넷을 통해 제공할 수 없다면 인터넷 비즈니스라고 말할 수 없다. 예를 들어 개인이 순전히 본인의 만족을 위해서만 자신의 홈 페이지를 구축하는 것은 인터넷 비즈니스로 볼 수 없다.

둘째, 모든 인터넷 비즈니스는 그 대가를 인터넷을 통해 보상받을 수 있어야 한다. 그 대가의 성격은 금전적이거나 비금전적일 수도 있겠으나 아무런 대가를 바라지 않는 행위는 인터넷 비즈니스라고 할 수 없다. 따라서 개인이 아무런 대가를 바라지 않고 자신의 논문을 홈 페이지에 올려놓는다면 이를 인터넷 비즈니스라고 말하기는 어렵다.

[표 7-2] 일반 비즈니스와 인터넷 비즈니스 비교

	일반 비즈니스	인터넷 비즈니스
기업의 경쟁력	자본, 인력, 토지 등 유형자본	지식, 정보, 아이디어, IT 관련 인프라 등 비유형 자원
제품	물리적 제약으로 한정된 제품만을 취급	모든 재화 취급 가능
고객	지리적 제약으로 한정된 고객	전 세계 인터넷 이용자
거래 공간	물리적 매장 필요	가상공간 활용

전자상거래와 인터넷 비즈니스는 비록 겹치는 부분이 많지만 서로 다른 점도 많이 존재한다. 전자상거래 중에서 특히 기업 간 전자 상거래의 경우 인터넷을 사용하지 않는 사례도 많이 있다. 앞으로는 대부분의 기업 간 전자 상거래도 인터넷을 기반으로 이루어질 것이며, 전자 상거래에서도 디지털 콘텐츠

를 중요하게 다루게 될 전망이기 때문에 인터넷 비즈니스와 전자 상거래 간의 차이가 향후에는 더욱 좁혀질 것으로 예상된다.

인터넷 비즈니스는 현재까지 인터넷이 발전해 온 개념과 활용 양상을 보았을 때 표 7-3과 같이 세 단계로 발전해 왔다고 정리할 수 있다. 초기의 인터넷 비즈니스는 단순히 웹 사이트의 애플리케이션으로 시작되었고 고객에게는 주로 정적 콘텐츠를 제공했다. 그 후 인터넷 비즈니스는 주문 접수 기능을 수행할 수 있는 기본적인 기능을 가진 매장 애플리케이션으로 발전하면서 인터넷상의 새로운 가상 시장으로 등장하게 되었다.

[표 7-3] 인터넷 비즈니스 발전 단계

단계	기 간	특 징
1단계	1995~1997	• 인터넷의 연결성 강조 • 인터넷 운영을 위한 기반 구조 형성 시기 • 인터넷 비즈니스는 브라우징 또는 웹 사이트 디자인 정도로 제한
2단계	1998~2000	• 비즈니스 애플리케이션 개념 확산 • 서비스와 보안 개념 강조 • B2B 전자 상거래 일반화
3단계	2001~2002	• 인터넷 사용자 수의 폭발적 증가로 인해 중심이 소비자에게 집중 • 인터넷 신기술의 급속한 발전 • B2C 전자 상거래 일반화

이러한 인터넷 비즈니스는 인터넷이 지닌 특성에 의하여 현실 세계와는 다르거나 현실 세계에서는 구현하기 어려운 것을 가능케 하는 몇 가지 특성을 지니고 있다. 이러한 특성은 고객에게 소구할 수 있는 가치의 생산과 유통 과정의 변화라는 관점에서 살펴볼 때 가장 명확히 드러날 것이다. 인터넷 비즈니스가 활성화하면서 가치의 생산과 유통 과정에서 일어나는 중요한 변화를 보면 다음과 같은 것들이 있다.

- 생산과 유통 과정에서 정보와 물류가 분리된다.
- 유통 과정에서 중간상(Intermediary)이 약화된다.
- 가치사슬에서 특정 부분만을 담당하는 새로운 비즈니스가 출현한다.
- 정보를 중심으로 가치창출 전 과정에 걸친 기업들이 결합된 가상조직이 만들어진다.

2.2 인터넷 비즈니스 모델

인터넷 비즈니스 모델은 인터넷 산업을 분석하는 기본적이면서 가장 중요한 프레임워크이다. 인터넷 비즈니스를 포괄적으로 살펴보기 위하여 먼저 비즈니스 모델에 대한 개념과 비즈니스 모델의 요건 및 유형에 대해서 살펴본다.

가. 비즈니스 모델의 개념

비즈니스 모델이란 상품, 정보, 서비스가 흐르는 아키텍처, 참여자, 역할 등을 제시하고, 사업 참여자들의 잠재적 이익은 무엇이며, 사업 참여자들의 수익 원천은 무엇인가에 대해 설명할 수 있는 개념적 틀을 의미한다. 즉 비즈니스 모델은 기업이 가지고 있는 자원을 활용하여 수익을 창출하는 방법론을 의미하며, 다른 기업과 차별화된 비즈니스 모델을 보유하고 있어야만 경쟁 환경에서 우위를 차지할 수 있다.

나. 비즈니스 모델의 요건

티머스(Timmers, 1998)는 비즈니스 모델의 요소로서 다음과 같이 세 가지 사항들을 제시하였다.

첫째, 제품, 서비스, 정보 흐름의 구조와 사업 참여자의 역할

둘째, 사업 참여자의 잠재적 이익

셋째, 사업 주도자의 수익 원천과 사업 형성의 비용 분배 구조

즉, 어떠한 비즈니스 모델을 설명할 때는 첫째, 비즈니스 모델에서 발생하는 모든 일에 대하여 밝혀야 하며, 둘째, 그 모델에 참여하는 사업 참여자가 얻을 수 있는 잠재적인 이익과 참여 동기를 밝혀야 하며, 마지막으로 수익모델이 무엇인지 제시되고 그러한 사업을 수행함에 있어 소요되는 비용을 어떻게 배분할 것인가 하는 것이 명시되어야 한다. 물론 비즈니스 모델이 앞으로 확장 또는 변형을 통해 새롭게 만들어 낼 수 있는 수익모델 즉 잠재적 수익모델은 무엇인지도 보여줘야 한다.

인터넷 비즈니스 시대에도 이러한 비즈니스 모델의 요건들은 유효하다. 인터넷 비즈니스 모델은 한마디로 '인터넷을 이용하여 사업을 영위하고 이익을 창출하는 방식'을 말한다. '구매－생산－물류－판매－서비스로 이어지는 기존의

기업 활동 프로세스를 해체하고 이를 인터넷 상에서 어떻게 재구축해서 새로운 가치사슬(*Value Chain*)을 창출하느냐 하는 틀을 만드는 것'이다. 물론 기존(*Off-line*) 비즈니스 프로세스와는 달리 순수하게 인터넷 상에서 벌어지는 온라인 사업 방식까지 모두 포함한다. 인터넷 사업은 전통적 사업 모델과 달리 아이디어 기획부터 시장 진입까지의 시간이 짧고 사이클이 빨라 초기 시장 선점이 중요하고 언제든지 사업 구조를 바꿀 준비를 해야 한다. 그러나 여기에 덧붙여 다른 비즈니스 모델과 차별화되는 인터넷 비즈니스 모델들의 요건들도 고려하여 비즈니스 모델을 수립하여야 한다.

다. 인터넷 비즈니스 모델 유형

비즈니스 모델을 분류할 때 여러 가지 기준을 이용할 수 있다. 현재 여러 학자들과 기관에 의한 다양한 분류 방법이 제시되고 있으며, 이처럼 다양한 분류 방법이 도입된 데에는 인터넷 비즈니스를 어떻게 정의하고 범위를 어디까지 볼 것인가에 대한 일반론이 확정되어 있지 않기 때문이다. 여기서는 인터넷 비즈니스 모델과 관련된 연구 중 1998년 이후 티머스(1998)의 연구에서 최근 레이포트 & 자워스키(2001)의 연구에 이르는 다양한 인터넷 비즈니스 모델에 대하여 정리하였다.

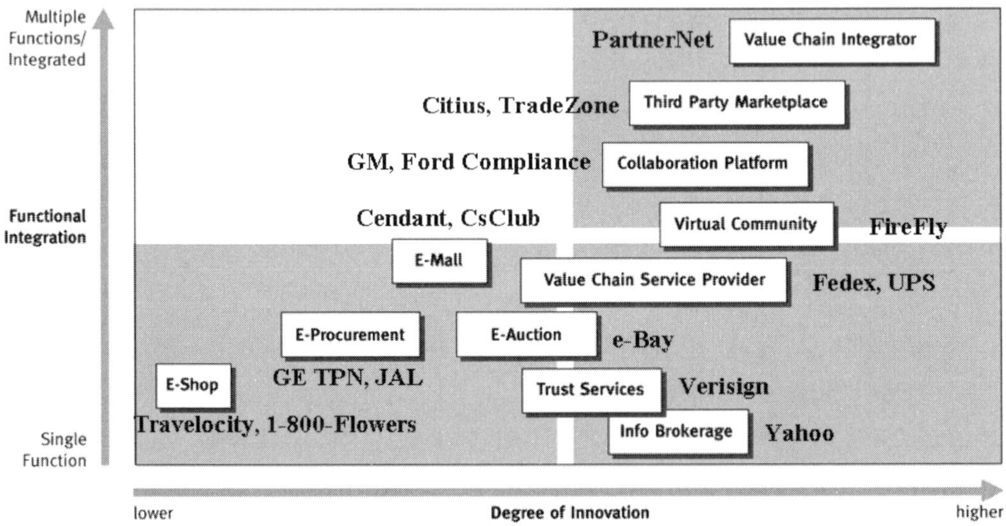

[그림 7-10] 혁신 정도와 기능 통합에 의한 비즈니스 모델

1) 가치 사슬에 의한 분류

티머스(1998)는 가치 사슬(*Value Chain*)의 파괴 또는 재조합 여부에 따라 인터넷 비즈니스 모델은 분류될 수 있다고 주장하면서, 그림 7-10에서 보는 바와 같이 혁신의 정도(*Degree of Innovation*)와 기능 통합(*Functional Integration*)을 기준으로 11가지 모델을 제시하였다.

그는 인터넷 비즈니스를 전자상거래로 정의하며, 전자 상거래를 광의로 "전자적으로 비즈니스를 수행하는 것"으로 보고 물리적인 재화의 거래는 물론 정보와 같은 눈에 보이지 않는 상품의 거래를 포함하는 것으로 보고 있다. 또한 비즈니스 모델을 다양한 사업 참여자(*Business Actors*)와 그들의 역할을 포함하는 제품, 서비스, 정보 흐름의 아키텍처라고 정의하면서, 이러한 다양한 사업 참여자들이 누릴 수 있는 잠재적 이익(*Potential Benefits*)과 수익의 원천을 설명해 주는 개념적 모델이라고 말하고 있다. 송영주(1999)는 티머스의 모델을 토대로 가치사슬에 근거하여 표 7-4와 같이 도식화하였다.

- 상점형(*E-shop*): 상점형(*E-shop*)은 기업이나 상점의 웹 마케팅의 형태이다. 기업의 상품이나 서비스, 그리고 기업 자체를 홍보하기 위한 목적으로 생겨났으며, 주문과 결제가 가능하기도 하다. 기업의 입장에서는 제품이나 서비스의 수요가 증가되며 홍보와 판매에 대한 비용 절감 효과가 있다. 또한 소비자의 입장에서도 전통적인 구입 방식에 비해 가격 인하 효과를 누릴 수 있으며, 기업과 제품, 서비스에 대한 보다 나은 정보와 선택의 자유를 누릴 수 있다. 판매자의 수익은 비용의 절감, 판매의 증가, 잠재 고객에 대한 판촉을 통해 얻어지며 대부분의 *E-shop*은 B-to-C 형태를 취하고 있다.
- 조달형(*E-procurement*): 조달형(*E-procurement*)은 재화와 서비스의 전자적인 입찰과 조달 형태로 대기업과 공공기관이 주로 이러한 전자 조달을 웹 상에 구축하고 있다. 구축하는 기업의 입장에서는 더 낮은 가격에, 더 나은 품질과 운송을 수행할 수 있는 공급자들을 선택할 수 있으며, 이를 통해 조달에 따른 비용을 절감할 수 있다. 조달이나 입찰에 참여하는 기업의 입장에서는 보다 많은 참여 기회를 얻을 수 있으며, 입찰 전반의 비용을 줄일 수 있다. 수익의 원천으로는 비용 절감이 대표적이라고 할 수 있다.

[표 7-4] 11개 비즈니스 모델의 개념도

비즈니스 모델	각 모델의 다이어그램	특 징
상점형 (E-shop)	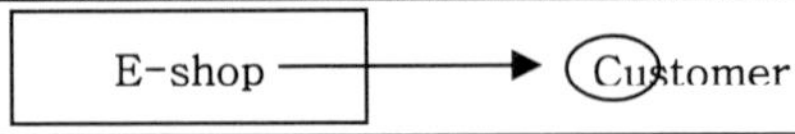	• 가장 기본적인 형태
조달형 (E-procurement)	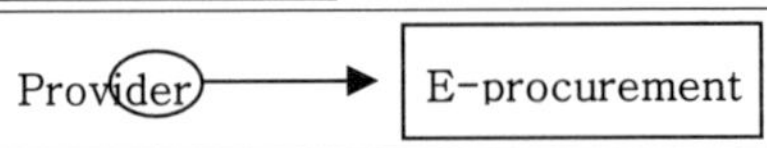	• 공급자를 찾는 것이 주 목적
경매형 (E-auction)	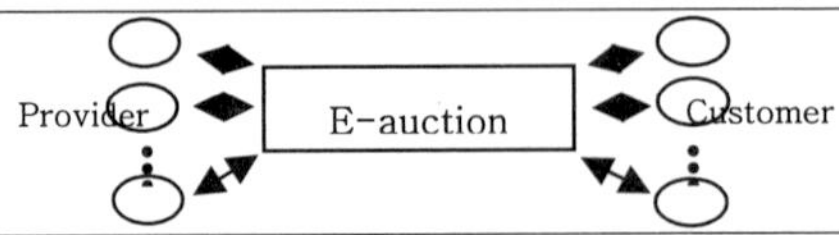	• 거래 계약 전 상품과 거래 당사자가 이동할 필요 없음
몰형 (E-mall)	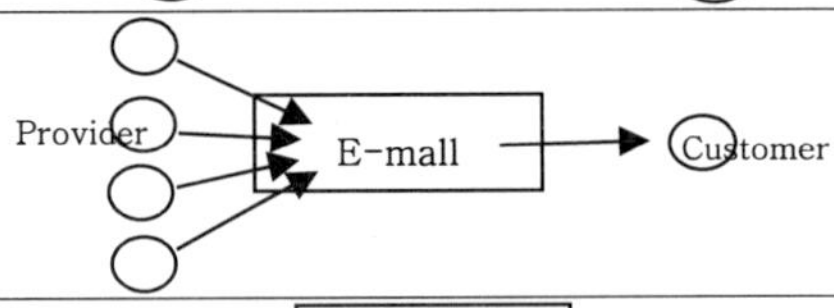	• E-shop의 집합체 • 하나의 브랜드 이름 사용 • 여러 종류의 상점 모아둠 • 고객에게 편의성 제공
가상 커뮤니티형 (Virtual Community)	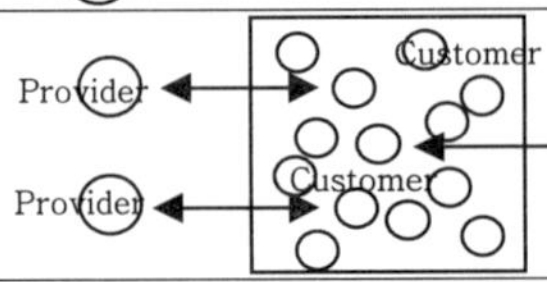	• 회원 간 의사 소통을 통해 부가 가치 생성 • 최근 급격히 성장
제3자 시장형 (Third Party Marketplace)		• 웹마케팅을 제3자에 위탁 • 지불·물류·주문·안전한 거래 처리 제공
가치 사슬 서비스 제공형 (VC Service Provider)	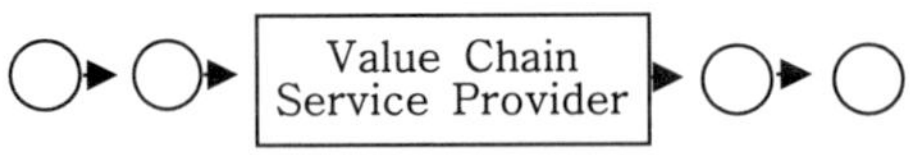	• 가치 사슬에서 특정한 기능만을 전문화
가치 사슬 통합형 (Value Chain Integrator)	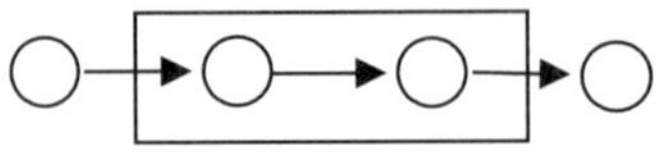	• 가치 사슬의 여러 단계를 통합한 형태
협력 플랫폼형 (Collaboration Platform)	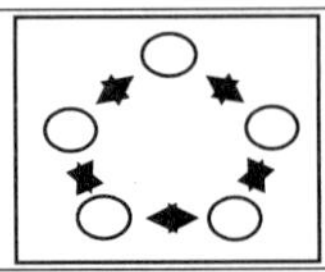	• 기업 간 공동 작업을 위한 도구와 정보기반 제공 • 공동설계, 엔지니어링 등 특정 기능 집중
정보 중개형 (Information Brokerage)	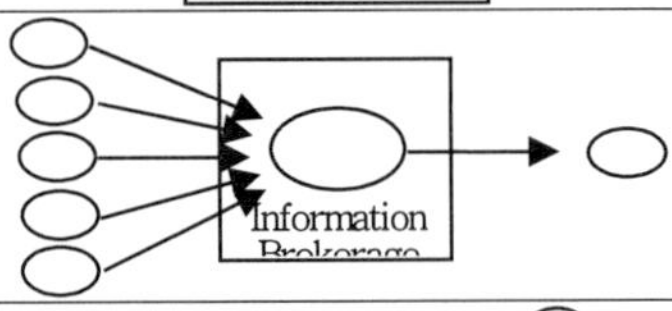	• 정보 서비스 제공 • 검색 엔진, 사업 중개, 투자 자문
보안 서비스 제공형 (Trust Services Provider)		• 인증 기관, 전자 공증 등의 신뢰 제공 서비스

범례: ▭ 사업 주도자, ○ 참여자(고객, 공급자, 파트너), ──▶ 정보/상품의 이동

- 경매형(*E-auction*): 경매형(*E-auction*)은 전통적인 경매 방식을 전자적으로 구축한 것으로 경매 입찰과 계약, 지불, 운송 업무를 통합하여 제공할 수 있다. 경매 서비스 제공자의 입장에서는 기반 기술의 판매, 거래 비용, 광고 등을 통해 수익을 얻을 수 있으며, 경매 참여자들의 입장에서는 능률의 증가, 시간 절감 등의 효과를 누릴 수 있다.
- 몰형(*E-mall*): 몰형(*E-mall*)은 상점형(*E-shop*)을 집적해 놓은 형태로 높은 브랜드 이미지를 이용하여 다양한 *E-shop*들을 한 곳에 모은다. *E-mall* 운영자는 입점 업체들의 이용료, 기반 기술이나 서비스의 판매, 또는 온라인 광고를 통해 수익을 얻을 수 있으며, 입점 업체들은 집적 효과를 통해 상대적으로 많은 고객들을 유치할 수 있다. 소비자 입장에서는 여러 상점들을 한 곳에서 편하게 접근할 수 있다는 장점이 있다.
- 제3자 시장형(*Third Party Marketplace*): 이 모델은 기업들이 웹 마케팅을 기존 채널과 다른 제3자 시장에 위탁하고자 할 때 적합한 모델이다. 이러한 제3자 시장에는 웹을 통해 제품 목록을 제공하는 것은 물론 지불, 물류, 주문, 안전한 거래 처리 등을 제공한다. 이러한 제3자 시장에서 발생하는 주요 수익은 가입비, 서비스 이용료, 거래 요금, 거래 수익의 일부 등이 될 수 있다.
- 가상 커뮤니티형(*Virtual Communities*): 이 모델은 가상 공동체를 제공하는 회사에서 구축한 커뮤니티 환경에 커뮤니티 회원들이 정보를 더함으로써 가치를 발생시키는 형태이다. 이러한 가상 공동체는 회원 가입비, 온라인 광고 등을 통해 수익을 창출한다. 가상 공동체 모델은 독자적인 모델로서도 중요하지만 다른 비즈니스 모델의 새로운 서비스나 회원 모집 수단으로서도 매우 유용한 모델이다.
- 가치사슬 서비스 제공형(*Value Chain Service Provider*): 이 모델은 물류나 전자 결재 등 가치 사슬 상의 특정 기능을 담당함으로써 독자적인 경쟁 우위를 달성하고자 하는 비즈니스 모델이다. 주요 수익원은 수수료 등으로 이러한 모델의 예로 FedEx나 UPS의 웹 기반 포장 선적 시스템(*Web-based Package Shipping Support*)이 있다.
- 가치사슬 통합형(*Value Chain Integrators*): 이 모델은 가치 사슬 상의 여러 단계를 통합하는 형태이다. 이 모델은 가치 사슬 상에서 부가가치를

창출하는 정보의 흐름을 이용함으로써 컨설팅 수수료, 거래 수수료 등을 수익으로 얻는다. 앞서 언급한 제3자 시장형 제공자들이 이 가치 사슬 통합형으로 옮겨가고 있다.

- 협력 플랫폼형(*Collaboration Platforms*): 이 모델은 기업 간 공동 작업을 위한 툴과 정보 환경을 제공하는 형태이다. 가상 팀의 프로젝트를 지원하거나 공동 설계, 엔지니어링 등을 지원하는 등 특정 영역에 집중할 수도 있다. 이러한 모델에서는 공동 작업을 위한 플랫폼을 관리하거나 전문 도구들을 판매함으로써 사업 기회를 포착할 수 있다.
- 정보중개형(*Information Brokerage*) & 보안서비스형(*Trust Services*): 정보 중개형은 다양한 데이터들에 가치를 부가하여 정보 서비스를 제공하는 형태이다. Yahoo와 같은 정보검색 서비스는 물론 사업 중개, 투자 자문 등의 서비스를 제공한다. 정보나 자문에 대한 수수료 또는 광고를 통한 수익원이 존재한다. 한편 보안 서비스형은 인증기관, 전자공증 등에 의해 제공되는 신뢰 제공 서비스 형태이며, 그 외에도 검색엔진 등과 같은 다양한 정보 서비스가 존재한다.

2) 상품 전달 과정과 제품 근원지에 의한 분류

주틀라(Jutla) 등(1999)은 제품이 공급자로부터 최종 소비자에게까지 전달되는 과정과 상품의 제조 근원지를 기준으로 인터넷 상거래 비즈니스를 3개의 유형으로 분류했다.

- 중개자형: *Cybermediary*라고도 불리는 중개자형(*e-Broker*)은 공급자와 소비자 사이에서 중개인 역할을 한다. 이 모델은 공급 체인 과정에서 재고를 통제하기 위해 필요한 인적 자원, 창고, 자본 등을 필요로 하지 않고, 무엇보다도 제조업자에서 소비자에게 이르기까지의 전 과정에서 전문성을 추구할 수 있다는 장점을 가지고 있다. 상품 공급자는 제품 생산 계획, 재고 통제, 제조에 집중하고, 중개자(*e-Broker*)는 마케팅 과정을 전문적으로 수행한다. 각자의 역할에 최선을 다 할수록 소비자가 구매하게 되는 상품의 질은 더 우수해지는 것이다. 이런 특징으로 인하여 중개자형은 소규모 기업들에게 매력있는 모델이며, 각자 아웃소싱을 수행하게 된다. 이때 중개자는 FedEx(*Federal Express*)[24], UPS(*United Parcel*

Service)[25]와 같은 제3자 물류 채널을 이용해 상품을 공급자에게서 소비자에게로 직접 전달하는 일을 맡는다. 또한 최상의 중개 조건을 찾기 위해 유사한 목적을 가진 다른 중개자들과 제휴해 서로 의견을 교환하기도 한다.

- 제조업자형: 중개형 모델에서는 기업은 상품에 아무런 가치를 더하지 않는다. 즉, 단순히 완성된 제품을 소비자가 원하는 적정 가격에 구입해 소비자에게 중개해 주는 역할을 할 뿐이다. 이에 비해 제조업자형 모델에서는 기업 내부의 제조 과정을 통해 완제품에 새로운 가치를 추가한다. 이 모델은 재조합이 가능한 제품을 생산하고, 전문적인 마케팅 부서를 가지고 있으며, 세련된 소비자 서비스를 수행하는 기업에 적합한 모델이다. *Dell Computer, Cisco Systems* 등이 이 모델에 속하며 자동차 제조 회사, 컴퓨터 테크놀로지 기업에서 이 모델을 사용한다. 제조업자형 모델의 장점은 소비자가 자신이 원하는 제품을 직접 설계할 수 있다는 것이다. 예를 들어 자동차를 구입하려는 소비자는 자동차 사이트에서 자신의 차에 장착하게 될 옵션을 직접 클릭하고, 그 차의 가격에서부터 배달 방법까지 다양한 정보를 얻을 수 있다. 이 모델의 또 다른 장점으로는 소비자로부터 유용한 정보를 직접 소비자에게 직접 제품을 공급함으로써 중개인을 거치지 않기 때문에 더 많은 소비자와 공급자 모두에게 더 많은 이익이 돌아간다는 것이다.
- 경매형(*e-Aution*): 경매형(*e-Auction*) 모델은 상품을 구매하고자 하는 측에서 먼저 제품의 구입 가격을 제시한 후 공급자가 그 가격에 동의하면 제품의 거래가 이루어진다. 따라서 공급자도 고객이 된다. 경매 사이트에서 하는 일은 고객과 공급자를 연결시켜 주는 일이다. 이 모델의 전략은 소비자에게 초점을 맞추고 있으며, 소비자에게 요금을 부과하지 않고 거래가 성사된 공급자에게만 수수료를 받는다. 때문에 경매형 모델을 가격에 민감한 소비자들에게 매력적인 모델이며, 다양한 제품 정보를 필요로 하는 소비자에게 유용하다. 국내의 옥션[26], 해외의 *eBay* 등이 경매형 모델의 대표적 사례이다. 다음 그림은 경매형 모델의 구성을 나타낸다.

---

24) http://www.fedex.com
25) http://www.ups.com
26) http://www.auction.co.kr

3) 시장 주도자에 의한 분류

베리만(*Berryman, 1998*) 등은 시장 주도자에 의해 인터넷 비즈니스 모델을 3가지로 분류하였다. 즉, 시장 파워를 보유하고 있는 주체에 의해 판매자가 통제하는 시장(*Seller-controlled*), 구매자가 통제하는 시장(*Buyer-controlled*), 중립적 시장(*Neutral*) 등이다.

- 판매자가 통제하는 시장: 판매자에 의해 통제되는 시장은 다수의 구매자와 거래를 하는 하나의 벤더에 의해 형성된다. 이 시장의 목표는 모든 거래에서 시장의 가치와 시장 파워를 획득하고자 하는 것이다. *Cisco Systems*의 사이트는 구매자가 그들 자신의 판매 경로와 리드 타임을 체크하고, 기술 전문가와 협의할 수 있도록 해준다. 뿐만 아니라 온라인에서 기술적 자료를 제공하고, 소비자에게 주문 정보를 제공해 줌으로써 *Cisco Systems*는 인쇄, 주문 비용, 환경 설정 오류(*configuration error*), 전화를 사용한 기술 지원 부문에 드는 노력 중 연간 2억 7000만 달러를 절약할 수 있었다. 판매자에 의해 통제되는 시장에서는 주문 속도를 높이고, 주문 과정을 소비자가 직접 체크할 수 있도록 함으로써 소비자 충성도를 높이는 노력을 하는 것이 중요하다.
- 구매자가 통제하는 시장: 이 시장은 일반적으로 가치를 획득하려는 의도를 가진 하나 이상의 구매자에 의해 형성된다. 대부분 중개상과 연계하나 강력한 힘을 가진 구매자의 경우 중개상 없이 자체적으로 시장을 형성한다. 예를 들어, *Japan Airlines*[27]는 플라스틱 쓰레기 봉투, 일회용 컵 등과 같이 다량의 비행기 내 물품을 필요로 하는 회사로 최상의 공급자를 찾기 위해 온라인에서 구매 광고를 띄운다.
- 중립적 시장: 중립적 시장은 구매자와 공급자를 연결해 주는 일을 하는 제3자 중개상에 의해 주도되는 시장이다. 중립적 시장의 최대 장점은 모든 구성원이 이익을 도모할 수 있다는 것이다. 판매자는 기존 중개상을 통해 판매하는 것보다 더 높은 가격을 얻을 수 있고, 구입자는 중개상보다 더 낮은 가격으로 제품을 구입할 수 있다. 예를 들어 *EastParts*는 전자 부품 재고를 거래하는 시장을 운영하는데, 판매자들로부터 유용한 재고 정보를 얻은 다음 온라인 경매를 통해 구매자와 판매자를 연결시켜 준

27) http://www.jal.co.jp

다. 또한 *EastParts*에서 제품을 먼저 조사하기 때문에 품질이 보장된 제품을 소비자는 구입하게 되며, *EastParts*는 약 8%의 수수료를 받는다. 시장 주도자에 의한 분류는 다음과 같이 정리할 수 있다.

[표 7-5] 시장 주도자에 의한 비즈니스 모델

비즈니스 유형	특 징
판매자가 통제하는 시장	• 정보 서비스를 제공하는 사이트 (*Information-only vendor Web sites*) • 온라인 주문 서비스 제공 사이트 (*Vendor Web sites with online ordering*)
구매자가 통제하는 시장	• 제품 구입 광고 게재 사이트 (*Web site procurement posting*) • 구매 담당(*Purchasing agents*) • 구매 집단(*Purchasing aggregators*)
중립적 시장	• 산업/제품 검색 엔진 제공 사이트 (*Industry/product-specific search engines*) • 정보 시장(*Information marts*) • 비즈니스 몰 (*Business malls(multiple vendors store fronts*) • 경매 시장(*Auction spaces*)

4) 인터넷 비즈니스 모델 통합 분류

Timmers(1998), *Jutla* 등(1999), *Berryman* 등(1998)의 인터넷 비즈니스 모델을 종합해 보면 인터넷 비즈니스 모델은 시장 주도를 기준으로 분류한 판매자 기반의 시장(*Seller-oriented marketplaces*), 구매자 기반의 시장(*Buyer-oriented places*), 중립적 시장(*Neutral marketplaces*)의 세 가지 분류에 시장거래를 촉발하는 기능을 가지는 촉발자 기반의 시장(*Facilitator-oriented marketplaces*)을 추가해서 표 7-6에 보인 바와 같이 4가지 유형으로 압축될 수 있다.

[표 7-6] 인터넷 비즈니스 모델의 통합 분류

대 분 류	중 분 류	세 분 류
판매자 기반의 시장 (Seller-oriented Marketplaces)	상점형(E-shop)	중개자 상점형(Broker E-shop)
		제조업자 상점형(Manufacturer E-shop)
	몰형(E-mall)	단순 몰형(Simple E-mall)
		구매 지원 몰형(Purchase Supporting E-mall)
구매자 기반의 시장 (Buyer-oriented Marketplaces)	구매자 주도 커머스형(Buyer-driven Commerce)	
	조달형(E-procurement)	
	가상 커뮤니티형(Virtual Community)	
중립적 시장 (Neutral Marketplaces)	경매형(E-auction)	
	협력 플랫폼형(Collaboration Platform)	
	제3집단 시장형(Third Party Marketplace)	
촉발자 기반의 시장 (Facilitator-oriented Marketplaces)	가치 사슬형 (Value Chain)	가치 사슬 제공형(Value Chain Provider)
		가치 사슬 통합형(Value Chain Integrator)
	프로모션형 (Promotion)	정보 중개형(Information Brokerage)
		보안 서비스 제공형(Trust Provider)
		사이트 프로모터형(Site Promoter)

제 3 절 전자상거래

3.1 개 요

가. 정의

전자상거래의 개념 정의는 어느 범위까지를 포함하느냐에 따라 달라진다. 그러나 대체로 전자상거래라 함은 정보통신망의 개념이 통신수단으로서의 의미를 넘어 시장이라는 개념으로 확대됨에 따라 조직간 또는 조직과 개인간에 전자적 매체를 이용하여 정보나 서비스를 교환하는 것으로 정의할 수 있다. 이는 돈의 흐름이 수반되는 일상적인 상거래뿐만 아니라 마케팅, 광고, 조달, 서비스 등까지를 포함하는 광범위한 개념이지만, 인터넷의 확산으로 인터넷 상의 거래만을 의미하는 등 다소 차이를 나타내기도 한다.

[표 7-7] 전자상거래에 관련된 정의들

정의
컴퓨터 네트워크를 통해 정보,제품,서비스를 구매하고 판매하는 행위 *- 카라코타(R. Kalakota)와 윈스턴(A. Whinston)*
상업거래를 지원하기 위해 인터넷을 사용하는 것 *-블로흐(M. Bloch)와 피그누르(Y. Pigneur)*
전자자료교환(EDI),전자우편,전자게시판,전자자금이체(EFT) 등을 이용하여 비즈니스 정보를 종이문서 없이 전자적으로 교환하는 것 *- FEAT(Federal Electronic Acquisition Team)*
각 경제단체(행정, 개인도 포함)의 모든 경제활동(설계·개발, 광고, 상거래, 결제 등)을 컴퓨터 네트워크를 이용하여 실행(EDI와 CALS도 포함)하는 광범위한 사회적 활동 *-일본 통산성*
디지털화한 정보의 전송, 처리에 기초하여 이루어지는 모든 형태의 상업적 거래 *-OECD*
시공의 한계를 넘어, 보다 빠르고 값싼 새로운 거래방식 *-이재규,1997*
수요와 공급 주체간에 컴퓨터 네트워크를 이용하여 교환하는 방식 *-김은,1998*

미국의 *Lawrence Livermore National Lab.*에서 미국방부 프로젝트의 일환으로 전자상거래가 시작되었는데, 이때의 전자상거래의 목적은 거래의 시작에서 마지막까지 서류가 필요없는 기업환경을 정보기술을 이용해서 만들겠다는 의도였다. 80년대에는 경영혁신 및 비즈니스 리엔지니어링의 일환으로 고객만족, 세계화, 정보화의 확산으로서의 전자상거래가 인기를 끌었고 90년대에 들어서는 인터넷을 이용한 전자상거래와 쇼핑몰, 인트라넷, 익스트라넷의 등장으로 전자상거래가 상당한 관심을 이끌게 되었다. 결국 CALS구축 등을 통한 전자상거래 환경의 구환이 광의의 개념이라고 한다면 급부상하고 있는 인터넷을 이용한 온라인 쇼핑몰 등은 재화를 소비자에게 판매하는 협의의 전자상거래 개념이라고 말할 수 있다. 광의의 개념으로 전자상거래를 이야기한다면 전자 상거래란 정보기술과 네트웍을 매개로 하여 기업과 소비자, 기업과 기업간에, 정부와 다른 조직간을 연결시켜 정보와 재화, 서비스를 교환하고, 결재할 수 있는 비즈니스 모델이라고 생각할 수 있다. 또한 전자상거래는 고객 서비스와 마케팅, 온라인 구매, 자원 공유, 판매, 협업 및 결재 등을 포괄하는 개념으로 생각할 수 있다.

나. 전자상거래를 보는 네 가지 관점

카라코타(*R. Kalakota*)와 윈스턴(*A. Whinston*)은 '전자상거래: 관리자 가이드(*Electronic Commerce: a Manager's Guide*)'란 책에서 전자 상거래를 보는 관점에 따라 다른 정의를 내리고 있는데, 통신, 비즈니스 처리, 서비스, 온라인 등 4가지 측면에서 정의를 내리고 있다.

- **통신(*Communication*)**

전자상거래는 전화선, 컴퓨터 네트웍 혹은 다른 매체를 통해 정보와 제품/서비스 혹은 결제의 전달이다.

- **비즈니스 프로세스(*Business Process*)**

전자상거래는 비즈니스 트랜잭션과 웍플로우 자동화 기술의 응용이다.

- **서비스(*Service*)**

전자상거래는 상품의 질을 향상시키고 서비스 전달 시간을 감소시키면서도 회사, 소비자, 관리 등에 있어 서비스 비용을 이상적으로 절감해주는 도구이다.

• 온라인(*Online*)

전자상거래는 인터넷과 다른 온라인 서비스를 통해 제품과 정보를 구입하고 판매할 수 있도록 하는 가능성을 제공해준다.

다. 전자상거래의 발전배경

1970년대에 보안 사설 네트워을 이용한 은행간의 전자자금이체(*Electronic Funds Transfer*, ETF)가 소개됨으로써 금융시장의 판도가 변했다. 전자자금이체는 전자적으로 제공된 송금정보로 전자 결제를 최적화시킬 수 있다. 오늘날에는 수많은 형태의 전자자금이체가 존재하는데, 식품점 등의 유통채널에서 이용되는 POS(*Point of Sales*) 시스템, 신용카드 및 직불카드 체제 등이 그 예가 될 수 있다.

1970년대 후반에서 1980년대 초기의 전자상거래는 전자데이터교환(*Electronic Data Interchange* : EDI)과 전자메일 같은 메시징 기술의 형태로 확산되었다. 이러한 메시징 기술은 문서 작업을 줄이고 자동화를 이용하여 비즈니스 처리를 효율적으로 개선하였다. 구매서, 선적문서 등의 서류작업들이 전자적으로 수행하게 된다. 시간이 지나면서 EDI는 몇가지 각기 다른 기술을 포함하게 된다. 특히 EDI는 소매 분류 관리에서 큰 성과를 거두었다. 분류관리는 정확한 제품 가격, 수량 그리고 위치를 제공하여 고객의 요구에 맞아떨어지도록 하는 것이다. 모든 제품은 바로 먹을 수 있는 식탁의 음식처럼 관리 가능한 그룹으로 명확하게 나누어지며 분류 관리자는 단일 물품에 주안점을 두지 않고 유사한 모든 품목들을 분류하는 의사결정을 한다. 최소의 비용으로 물건을 구입하는 대신 구매자들은 구입방식에 대한 정보를 이용하며, '주목을 끄는' 품목에 대한 비용을 절감하기 위해 EDI기술을 채용한다. 이러한 기술은 구매관습을 향상시키며 제조업자와 소매자 모두에게 비용절감 효과를 가져온다.

1980년대 후반에서 1990년대 초반에 전자 메시징 기술은 통합된 워크플로우(*Workflow*) 혹은 그룹웨어라 불리는 통합정보시스템으로 발전하였다. 이러한 시스템의 대표적인 예로는 로터스 노츠와 같은 그룹웨어를 들 수 있다. 그룹웨어는 주로 기존의 비전자적인 방법을 취하는 것과 향상된 비즈니스 처리 효율을 위해 전자 플랫폼으로 접목하는 것에 초점을 맞추고 있었고, 페이퍼리스 사무실을 구현하는 것을 목표로 하였다.

1980년대 중반, 완전히 다른 형태의 전자상거래 기술이 새로운 형태의 대화방식(채팅, IRC: *Inter-Relay Chat*)와 지식공유(뉴스 그룹, FTP)를 제공하는 온라인 서비스 사용자 사이에 광범위하게 확산되었다. 채팅과 같은 대화방식은 사이버스페이스 일원들 사이에 가상 사회의 모습을 만들어 주었다. 글로벌한 인터넷을 사용하여 사람들은 저렴한 비용으로 전세계의 다른 사람들과 대화를 할 수 있었다.

1990년대에 월드와이드 웹의 출현은 정보 게시와 제공의 문제를 해결하는 동시에 사용의 편의도 가져와 전자상거래에 일대 중요한 전환점을 제시했다. 웹은 전자상거래 수행의 값싼 수단을 제공하며, 보다 다양한 비즈니스 활동이 가능하도록 해준다. 또한 적은 규모의 비즈니스가 거의 동일한 기술적 기반을 바탕으로 자원이 충분한 다국적 기업과 경쟁할 수 있도록 한다. 이렇게 ISP(*Internet Service Provider*)들의 등장과 인터넷 검색도구의 성장 및 이의 확산, 통신 규제의 완화와 요금인하, 고속 데이터 서비스 등의 요인들과 맞물려 전자상거래는 최근 새로운 성장기를 맞이하고 있다.

[표 7-8] 전자상거래의 성장

연 대	전자상거래의 성장
1970년대	은행간 전자 자금이체(Electroni Funds Transfer)의 등장
1970년대 후반 1980년대 초반	전자자료교환(Electronic Data Interchange)의 등장
1980년대 후반 1990년대 초반	CALS등장 그룹웨어(GroupWare), 워크플로우(WorkFlow)기반의 정보시스템 등장
1990년대	월드와이드웹(WWW)의 등장

인터넷과 월드와이드 웹의 등장으로 전자상거래의 방향이 인터넷 전자상거래를 대표하게 되었지만 기업간 전자상거래에 있어서 많은 비중을 차지하는 두 축은 EDI와 CALS를 들 수 있다. EDI란 컴퓨터 통신망을 통해 구매주문서, 송장견적서 등의 거래자료를 표준에 의거해 전자적으로 교환하는 시스템이다. 이를 사설 전용망이나 VAN(*Value Added Network*)을 통해 교환함으로써 시간을 단축시키고, 자료의 정확성을 높이며 비용을 절감하고자하는 것

이 목적이다.

이에 반해 CALS는 1982년 미국 국무성이 구소련과의 군비경쟁에서 막대한 국방 예산과 운영유지비의 절감 방안을 강구하던 중 나타났다. 무기 체계 연구개발을 위한 제반 관리 활동상의 어려움 등 여러 문제점에 대한 해결방안을 모색하기 위한 프로젝트로 출발했다. 그러다 1994년 이후 CALS 관할이 상무성으로 넘어가고 그 개념이 '광속의 상거래'로 변모함에 따라 전자상거래를 목표로 하게 되었다. 표 7-9는 CALS 발전을 요약한 것이다.

[표 7-9] CALS 개념의 발전

연도	개념	비고
1995년	**컴퓨터에 의한 병참업무 지원** (***Computer-Aided Logistics Support)***정부와 계약자인 방위산업체가 표준화된 양식의 디지털 데이터로 정보를 상호 교환해야한다는 각서를 발표	종합군수 지원 개념
1988년	**컴퓨터에 의한 조달 및 병참업무 지원** ***(Computer-aided Acquisition and Logistics Support)*** 종이없는 물자의 조달과 물류지원에 투여되는 막대한 예산을 절감하는 것을 목표로함	군과 방위 산업체간의 정보연계
1990년	**컴퓨터에 의한 조달 및 수명주기 지원** ***(Computer-aided Acquisition and Life-cycle Support)*** CALS는 병참업무지원의 한계를 넘어 통합된 DB를 활용하여 제품 기획과 설계, 제작과 병참지원에 이르기까지 지원	군과 민간업체간의 정보연계
1993년	**지속적 조달과 수명주기 지원** ***(Continuous Acquisition & Life-cycle Support)***제품의 설계와 제조등 기술관련 업무프로세스 전반을 네트웍으로 연결함으로써 영업과 제조,마케팅과 제조,설계와 제조등 각 부문의 긴밀한 협조하에 업무를 수행하는 개념으로 발전	산업정보화전략으로 모든 산업에 확산
1994년	**광속의 상거래** ***(Commerce At Light Speed)***국가 정보통신망의 초고속화 계획,인터넷 사용의 확산과 더불어 세계를 연결하는 초고속통신망의 기반환경이 실용화 단계에 이름으로써 CALS 의의미가 '광속의 상거래'로 발전	전 산업간의 상거래

광의의 개념으로서 전자상거래는 이러한 EDI나 CALS, 인터넷 전자상거래를 포함한다. EDI가 개별 회사 정보시스템간의 데이터를 교환하기위한 표준

으로서 사용되는 반면, 전자상거래는 기업간은 물론이고 조직과 개별 소비자들간에도 적용되는 개념이다. 이러한 전자상거래의 기반기술들은 개별 고객들 사이에서의 통신을 전제로 하기 때문에 이러한 EDI기술을 사용하여 거래 상대방사이의 관계성과 계약이행을 강화하는 데에 목표를 둘 수 있다. CALS의 경우에는 기업간 *Secure Cross Network*이 특징이므로 보안에 있어서 현재의 전자상거래보다 장점을 가진다라고 말할 수 있다. 하지만 CALS의 경우에는 제조업이나 엔지니어링 등 특정기업간의 거래인 반면 전자상거래는 유통업 및 쇼핑 등의 분야까지 포괄한다.

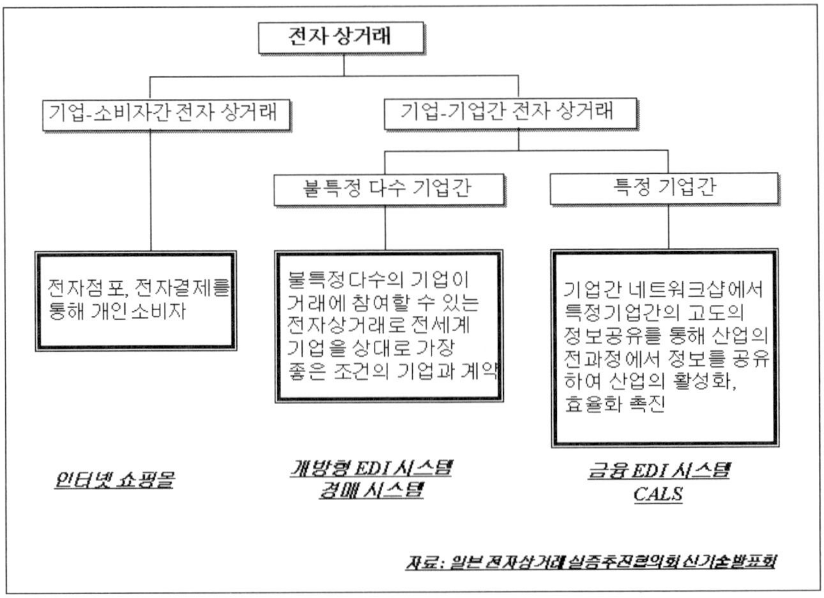

[그림 7-11] 전자상거래 개념도

3.2 전자상거래의 형태

전자상거래의 형태는 기준에 따라 분류가 다를 수 있으나,일반적으로 기업, 소비자, 정부의 3가지 주요 경제주체간에 이루어지는 4가지 형태를 생각할 수 있다. 즉 기업간 거래(*Business to Business*), 기업과 개인간 거래(*Business to Customer*), 기업과 행정기관간 거래(*Business to Administration*), 개인과 행정기관간의 거래(*Customer to Administration*)로 구분한다.

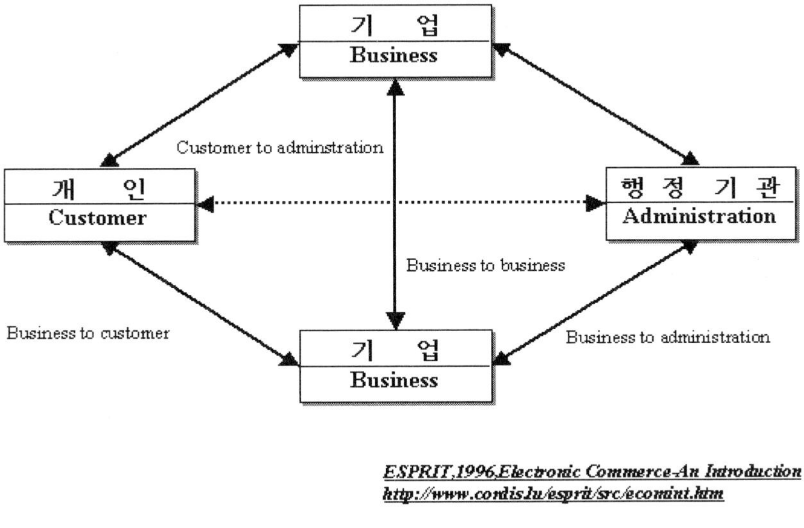

[그림 7-12] 전자상거래의 형태

첫째로 기업간 거래의 경우는 기업이 공급자와의 관계에서 컴퓨터 네트워크를 통해 전자적으로 주문을 하고, 송장을 수령하고, 대금을 지불하는 형태의 거래를 이야기한다. 기존에는 전용망이나 VAN등의 네트워크에서 EDI를 이용한 거래시스템 위주였으나 인터넷의 발전으로 익스트라넷(*Extranet*)을 이용한 기업간 거래가 늘어나고 있다. 기업은 이를 통하여 공급자관리, 재고관리, 배포관리, 채널관리, 결제관리 등의 다양한 응용형태를 가질 수 있다. 기업은 기업간 거래뿐만이 아니라 기업내부의 전자상거래의 형태도 가질 수 있다. 인트라넷(*Intranet*)이 이러한 형태인데, 작업그룹간의 커뮤니케이션(*Communication*)이나 온라인 게시, 협업 등을 통하여 생산성과 효율을 향상시킬 수 있다.

둘째로 기업과 개인간 거래는 최근 웹의 출현으로 인한 인터넷의 확산으로 쇼핑몰 등의 가상상점에서의 소규모 거래를 의미한다. 개인들은 전자적으로 게시된 상품의 정보를 이용하여 전자화폐나 다른 결제 시스템을 통하여 제품을 구입하게 된다. 이러한 소규모 거래는 아마존 등의 쇼핑몰에서 개인이 책을 구입하는 것에서부터 시작하여 인터넷 광고에 이르기까지 다양한 형태를 취하고 있다.

세번째로 기업과 행정기관간의 거래는 정부 조직에서 정보시스템을 통해 기업으로부터 물품을 조달하거나 법인세, 부가가치세 등을 징수하는 것으로 조달 EDI 시스템이나 기존의 CALS 등이 여기에 속한다.

마지막으로 정부와 소비자간 상거래는 아직까지 활발하게 이루어지고 있지는 않지만 정부가 생활보호지원금이나 세금환불 등을 전자적으로 처리하고자 할 때 활용될 수 있다.

3.3 전자상거래의 기술구조

전자상거래가 가능하려면 우선은 케이블, TV, 무선, 인터넷 등의 네트워크 기반구조가 필요하다. 이 위에 정보의 생산, 교환, 이전 및 호환성을 보장하는 기술적인 표준들이 갖춰져야만 하고, 조세나 개인비밀의 보호와 같은 사회적인 문제들이 해결되어야만 한다. 전형적인 시장의 형성은 상품 및 서비스와 재화의 교환을 통해 형성된다. 이에 반해 전자상거래로 형성된 전자시장(*Electronic Market*)은 이 위에 정보라는 새로운 요소가 필요하다. 바코스(*J.Y. Bakos*)는 이러한 전자시장을 구매자와 판매자가 제품 및 가격 등에 대한 정보를 교환할 수 있는 조직간 정보시스템(*InterOrganizational Systems : IOS*)라고 정의하였다. 이러한 전자시장은 네트워크를 이용하여 누구나 시간과 장소에 구애받지 않고 참여할 수 있고,거래비용이 낮다는 장점을 지닌다.

그림 7-13은 현재 전자상거래로 이루어진 전자시장의 구조를 좀 더 확실히 이해하기 위해 정리한 것이다.

• 네트워크 인프라

정보고속도로(*Information Highway*)는 수없이 다양한 형태의 전송시스템들이 복합되어있다. 광케이블망뿐만이 아니라 전화망, 인공위성, 케이블 TV망과 같은 형태의 디지털 회선들이 복합되어서 서비스를 제공하게 된다. 예를 들어 인터넷 전자메일을 사용하여 뉴욕의 동료에게 메일을 보내게 되는 경우에도 메일은 패킷단위로 나뉘어져 전세계의 서로 다른 네트워크로 보내진 후에 뉴욕에서 집합될 수도 있다. 전송되는 도중에 이러한 패킷들은 호주의 시드니를 거쳐서 뉴욕으로 도착할 수도 있을 것이고, 일본 도쿄와 미국 로스엔젤레스를 거쳐서 뉴욕에 이를 수도 있을 것이다. 인터넷 전자상거래에서는 이러한 네트워크의 대역폭(*Network Bandwith*)을 확보하는 것이 굉장히 중요하다. 이러한 전송 네트워크를 제공하는 회사들을 정보 전송 제공자(*Information*

Transport Providers)라고 부른다. 여기에는 전화선을 제공하는 통신회사, 동축케이블과 직접 방송 위성(DBS: *Direct Broadcast Satellite*) 네트워크를 제공하는 케이블 TV 시스템, 이동 무선과 위성 네트워크를 제공하는 무선 회사, 그리고 각종 PC통신회사, 인터넷 서비스 제공자(*Internet Service Provider*) 등이 이 범주에 포함된다.

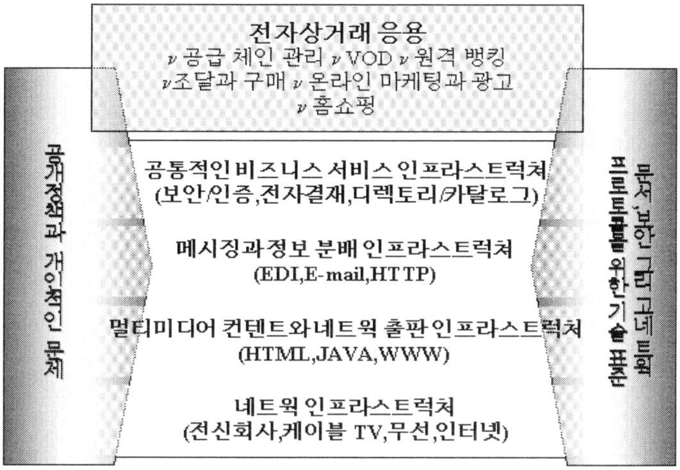

R. Kalakota & A. Whinston's Electronic Commerce : a Manager's Guide

[그림 7-13] 전자상거래 기술구조

• **멀티미디어 컨텐트와 네트워크 게시**

정보고속도로가 전자상거래의 가장 기초체계라면, 컨텐트를 전송하는 호스트들은 이러한 네트워크의 시작점과 종단점이다. 인터넷의 경우 웹 서버들은 자신들이 가진 HTML(*Hyper Text Markup Language*)형식의 컨텐트들을 출판할 수 있도록 도와준다.

• **메시징과 정보 분배**

네트워크를 통해 전송되는 정보 컨텐트들은 문자, 숫자, 그림, 음성, 비디오, 압축정보 등으로 구성되지만, 이러한 모든 정보들이 비트(*bit*)로 디지털화되어 있기 때문에 전송매체에 있어서는 특별히 컨텐트를 구별하지는 않는다. 일단 컨텐트들이 생성이 되면 다양한 전송방법과 메시징 및 배포 방법으로 네트워크를 통해 전송된다. 메시지 전송수단은 정형화된 데이터뿐만 아니라 비정형화된 데이터 통신을 위한 방법도 제공된다. 비구조화된 메시지 전송수단은 팩스, 전자메일, 그리고 로터스 노츠와 같은 폼 기반의 그룹웨어 시스템들이다. 구조화된 메시징은 통신회선을 통해 컴퓨터 애플리케이션간의 표준화되고 검증된 메시지 교환으로 구성된다. 전자상거래의 목적을 달성하기 위해 기존의 메시징 메커니즘은 신뢰할 수 있고 거부되지 않는 변경불가의 메시지 전송을 위해 통합되어야 하며, 필요에 따라서는 전달 유무를 인지하고 확인할 수 있도록 확장되어야 한다. 메시징 소프트웨어는 다양한 통신 장비(PC, 워크스테이션, 셋톱박스, 무선통신장비), 인터페이스(문자, 그래픽, 가상현실), 그리고 네트워크(인공위성, 케이블, 동축케이블, 광섬유, 무선 등)를 통하여 작업할 수 있도록 하는 데에 그 목적이 있다.

• **공통 비즈니스 서비스 인프라**

비즈니스를 온라인상으로 처리하는 것은 그 잠재력에 대해서만이 아니라, 온라인 지불 도구나 보안등의 불안함을 없애도록 하는 것이 중요하다. 공통적인 비즈니스 서비스 인프라스트럭처는 그러한 단점들을 극복하고자 한다. 이러한 인프라스트럭처에는 온라인 구매와 판매처리를 가능토록 해주는 다양한 방법들이 있다. 온라인 상거래에 있어 고객들은 상점들에 고객들의 신용정보와 결제에 관련된 정보들을 보내게 된다. 이것이 네트워크를 통해서 신뢰성 있고 안전하게 전송되고 이러한 정보들이 다른 사악한 일에 사용되지 않을 것이라는 확신이 있어야만 전자상거래는 이루어질 수가 있다. 이러한 보안 트랜잭션과 보안 지불수단의 개발은 전자상거래 연구에 있어 가장 중요한 분야 중의 하나이다.

• **정책과 기술표준**

또 다른 핵심 지원층 또 다른 중요한 전자상거래의 대들보는 공공정책과 기술적인 표준을 설정하여야 한다는 것이다. 전자상거래에 관련된 공공 정책으로 인해 전세계적인 접속과 사생활 보호등과 같은 문제에 대해 사회적인 합의를 이끌어내는 것이다. 이러한 문제들은 경제적, 정치적인 문제 뿐만 아니라 정보시대에 있어서의 윤리적인 문제까지도 일으키게 된다. 현재 전자상거래는 기본적인 정책과 법률적인 문제들을 야기하고 있다. 정보 수송정책은 정보 액세스 비용, 사기 행위로부터의 고객보호, 사생활에 대한 권리 보호 법규, 정보에 대한 저작권 침해 및 음란물을 발견하기 위한 광범위한 정보에 대한 점검 등에 대한 주제들을 다룬다. 이들 주제들은 그 중요성이 크게 증가하고 있다. 기술적인 표준은 정보 게시 도구와 사용자 인터페이스, 전송 사양 등을 정의하는 것이다. 이러한 표준은 전체 네트워크와 이를 이용하는 애플리케이션간의 호환성을 보장하기 위해서는 필수적이다.

3.4 전자상거래의 특성

전자상거래는 기존의 전통적인 상거래와 비교할 때 몇가지 특성을 가지고 있다. 첫번째로 유통채널의 경우에 전자상거래의 경우는 기업과 소비자를 네트워크를 매개로 직접 묶어주기 때문에 전통적인 상거래와 같이 도매상이나 소매상을 거쳐서 재화를 이동시킬 필요가 없다. 때문에 소비자는 제품에 대한 정보를 많이 가질 수 있고 기업에 대해서 소비자의 요구사항을 직접 표시할 수 있다.

두번째로 거래 대상지역과 거래시간의 경우에는 전자상거래가 전세계를 대상으로 하는 데에 비용이 작게 든다는 것을 들 수가 있다. 전통적인 기업이 전세계를 대상으로 거래를 시작하려면 물리적으로 공간과 인력을 확보하여야 하고 전세계의 지점들을 통제하는 데에 많은 비용이 소모되기 때문에 쉬운일이 아니다. 하지만 전자상거래는 하나의 사이트를 통해서 하루 24시간 전세계를 대상으로 영업할 수 있다. 거의 모든 트랜잭션들이 전자적으로 자동으로 처리된다.

세번째로 고객수요파악의 경우에는 전자상거래의 경우에는 온라인으로 자동으로 고객정보를 수집하고 파악하는 흐름이 자연스럽게 이루어지지만 전통적인 상거래에는 영업사원이 고객들의 정보와 활동내역 등을 정보시스템에 따로 입력해야한다. 전자상거래의 경우는 이러한 자연스러운 정보입력으로 인해서 실시간으로 정보가 파악되고 여기에 따라 적절한 마케팅 활동을 펼칠 수 있다.

네번째로 마케팅 활동의 경우에는 전자상거래는 소비자의 선호에 맞추어 인터랙티브 마케팅 혹은 원투원 마케팅을 통하여 고객에 대해 보다 세밀한 접근을 펼칠 수 있다. 하지만 전통적인 방식에서의 마케팅 활동은 광고나 이벤트를 통한 일방적인 접근방식 밖에 가질 수 없다.

[표 7-10] 전자상거래와 전통적 상거래의 비교

구분	전자상거래	전통적인 상거래
유통채널	기업 소비자	기업 도매상 소매상 소비자
거래대상지역	전세계(global marketing)	일부지역(closed clubs)
거래시간	24시간	제약된 영업시간
고객수요 파악	온라인으로 수시 획득 재입력이 필요 없는 디지털 데이터	영업사원이 획득 정보 재입력 필요
마케팅 활동	쌍방향 통신을 통한 1대1 인터랙티브 마케팅	구매자의 의사에 상관없는 일방적인 마케팅
고객 대응	소비자의 욕구를 신속히 포착 즉시 대응	소비자의 욕구 포착이 어렵고 대응 지연
판매 거점	사이버공간	판매공간이 필요
소요 자본	상대적으로 적은 비용	토지, 건물 등의 구입에 거액의 자금이 필요

3.5 전자상거래 저해요인과 성공요인

전자상거래 시장의 성숙을 막는 장벽에 대해서는 OECD 97년 보고서, '*Dismantling the Barriers to Global Electronic Commerce*'를 보면 4가지 정도로 요약하고 있다. 정보 인프라에 대한 접근의 어려움, 전자적인 거래에 대한 사용자와 소비자들의 신뢰 부족, 새로운 전자적인 환경에서 야기되는 법적인 불확실성, 대금 지불 및 운송에 관련된 문제 등이 그것이다.

정보 인프라에 대한 접근의 문제는 상용 인터넷망에 일반 개인이 접속하기 위해서 경제적으로, 기술적으로 지불해야 할 비용에 대한 문제와 네트워크의 대역폭이나 속도에 관한 문제에 대한 것이다. 우선 정보 인프라에 접근하는 데에 대한 경제적인 요소는 인터넷망을 접속하는 데에 치러야 할 비용에 관한 것이다. 모뎀이나 전용선, ISDN, 케이블 모뎀, ADSL등의 고속 인터넷 서비스가 등장하면서 이러한 비용은 점점 낮아지고 있다. 학교나 관공서등의 공공장소에서 접속할 수 있어지고 대부분의 대기업에서 전용선을 통하여 인터넷에 접속가능하게 되면서 이러한 문제는 점점 해결 될 것으로 보인다. 그리고 기술적인 문제는 이러한 네트워크에 접속하는 소프트웨어나 이를 이용하는 애플리케이션을 사용하면서 치뤄야하는 시간과 비용에 관계된 것들이다. 현재 월드와

이드 웹을 검색할 수 있도록 해주는 브라우저, 기타 FTP나 다른 소프트웨어들도 제품들의 베타버전이나 무상 배포본이 존재함으로 해서 기본적인 이용에는 불편함이 없는 수준이다. 하지만 이러한 네트워크 접근성의 확보는 전자상거래 시장에 있어서 가장 큰 인프라 문제이기 때문에 정책적인 견지에서 이를 확보해 나가야할 필요가 있다. 그리고 네트워크상의 컨텐트들이 멀티미디어화해감에 따라 더욱 큰 대역폭을 확보해 나가는 것도 중요한 문제가 되고 있다.

둘째, 정보시스템과 전자적인 거래에 대한 사용자와 소비자의 신뢰확보의 문제이다. 인터넷 쇼핑몰을 통해 물건을 구매하는데 있어 가장 큰 저해요소로 '인터넷 쇼핑몰 및 인터넷 쇼핑몰에서 판매하는 상품에 대한 신뢰 부족'이 지적된다. 가상공간에서의 쇼핑을 일반인들이 즐기기 위해서는 인터넷 상인과 상품에 대해 신뢰를 제공하는 절차가 있어야 한다. 이를 위해서는 신용카드결제를 위한 SET(*Secure Electronic Transaction*)같이 지불과정상에서 인터넷 상인과 고객 등을 인증(*Certificate*)하는 것뿐만 아니라, 실제적인 비즈니스 과정에서도 인터넷 상인의 재무능력, 대 고객 브랜드 인지도, 배송절차 및 고객 서비스 정도, 시스템 보안 등의 구매결정을 위한 신뢰와 관련된 요인들을 공공성을 가진 단체가 평가하여 고객에게 신뢰성 정도를 인증하는 장치가 있어야 한다. 또한 표준화가 되지 않는 상품군에 대해서는 상품에 대한 품질인증을 함으로써 고객이 신뢰를 가질 수 있어야 한다. 미국의 경우에는 TRUSTe이라는 단체가 이러한 역할을 대신하고 있다.

셋째, 새로운 전자적인 환경에서 야기되는 법적인 불확실성의 최소화를 해야 한다는 것이다. 전자상거래가 범세계적으로 대규모의 거래가 발생될 수 있다는 가능성을 감안할 때 정부차원의 법적인 절차가 수립되어야 한다. 이는 인터넷을 통해 실물 또는 컨텐츠(*Contents*)가 거래될 때 발생되는 관세 및 세금의 부과문제를 비롯하여, 소비자의 주문취소 및 환불요청시 발생되는 소비자 보호의 문제, 회원제를 통해 수집되는 고객정보를 보호하는 사생활 보호의 문제, 음란/폭력물의 배포에 대한 청소년 보호의 문제 등 다양한 형태의 법적인 규제와 거래의 자유가 혼합된 형태로 나타난다.

네번째는 대금 지불 및 운송에 관련된 물류적인 문제이다. 한국의 전자상거래 사이트인 인터파크의 경우, 고객의 소리를 통해 접수된 고객불만의 85%가 물류에 관련된 문제임을 감안할 때, 현재 실물상품 위주로 판매하는 인터넷 쇼핑몰이 당면한 가장 큰 문제는 물류와 관련된 문제이다.

전자상거래 저해요인

- 인터넷에 대한 접근 문제
- 전자적인 거래 및 정보시스템에 대한 소비자의 신뢰 부족
- 새로운 전자 거래 환경에서 야기되는 법, 제도적 불확실성
- 대금 지불 및 운송에 관련된 물류적인 문제

이러한 장벽들에도 불구하고 전자상거래를 도입하는 기업에 성공을 이끌어내는 주요성공요인들은 보다 큰 네트워크대역폭의 확보나, 멀티미디어 정보, 전자지불시스템, 사회적인 제도의 문제, 상거래 규약의 문제 등을 들 수 있다. 미국의 경영학자인 J. F .Rockart는 주요성공요소를 '개인, 부서나 조직을 위하여 경쟁적인 과업 수행을 성공적으로 이룰 수 있는 제한된 영역으로, 기업의 번영과 경영자의 목표달성을 위하여 반드시 잘 관리되어야 하는 제한된 수의 주요영역들이다' 라고 정의하였다.

전자상거래 성공요인

- 보안의 개선: 개인의 신용정보나 회사의 중요정보가 전송중 혹은 보관중에 제삼자에게 유출되지 않는 것을 의미함
- 신속저렴한 통신: 판매자와 구매자간에 상호거래가 완결될 때까지 혹은 디지털제품을 다운받을 때 빠르게 처리되어야 함
- 전자지불시스템: 전자상거래의 실시간성에 맞는 실시간거래를 위한 지불방식으로 전자화폐, 신용카드이용방식, 제삼자인증 등이 있음
- 법, 제도의 문제: 전자상거래에서 일어날 수 있는 문제가능성에 대한 해석과 전자문서, 전자화폐 등 새로운 환경에 대한 정의를 의미함
- 물류체계: 인터넷상에서 주문한 물품에 대하여 빠르고 정확하게 상품을 전달하는 과정을 의미함
- 인터넷 확산: 사이버쇼핑몰과 고객을 연결하는 매개체인 인터넷의 사용자가 급증하고 있음
- 컨텐츠: 데이터, 음성, 영상 등 모든 정보형태를 포괄하는 정보내용물과 이른 이용한 전반적인 서비스활동
- 사용자 인터페이스: 쇼핑몰을 쉽게 찾아갈 수 있고, 일단 쇼핑몰에 들어가서는 누구나 쉽게 정보와 상품에 접근할 수 있는 것을 말함
- 다양한 상품의 확보: 소비자가 원하는 제품을 모두 구비함으로서 고객의 제품을 찾는데 드는 시간과 비용을 줄이는 것을 의미함

- 품질인증 제도: 인터넷을 통하여 상품을 구매할 때는 실제 상품을 직접보고 구매하는 것이 아니기 때문에 품질에 대하여 안심할 수 있어야 함

참고문헌

김규수 · 김철환, 전자상거래, 문원출판, 1999, pp. 52-53

김범열, "Marketplace의 성공 조건", 주간경제 578호, 2000. 7. 5.

김상욱 외, 전자상거래와 디지털 경제, 홍릉과학출판사, 2000

삼성경제연구소, "인터넷 時代의 企業", CIO Information, 1996. 3

이계평, "차세대 인터넷 비즈니스, 인포미디어리", 주간경제 537 · 538호, 1999. 9. 22.

존 하겔 3세 외, "정보 중개와 전자 상거래", 세종서적, 2000. 3.

Gary Hamel and Jeff Sampler (1998), 'The E-Corporation', 'Fortune December 7, 1998

Kalakota R., and Andrew B. Whinston, Frontiers of Electronic Commerce, Addison-Wesley, 1996

Malone, Thomas W., Yates, J. A., and Benjamin, R. I., "Electronic Markets and Electronic Hierarchies", Communication of the ACM, June Vol.30 No.6, 1987.

Shapiro, C. and H.R. Varian, Information Rules, Harvard Business School Press, 1999

http://www.auction.co.kr

http://www.jal.co.jp

http://www.fedex.com

http://www.ups.com

제 8 장

전사적 자원관리시스템 (ERP)

제1절 ERP의 개념과 도입 배경

제2절 ERP 시스템의 특성

제3절 ERP 도입 방식

제4절 ERP 도입효과 및 문제점

정보기술의 혁신은 점(*node*) 중심의 세계관에서 선(*line*)과 면(Plain) 중심의 세계관으로의 사상 전환을 촉진하였으며, 그 핵심에는 '프로세스(process)'라고 하는 새로운 관리적 시각이 자리하고 있었다. 이러한 새로운 사상이 조직 프로세스의 재설계(BPR)로 나타났으며, 그에 기초하여 기능과 계층을 통합 연계하는 전사적 정보시스템(ERP)이 출현하게 되었다. 또한 기업의 가장 원초적 데이터인 회계정보가 기존의 거래발생기준에서 활동기준(ABC: *Activity-based Costing*)[28)]으로 확대되면서 기초정보의 사각지대가 관리의 대상으로 포함되기에 이르렀다. 결국 ERP는 BPR, ABC와 아래의 그림 8-1에서 보는 바와 같이 '프로세스'라는 새로운 관리적 사상을 공유하고 있다.

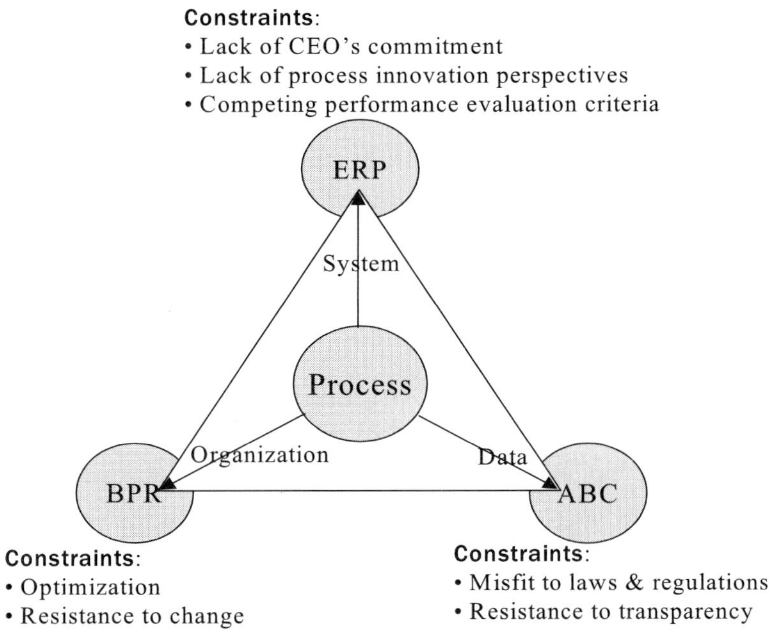

[그림 8-1] 프로세스 관리사상을 공유하고 있는 3대 영역

28) ABC(활동기준회계): 기존의 거래발생기준으로는 파악이 어려운 비제조원가(즉, 간접비용)을 제품원가에 반영함에 있어, 제품이 거친 모든 활동을 확인한 후 제품이 거친 활동별로 파악된 원가에 의해 원가계산을 하는 것으로서 간접비용의 비중이 날로 높아지는 현실에 개념적으로 매우 부합되는 원가관리방식이다. 이 새로운 방식은 조직의 모든 활동정보가 공유될 수 있음을 전제로 하는 것으로 ERP와 같은 전사적 정보시스템을 필수조건으로 한다.

제 1 절 ERP의 개념과 도입 배경

1.1 ERP의 개념 및 정의

가. ERP의 개념

컴퓨터에 의한 기업자원계획의 역사는 1960년대까지 거슬러 올라가는데, 초기에는 생산과 재고관리 기법인 MRP(*Material Requirements Planning* : 자재 소요 계획)가 쓰였는데 MRP는 기준 생산계획(마스터 스케줄)과 부품표, 재고 정보의 3가지를 기반으로 구체적인 제조일정과 자재생산, 조달계획을 계산하는 기법이다.

그 후 MRP 개념은 생산계획의 주변업무를 다루는 방향(생산능력계획과 기준 생산계획의 피드백, 조달예산계획, 설비구입계획, 재고예산계획 등 제조재무계획 전반, 판매계획과의 연동등)으로 발전해 갔는데 그것을 MRP-II (*Manufacturing Resource Planning* II : 생산자원계획)라 부르며 현재에 이르기까지 많은 기업에서 이용되고 있다. 한편 AMR(*Advanced Manufacturing Research*)은 ERP와 동일한 시스템을 COMMS(*Customer-Oriented Manufacturing Management System*)으로 정의하고 정보화 기술에 어플리케이션 아키텍처부문까지 강조하고 있다.

사실 ERP는 결코 혁명적인 개념도 아니고 진정 새로운 아이디어도 아니다. 그러나, 이것은 상당히 유용한 개념으로서 '고객 회사, 하청회사 등 상하위 공급 체계와 설계, 영업, 회계 등 회사내 연관부서의 업무를 동시에 고려하지 않고서는 제조에 관한 올바른 의사결정을 내릴 수 없다'는 인식을 전제로 한다. ERP는 MRP-II를 기업 활동 전반의 모든 업무의 경영자원을 대상으로 확대함으로써 붙여진 이름이고, 지금도 내부에 MRP의 기능을 지닌 시스템이다. ERP는 시스템 구성과 사용자 편이성의 측면에서 기존 MRP, MRP-II의 단점인 비유연성을 최소화한 시스템이며, 기술적인 측면에서는 신기술인 객체지향기술, 분산 데이터처리, 개방형 구조, 라이트사이징 등을 받아들인 분산화, 개방화된 시스템이라고 할 수 있다. 즉, 생산활동을 위한 자재투입의 최적화(MRP)에서 기업활동을 위한 경영자원투입의 최적화(ERP)로 확장된 것이다.

나. ERP의 정의

1) 가트너 그룹의 정의

1994년 글로벌 컨설팅회사인 가트너 그룹(*Gartner Group*)은 ERP시스템을 "기업의 업무 기능들이 상호 균형을 이루며 수행될 수 있도록 디자인된 차세대 비즈니스 시스템을 대표하는 애플리케이션 집합(*a series of applications designed to bring business functions into balance and represents the next generation of systems*)으로 정의하였다.

2) APICS의 정의

한편 미국 생산재고관리협회(APICS : *American Production and Inventory Control Society*)는 ERP시스템을 "고객의 주문에 대한 수주, 생산, 배송, 회계처리 등을 위하여 전사의 자원을 규명하고 계획하는 회계위주의 정보시스템(*accounting-oriented information system for identifying and planning the enterprise-wide resources needed to take, make, ship, and account for customer orders*)이라고 정의하였으며, 동의어는 고객지향 제조관리시스템이라고 하였다.

1.2 ERP의 도입배경

기존의 BPR이나 MRP와 같은 경영지원을 위한 각 하위 시스템들은 해당 분야의 업무를 처리하고 정보를 가공하여 의사결정을 지원하기도 하지만 별개의 단편적인 System으로 운영되어 정보가 타 부문에 동시에 연결되지 않아 불편과 낭비를 초래하게 되었다. 이러한 문제점을 해결하기 위해 ERP는 어느 한 부문에서 Data를 입력하면 회사의 전 부문이 동시에 필요에 따라서 정보로 활용할 수 있게 하자는 것이다. 일반적으로 ERP는 제조, 물류, 유통, 인사/회계관리 등의 업무프로세스를 정보기술로 구현한 대형기술로서 제조기업의 모든 기능을 망라한 전사적인 통합솔루션으로 단순히 정보기술차원의 접근방법이 아닌 정보기술과 비즈니스의 조화를 이루려는 경영전략차원의 접근방법이라고 할 수 있다.

[표 8-1] 제조업 전략의 시대적 변천과 ERP 도입배경

구 분	1960년대	1970년대	1980년대	1990년대
경 쟁 요 소	가격	시장	품질	시간
제 조 전 략	소품종 대량 생산	기능 통합	공정 유연성	제품 주기 단축
제조 시스템	NC 기계	MRP-I	MRP-II JIT	CIM ERP

ERP란 생산, 자재, 영업, 인사, 회계 등 기업 전 부문에 걸쳐있는 인력, 자금 등 각종 경영자원을 하나의 체계로 통합적으로 재구축함으로써 생산성을 극대화하는 대표적인 기업 리엔지니어링 운동이다. 이러한 ERP의 최종목표는 기업의 자원인 인력(*Man*), 금전(*Money*), 자재(*Materials*), 기계(*Machines*)를 통합적으로 관리하여 시너지효과를 창출하는데 있으며, 이를 통하여 고객만족(*customer satisfaction*)을 달성하는데 있다고 할 수 있다. 한편, 최근 국내외의 기업들이 앞 다투어 ERP를 도입하려는 배경을 살펴보면 다음과 같다 (그림 8-2 참조).

첫째, 국내 기업을 둘러싸고 있는 경영환경은 인건비의 상승, 고급인력의 절대적 부족, 사회간접자본의 미흡, 금융비용의 과다, 그리고 제품설계, 핵심부품, 생산 설비의 지나친 해외의존으로 인하여 기업의 경쟁력은 날로 약화되고 있다는 것이다. 이러한 시점에서 새로운 정보시스템 기술의 도입과 이를 통한 생산전략의 혁신에 대한 관심이 높아지고 있으며, 이에 ERP는 이러한 문제들을 해결할 수 있는 새로운 대안으로 부각되었다는 것이다.

둘째, 전산비용을 획기적으로 절감할 수 있다. 즉, ERP 시스템을 구축함으로써 기존의 정보시스템 개발 및 유지보수비용의 획기적인 절감이 가능하다는 것이다.

셋째, 급격하게 짧아지는 제품의 라이프 사이클(*life cycle*)과 날로 다양해지고 있는 소비자의 요구에 기업이 전사적으로 대응하기 위하여 ERP는 절대적으로 필요하다는 것이다.

넷째, ERP는 리엔지니어링의 가시적인 실천수단으로 활용될 수 있다는 기대감 때문이다. 1990년대에 미국에서 시작된 리엔지니어링의 성과가

기대에 못 미친 것은 이를 지원하는 핵심 정보기술이 부족했기 때문이며, 이제 ERP는 기업의 모든 단위 활동들은 통합하여 기업활동이 실시간(real time)으로 수행될 수 있도록 도와준다는 것이다.

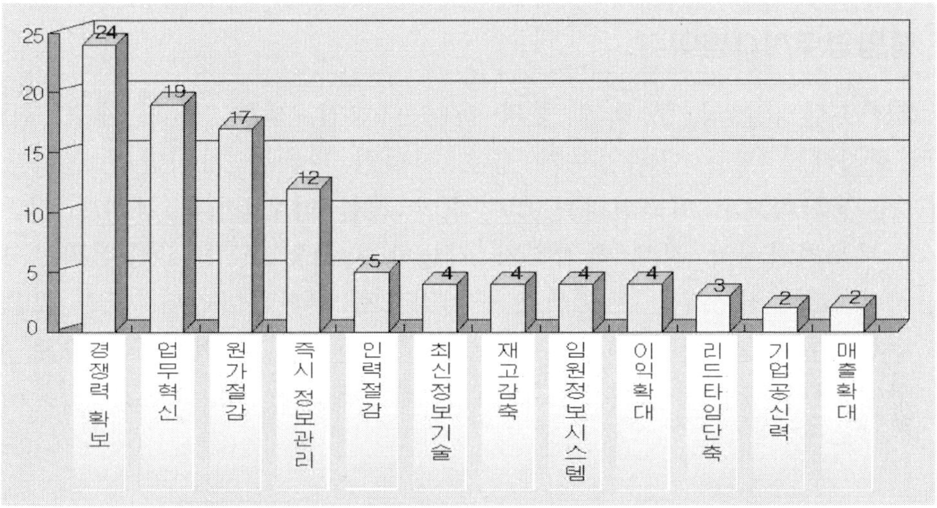

<출처 : 이동길, ERP 전략과 실천, 2001>

[그림 8-2] 국내 중견 중소기업의 ERP 도입 이슈(1순위 기준)

제 2 절 ERP의 시스템의 특성

2.1 ERP의 기능적 특성

가. 통합업무시스템이다.

ERP시스템의 가장 큰 특징 중의 하나는 영업, 생산, 구매, 재고, 회계, 인사 등 회사내의 모든 단위업무가 상호 긴밀한 관계를 가지면서 실시간(*Real Time*)에 통합적으로 처리된다는 것이다. 이러한 업무통합을 통하여 기존 MIS에서의 부분최적에서 전체 최적화가 가능하게 되었고, Task중심적인 업무처리 방식이 고객 지향적인 프로세스 중심적으로 전환되어진다. 또한 모든 시스템이 통합되어 있기 때문에 어떠한 정보라도 두 번, 세 번 중복적으로 처리할 필요 없이 거의 한번의 입력으로 처리가 끝나게 되는 *One Fact One Place*가 가능하게 된다.

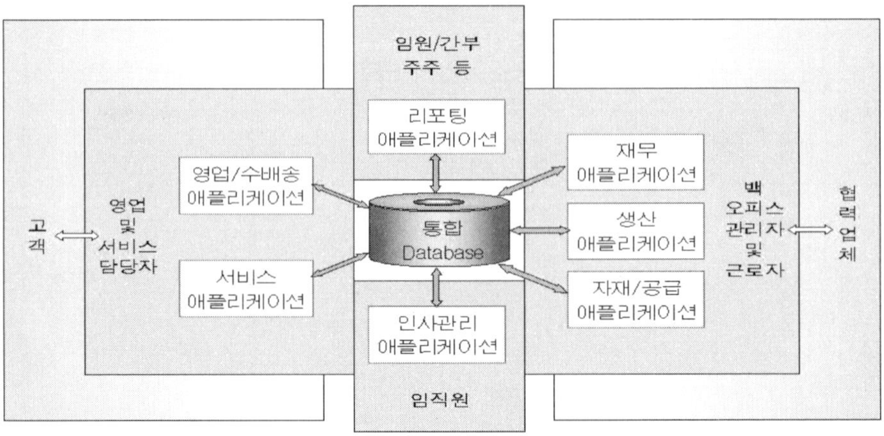

<출처 : "Putting an Enterprise into an Enterprise System," Davenport, Harvard Business Review, July-August, 1998>

[그림 8-3] ERP 시스템의 개념적 구성도

나. 세계적인 표준 업무 프로세스이다.

ERP시스템은 첨단 경영기법을 연구하고 세계 초일류 기업의 선진 프로세스를 벤치마킹하여 프로세스를 구성하였기 때문에 ERP패키지에서 구현된 프로세스 자체가 세계적인 표준 업무 프로세스라고 할 수 있다. 이러한 표준 프로세스의 도입을 통해 기업체들은 별도의 투자 없이 자동적으로 BPR을 하게 되는 효과를 얻을 수 있다.

다. 그룹웨어와 연동이 가능하다.

일반적으로 그룹웨어에서는 전자메일 · 전자게시간 · 공용 데이터베이스 · 전자 결재 · 워크플로(작업의 흐름을 관리하는 기능)등의 기능이 제공된다. 이러한 그룹웨어기능과 영업 · 생산 · 구매 · 자재 · 회계 등 기간업무 시스템과의 연동은 필수적이라고 할 수 있다. ERP시스템의 경우 패키지 자체내에서 이러한 그룹웨어 기능들을 내장하고 있으나 자체내에 그룹웨어 시스템이 없는 경우에도 외부 그룹웨어시스템과의 연계를 통해 그룹웨어 기능을 제공하고 있다.

라. 파라미터 지정에 의해 개발된다.

ERP시스템은 패키지 개발 시 해당 업무프로세스와 관련하여 상정할 수 있는 대부분의 거래유형을 포함시켜 놓고 있다. 따라서 업종별, 기업규모별로 천차만별인 세계도처의 기업에 적용이 가능할 뿐만 아니라, 구축시간을 단축시킬 수 있고 유지보수 비용을 크게 줄일 수 있게 되었다. 이렇게 필요한 기능을 전부 내장하고 있는 ERP 패키지를 파라미터 지정을 이용하여 해당기업에 맞도록 시스템을 최적화시켜주는 작업은 ERP컨설턴트의 몫이다.

마. 확장 및 연계성이 뛰어난 오픈 시스템이다.

기존 MIS가 폐쇄적인 구조로 설계되어 시스템의 확장 및 다른 시스템과의 연계가 제대로 이루어지지 않은 반면, ERP시스템은 어떠한 운영체제 · 데이터베이스에서도 잘 돌아가게 설계되어 있어 시스템의 확장이나 다른 시스템과의 연계가 쉽게 되어 있다. 특히 데이터를 정밀하게 분석해주는 데이터웨어하우징(*Datawarehousing*), 경영분석 도구인 임원정보시스템(EIS : *Executive Information System*), 설계와 생산을 동시에 가능케 하는 PDM (*Product Document Management*), 광속거래라 불리우는 CALS(*Commerce At Light Speed*), 전자상거래인 EC(*Electrinic Commerce*)와 같은 응용 · 전문영역의 패키지와 ERP시스템은 쉽게 조화를 이룰 수 있어 고도화되고 복잡해지며 급변하는 경영환경에 적극 대응할 수 있게 된다. 또한 e-비즈니스의 백본(backbone)으로서 e-SCM, e-CRM의 구현에 필수적 요건이 된다.

바. 임원정보시스템(EIS : Executive Information System)을 제공한다.

ERP시스템을 통하여 경영자들은 수시로 경영상황을 점검하고 분석할 수 있게 된다. ERP시스템에서는 제공되는 경영자 정보인 EIS(*Executive Information System*)을 통하여 경영자는 언제라도 원하는 정보를 검색할 수 있게 되어 있다.

사. 전자자료 교환과 전자 거래 대응이 가능하다.

기업내에서 거래되고 발생되는 모든 활동은 기업내에서만 그치는 것이 아니라 외부기업체와의 연계가 필수적인 사항이라 할 수 있다. 외부와의 연계업무 중 대표적인 것이 EDI(*Electronic Document Interchange* : 전자적 문서 교환)라 할 수 있다. ERP시스템에서 EDI를 연계시킨다면 거래처와 주고받는 모든 문서가 EDI를 통해 접수됨과 동시에 자동적으로 ERP시스템으로 연계되기 때문에 업무처리의 신속성과 정확성, 표준화를 가질 수 있게 된다.

2.2 ERP의 기술적 특성

가. 클라이언트 서버(C/S : Client Server)시스템

과거 중앙집중식 환경 하에서는 일반직원들이 사용하고 있는 터미널은 중앙의 주전산기로부터 얻어온 정보를 뿌려주는 단순한 단말기 역할만해서 더미(Dummy: 바보, 멍텅구리)라고 불려졌다. 그러나 지금 일반직원들이 사용하는 클라이언트 PC는 기능이 강력해지면서 Client에게 새로운 역할을 주고, Server는 과거 중앙집중식 방식과 같이 모든 것을 가질 필요가 없어지는 분산처리 구조는 바뀌게 되었다. ERP 시스템 역시 웬만한 일은 대부분 Client 수준에서 처리를 하게 되는 C/S에 기반을 둔 대표적인 분산처리 형태에서 등장한 패키지라고 할 수 있다. 최근에는 웹 기반의 'ERP-II'가 개발되어 외부 관련 기업과의 연동이 가능토록 되어 있어, e-CRM과 e-SCM의 구현을 지원한다.

✍ 현행시스템과 향후시스템(ERP)의 구조 비교

[그림 8-4] 기존 시스템과 ERP 시스템의 비교도

나. 4세대 언어(4GL), CASE Tool

갈수록 고도화 되어 가고 있는 산업용 소프트웨어를 개발하는데 있어 기존의 프로그램 개발방식으로 한계에 부딪치게 되면서 4세대 언어(4GL)라고 불리우는 프로그램 언어들이 등장하게 되었다. 대표적인 4세대언어는 Visual Basic C++, Power builder, Delphi, Java 등이 있다. 이와 아울러 고기능성 산업용소프트웨어를 개발하기 위한 별도의 방법론으로 등장한 것이 CASE (*Computer Aided Software Engineering*) Tool이라는 것인데, 이는 소프트웨어를 만드는 소프트웨어라고 할 수 있다.

다. 관계형 데이터 베이스(RDBMS)

거의 모든 ERP시스템은 원장형 데이터베이스 구조를 채택하고 있다. 기존의 파일시스템 구조로는 데이터의 독립성, 종속성이 문제가 있기 때문에 ERP와 같은 고기능성 산업용 소프트웨어에는 상용 RDBMS를 채택해야만 한다. 현재 ERP시스템에서 돌아가고 있는 DB는 Oracle, Informix, Sybase, SQL

등인데 DB의 채택은 주로 운영환경(OS)과 하드웨어(H/W) 등 전체의 플랫폼에 의해 결정되고 있다.

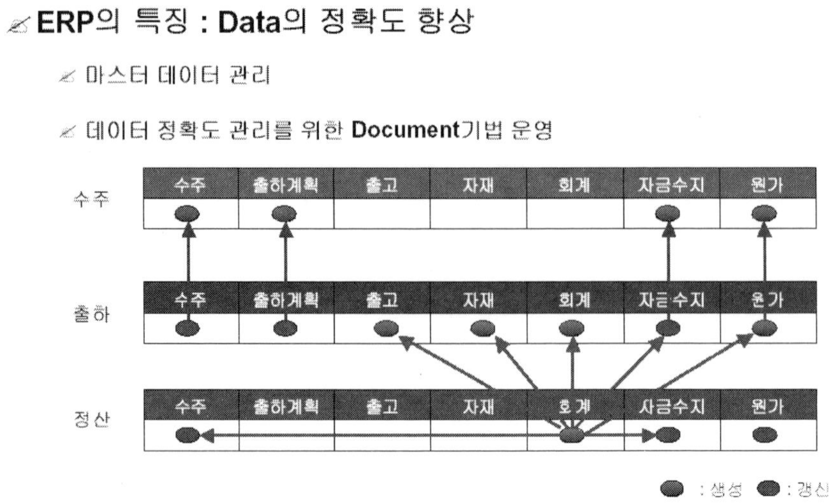

[그림 8-5] ERP 시스템의 Data 정확성

제 3 절 ERP 도입 방식

3.1 ERP 도입전략 및 단계

기업에서 ERP 시스템을 성공적으로 구축하기 위하여 가장 중요한 것은, 첫째로 경영층의 강력한 의지와 현업부서의 적극적인 협조와 참여를 통한 톱다운(top-down) 방식으로 추진되어야 한다는 것이다. 즉, 경영층, 현업부서, 정보시스템부서의 상호 유기적인 협조가 매우 중요하다는 것이다.

둘째, 현재 수행중인 업무와 정보시스템의 과감한 혁신을 동시에 추진해야 한다는 것이다. 즉, 획기적인 업무형식이 수반되지 않는 정보시스템은 획기적인 효과를 기대할 수 없다는 것이다.

셋째, 조직 내의 모든 문제 해결은 먼저 단위 부서 혹은 사업부중심이 아니라 회사 전체적인 차원에서 생각해야 한다는 것이다.

가. ERP 도입전략

이러한 측면에서 ERP의 도입전략은 다음의 4가지로 세분할 수 있다.

첫째, 기존의 업무처리 관행에 따라 ERP패키지를 수정하는 방법이다. 이 방안은 도입에 따른 교육훈련을 최소화시킬 수는 있으나 패키지 수정이 너무 많고 리엔지니어링의 효과는 거의 찾아볼 수 없다는 단점이 있다.

둘째, 리엔지니어링을 실시한 후에 ERP를 도입하는 방법으로, 요구사항이 명확해져서 도입효과는 증대하나 ERP패키지가 리엔지니어링을 지원하지 못하는 경우에는 다시 조정해야 하는 문제가 있다.

셋째, 리엔지니어링과 ERP도입을 병행하는 방법으로 시너지효과를 거둘 수는 있으나 장시간이 소요될 수 있으며, 많이 비용이 소요된다.

넷째, ERP 패키지에 맞추어 리엔지니어링을 추진하는 방법으로 단기적으로는 가시적인 효과를 거둘 수 있으나 패키지에 따라서 결과가 판이하게 달라진다는 위험부담과 함께 조직의 성공요인이나 경쟁원천인 특성이 희석된다는 문제가 있다.

나. ERP 도입단계

한편, ERP 패키지를 도입할 경우에 ERP의 성공적인 도입단계는 다음과 같이 수행되어야 한다.

1) 장기적인 비전과 철저한 준비

ERP 패키지를 구축한다는 것은 기업의 정보인프라를 완전히 새롭게 구축하는 것이며, 기업의 업무프로세스를 획기적으로 개선하는 대형 프로젝트이다. 따라서, ERP 시스템을 도입함에 있어서 무엇보다도 장기적인 비전이 수립되어야 하며, 철저한 준비가 필요하다는 것이다. 예를 들어, 조직내 공감대의 형성과 막대한 자금이 필요하다는 것이다.

2) ERP 제품의 선정

자사환경에 맞는 최적의 ERP를 선정하기 위하여 활용될 수 있는 기준은 다음의 6가지로 요약할 수 있다 (표 8-2 참조).

- 비전(개발투자, 선진업무 프로세스, 변화에 대한 유연성, 신기술 수용력)
- 첨단기술(개방성, 클라이언트/서브구조의 확정성, 유연성)
- 벤더정보(재정, 연구개발투자, 이윤)
- 기능(각 업계의 특성, 기능선택의 폭, 유연성, 용이성)
- 서비스 및 지원(한글화, 제품교육, 컨설팅서비스, 유지보수)
- 증명된 제품(적용사례, 사용자그룹, 사업실적 및 기반)

3) 도입 모듈과 보완 패키지의 선택

ERP 제품이 선정되면, 우선 핵심 관리모듈과 프로세스를 중심으로 초기사양을 한계적으로 선택한 후 적용결과를 검토하면서 추가적인 도입을 하는 것이 바람직하다.

[표 8-2] 국내외 ERP 패키지 소개

	제품명	주요 내용
국외	SAP R/3	독일의 SAP사는 1980년대에는 대형컴퓨터에 기반을 둔 R/ 2를 판매하였고, 1987년 부터는 클라이언트 서버 환경에 기반을 둔 SAP R/3를 개발하였다. 1992년부터 판매하기 시작한 SAP R/ 3는 자체 4GL인 ABAP를 사용하여 GUI환경으로 개발. SAP은 크게 12개 모듈로 나뉘어져 있으며, 이들은 크게 재무, 내부물류, 외부물류, 사무자동화, 업종별 솔루션의 5개 분야로 세분될 수 있음 ① FI: financial accounting (일반회계 및 자금관리) ② CO: controlling (관리회계 및 원가관리) ③ AM: asset management (고정자산관리) ④ PS: project information system (PROJECT관리) ⑤ OC: office communication (사무자동화) ⑥ IS: industry solution(oil, bank, insurance 등 지원) ⑦ SD: sales & distribution (판매/물류관리) ⑧ MM: material management (자재관리) ⑨ PP: production planning (생산관리) ⑩ QM: quality management (품질관리) ⑪ PM: plant maintenance (공장관리) ⑫ HR: human resources (인사관리)
	오라클 어플리케이션	미국 오라클사에서 개발한 ERP용 소프트웨어이며, 세계시장 2위를 점유. 회계부문이 특히 강점
	BPCS V5.1	미국 SSA사가 '95년 출시한 ERP용 소프트웨어로 세계 4위를 점유. 계획 및 비계획 부산물 지원, 역가계산 기능, 로트번호관리 및 추정 등을 포함하는 프로세스 산업관리용 별도 모듈을 제공하기 때문에 화학 장치산업에 적용사례가 많이 있음
국내	탑엔터프라이즈	한국기업전산원이 국내 최초로 개발한 시스템은 제품생산의 3대 요소인 자본, 물자, 인력뿐만 아니라 정보와 시간을 포함한 5대 핵심적인 경영자원을 기획, 실행, 검증하는 모든 과정을 소프트웨어 기능으로 통합·자동화한 시스템
	인프라ERP	한국하이네트에서 개발하여 보급하고 있는 시스템으로 매출 50-500억 규모의업체를 대상으로 5천-1억원의 비용으로 3-4개월내에 설치·운용가능
	uniERP	삼성SDS에서 개발한 시스템으로 중소 및 중견기업에 적합한 한국형 ERP패키지
	비전21	지앤텍에서 개발한 것으로 중소기업용 ERP 패키지
	KTT ERP	KTT 경영컨설팅에서 개발한 것으로 유닉스 및 윈도즈NT 환경하에서 사용할 수 있음. 판매, 생산, 재고관리를 효과적으로 처리해주는 통합생산관리기능과 인사, 급여, 회계/자금,고정자산, 원가, 예산을 관리해주는 일반사업관리기능으로 구성

4) ERP의 최적화 및 해당 업무의 리엔지니어링 수행

공급사의 컨설턴트, 해당기업의 CIO와 전산인력, 리엔지니어링이나 제도개선추진팀, 핵심프로세스의 실무자, 그리고 외부전문가로 구성된 태스크포스팀을 구성하여 추진해야 한다.

5) ERP 사용성의 평가

ERP 도입의 중간단계나 사후에 사용성을 평가하는 것은 반드시 필요하다고 할 수 있다. 이를 통하여 개발과정상의 문제점을 발견할 수 있으며, 향후 개발전략을 수립하는데에 많은 도움을 줄 수 있다.

다. 국내기업의 ERP 도입 전략

'98년을 전후해 국내 기업들은 정보시스템을 통한 경쟁력 강화나 경영혁신을 위한 수단 혹은 정보시스템상의 Y2K문제해결 수단으로 ERP시스템을 잇따라 도입하기 시작했다. 그러나 ERP시스템은 개별적인 업무가능 영역을 지원하던 기존의 정보시스템과 비교할 때 기업의 경영전반에 미치는 영향이 훨씬 크기 때문에 구축과정에 소요되는 비용과 노력 또한 늘어날 뿐만 아니라 원래 목표한 방향대로 ERP시스템이 구축되지 않으면 큰 낭비가 될수도 있다.

이 때문에 ERP시스템을 구축하는데는 기업의 목표와 특성, 상황에 적합한 ERP패키지의 선정과 우수한 컨설팅 인력을 보유한 컨설팅 업체의 선택과 같은 당연한 조건 외에도 다음과 같은 점을 충분히 고려하고 이행해야 한다.

첫째, 특정 기업의 독특한 업무수행 방식이 경쟁 기업과의 차별화를 위한 전략적 필요나 국내 법규 등에 의해 필수적으로 요구되는 것이 아니라면 ERP패키지가 제공하는 업무 프로세스를 최대한 수용하도록 한다.

둘째, 최고경영자는 직원들에게 ERP시스템 구축과 관련한 업무변화의 방향과 필요성을 구체적으로 제시하고 이에 대한 점검과 업무지시를 자신의 일상적인 일과로 삼아야 한다.

셋째, ERP관련 현업 직원의 구실은 새로운 업무 프로세스의 구현을 주도적으로 수행하는 것이어야 한다. 특히 기존 소속 부서의 관점보다는 프로젝트 팀원 편에서 전체 프로젝트의 목표를 달성하기 위해 필요한 소속 부서와의 업무조율을 담당할 수 있도록 해야한다.

넷째, ERP시스템의 구축대상 업무영역은 기업과 그 고객에게 실질적인 부가가치를 제공하는 기간업무 영역을 중심으로 해야 한다.

다섯째, ERP시스템이 기존 정보시스템을 완전히 대체하기보다는 경쟁력 강화나 경영혁신을 위해 필요하거나 시스템 구축 및 구축후 유지보수상의 비용절감과 효율성을 기하기 위해 필요한 선에서 도입하도록 한다.

여섯째, 개별업무 프로세스에 대한 완벽한 지원보다는 전체 업무 프로세스와 데이터의 통합이 우선돼야 한다. 즉 이 두가지 목표의 달성이 서로 배치되는 상황에서는 후자에 우선순위를 두어야 한다.

3.2 ERP 구축방법 (4단계)

ERP시스템은 기존의 MIS시스템을 구축하는 방법과 비슷한 경로인 분석(*Analysis*), 설계(*Design*), 구축(*Construction*), 구현(*Implementation*) 등 4단계의 과정을 거쳐 구축된다. 그런데 ERP는 이와같이 과정은 비슷하지만 각 단계에서 수행해야 할 일은 큰 차이를 보이고 있다.

예컨대 MIS시스템이 자기 회사의 실정에 맞게 개발되었고 따라서 개발된 결과를 구축해야 될 목표(*TO-BE Process*)로 삼은 반면, ERP시스템에서는 ERP패키지 자체를 지향해야 될 방향(*TO-BE Process*) 및 목표로 정하고 시스템을 구축하기 때문에 ERP패키지에서 구현된 업무프로세스에 맞추어 현행 업무와 조직을 바꿔야 한다.

따라서 ERP시스템은 구축이 시작되면서부터 끝날 때까지 내부에서의 엄청난 저항에 부딪치고 이를 극복해 나가야 하는 과정을 수 없이 되풀이해야 하며 이로 인해 고도의 전문적인 컨설팅을 요구하게 된다. 조직이 크면 클수록 경영진부터 말단 사원에 이르기까지 변화에 대한 관리(*Change Management* : CM)를 잘 해야 ERP시스템을 구축할 수 있게 된다.

가. 분석(Analysis)

분석단계에서 핵심은 현황파악(AS-IS 분석)이다. 성공적인 시스템을 구축하기 위해서는 무엇보다 자기 기업의 현주소를 명확히 알아야 하기 때문이다.

분석단계에서 현황파악을 하는데 있어 중요한 사항을 아래에 기술해 놓았다. 이와 같은 분석과정을 통한 결과물은 바로 다음 단계인 설계에 반영토록 되어 있다.

- 프로젝트팀(TFT : Task Force Team) 구성
- 현재 시스템 문제 파악
- 현업요구분석
- 세부추진일정 계획수립
- 경영전략 및 비젼도출
- 주요 성공요인 도출
- 목표와 범위 설정
- 시스템 설치(HW, SW)
- 교육

나. 설계(Design)

설계(Design)단계는 분석한 결과를 구축시키기 위해 준비하는 과정으로, 이 단계에서는 ERP프로젝트의 핵심인 개선된 프로세스, 즉 TO-BE 프로세스를 도출하게 된다. 이와 같은 TO-BE 프로세스는 현재의 회사 업무프로세스와 회사나 경영자 및 현업에서 요청한 사항과 ERP패키지에 구현된 프로세스를 잘 조화시켜서 도출한다. 이를 위해 회사에서 내놓은 TO-BE 프로세스와 ERP프로세스를 비교하여 차이점을 발견하는 GAP분석을 하게 된다. 또한 ERP시스템에서 소화하지 못하는 문제에 대한 해결방안 및 대책을 수립하고 기존에 사용하는 어플리케이션이나 추후에 도입될 소프트웨어와의 인터페이스에 대한 문제 역시 설계단계에서 이루어진다.

- TO-BE Process 도출
- GAP분석(패키지 기능과 TO-BE 프로세스와의 차이분석)
- 패키지 설치 및 파라미터 설정
- 추가개발 및 수정보완문제 논의

- 인터페이스 문제 논의
- 사용자 요구 대상 선정 Customizing
- 교육

다. 구축(Constuction)

구축(*Constuction*)단계는 분석·설계과정을 통해 이루어진 현황파악 및 설정된 목표를 시스템적으로 구축하여 검증하는 과정이다. 분석·설계과정을 통해 영업, 생산, 구매, 자재, 회계, 인사급여 등 회사의 모든 업무에 대한 재설계 결과를 ERP패키지의 각 모듈과 비교하여 꼭 필요한 모듈만을 조합하여 시스템으로 구축시킨 후 테스트를 한다.

- 모듈조합화(Configuration ; TO-BE 프로세스에 맞게 모듈을 조합한다)
- 테스트(각 모듈별 테스트 후 통합 테스트)
- 추가개발 또는 수정기능 확정
- 인터페이스 프로그램 연계 테스트
- 출력물 제시
- 교육

라. 구현(Implementation)

시스템 구축이 끝나면 실제 시스템을 돌려보게 된다. 본격적인 시스템 가동에 앞서 시험적으로 운영하는 과정이 구현단계로 볼 수 있다. 구축된 시스템에 실 데이터를 입력시켜 시스템을 시험적으로 운영해 보고(*Prototyping*) 문제점이 발견되면 다시 개선점(TO-BE 프로세스)을 찾아 구축하게 된다.

제 4 절 ERP 도입 효과 및 문제점

4.1 ERP 도입 효과

표 8-3에서도 드러나듯이 기존에는 업무에 맞춘 시스템 개발이 주류이다보니까 급격한 환경의 변화, 비지니스 프로세스의 변화에 맞춰가지 못하고 시스템 개발이 항상 뒤처지고 사용자 부문의 많은 개발요구가 누적되어 곤경에 처하게 되었다. 게다가 몇개월 이상 개발한 새로운 시스템이 가동됐을 때는 벌써 현장의 요구를 만족시키지 못하는 시스템이 되어버리고 마는 경우까지 생겨나고 있는 것이 현실이다. 그러나 기업활동 전반에 걸쳐서 우선 풍부한 업무기능이 통합된 형태로 제공되는 ERP에서는 단기간에 정보시스템 개발이 가능해진다.

[표 8-3] 기존 시스템과 비교한 ERP 장점

1. 개발. 도입기간	짧다
2. 개발할 내용	적다
3. 유지보수	적다
4. 개발. 유지보수 비용	적다
5. 도입. 개발주체	정보처리 부분 중심에서 사용자 중심으로
6. 도입. 개발결정	Bottom-up에서 Top-down으로
7. 시스템의 단위	부문. 사업부 단위에서 전사적 기능통합으로
8. 업무와 시스템의 관계	업무에 맞춘 시스템 개발에서 시스템에 맞춰 업무를 변경하는 관계로
9. 시스템의 목적	부문과 현장의 사정을 파악, 전체 최적을 우선
10.기업특성	기업특유의 노하우에서 세계공통의 비지니스 실행으로

여기서는 ERP에서 제공한 기능의 메뉴 가운데서 자사가 필요한 것을 선택하여 그 기능을 자사에 맞도록 조정하는 형태를 띠기 때문이다. 또 현재의 정

보시스템은 부문 단위나 사업부 단위의 시스템인 경우가 많아 이 때문에 부문간 정보시스템의 흐름은 유연성이 떨어진다. 하나 ERP는 기업전체의 업무를 통합해서 다루기 때문에 같은 정보를 다시 시스템에 입력할 필요가 없다. 데이터는 단 1회로 발생한 장소에서 기록하면 된다. 이와 동시에 사람을 필요로 하는 업무의 흐름을 유연하게 한다. 이것은 모두 정보의 "통합화"의 작용이다. 따라서 간단히 말하자면 기업에서 ERP를 도입함으로써 얻을 수 있는 효과는 다음과 같다.

첫째, 기업내의 부문들을 통합할 수 있으며, 이를 통하여 신속한 경영의사결정을 지원하며 동시에 시간, 인력 및 자원의 소비가 최소화된다는 것이다. 삼성전자의 광주 신냉장고 공장에서는 1994년도 공장건설과 동시에 SAP을 도입한 이후 생산직의 경우에 1인당 생산성을 2배로 향상시켰으며, 인원 및 자재도 획기적으로 절감되었다는 것이다(*The Weekly Economist(c)*, 1996. 11.5). 미국의 워든페트롤륨사는 SAP 구축으로 인하여 인원 절감은 물론 비용을 20% 정도 절약했다고 발표했다(*The Weekly Economist(d)*, 1996.11.5). CAD 소프트웨어로 세계적인 명성을 얻고 있는 미국의 오토데스크는 SAP시스템을 구축한 결과 고객의 주문에 대해 24시간 내에 제품배달이 가능하게 되었고, 재고관리비용이 많이 줄었다고 한다(*The Weekly Economist(d)*, 1996.11.5).

둘째, 리엔지니어링의 촉진 및 활용도구로 효과적으로 활용될 수 있다. 즉, 선진 민간 기업형 업무 프로세스를 자사에 이식할 수 있어서 자연스럽게 조직의 리엔지니어링을 혁신적으로 추진할 수 있다는 것이다.

셋째, 고객을 제조 프로세스의 일부로 참여시키기 때문에 고객에 대한 만족도를 높일 수 있다. 뿐만 아니라 국내본사와 해외지사를 통합할 수 있어서 기업의 자원을 효율적으로 통합하여 관리할 수 있게 된다.

넷째, 기술적인 측면에서는 ERP 핵심기술의 자립화가 가능하고, 사회적으로는 인력난을 해결할 수 있으며, 인간적인 욕구변화에 대응하는 경영관리로의 전환이 기대된다. 또한 경제적으로는 국내 제품이 대외경쟁력을 강화하는데 크게 기여할 수 있으며, 비즈니스 및 경영기술 환경의 급격한 변화에 대한 유연성을 극대화할 수 있다.

다섯째, ERP 솔루션을 기업의 기반시스템(infra-system)으로 구축할 경우에 초기에는 투자가 많이 이루어지지만 구축후에 유지보수 비용 등이 많이 소요되지 않기 때문에 장기적으로 볼 때에 기업의 정보시스템 투자비용의 절감효과를 기대할 수 있다.

4.2 ERP 도입 시 문제점

ERP는 1990년대 초반에 경영혁신의 방법으로 등장한 리엔지니어링 혹은 BPR을 지원할 수 있는 강력한 정보기술로서 자리를 잡고 있다. 하지만, 기업에서 ERP를 도입함에 있어서는 다음과 같은 문제들이 제기되고 있다.

첫째, 많은 기업들이 ERP는 패키지이므로 곧바로 사용할 수 있을 것으로 생각하지만, ERP시스템을 도입하는데 엄청난 시간과 재정이 소요된다. 일반적으로 ERP를 도입함에 있어서 많은 기능을 자사의 환경에 맞추어야 하므로 최소한 6개월에서 2년정도의 시간이 소요되며, 현재 전세계적으로 ERP 컨설턴트의 공급 부족, 자체 인력의 교육/훈련 비용, 업무전환으로 인한 부대활동 등으로 상당한 비용이 소요된다는 것이다.

둘째, ERP시스템이 오픈되어 있기 때문에 기업의 회계상태가 전산망에 상당 부분 그대로 노출되는 문제가 있으며, ERP시스템을 가동함으로 인하여 생산성이 대폭 향상되고 이로 인하여 인원감축을 초래하여, 고용안정을 해칠 수도 있다는 것이다.

셋째, ERP시스템을 구축함에 있어서는 도입한 ERP 패키지를 기업의 환경에 맞게 수정하고 자료의 표준화 및 기업재구축 등에 소요되는 리엔지니어링 비용 혹은 컨설팅 비용이 구입비용보다 더 많이 소요되고 있다. 현재 ERP구축 프로젝트에서 실제 패키지 자체가 갖는 비중은 전체의 20-30%를 차지하고 있는 것으로 분석된다. 나머지는 실제 구축작업에 소요되는 컨설팅과 유지보수가 차지하는 것으로 조사되고 있다.

넷째, 국내 기업에서의 수요에 비하여 한국형 ERP 패키지의 개발이 부족한 실정이며, 대부분 국내 기업이 외국 패키지에 의존하고 있다는 것이다. 기능적으로 부족한 부분은 업무에 맞게 *Customization*한다고 하나 한계가 있다. 이로 인하여 서로 다른 기업환경과 상거래 관행을 갖고 있는 외국 패키지를 무분별하게 도입할 경우에 경영기술의 종속화가 우려된다는 것이다. 즉, 대부분의 ERP 패키지는 국외의 경영환경에서 가장 표준적이며 합리적인 현업을 모델로 개발되어 있으며, ERP를 현장에 적용할 때 기본적인 접근방법은 현업의 업무를 ERP의 프로세스에게 재설계하도록 되어있다는 것이다.

다섯째, ERP 업체들은 시장의 선도자가 되기 위하여 사이트의 확보에 지나치게 치중한 나머지 성공적인 사례가 별로 없다는 문제가 있다.

ERP가 개개의 패키지별로 특히 강점을 가진 부분이 있는 것은 사실이지만 정작 중요한 것은 도입하는 기업에서 어떻게 구축해 나가느냐의 문제에 더 신경써야 할 것이다. 더구나 ERP가 기존의 *Reengineering*과 *Restructuring*의 단점을 극복하고 차세대 기업 운영방식으로 자리잡기 위해서는 오픈 프로토콜로서의 확장성과, 폭넓은 접근성을 활용하여야 할 것이다. ERP를 운영하고, EC(전자상거래)를 하려고 하는 경우 선진국에서 받아들인 모델을 가지고 이에 맞춰 혹은 국산 프로그램에 맞춰 이를 수행하는 기업과 수행하지 않는 기업의 차이가 눈에 띄지 않을 수도 있고, 위에서 살펴본 것처럼 쓸데없는 일을 할 수도 있다. 그러므로 폭넓은 사전조사와 기회비용의 고려, 재무적요소(ERP, EC시스템구축 및 교육비용증가), MRP(자재소요 계획)의 특성을 잘 살려 도입해야하고, 특성상 전산전문가가 모든 정보의 권력을 손에 쥐고 있기 때문에 CIO의 이에 대한 대응(학습)을 갖추고, 각 대상자의 교육후에 적절히 운용해야 할 것이다.

참고문헌

경향신문, "한국기업전산원 통합자원관리장치 개발" 1997.7.20

김길웅, "ERP의 중요성과 국산화 전략" 컴퓨터월드

전자신문, "ERP 열풍" 1996.11.11

The Weekly Economist(a), "ERP 혁신, 기업 전부문 통합..생산극대화" 1996.11.5

The Weekly Economist(b), "SAP시스템" 1996.11.5

The Weekly Economist(c), "SAP구축 삼성전자" 1996.11.5

The Weekly Economist(d), "SAP구축 미 성공사례" 1996.11.5

The Weekly Economist(e), "ERP 패키지회사" 1996.11.5

CIO 인터넷 사이트(http://www.cio.seoul.kr)

한국오라클 홈페이지(http://www.oracle.co.kr)

한국ERP 솔루션 페어(COEX본관 3층1999.4.30)-'한국ERP협회 주최'

유니텔 경영정보연구회

나우누리 경영학 포럼

제 9 장

의사결정지원시스템 (DSS)

DSS의 기능적 특성은 *Peter Keen*(1972)에 의해 아래와 같이 제시된 정의를 살펴보면 알 수 있다.

> *DSS is an interactive computer-based system which translates complex models into usable and useful decision tools and helps decision-makers utilize models and data on the semi- and/or unstructured problems.*

결국 DSS란 피드백 주기를 최소화 할 수 있는 대화식 처리시스템으로서, ① 수리모델과 관련 데이터를 이용하여, ② 주로 비구조적, 반구조적 문제에 관련된 분석적 정보(*analytic information*)를 적시에 제공함으로써, ③ 의사결정문제의 해결을 지원할 수 있는 유용하고(*useful*) 사용가능한(*usable*) 정보시스템을 말한다.

여기서 "유용하고 사용가능한"이란 말의 의미는 「수리모델을 통한 분석적 정보의 적시 제공」이란 가장 두드러진 DSS의 기능적 특성과 긴밀한 관계가 있다. DSS가 제 기능을 다하기 위해서는 무엇보다도 복잡하고 난해한 수리모델들을 유용하고 사용가능한 도구로 시스템 내에 내장하여 관리할 수 있는 설계 방법론의 정립이 가장 중요한 것임을 의미한다. DSS를 기존의 MIS와 구분 짓는 기능적 특성은 의사결정자에게 문제에 대한 수리모델을 제공하거나, 모델수립이 용이하도록 지원해 줌으로써, 이로부터 제공되는 분석적 정보를 통해 정확한 의사결정을 내리도록 돕고자 하는 데 있다. 요컨대, 수리모델들은 DSS로 하여금 분석적이며, 의사결정문제와 직접 관련되는(*more relevant*) 정제된 정보(*filtered or processed data*)를 제공할 수 있는 소위 "분석적 정보 제공 능력"을 지니게 한다.

그러나 이러한 기대와는 달리 의사결정 지원환경은 사용자의 의사결정을 효과적으로 지원하지 못하고 있다. 시스템은 통합되어 있지 않으며, 데이터의 일관성이 결여되어 있고, 제공되는 데이터의 질은 매우 낮다.

첫째, 시스템 통합의 문제이다. 기존의 기업정보시스템은 개별적이고 단편적인 필요성에 의해 구축되었기 때문에 통합적이지 못하고 분열된 상태로 존재한다. 즉 정보시스템은 조직이라는 테두리에 의해 제한을 받게 되며, 설계 및 개발 방법론은 각각의 정보시스템을 개별적이고 독립적인 프로젝트로 다루게 된다. 기업합병과 경영권인수 등의 과정을 통하여 발전하고, 다양한 정보 기술 환경이 결합될 때 기업정보 시스템의 분열은 더욱 심각하다.

둘째, 일관성 없는 데이터의 문제이다. 정보시스템의 전통적 발전과정에서 데이터는 개별적인 프로세스를 자동화하기 위해 단위 부서들의 필요에 맞도록 만들어졌다. 그래서 데이터는 애플리케이션과 밀접하게 연계되었으며, 만약 데이터의 속성이 바뀐다면 애플리케이션 역시 바뀌어야했다. 이 같은 데이터와 애플리케이션의 밀접한 관계로 인해, 마침내 유지하기 어렵고 비효율적이며 비용이 많이 드는 다수의 중복된 데이터가 여러 장소에 나타나게 된다. 이러한 문제점은 결국 데이터의 신뢰성, 생산성, 정보생성의 측면에서 여러 가지 장애를 가져온다. 이와 함께 정보시스템부서와 협업 부서 사이의 문화적인 차이 문제가 있다. 정보시스템 담당자는 일반적으로 자신의 지원을 필요 로 하는 기업 의사결정에 익숙하지 않고, 반대로 의사결정자들은 제공되는 데이터의 구조에 익숙하지 못하다.

셋째, 데이터 공해 문제이다. 의사결정 지원시스템에서 가장 큰 문제점 중 하나는 운영시스템상의 데이터 질에 관한 것이다. 데이터의 정확성은 항상 데이터 입력단계에서 시스템에 의해 점검된다. 그것은 정확하지만, 쓸모없는 데이터들이다. 이런 요인들은 첫째, 잘못된 애플리케이션 설계로 쓸모없는 데이터를 만드는 한 요인이며, 둘째, 데이터가 수집되는 곳과 사용되는 곳이 분리됨으로써 발생하기도 하며, 셋째, 데이터 입력 시 표준화된 네이밍 룰(*Naming rule*)이 없다는 것도 이유가 될 수 있다.

제 1 절 새로운 의사결정 환경의 대두

1.1 배 경

정보기술의 발달, 특히 인터넷의 등장으로 여러 산업분야에서 경쟁의 규칙이 재 정의되어 왔으며, 모든 규모의 기업들에게는 무한한 기회가 주어졌다. 이러한 새로운 비즈니스 시대에, 고객과 고객의 요구사항을 정확하게 이해하고 있는 조직들은 전례 없는 보상을 받을 수 있지만, 반대로, 불확실한 가정을 근거로 중요한 결정을 내리는 기업들은 물러설 위기에 처해있다. 이러한 전쟁터에서 효과적으로 경쟁하기 위하여, 경영자들은 보다 폭넓고 깊이 있는 시장정보에 근거하여 보다 나은 의사결정 능력을 갖추어 가고 있는 경쟁자들보다 더 먼저 시장을 이해하여야만 한다.

이 새로운 시대에 지속적으로 신속하게 적응하기 위하여서는 기업 내부의 운영을 보다 잘 이해하는 것이 필요하다. 기업은 내부 업무 운영에 대한 심도 깊은 이해를 추구하는데, 이를 통해 비용 절감 및 이윤 창출 요인을 규명하려고 노력하고 있다. 또한, 기업 환경의 변화에 신속히 대응하여 업무를 규칙적으로 재조정할 수 있는 사업에 대한 통찰력이 어느 때보다도 중요하게 되었다. 과거와는 비교도 안될 만큼 기하급수적으로 증가하는 정보환경 하에서의 새로운 차원의 정보 분석 툴을 이용하여 사업 성공요소를 파악할 수 있는 또 다른 니즈를 요구하게 된 것이다.

경제적인 요인으로서 많은 경제적 요인들이 오늘날의 기업 환경에 영향을 미치고 있다. 업계의 비규제화 바람은 사업 환경을 전면적으로 변화 시키고, 기업은 글로벌 전략을 통해 새로운 시장에 대한 공략을 강화하고 있다. 이러한 변화 속에서도 기업은 기존 시장의 새로운 경쟁사들과 효율적으로 경쟁하여야만 한다.

고객의 기대치 변화에 따른 요인으로, 동시에 고객은 제품 및 서비스의 품질에 대한 기대치는 점점 높아지고 있다. 기업에 대한 고객의 충성도 (*customer loyalty*)는 낮아지고 있으며, 이로 인해 기업은 기존 고객을 유지하기 위해 안간힘을 쓰고 있다. 또한, 많은 업계의 기업들이 제품과 서비스가 각 고객 고유의 필요에 맞추어지는 대량 커스터마이징 시대로 급속히 이동하고 있다.

정보기술의 요인으로 인터넷의 등장은 모든 규모의 비즈니스에게 놀라운 기회를 열어 놓았다. 인터넷으로 연결된 이 세계에서, 모든 기업은 이제 고객과 연결하고, 고객의 필요를 이해하며, 표적화된 제품과 서비스로 고객을 효과적으로 관리하기 위한 강력한 무기로서 정보기술을 이용할 수 있다. 기술을 최대한 활용하는 성공적 기업들이 소매업과 금융 서비스와 같은 다양한 업계의 기존 업체들에게 도전장을 내밀고 있다.

ERP(*Enterprise Resource Planning*)시스템의 구현의 요인 또한 보편화되어가고 있는 중요한 요인이다. 기업들은 ERP의 구현으로 조직 전체적인 비즈니스 프로세스를 통합하고, 자동화하며, 능률화하여 정보를 보다 전략적 자산으로 최대한 활용하려 하고 있다.

이러한 환경 조건의 변화는 기업의 지속적인 변화를 요구한다. 기업의 운명은 얼마나 시장의 요구사항에 능동적으로 대응할 수 있느냐에 달려 있게 되었으며, 급격한 변화를 거듭하고 있는 시장 역동성은 중소기업이라도 경쟁하고 있는 대기업보다 더 빨리 기회를 포착할 경우 무한한 가능성을 가질 수 있게 되었다.

가. 운영 환경과 의사결정지원 환경

항공사의 예약시스템, 금융기관의 원장처리 및 회계시스템등과 같은 전형적인 운영시스템은 대량의 데이터를 수집하고 단순 처리하는 방식으로 구성되어있다. 이러한 운영시스템은 기업의 본원업무를 지원하는 기간 시스템으로서 그 중요성이 매우 크기 때문에 어떤 시스템보다도 먼저 컴퓨터화 되어야 할 최우선 부분이다. 이러한 운영시스템은 시간이 지나감에 따라 기업의 운영과 통합 될 수 있도록 확장되고 재구축되고 관리되어야한다. 실제로 오늘날 많은 기업들은 이러한 운영시스템이 데이터를 관리해주지 않으면 잠시도 조직을 운영하지 못하게 된다.

하지만 운영시스템이 비즈니스 상 중요한 기능을 하고 있긴 하지만, 애플리케이션이 정적이고, 처리형태가 자동화되어 있으며, 그 결과는 정보가 아닌 단순 데이터라는 특징을 갖고 있다. 그렇기 때문에 대용량의 데이터를 종합적으로 처리, 분석하고 실질적으로 비즈니스의 경향 및 기회를 찾으려는 의사결정자들에게는 도움이 되지 못한다.

반면에 의사결정 지원시스템은 정보를 원하는 사용자에게 제공한다. 즉 사용자의 요구에 대응할 수 있도록 동적으로 구성되어 있으며, 다양한 각도에서 탐색할 수 있는 기능을 가지고 있다. 예를 들어, 가장수익성 높은 우리의 제품 및 서비스는 무엇인가?" 우리의 최상의 고객은 누구인가, 가장 신뢰성 없는 공급자는 누구인가?" 등과 같은 질의에 대응할 수 있다. 즉 의사결정지원시스템은 조직의 계획, 예측, 경영과 관련된 정보를 제공해주는 시스템인데, 이러한 기능은 오늘날과 같이 급변하는 환경에서 기업의 생존에 중요한 요소가 되었다. 마케팅계획, 재무분석, 예산편성 등과 같은 기능은 이러한 기능을 지원할 수 있는 의사결정시스템을 필요로 한다.

나. 새로운 정보기반의 필요성

한편 오늘날의 경영자들은 과거에 비해 더욱 짧은 시간에 훨씬 더 중요한 의사결정을 수행할 것이 요구된다(그림 9-1 참조). 그러나 대부분의 경우 축적된 데이터는 정보로 변환되지 못하고 조직의 컴퓨터 속에 사장되며, 의사결정은 정보에 근거하여 이루어지지 않는다. 또한 현재 대부분의 기업들의 정보기반은 제품을 대량 생산하던 시기에 맞는 체제이다. 제품종류가 적었고, 고객집단을 세밀하게 분류할 필요가 없었던 시기에는 구매패턴이 반복적이었고 제품생명주기가 뚜렷했다.

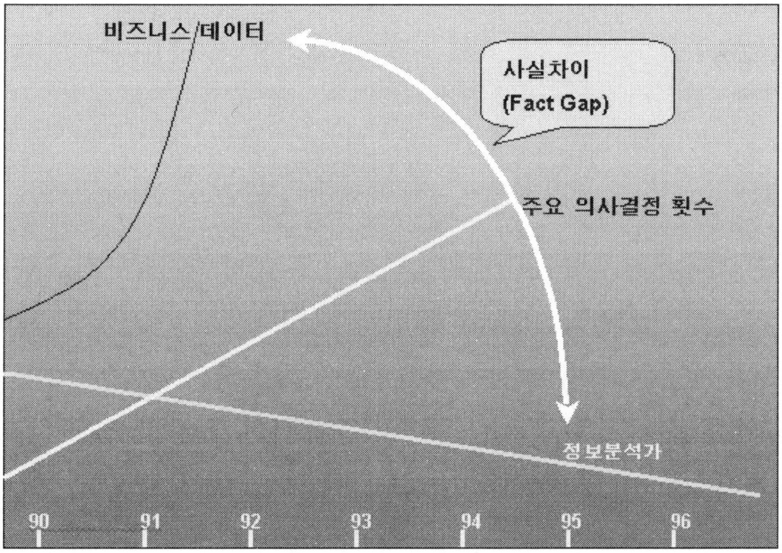

[그림 9-1] 비즈니스 데이터와 분석결과의 차이

마케팅에서 강조하는 4P(*Product, Price, Place, Promotion*)만 관리하면 매출을 신장시킬 수 있는 상황이었다. 그러나 현대는 다 품종 소량생산 시대일 뿐만 아니라 서비스와 정보도 상품화 되었으며, 고객의 눈높이는 더욱 높아만 가고 있다. 이렇게 변화된 시장 환경에 효과적으로 대응하며, 끊임없이 변화하는 고객의 기호를 신속 정확하게 파악하고 새로운 시장을 개발하는 등 적극적인 경영활동을 수행하기 위해서는 새로운 정보기반이 필요하다.

1.2 주제중심의 새로운 데이터베이스

이러한 맥락에서 볼 때, 데이터웨어하우스는 패러다임의 변화에 따른 필연적인 결과이며, 기존정보시스템 체계의 문제점을 극복하려는 산물이다. 데이터웨어하우스는 정보의 본질을 재정의한다. 과거 전산화된 분야들은 궁극적으로 데이터를 생성하는 프로세스들이었다. 그러나 미래에는 새로운 프로세스를 창출하는 데이터 분석에 정보기술에 대한 투자의 대부분이 이루어 질 것이다.

데이터는 데이터베이스 상에 존재하는 단순한 객체가 아니라 그 속에 감추어진 구조와 패턴이 밝혀져야 하는 분석 대상이다. 데이터의 본질적인 의미를 통제의 원천으로서가 아니라 기업의 경쟁우위를 획득하기 위한 전략의 원천으로 보는 시각은 데이터웨어하우스를 탄생하게 한 요인이다. 데이터웨어하우스는 주요 정책결정을 뒷받침하는 정보기반으로 자리 매김하고 있으며, 확실한 정보에 근거한 정책결정의 중요성으로 인해 그 중요성이 더욱 커지고 있다. 운영 데이터로부터 획득할 수 있는 비즈니스 정보는 창조적인 사고를 소유한 의사결정자를 지원하는 근원이다. 의사결정자는 정보를 이용하여 그들이 처한 비즈니스 기회를 인식하고 수행에 옮길 수 있는 능력을 갖게 된다. 현재 운영시스템과 의사결정지원 시스템 사이의 격차는 데이터웨어하우스라는 솔루션으로 극복할 수 있는 발상은 지극히 당연한 것일 것이다. 이와 같이 현대와 같은 지식시대의 기업은 기업이 보유하고 있는 지식의 양과 질에 의해 경쟁력의 우위가 결정된다. 즉 경제 환경의 변화에 신속 정확하고 신축성 있게 대응하기 위해 높은 기업지능이 요구된다. 기업지능은 환경변화에 따라 의미 있는 정보를 수집하고, 수집된 정보를 조직구성원이 공유할 수 있게 하며, 기업 전체가 변화에 대응할 수 있는 의사결정 프로세스를 수립하여 시행해 나가는 능력을 의미한다. 정보의 수집, 공유 및 분석, 의사결정 능력 등으로 평가되는 기업지능은 바로 정보기술을 얼마나 효과적으로 사용하는가에 달려있다.

데이터베이스는 아무리 풍부하다 하더라고 정보는 아니다. 데이터베이스의 데이터가 정보가 되기 위해서는 하나의 과업을 위해 조직화 되어야 하고, 구체적 업적을 내기 위해 집중되어야하며, 어떤 의사결정에 적용되어야 한다. 정보는 의사결정, 그리고 조직의 전략에 체계적으로 통합되어야하며, 궁극적으로 기업의 현재 상태를 혁신하는데 사용되어야 한다. 즉 모든 정보는 사용자의 행위에 영향을 미칠 때, 즉 의사 결정을 위해 사용되어야 그 존재 가치가 있으며, 이러한 의미에서 정보는 이미 발생한 것을 기록해 놓는 것이 아니라 미래 활동의 토대가 될 수단이 되어야 한다.

제 2 절 데이터웨어하우징

이 절에서는, 새로운 DSS인 OLAP 환경을 조성하는 데이터웨어하우징의 정의와 메커니즘을 살펴보고, 이러한 과제들에 대해 여러 벤더들이 내세우는 솔루션들에 대해서도 살펴본다.

2.1 정의

"데이터웨어하우징의 궁극적인 목적은 물리적으로 여러 곳에 분산되어 있는 데이터베이스 내에 존재하는 데이터들에 대하여 하나의 논리적인 뷰(*view*)를 창출하는 것이다." - 버틀러 그룹(*Butler Group*)

이것은 데이터웨어하우스의 목적을 표현한 것이지 데이터웨어하우스가 무엇인가를 설명한 것은 아니다. 데이터웨어하우스는 사실 여러 가지 의미로 받아들여지고 있으며, 따라서 한마디로 정의하기는 결코 쉬운 일이 아니다. 가장 일반적으로 받아들여지고 있는 데이터웨어하우스의 정의는 "데이터웨어하우스의 아버지"라고 불리는 *Bill Inmon*이 그의 저서에서 기술한 것으로서 다음의 성격을 지닌 데이터의 집합체를 의미한다.

가. 주제지향성(Subject-Oriented)

데이터웨어하우스 내의 데이터는 일상적인 트랜잭션을 처리하는 프로세스 중심 시스템의 데이터와 달리 일정한 주제별 구성을 필요로 한다. 예를 들어 보험회사의 경우 프로세스 중심의 시스템으로는 '자동차 보험', '생명보험', '개인연금보험' 등이 해당 되지만, 이들의 주제영역을 보면 '고객', '약관', '청구' 등이 될 수 있다.

나. 통합성(Integrated)

데이터웨어하우스 내의 데이터는 고도로 통합되어야만 한다. 예를 들어, 기존의 애플리케이션 중심의 환경에서는 남자와 여자를 남/여, *Male/Female*, 1/0 등으로 다양하게 적용할 수 있으나 데이터웨어하우스에서는 이들을 통합할 필요가 있다(예: 남자 와 여자는 '남'과 '여'로 통합).

다. 비휘발성(Non-volatile)

데이터웨어하우스는 오직 두 가지 오퍼레이션(*operation*)을 갖게 되는데, 하나는 데이터를 로딩(*loading*)하는 것이고, 다른 하나는 데이터를 읽는 것, 즉 액세스 하는 것이다. 이를 달리 표현하면 데이터웨어하우스에 일단 데이터가 로딩되면 읽기 전용으로 존재한다는 것이다. 따라서 데이터웨어하우스의 데이터는 운영계시스템(*Operational System*)에서 수시 발생되는 갱신이나 삭제 등이 적용되지 않으므로 수시로 변한다는 의미의 "휘발성"을 갖지 않게 된다.

라. 시계열성(Time Variant)

운영계시스템의 데이터는 액세스(*access*)하는 순간에 정확해야만 의미가 있게 되지만 데이터웨어하우스의 데이터는 일정 시간 동안의 데이터를 대변하는 것으로 "스냅 샷(*Snap Shot*)"과 같다고 할 수 있다. 따라서 데이터 구조상 '시간'이 매우 중요한 요소로서 작용한다. 이 같은 이유에서라도 데이터웨어하우스의 데이터에는 수시적인 갱신이나 변경이 발생할 수 없다.

2.2 데이터웨어하우징의 구조

데이터웨어하우징 환경에서 정보는 제조업자에서와 같은 상품으로 생각할 수 있으며, 정보의 흐름은 상품이 제조되어 고객에게 이용되기까지 과정과 유사한 일련의 흐름을 거치게 된다.

가. 데이터웨어하우징의 4개 층

정보시스템에서 정보라는 상품이 그 고객(사용자)에게 이용 가능하기 위해 다양한 요소기술과 툴이 공급되어 각 사의 데이터웨어하우스 구축을 지원하고 있는데, 기술적인 부분을 배제시키고 사용자 관점에서 정리하면 4개의 층, 즉 소스데이터, 데이터웨어 하우스, 데이터마트, 클라이언트 시스템으로 나눌 수 있다.

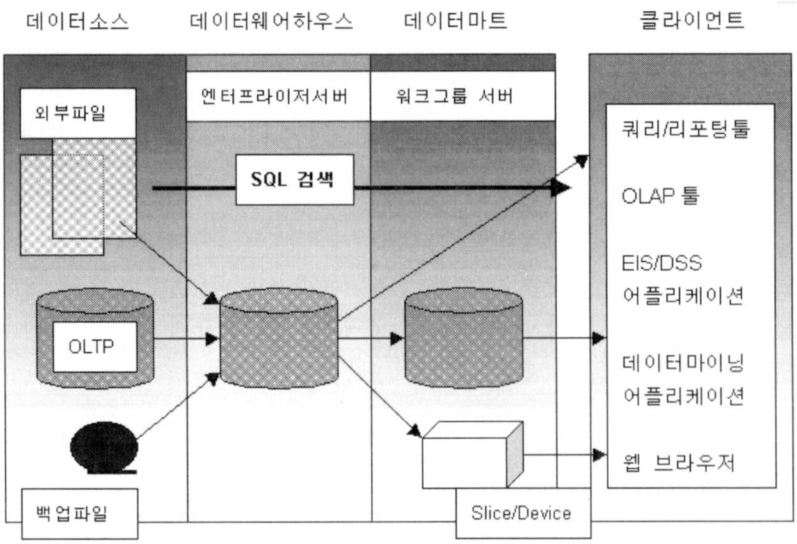

[그림 9-2] 데이터웨어하우징의 4개 층

소스 데이터 층은 운영데이터와 백업용 파일등으로 구성되는 4개 층 중에서 가장 원시적인 정보의 집합장소를 말한다. 데이터웨어하우스는 사용자에 의해 직접 사용되기도 하고 데이터마트를 구성하는 데이터를 제공하는 역할도 한다. 데이터 마트 층은 작업그룹(*Work group*)서버로 설명될 수 있는데, 관계형 데이터베이스나 다차원데이터베이스를 이용하여 구축된다. 다차원데이터베이스로 구축된 데이터 마트는 마우스로 시스템을 조작하는 방식이어서 사용자 인터페이스가 우수하고, 사용자의 업무 구조를 유사하게 반영하고 있어서 개념적으로 이해하기 쉽고, 시스템의 반응속도가 빠른 장점이 있다.

클라이언트 시스템 층에서 사용자는 쿼리 및 리포팅 툴, OLAP 툴, EIS/DSS 어플리케이션, 데이터마이닝 어플리케이션, 그리고 웹브라우저를 이용하여 데이터웨어하우스나 데이터 마트를 이용하게 된다. 특히 웹브라우저는 인터넷의 저렴하고 광범위한 데이터 통신이 가능하기 때문에 관심의 대상이 되고 있는데 데이터웨어하우스에 저장되어 있는 전사 혹은 부문 데이터를 전 세계 지사에서 공유할 수 있다는 장점 때문에 잠재시장이 커가고 있다.

나. 데이터웨어하우스의 구조

데이터웨어하우징에서의 중요성을 크게 차지하는 데이터웨어하우스의 구조와 마트에 대해 좀 더 자세히 살펴보도록 하자.[29] 일반적으로 데이터웨어하우스는 5가지의 데이터 형태로 이루어진다. (그림 9-3 참조)

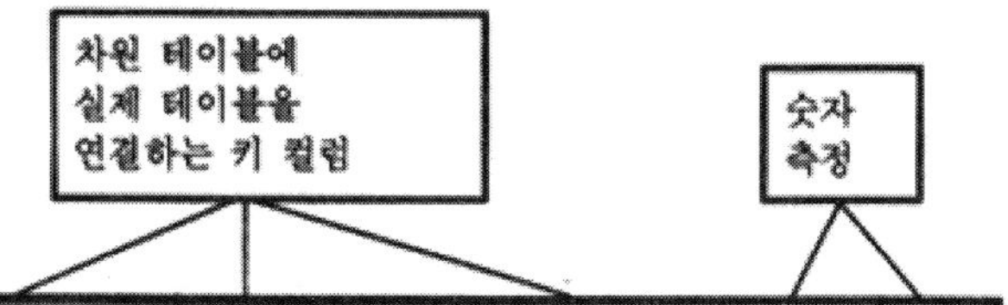

Prod_Code	Time_Code	Acct_Code	Sates	Qty
101	2045	501	100	1
102	2045	501	225	2
103	2046	501	200	20
103	2046	502	250	25
104	2046	502	20	1

[그림 9-3] 데이터웨어하우스의 데이터 구조

- **메타 데이터(*Meta data*)**

데이터를 데이터웨어하우스에 어떤 데이터를 어떻게 저장할 것인지를 세부적으로 기술하는 '설명자'의 역할을 한다. 운영계시스템의 데이터 구조를 데이터웨어하우스로 매핑(mapping)하는데 필요한 즉, 데이터를 요약하는데 사용되는 알고리즘을 포함한다.

- **현재의 상세 데이터(*Current Detail Data*)**

대개 디스크에 저장되어 있으며 가장 최근의 변경사항을 반영하면서 가장 하위 레벨에 위치하므로 대부분 대량이다.

29) 데이터웨어하우스란 비즈니스 트랜잭션을 처리하기 위한 오퍼레이셔널 시스템으로부터 선별되어 가공된 데이터들로 이루어진 데이터베이스이다. 데이터웨어하우스는 읽기 전용의 데이터들로 이루어져 의사결정에 도움을 주기 위한 조회만이 가능하고 갱신이나 삭제가 일어나지 않는다는 것을 기본 전제로 한다.

- **과거의 상세 데이터(*Older Detail Data*)**

가끔씩 필요에 의해 액세스되는 데이터로서 테이프와 같은 저장장치에 수록되며, 현재의 상세 데이터도 정의되는 시간 개념에 따라 과거의 상세 데이터로 바뀌게 된다.

- **약간 요약된 데이터(*Lightly Summarized Data*)**

주로 디스크에 저장되며, 현재의 상세 데이터를 약간 요약한 것이다.

- **고도로 요약된 데이터(*Highly Summarized Data*)**

주로 디스크에 저장되며 간결하게 요약되어 쉽게 액세스가 가능하다. 차원요소에 의해 요약 테이블을 만드는 것은 비효율적이 된다.

2.3 OLAP: On Line Analytical Processing

OLAP(온라인 분석 프로세싱)은 OLTP에 상대되는 개념으로 코드(1993)는 기업의 데이터 모델을 정적모델과 동적 모델로 구분한 다음, OLAP을 "동적 모델로부터 정보를 생성, 조작, 활성화(*animation*), 종합하는 데 필요한 역동적 기업분석"으로 정의하고 있다, 여기서 정적 모델이란 사용자의 대화식 참여가 거의 없고 정형화된 양식의 보고서 생성 작업이나 간단한 질의가 수행되는 모델을 말한다. 여러 가지 OLAP에 대한 정의를 정리하면『최종 사용자가 다차원 정보에 직접 접근하여 대화식으로 정보를 분석하고 의사결정에 활용하는 과정』으로 정의하면 적절하겠다. 좀 더 그 특징을 살펴보면, 첫째, 분석을 위해 활용되는 정보의 형태는 다차원적이라는 사실이다. 다차원정보는 사용자들에 의해 이해되는 기업의 실제 차원(기간, 제품, 부서, 지역 등)을 반영한다. 정보의 다차원성은 OLAP시스템을 다른 시스템과 구분하는 가장 중요한 개념으로, OLAP를 다른 말로 표현한다면 바로 "다차원 분석"일 것이다.[30)]

---

30) 다차원정보는 사용자들에 의해 이해되는 기업의 실제차원을 반영하는 정보이다. 기본적으로 기업의 업무구조는 다차원적이며, 비즈니스 사용자가 필요로 하고 활용하는 대부분의 정보는 다차원정보이다. 즉 사용자는 단순히 '매출액이 얼마인가'라고 묻지 않는다. '이번 달 매출액이 지난달에 비해서 얼마나 상승 혹은 하락 했는가', '지난 해 같은 달에 비해 어떠한가', '목표치를 달성 했는가', '경쟁사의 매출액과 비교해서는 어떠한가', 등과 같은 정보를 알고 싶어한다. 데이터는 이와 같은 배경

둘째, 최종사용자는 중간 매개자(전산부서)나 매개체(리포트)없이 온라인 상에서 직접 데이터에 접근한다는 것이다. 가트너그룹은 정보기술에 의한 정보매개자의 제거는 앞으로의 핵심적인 비즈니스 이슈중의 하나라고 말한다. 이러한 의도의 방향은 OLAP의 지향점이라고 정의할 수 있다.

셋째, 최종사용자는 대화식(*interactive*)으로 정보를 분석한다는 것이다. 시스템은 사용자의 사고 흐름이 중간에 끊이지 않도록 신속하게 질의 결과를 제시할 수 있어야 한다는 의미이다.

넷째, OLAP의 목적은 최종사용자가 기업의 전반적인 상황을 이해할 수 있게 하고 의사결정을 지원하는데 있다. OLTP는 매일 매일의 기업운영을 가능하게 하는 반면, OLAP는 기업이 나가야할 방향을 설정할 수 있는 것이다.

가. OLAP 시스템 분석 – OLAP Server와 웨어하우스

OLAP서버는 데이터웨어하우스 환경에서 사용자에게 다차원 정보를 제공하는 분석용 데이터 마트로 정의할 수 있다. OLAP 서버는 비즈니스 룰에 의해 기존의 데이터로부터 새로운 정보를 만들어 내는 연산엔진이라 할 수 있을 것이다.

OLAP서버는 많은 측면에서 데이터웨어하우스와는 다른 특성을 갖는다. OLAP은 복잡한 연산과 모델링을 포함하여 기업데이터의 다차원 분석을 수행한다. OLAP는 이처럼 특화된 분석을 수행하는데 비해, 데이터웨어하우스는 기업의 모든 사용자를 대상으로 이들이 수행할 잠재적인 모든 유형의 질의에 대처하기 위한 정보저장고로서의 역할을 한다. 데이터웨어하우스는 사용자들이 자신의 업무를 보다 효과적으로 수행할 수 있도록, 그리고 좀 더 정보에 근거한 의사결정을 할 수 있도록, 가능한 모든 정보의 저장소(*Virtual repository*)를 만드는데 있다(*Crandall, 1995*). 따라서 데이터웨어하우스는 좀 더 상세한 혹은 트랜잭션 수준의 데이터까지 보유할 수 있다.

데이터웨어하우스는 일반적으로 OLAP시스템이 사용하는 것처럼 복잡한 다차원 분석을 지원하지 못하며, 읽기전용(*Read only*) 이다. 반면 OLAP시스

(Context)을 가질 때 비로소 정보로서 가치가 있다. 정보란 본질적으로 비교를 나타내며, 다차원 정보는 다양한 각도(차원)에서 이러한 비교를 가능하게 한다. 데이터 항목들 사이에 내재된 상호관련성이 높을수록 이러한 상호관계에 대한 분석은 가치있는 정보가 될 것이며, 다차원 모델의 대상이 될 것이다.

템은 다음 그림처럼 사용자들이 직접 데이터를 갱신하고 분석할 수 있도록 허용한다. 예를 들어 사용자들은 계획 데이터, 예산 데이터를 갱신할 수 있다. 많은 OLAP시스템이 미래지향적(*future oriented*)인 반면, 데이터웨어하우스는 과거 지향적이며, 추측과 관련된 자료를 포함하지 않는다. 즉 사용자는 OLAP을 통해 기업의 미래에 관한 질문을 수행한다.

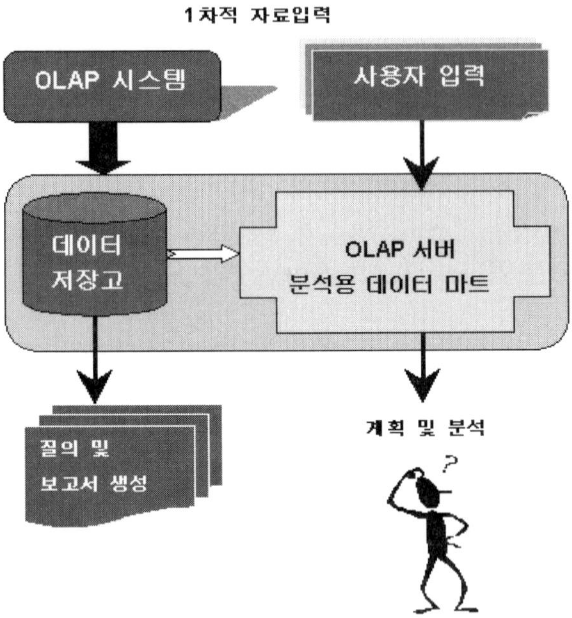

[그림 9-4] 데이터웨어하우스와 OLAP서버

예) '원료가격이 5%인상되고 운송비가 10% 하락한다면, 제품원가에 어떠한 영향을 미치는가'와 같은 질문을 수행하게 된다.

OLAP에서 사용자는 대화식 질의를 수행하며, 질의 결과를 신속하고 일관성 있게 얻기를 기대한다. 반면 데이터웨어하우스에서 수행되는 질의는 매우 간단한 질의에서 매우 복잡한 프로세싱을 요구하는 질의에 이르기까지 다양하며, 질의 속도도 질의 유형에 따라 많은 차이가 있다.

OLAP서버는 데이터웨어하우스를 대체하는 개념이 아니며, 보완하는 개념이다. OLAP 시스템은 사용자에게 일관되고 신속한 응답 속도를 제공하기 위해 다차원정보를 물리적인 공간에 잠시 저장할 수 있으며(다차원 데이터베이스 접근법), 데이터웨어하우스(혹은 데이터마트)로부터 실시간적으로 다차원 데이터 구조를 생성할 수 있고, 두 가지 기법을 병행할 수도 있다.

나. 데이터웨어하우스 디자인과 다차원 데이터베이스

1) 고전적 Entity-Relationship 모델링과 의사결정 지원

의사결정지원 소프트웨어(*Decision Support Software*; DSS)는 복잡한 데이터 분석을 할 수 있다. 데이터웨어하우스를 지원하도록 고안된 데이터 모델들은 DDS의 문제를 처리할 수 있는 완벽한 전략을 요구한다. 고전적 *Entity-Relationship* 모델들이 의사 결정 지원과 관련해서 실패하는 많은 이유 중의 하나는 성능이 나쁘기 때문이다. 표준의 고도로 규정화 된 데이터 모델들은 레코드를 거의 포함하지 않는 많은 양의 트랜잭션에 가장 효율적인 데이터 액세스를 제공하도록 고안되어 있다. 의사결정 지원 시스템에서는, 많은 레코드들을 액세스하면서, 상대적으로는 트랜잭션을 거의 수행하지 않는 경향이 있다. 이것이 OLAP(*OnLine Analytical Processing, or Decision Support*) 시스템과 OLTP(*OnLine Transaction Processing*)의 차이이다. 이 차이는 정보 웨어하우스 디자이너에게 중대한 암시를 주게 된다.

OLTP 시스템에서는 데이터 처리가 고도로 구조화되어 있기 때문에, 복잡한 데이터 모델들이 잘 작동될 수 있다. 일반적으로 트랜잭션은 한 시점에 하나 또는 두 개의 테이블을 포함하고, 종종 하나의 레코드만을 처리하기도 한다. 이것은 복잡한 테이블 관계가 높은 성능을 발휘하는 데 크게 영향을 주지 않음을 의미한다. 반대로, DSS 처리는 한 번에 수십만의 열을 액세스하는 것을 수반할 수 있다. 이와 같은 경우, 복잡한 결합은 성능에 중대한 영향을 미칠 수 있게 되는 것이다.

그림 9-5는 트랜잭션 세일즈 데이터를 저장하기 위한 부분 스키마를 나타내고 있다. 실제 ER 모델들은 더 복잡하며, 전형적 *Entity-Relationship* 모델들이 의사결정 지원과 관련해서 실패하는 두 번째 이유는, 그것들이 매우 복잡하고 조정하기 어려운 경향이 있기 때문이다. 위 그림의 OLTP 시스템에서는 결코 문제가 되지 않았다. OLTP 환경의 사용/액세스 방향은 잘 알려져 있으므로, 애플리케이션은 항상 특별한 데이터 구조를 사용하도록 하드코드화 될 수 있다. DDS 의 경우, 사용은 비구조화 되어 있으며. 사용자들이 자료를

요구하기 전에, 사용자들이 종종 어떤 데이터가 분석되는지를 결정하게 된다. 사용자들이 원하는 데이터를 주기보다는, 데이터를 어떻게 얻을 수 있는지를 더 생각한다면, 그들의 의사결정 지원 환경은 불충분하다.

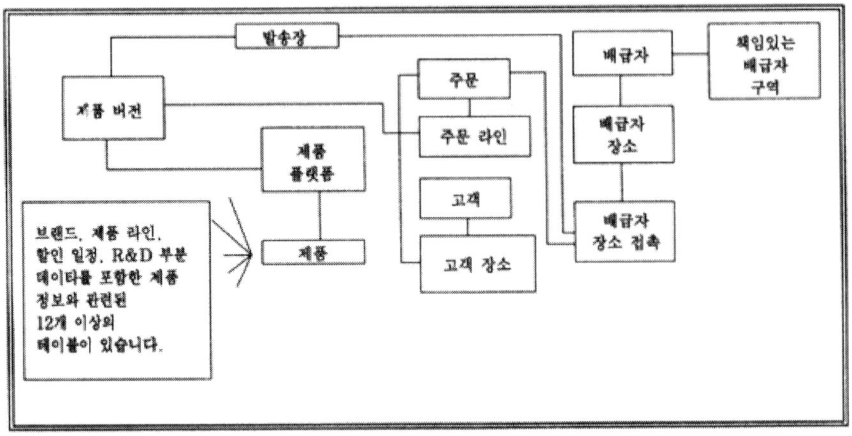

[그림 9-5] 샘플 ER 도표

2) 독점적 다차원 데이터베이스

고전적 ER 모델링과 DDS의 문제에 대한 해결책으로, 독점적 "다차원" 데이터베이스를 제시하는 업자들의 분석을 살펴볼 필요가 있다. "차원"은 정보를 보는 방법을 나타낸다. 다차원 데이터베이스는 이들 차원에 따라 구조화된다. 예를 들면, 분석가는 세일즈 데이터를 구조화하기 위한 세 개의 전형적 차원인 지리적, 시간적, 제품에 의해 보기를 원할 것이다. 다차원 데이터베이스 업자들은 그들의 소프트웨어가 사용자들의 사업을 직관적으로 생각하는 방법에 꼭 맞는 공동 데이터의 뷰(View)를 나타낸다고 주장하는 경향이 있다. 그것들은 전통적인 RDBMS의 "열과 컬럼" 뷰와는 뚜렷한 차이를 보인다. 바로 이것이 이해하기에는 결정적으로 어려운 부분이 된다. 또한 다차원 업자들은 그들의 중간 사이즈의 독점적 데이터베이스가 전통적 RDBMS 소프트웨어보다 더 좋은 성능을 수행한다고 주장하게 된다. 그러나 관계형 데이터베이스 디자인은 복잡함을 필요로 하지 않는다. 개방형 기술에 대한 투자를 계속하는 동안, 현업 사용자에게 데이터의 직관적 표현을 제공하면서 RDBMS에서 다차원적으로 데이터를 모델화하는 것이 가능하다. 또한, 이 데이터 모델을 근거로 한 전략들은 관계형 데이터베이스가 매우 큰 데이터웨어하우스에서 다차원 데이터베이스보다 성능이 우수하다. 이 데이터베이스 디자인 활용 예가 "차원적 모델링"으로 알려져 있다. 차원적 모델링 배후에 있는 기술적 개념을, 가장 큰 데이터웨어하우스에서 고도의 성능을 수행하기 위해 투자 전략으로 세부사항을 살펴본다.

3) 차원(Dimensional) 모델링

차원 모델링은 *Natural Business* 개념에 대한 데이터를 구조화하고, 실행되는 세련된 데이터를 위한 기초를 제공하기 위해서 개발된 기술이다. 전통적 ER 모델들은 "*Entities*"와 "*Relationships*"를 나타낸다. 이 전략은 정확한 한 개의 *Entity*를 나타내는 많은 테이블로 정보를 분산하는데 초점을 둔다. *Entity*는 실제 오브젝트(제품 또는 고객)이거나, 트랜잭션(세일즈 또는 주문 라인 항목)이다. *Entities*는 결합의 복잡한 시리즈를 통해 밀접한 관계를 이룬다.

차원 모델링에서, 데이터 구조는 "측정(*measures*)"과 "차원(*dimensions*)"을 나타내기 위해서 구조화된다. 측정은 탐지되는 숫자 데이터이다. 그것은 중앙의 "사실(*fact*)" 테이블에 저장되며. 차원은 각 트랜잭션을 정의하는 *Natural Business Parameter*이다. 차원은 중앙의 사실 테이블에 연결된 위성 테이블에 저장된다. 예를 들어, 전형적으로 마케팅 분석가가 다음과 같은 질문처럼 세일즈 데이터를 조사한다고 가정하자. "지난 6개월 동안 제품 라인 매니저별 세일즈" 또는, "1994년 4월의 계좌별 세일즈". 이 시나리오에서, 데이터 모델은 세일즈 정보를 추적하기 위한 하나의 사실 테이블로 구성될 것이다. 각 세일즈의 경우, 다른 변수 중에서 주문된 양을 저장하는 레코드, 가격 및 증가한 가격이 있을 것이다. 위성 또는 차원 테이블은 거래 정보, 제품 정보와 시간 정보를 포함할 것이다(세일즈 정보의 내추럴 차원). 이 시나리오에서, 모든 세일즈 레코드는 각각의 차원 테이블에 사실 테이블을 연결하는 키(key)를 소유하게 된다. 따라서, 사실(fact) 테이블은 주문된 양, 세일즈, 거래 코드, 시간 코드 및 제품 코드를 저장할 것이다. 그림 9-6에서 사실 테이블은 일반적으로 완전 정규화 되고 테이블 내에 어떠한 중복된 데이터를 허용하지 않음을 보여준다.

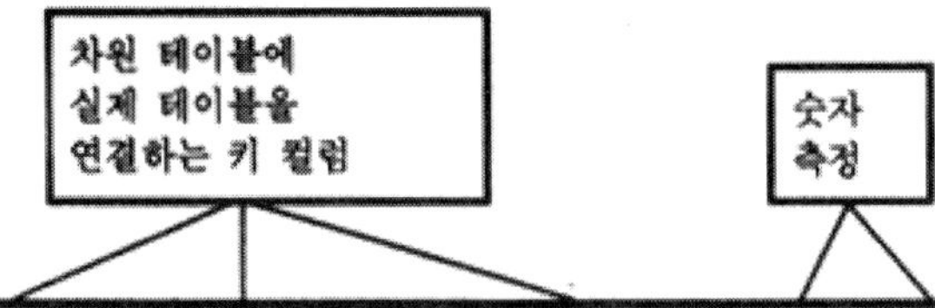

Prod_Code	Time_Code	Acct_Code	Sates	Qty
101	2045	501	100	1
102	2045	501	225	2
103	2046	501	200	20
103	2046	502	250	25
104	2046	502	20	1

[그림 9-6] 실제 테이블로부터의 데이터 예시

차원테이블 내의 정보는 *Standard Query Constraints*뿐 아니라, 리포트 내에 *Sub-total Break Points*를 정의하는 데 사용된다. 전형적 *Query*는 "서부 지역에 있는 모든 소매점을 위한 월별 브랜드별에 의한 세일즈"를 요청한다. 이 경우, 세일즈는 실제(*fact*) 테이블에서 발견될 것이고, 이 테이블은 제품, 시간 그리고 지리적 차원 테이블에 연결되는 것이다.

차원은 종종 계층 구조화될 수도 있다. 계층(*Hierarchy*)이 "*drill-down*"과 "*drill-up*" 기능을 위한 구조를 제공하는 것처럼, 계층은 차원 모델링 에서 매우 중요하다. *Drilling down*은 데이터 세트의 좀더 상세한 뷰를 요구하는 과정이다. 예를 들어, *query*가 지역별 세일즈를 나타낸다고 하자. 한 지역에서 볼 때, 사용자는 그 지역에서의 세일즈가 주(*state*)에 의해 어떻게 분류되는가를 보기 위해서 *drill down*하기를 원할 것이다. *Drilling up*은 데이터의 좀 더 요약된 뷰를 요구하는 것처럼 *drilling down*과는 반대이다. 여기에 표시된 것처럼 모든 계층이 정확하게 다가가지(*roll up*) 않는다는 것을 주의해야 한다.

- **차원 요소**: "차원 요소"는 차원 계층에서 특별한 레벨을 나타내는 데이터의 범주이다. 각 계층 레벨에는 한 개의 차원 요소가 있다. 따라서, 제품 차원에는 3개의 차원 요소(제품, 제품 라인, 브랜드)가 있을 것이다. 이 모델에서, "브랜드"가 가장 상위의 레벨을 나타내는 반면, 차원 요소인 "제품"은 제품 차원에서 가장 낮은 계층 레벨을 나타낸다고 말할 것이다.
- **차원 속성**: "차원 속성"은 특별한 차원 요소를 나타낸다. 예를 들어, "브랜드 매니저"는 차원 요소 "브랜드"를 나타내는 차원 속성일 것이다. "취향

(flavor)"은 차원 요소인 "제품"을 나타내는 차원 속성일 것이다. 차원 속성은 사용자가 비계층적 데이터를 분류할 수 있도록 한다.

- **스타 도해**(*Star Schema*): 차원 모델의 실제 구조는 "스타" 도해로 나타낸다. 스타 스키마는 분석중심의 다차원 데이터를 표현하기 위한 관계형 모델링기법으로 사실(*Fact*) 테이블을 중심으로 여러 개의 차원(*Dimension*) 테이블이 뻗어 나오는 형태를 취하기 때문에 '스타 스키마'라 칭한다. 다음 그림 9-7이 설명하는 것처럼 스타 도해는 차원 테이블로 둘러싸여 있는 스타 중심에 있는 실제(fact) 테이블로 나타날 수 있다. 사실(Fact)이란 매출액, 수량 등과 같이 실제 데이터 요소로 분석을 요하는 변수차원의 항목을 말하며, 차원(*Dimension*)이란 사실을 보는 관점을 말한다. 각 차원은 별도의 차원 테이블에 표현된다. 스타스키마는 이와 같이 사실테이블과 차원테이블을 사용함으로써 문제중심의 분석정보를 얻기 위해 필요한 조인(*join*)의 횟수를 줄임으로써 질의에 신속히 반응할 수 있다.

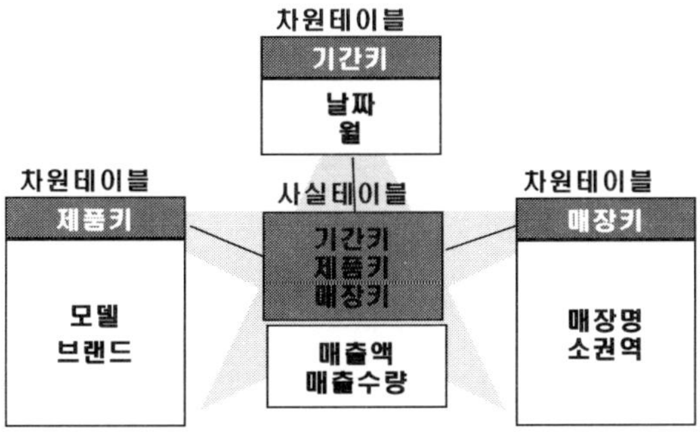

사실테이블

매장키	제품키	기간키	매출액	매출수량
100110	10000	20030329	27,800	450
100120	10000	20030329	39,000	510
:	:	:	:	:

조인(join)

매장차원테이블

매장키	매장명	소권역	대권역	시도	담당자	···
100110	반포	강남권	수도권	서울	홍길동	···
100120	잠실	강남권	수도권	서울	홍길동	···
:	:	:	:	:	:	:

[그림 9-7] 스타스키마 예시

- **차원 비정규화(*Denormalization*)**: 스타 도해의 특성을 정의하는 것은 차원 테이블을 비정규화하는 것이다. 비정규화는 데이터가 디자인의 단순함과 성능을 위해서 각각의 테이블에 반복적으로 저장되는 데이터베이스 디자인 접근 방법이다. 따라서, 차원 속성은 속성이 나타내는 차원 계층의 레벨에 따라 차원 테이블 속에 반복적으로 저장될 것이다.

  예를 들어, 한 회사가 총 5개의 브랜드로 나타나는 100개의 개별 제품을 가지고 있다고 하자. 차원 테이블에 등록되어 있는 모든 제품을 위해서, 브랜드에 모든 속성이 있는 것처럼, 그와 연관된 브랜드도 역시 등록되어 있다. 브랜드 매니저 정보는 제품 차원에 있는 모든 레코드에 실제로 저장될 것이다. 브랜드명과 다른 모든 브랜드 속성들은 같다. 규정화된 데이터 모델에서, 브랜드 속성은 일단 브랜드 테이블에 통상적으로 저장될 것이고, 오직 그 테이블의 foreign key만 여러 번 참조될 것이다.

- **차원 모델링의 장점**: 차원 모델링에서 스타 도해의 단순함은 다음의 4가지 중요한 장점을 보여준다.

  첫째, 이것은 복잡한 다차원 데이터 구조를 매우 단순한 데이터 모델로 정의하도록 한다. 각 차원 내에 계층적 관계를 정의하기 쉽게 하고, 여러 테이블을 통해 연결하는 작업을 단순화한다.

  둘째, *Query*가 수행해야 하는 실제 연결(*join*) 횟수를 감소시킨다. 이것은 굉장한 성능 향상을 가져온다.

  셋째, 데이터 모델의 뷰를 단순화함으로써, 중요한 자원을 소모하며 부정확한 정보를 보여주는, 사용자의 부주의함으로 발생되는 잘못되고 장시간 수행되는 *Query*를 감소시킨다.

  넷째, 데이터웨어하우스의 확장이 용이하고, 상대적으로는 관리가 쉽다. 스타 도해의 단순함과 강력한 차원 디자인은 데이터웨어하우스 성장에 융통성을 제공한다.

제 3 절 주요 용어 정리

DW 기반의 OLAP 환경을 이해하기 위해서는 데이터베이스에 대한 지식을 갖추고 있어야 하므로 더이상의 논의는 하지 않는다. 다만, DW/OLAP에 관한 주요 개념을 몇 가지로 정리하여 숙지할 필요는 있을 것이다.

3.1 다차원 데이터베이스

1세대 조회 도구 접근과 관련된 성능과 분석의 문제를 다루기 위해 일련의 회사들은 조회와 분석에 최적인 별개의 기술을 개발했다. 다차원 데이터베이스(MDD)는 사용자들이 인식하는 사업 규모에 상응하는 특화된 배열 포맷으로 데이터를 저장하는 특별한 엔진이다. 업계 표준 SQL을 버리고 자신만의 애플리케이션 프로그래밍 인터페이스(API)를 개발함으로써 MDD는 SQL의 한계를 뛰어 넘을 수 있으며 서버 자체 내에서 더 많은 분석 기능들을 수행할 수 있다. 앞 섹션에서 제기된 몇 개의 물음들과 같은 많은 물음들이 MDD에 의해 쉽게 해결 된다.

불행하게도, 이런 분석 기능을 이용하기 위해서 사용자는 특화된 데이터베이스에서 사용 가능한 주로 MDD 회사에 의해 제공되는, 제한된 조회 도구들만을 사용해야 한다. 유일한 대체 안은 일반적으로 C에 기록되어 있는 낮은 수준의 API를 찾아내는 것인데 이것은 최종 사용자(실 사용자)들뿐만 아니라 대부분의 회사 개발자들의 범위의 밖에 있는 것이다. MDD 저장 기술과 접근 방법들이 기본적으로 관계형 기술과 다르기 때문에 제조업체나 고객들이 이 둘을 효과적으로 통합하는 것은 매우 어려운 일이다. 고객들은 관계형 데이터웨어하우스에서 특화된 다차원 포맷으로 복제해야 하는데 이는 엄청난 간접비와 유지비용이 따르게 된다.

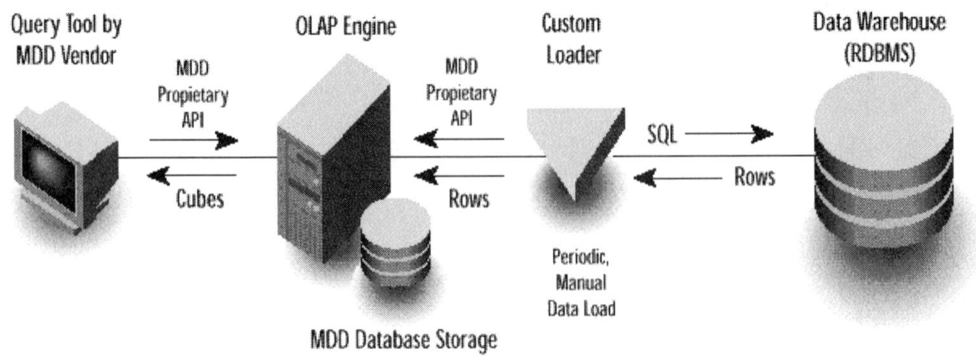

[그림 9-8] (비통합)관계형 OLAP 아키텍처

3.2 데이터웨어하우스

여러 가지 데이터웨어하우스의 정의를 정리하면 의사결정에 필요한 정보처리 기능을 효율적으로 지원하기 위한 통합된 데이터를 가진 양질의 데이터베이스로서 다음과 같은 특징을 갖는다.

- ▶ 사용자의 의사결정지원
- ▶ 데이터웨어하우스의 데이터는 시간성과 역사성을 가진다.
- ▶ 주제 중심적이다.
- ▶ 컴퓨터 시스템, 혹은 자료구조에 대한 지식이 없는 사용자들이 쉽게 접근할 수 있어야한다.
- ▶ 데이터웨어하우스는 읽기 전용 데이터베이스이며 갱신이 이루어지지 않는다.

하지만, 데이터웨어하우스 자체도 기하급수적으로 늘어나는 정보에 대해서 새로이 요구되는 비즈니스 니즈를 완벽히 충족시키는데 아직 개선의 여지가 많다. 그러한 니즈에 따라서 데이터웨어하우스의 중요한 개념으로 데이터마이닝기술, 데이터마트구출기술 OLAP라는 개념의 또 다른 정보가공이 필요하게 되었다.

3.3 데이터마트(Data Mart)

기업의 모든 사용자들이 웨어하우스에 대해 직접 질의를 수행하는 것은 현실적이지 못할 뿐만 아니라, 전체시스템 성능에 심각한 부하를 줄 수 있으며, 웨어하우스가 사용자들이 원하는 유용한 정보를 주지 못할 수가 있다는 것에 문제가 있다. 나아가 데이터 웨어하우스는 다양한 질의에 응답할 수 있도록 상세 데이터를 보유하고 있으며, 이러한 데이터는 일반적으로 정규화되어야 한다. 따라서 데이터웨어하우스와 사용자 사이에 중간층이 필요할 수 있는데, 하나의 주제 혹은 하나의 부서중심의 데이터웨어하우스, 사용자 집단이 생성할 질의의 범위와 유형에 대해서 어느 정도 예측할 수 있으며, 데이터를 조직화하고 인덱싱함으로써 이러한 질의에 대해 빠르게 응답할 수 있으며, 데이터웨어하우스에 대한 대체가 아닌 보완개념으로서 중간층에 존재하는 것을 바로 데이터 마트(Data Mart)라고 한다.

3.4 데이터마이닝(Data Mining)

어떠한 정보, 데이터, 변수가 가장 중요하며, 이러한 변수들 사이의 관계를 설명하기 위해서는 어떠한 함수가 사용되어야 하는지를 알고 있을 때 최상의 결과를 이끌어 낼 수가 있다. 반면 데이터 마이닝은 지금까지 질문되지 않았던 질문에 대한 답을 제공한다. 즉 데이터 마이닝의 여러 가지 정의를 종합해보면 『대량의 데이터 사이에 묻혀있는 패턴을 발견하고 규칙을 추론함으로써 의사결정을 지원하고 그 효과를 예측하기위한 기법』으로 정리할 수 있을 것이다.

마이닝은 사용자의 질의나 보고서가 효과적으로 밝혀낼 수 없었던 데이터웨어하우스내의 정보를 밝혀내며, 데이터베이스 안으로 깊숙이 침투하여, 데이터 내의 패턴을 발견하고 규칙을 추론한다. 이러한 규칙은 의사결정을 지원하고 기업 환경의 변화를 예측하는데 사용될 수 있을 것이다.

3.5 OLAP : On Line Analytical Processing

OLAP(온라인 분석 프로세싱)은 OLTP에 상대되는 개념으로 코드(1993)는 기업의 데이터 모델을 정적모델과 동적모델로 구분한 다음, OLAP을 "동적 모델로부터 정보를 생성, 조작, 활성화(*animation*), 종합하는 데 필요한 역동적 기업분석"으로 정의하고 있다, 여기서 정적 모델이란 사용자의 대화식 참여가 거의 없고 정형화된 양식의 보고서생성작업이나 간단한 질의가 수행 되는 모델을 말한다. 여러 가지 OLAP에 대한 정의를 정리하면 "최종 사용자가 다차원 정보에 직접 접근하여 대화식으로 정보를 분석하고 의사결정에 활용하는 과정"으로 정의하면 적절하겠다.

좀 더 그 특징을 살펴보면

· 다차원 정보를 제공하는 분석용 데이터 마트.

· 특화된 다차원 분석 수행

· 데이터의 갱신/분석 허용, 미래지향적

· 기존의 데이터로부터 새로운 정보를 만들어 내는 연산엔진

참고문헌

조재희 · 박성진, "데이터웨어하우징과 OLAP" 대청출판사, 1998

Inmon, W.H., Building the Data Warehouse(2nd Ed.), John Wiley&AMP Sons, Inc., 1996

Keen, P.G.W., Every Managers Guide to Information Technology, Harvard Business School Press, 1991.

University Data Warehouse at
http://www.stanford.edu/cgi-bin/leland/group/Warehouse/Warehouse.html

관계형 데이터베이스 기반 데이터웨어하우스
http://www.informix.com/library/wp/dw/dwwp/dw.html

인포믹스, 데이터웨어하우스 서버(통합 관계형 OLAP의 진화)
http://www.informix.com/kr/library/wp/dw/olapwp/dwrolap.html

한국후지쯔, 데이터웨어하우스/OLAP 솔루션,
http://www.fujitsu.co.kr/solution/datawarehouse/dwh.html

The Data Warehousing Information Center http://pwp.starnetinc.com/larryg/

The Data Warehousing Institute "데이터웨어하우징 세계 동향분석"
http://www.dw-institute.com/

MicroStrategy Relational OLAP (ROLAP) Solutions for Decision Support and Data Warehousing http://www.strategy.com/

PLATINUM, Data Warehousing Overview,
http://www.platinum.com/products/dataware.htm

한국쌔스소프트웨어(주) "데이터마이닝 솔루션"
http://www.sas.com/offices/asiapacific/korea/index.html

제 10 장

공급사슬관리시스템 (e-SCM)

제1절 새로운 의사결정 환경의 대두

제2절 데이터웨어하우징

제3절 주요용어 정리

공급사슬(*Supply Chain*)이란 고객 - 소매상 - 도매상 - 제조업 - 부품 / 자재 공급자 등의 공급활동의 연쇄구조를 나타낸다. 그리고 공급사슬경영(*Supply Chain Management*)이란 "불확실성이 높은 시장변화에 *Supply Chain* 전체를 기민하게 대응시켜 다이나믹하게 최적화를 도모하는 것"이다. 구체적으로는 이제까지 부문마다의 최적화, 기업마다의 최적화에 머물렀던 정보, 물류, 현금에 관련된 업무의 흐름을 공급망 전체의 관점에서 재검토하여 정보의 공유화와 *Business Process*의 근본적인 변혁을 꾀하여 공급망 전체의 현금흐름 효율을 향상시키려는 경영 마인드이다.

다시말해 공급망경영이란 원재료의 수급에서 고객에게 제품을 전달하는 자원과 정보의 일련의 흐름 전체를 경쟁력 있는 업무의 흐름으로 관리하려는 관리 시스템으로 정의할 수 있다.

이러한 공급망경영을 효율화하기 위해서는 사내와 사외의 공급망을 통합하여 계획하고 관리해야 하며, 각 단위 시스템의 통합/연동이 반드시 필요한 요소로 고려되어야 한다. 팔린다는 보증이 없음에도 불구하고 "부분"적인 목표를 앞세워 활동하는 것은 과잉생산, 기회손실에 의한 Loss를 삭감할 수 없다. 공급망전체의 효율성과 서비스의 실현이 효과적으로 최대의 수익을 초래하고, 높은 고객서비스의 제공으로 연결된다.

SCM의 그 실천을 위해서는 전략 구축의 패러다임이 필요하다. 생산한 제품은 반드시 팔린다고 하는 예측가능성을 전제로 한 패러다임에서 시장 변화에 민감하게 대응하기 위하여 불확실성을 전제로 한 패러다임으로 능동적으로 이행하여야 한다. 단순한 내부적 통합을 포함하여 공급망전체의 정보흐름 (소요량 정보흐름)을 유도할 수 있는 외부적 통합이 필요하다. 이것이 공급망경영의 시작이다

제 1 절 SCM의 정의 및 배경

1.1 SC와 SCM의 정의

가. 공급사슬(SC: Supply Chain)의 정의

공급사슬은 직간접적으로 고객 요구를 충족시키는데 필요한 모든 단계들로 구성된다. 공급사슬은 생산자와 공급자뿐만 아니라 운송, 창고관리, 도매업자, 고객들까지 포함한다. 이러한 기능들은 어느 한 곳에 국한되어 있는 것이 아닌 제품개발, 마케팅, 생산, 물류, 재정 및 고객 서비스를 모두 포함된다.

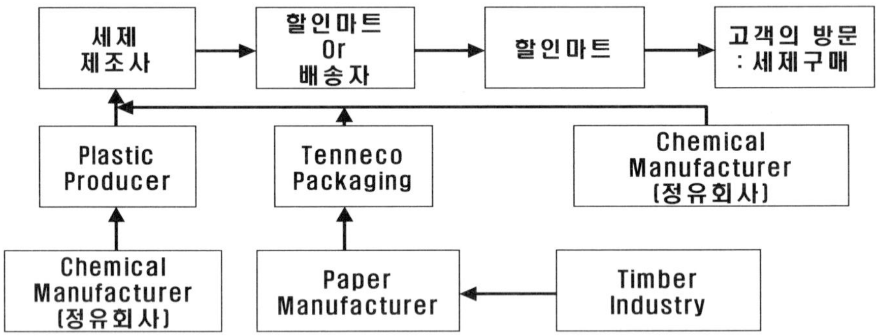

[그림 10-1] 공급사슬 예시

1) 공급사슬의 단계 및 흐름

공급사슬이란 각 단계마다 역할을 수행하는 각 주체가 하나씩만 있다는 것을 의미하기도 하지만, 현실적으로 생산자는 여러 공급자로부터 원자재를 공급 받을 수도 있고, 여러 배송자에게 공급할 수도 있다. 그러므로 대부분의 공급사슬은 사실상 네트워크라 할 수 있으며, 공급사슬의 구조를 잘 설명하기 위해 공급 네트워크 혹은 공급 웹이라는 용어를 쓰는 게 더 정확하다. 전형적인 공급사슬은 다양한 단계를 포함한다. 이 공급사슬 단계들은 그림 10-2에 보인 바와 같이 고객, 소매자, 도매자/배송자, 생산자, 부품/원자재 공급업자 등의 주체들을 포함한다. 공급사슬이란 한 체인을 따라 원자재 공급자에서 생산자로, 배송자로, 구매자로, 그리고 고객으로 이동하는 제품 혹은 공급을 떠

올리면 된다. 이 사슬의 양방향으로 정보, 자금, 제품 흐름을 그려보는 것이 중요하다.

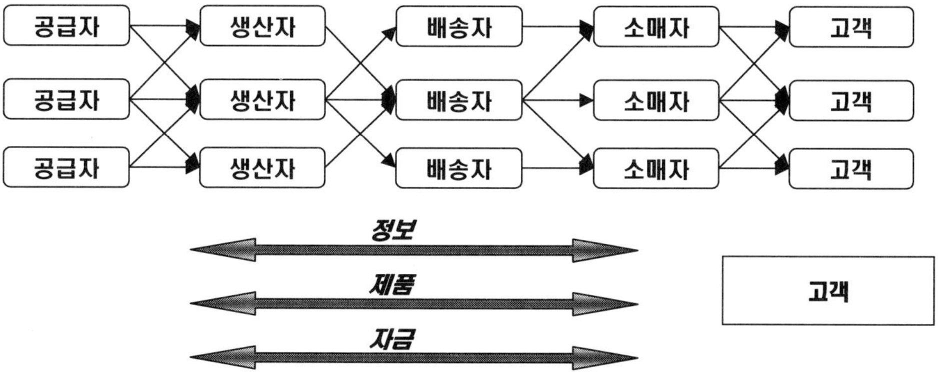

[그림 10-2] 공급네트워크의 개념도

2) 공급사슬의 궁극적 목적

대부분의 상업적 공급사슬의 가치는 그 사슬의 수익성과 밀접한 연관이 있다. 따라서 각 공급사슬의 목적은 발생되는 전체 가치를 극대화 하는데 있다 해도 과언이 아니다. 공급사슬이 발생시키는 가치는 고객에게 있어서의 최종 완제품의 가치와 고객요구를 충족시키는데 소요된 공급사슬의 노력 가치의 차이이다. 다시 말해서 공급사슬 수익성(*Supply Chain Profitability*)은 고객으로부터 생성되는 수입과 공급 사슬에 걸쳐 생기는 총비용과의 차이이다: 공급사슬의 수익 = (고객으로부터의)수입 − (공급사슬)비용

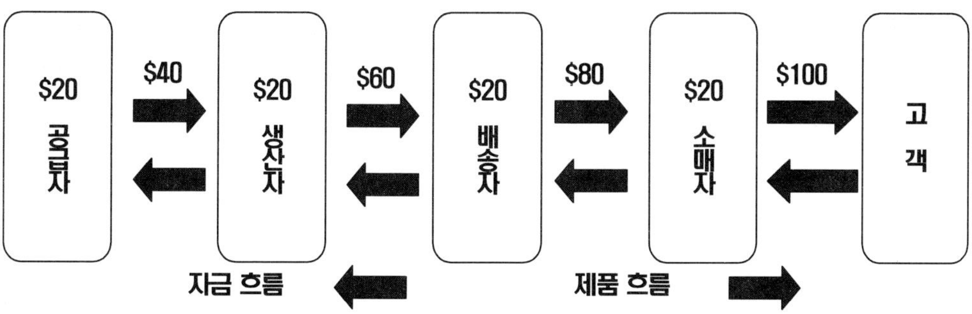

[그림 10-3] 공급사슬의 수익

예를 들면 Dell사로부터 컴퓨터를 사는 고객이 $2,000을 내면 그 고객의 구매비용은 공급사슬이 받는 수입이다. Dell사와 공급사슬의 다른 각 단계들은 정보전달, 부품을 생산, 저장, 운송하고, 자금을 보내는데 드는 비용을 발생시킨다. 고객이 지불한 $2,000과 컴퓨터를 만들고 운송하는 공급사슬이 관여한 총 비용의 차이가 공급사슬의 수익이라 할 수 있다.

공급사슬 수익성은 모든 공급사슬 단계에 배분되는 이윤의 총합이다. 공급사슬의 성공은 각 단계별 이윤의 측면이 아닌 공급사슬 전체의 수익성으로 측정된다. 고객은 공급사슬에서 흑자 자금의 흐름의 유일한 원천이다. Wal-Mart사를 예로 들면 세제를 구입한 고객이 공급사슬을 위한 자금 흐름을 제공하는 유일한 원천이다. 그 밖의 모든 자금 흐름은 공급사슬 내에서 일어나는 단순한 자금의 교환에 지나지 않는다.

나. 공급사슬관리(SCM)의 정의 및 적용 범주

1) SCM의 정의

공급사슬관리란 "공급사슬의 총잉여(*Supply Chain Surplus*)를 최대화하기 위하여 공급사슬의 흐름(*Flow*)과 자산(*Asset*)을 관리하는 활동"으로 정의된다. 좀 더 구체적으로 말해서, 공급사슬관리란 상품의 원재료 조달에서부터 최종소비자에 이르기까지의 전체 유통공급망에 참여하는 모든 업체들이 상호 협력을 바탕으로 정보기술을 활용하여 *Supply Chain*상의 불필요한 비효율적인 요소를 제거함으로써 공통의 비용절감과 이익증대를 추구하고 나아가 소비자 가치를 극대화하기 위하여 공급사슬의 단계간의 흐름을 관리하는 활동인 것이다. 불확실성이 높은 시장변화에 *Supply Chain* 전체를 기밀하게 대응시켜 다이내믹하게 최적화를 도모하는 것이다.

2) SCM의 범주 및 목표

그러나 정작 SCM이 어디서 어디까지를 일컫는지, 그 범위가 상황과 사람에 따라 다르게 거론된다. SCC(*Supply Chain Council*)에서 제시한 SCOR(*Supply Chain Operations Reference*) 모형은 구매-생산-배송의 과정을 모두 포함시키고 있는 반면, 솔루션 업체들은 공급자로부터 구매하는 과정만을 SCM으로 정의하고 있다. (그들은 생산 부문은 ERP, 배송 및 판매 부문은

CRM으로 구분한다.) 그리고 어떤 학자들은 입지선정, 네트워크 구축 등의 디자인 문제까지도 SCM의 주제로 간주하고 있다.

여기서는 일단 SCC의 SCOR모형을 기준으로 SCM을 정의해 둔다. 그 이유는 첫째, 이 글이 기업의 현실적 실행 전략을 다루고 있으므로 SCM 디자인까지 포함시킨다면 주제가 너무 산만해지며, 둘째, 기업은 자기고객에 대한 공급자이며 자신의 배송은 곧 자기 고객의 구매과정이므로 굳이 구매부문과 배송부문을 분리할 필요가 없다고 보기 때문이다. 이렇게 SCM의 범위를 정의하면, 그 목표를 다음과 같이 SCC가 제시한 성과측정 기준을 중심으로 요약해 볼 수 있다.

- 납품수행도
- 주문충족(Order fulfillment)성과
- 주문별 납기준수율
- 변화에 대한 공급망의 적응 소요시간
- 수요증가 대처에 소요되는 시간
- 총 물류관련 비용
- 종업원당 부가가치 생산성
- 품질보증비용 및 고객만족도
- 현금회수기간
- 재고에 의한 공급가능기간
- 자산회전율

위 11가지 성과측정 기준들이 곧 SCM의 목표가 되는데, 이를 요약하면 주문에 대한 납기약속 능력 향상, 신속한 의사결정, 생산성 향상에 의한 현금확보 등 3 가지로 압축된다. 이런 목표 달성을 위한 구체적인 실행 전략을 어떻게 가져갈 것인가? 이 첫 단계에서 우리는 곧 딜레마를 만난다. 고객의 요구에 빠르게 대응한다는 것은 곧 고객의 욕구를 신속히 파악하여 신제품을 개발·공급하는 것을 의미하며, 기존 제품의 주문에 신속히 납품하는 능력과 직결된다. 그런데, 혁신적인 신제품을 빨리 개발하기 위해서는 재고를 적게 유지해야 하고, 반면에 고객의 주문을 신속히 공급하려면 재고를 많이 유지하는 것이 유리하다. 과연 이 딜레마를 어떻게 해결할 것인가? 여기서 한가지 대원칙을 확인해두자. SCM의 궁극적 목표는 정보를 이용하여 재고를 줄이자는 것이다. 기업이 정보를 잘 다루게 하여 재고유지에 많은 돈이 묵히는 것을 막는 것이다. 그러므로 SCM의 실행은 재고를 적게 유지하면서 고객의 주문에 신속히 공급하는 것, 즉 2마리 토끼를 다 잡자는 것이다. 사실 그동안 국내에서도 대기업을 중심으로 SCM 구현에 많은 투자와 노력이 진행되었다. 그렇지만 여기에는 다음과 같은 근본적인 문제점들이 나타났다.

고객서비스가 산만하다. 재고가 부적당한 시기에 부적당한 곳에 놓여있다. 불안정한 수요예측으로 생산계획이 자주 변경되고 운송과 선적이 지체된다. ERP와 통합된 데이터를 갖고 있지 못하여, 일관성이 없거나 낡은 데이터를 사용한다. 불충분한 정보와 빈약한 의사결정 방법으로 임기응변식 정책을 편다. 특히 정교하고 유효한 일정계획 능력이 부족하다. 파트너와 프로세스 통합이 결여되었다. 효율적인 유통관리를 위해 공급자와 고객은 모두 더 정교한 관리방법을 사용해야 한다. 등등... 이런 문제점들은 여러 가지 복합적 요인들이 얽혀있는 결과이며, 문제해결을 위해서는 관련된 요인들을 종합적으로 검토해야 할 것이다.

1.2 SCM의 배경 및 필요성

제조업체들은 종래에 라인, 공장, 또는 기업내의 생산성 향상, 리드타임 단축, 원가 절감, 품질제고를 위한 합리화 및 리엔지니어링, 기업통합 및 정보화, 자동화 및 컴퓨터통합생산 (CIM) 구축 등에 노력해왔다. 그러나, 최근에는 제조단계 외부의 가치사슬 또는 공급망 관리를 더 중요하게 인식하게 되는 경향이 있다. 그 이유는 다음과 같다.

첫째, 부가가치의 60-70%가 제조과정 외부의 공급망에서 발생한다. 미국의 경우 제조업의 물류비용은 업종에 따라 10-15%에 이른다. 일반적으로 고객이 주문후 납품까지의 주문 사이클타임중에서 순수 제조 소요기간보다 공급망에서 소요되는 시간이 훨씬 길다. 제조업체들이 공장자동화나 CIM구축을 위해 막대한 투자를 하고 있으나 고객만족 효과는 주문처리, 물류관리, 구매 조달 등에서 개선의 여지가 더욱 크며 적은 규모의 투자로 개선이 가능하다.

둘째, 부품 및 기자재 공급의 납기 및 품질의 불확실성과 수요 및 주문의 납기, 수량 등의 불확실성을 제조업체내에서 수동적으로 흡수하여, 생산계획을 편성하고 재고를 관리하여 리드타임을 단축하고 재고 및 재공을 감축하는 데에는 한계가 있다. 따라서, 최근에는 이러한 외부로부터의 변동을 저코스트의 정보를 활용하여 감소시키는 적극적인 방안을 강구하게 되었다.

셋째, 일반적으로 Bullwhip(소채찍) 효과라고 알려져 있는 정보전달의 지연 및 왜곡 확대 현상에 의해 공급망의 가장 마지막 단계인 소매단계의 고객으로부터의 주문 및 수요 행태의 변동에 관한 정보가 도매상, 지역 유통센터 등의 공급망을 거슬러 전달되는 과정에서 지연 및 왜곡이 누적되어 납기지연, 결품, 과잉 재고 등의 문제가 발생한다. 특히, 시장 및 제품 정보가 확산되어 경쟁이 격화되고 가격할인 및 판촉활동 등의 공격적인 마케팅 전략이 구사됨에 따라 고객 및 유통업체들의 행태가 종래보다 더욱 동태적으로 변화하게 되어 불확실성 전파 및 정보왜곡 효과가 더욱 증폭되고 있다. 따라서, 공급망의 정보공유 및 전달, 상호협력 및 조정이 중요한 과제로 부각되고 있다.

넷째, 생산, 부품 조달 및 구매, 보관 및 물류, 운송, 판매 및 유통 등의 기업 활동이 글로벌화 됨에 따라 공급망의 리드타임이 길어지고 불확실해졌다. 또한, 부품조달 비용, 인건비, 금융비용, 생산성, 운송 및 물류비용 등의 국가별 지역별 편차, 관세 및 환율과 수출입관련 법규의 국가별 차이, 지역별 제품사양의 차이 등을 감안해야 하고 물류가 복잡하게 되었다. 이에 따라 글로벌한 공급망 및 물류의 합리적인 계획 및 관리와 조정 통제가 중요하게 되었다. 어떤 주문을 언제 어디서 어떻게 얼마나 만들고 어떻게 유통, 운송하고 부품조달을 어떻게 할 것인가에 대한 계획 및 의사결정, 실행 및 추적의 문제가 부각되고 있다.

다섯째, 종래의 표준화된 제품을 대량 생산하여 고객에게 밀어내던 방식에서 탈피하여 고객의 다양한 요구에 맞추어 제조, 납품해야 하는 *Mass Customization*이 보편화되고 있다. 특히, 글로벌화에 따라 지역별 국가별 제품사양(전압, 폰트 등)이 더욱 다양하게 되었다. 이러한 *Mass Customization*에 따라 로지스틱스 대상 품목이 많아지고 재고 및 물류관리가 복잡해지며 주문관리, 생산계획, 정보관리 및 추적관리가 복잡해진다. 동시에 리드타임이 길어지고 불확실해지며 재고가 증가하고 주문 충족도가 악화되는 등 공급망의 효율이 급속히 저하되게 되었다. 이에 따라 공급망경영의 중요성이 부각되게 되었다.

여섯째, 기업간의 경쟁이 치열해짐에 따라 코스트 및 납기의 개선이 시급하게 되었다. 특히, 고객지향, 고객만족, 시장요구에 대한 적응을 위해 공급망의 혁신 요구가 증대되고 있다. 더구나, HP, Digital, Dell, Walmart, 미국 섬유산업, 식료품업계, 의료제품업계, 자동차업계 등에서의 최근의 공급망경영 성공 사례들이 공급망경영 기법의 확산을 촉진하고 있다.

끝으로, 최근 ERP(*Enterprise Resource Planning*) 등에 의해 기업내 프로세스가 정보화, 통합되고 EDI(*Electronic Data Interchange*), Internet 및 WEB, 전자상거래 등의 기술이 급속히 발전되고 있다. 이에 따라, 공급망간의 정보공유 및 전달과정을 혁신하고 공급망간의 프로세스를 적극적으로 통합할 수 있게 됨에 따라 관련 개념 및 기법의 보급이 확산되고 있다.

제 2 절 공급사슬의 동기화

공급망경영을 위해서는 공급망 관련 프로세스 및 제품설계를 혁신하는 공급망 리엔지니어링, 공급망 업체간의 전략적 제휴, 공급망경영을 위한 조직의 개선, 업체간의 정보 공유 및 프로세스의 통합, 공급망 네트워크의 전략적 설계, 공급망 계획 및 관리 시스템 구축 등의 방안이 있다. 이들 각 방안들은 대개 공급망의 부서 및 업체간에 정확한 정보를 신속하게 전달, 공유하고, 구매조달, 운송 및 보관, 유통 및 판매 등의 업무 프로세스를 네트워크 및 정보기술에 의해 통합하는 작업을 수반한다.

2.1 동기화(Synchronization)의 중요성

공급망의 모든 활동 단위들을 동기화함으로써 최적화 노력과 그에 따른 이득이 생산부문 뿐 아니라 기업 전반에 퍼질 수 있게 한다. 경쟁이 심화되고 글로벌화하는 이 시기에, 제조업체는 울상인데 마진은 줄어들고 고객 요구수준은 높아지고 있기 때문이다. 제조업체에는 다음 2가지의 딜레마가 있다. 하나는 고객의 기대가 최근에 매우 급격히 변하고 있다는 점이고, 다른 하나는 경쟁의 성격이 바뀌었다는 점이다.

10여년 전만 해도 제조계획이 자재 중심이었으나 지금은 시간에 집중되고 있다. 어떻게 하면 공급망 과정, 즉 제품계획부터 고객 요구, 생산, 분배의 과정을 신속하게 처리하느냐가 경쟁의 핵심이 되었다. 결론은 확실하다. 제조업체들은 자신의 프로세스가 수요에 민첩하게 대응할 수 있도록 개선하는 것이 비용절감, 품질 향상, 마진 증가를 달성하고 경쟁사보다 더 성장할 수 있는 경쟁력을 갖는 것이다.

이렇게 심화된 경쟁 때문에 제조업도 이제는 서비스업을 닮아가고 있다. 제조업체는 더욱더 많은 고객을 개별 서비스해야 하며, 그들이 원하는 것을, 원하는 장소와 시기에, 그리고 원하는 방법으로 만족시켜야 한다. 시장의 수요에 제대로 맞는 제품을 만들기 위해서는 생산 라인에 더 많은 서비스 항목을 추가해야 한다. 그럼에도 고객은 인색하여 돈을 더 내려 하지는 않는다. 이런 일들을 감당하면서 경쟁에서 이기고 돈도 벌어야 하는 것이 제조업체 여러분의 임무이다.

문제는 이것을 어떻게 해 내느냐이다. 수요를 충족시키고 제조공정을 개선하며, 경쟁력을 강화하고 재무적으로 튼튼하게 하느냐이다. 이에 대한 해답은 공급망 동기화이며 새로운 접근방법이다.

가. 공급망 동기화는 어떤 모습인가?

어느 기업이 고객 수요에 대응하여 모든 자원을 최적화하여 계획과 스케쥴을 작성한다고 하자. 이 계획과 스케쥴은 사업목표를 반영하지만, 주공정(critical path)상에 있는 자원에 제약을 받는다. 동기화된 계획은 조직 전체를 대상으로 하며 생산부문에 한정하지 않는다. 이 계획수립 과정에서는 공급망을 구성하는 모든 부문에서 스케쥴링에 필요한 자료가 언제, 어디서든지 활용가능해야 한다.

산업체의 전문가들은 지금은 제조부문이 공급망 동기화를 달성하여 자신들의 운명을 통제할 시기라고 말한다. 이는 계획과 실행이 동시에 진행되는 기술을 사용하여, 자원 활용을 최적화하여 고객의 요구를 만족시키되, 신속히 그리고 이익이 나게 하는 것이다.

동기화된 곳에서는, 고객에게 가치를 창조해주는 활동이 가장 핵심이다. 부가가치 활동들은 고객이 기꺼이 지불하려는 가격의 좋은 제품을 만든다. 이 활동들은 높은 효율로 적시에 수행되어야 하며, 자원능력 제약 한도에서 사업목표를 위해 최적화 되어야 한다. 그 외의 모든 다른 활동들은 이 부가가치 활동들을 지원하도록 동기화되어, 필요할 때면 항상 언제 어디서나 이용가능한 상태로 준비되어야 한다. 이런 부가가치 활동 중심의 동기화는 재고를 줄이고 리드타임(조달기간)의 편차도 줄이는 효과가 있다. 그러므로 실시간 모니터링이 꼭 필요하며, 생산스케쥴링을 수요 변동과 기타 사업환경 변동에 곧바로 대처할 수 있다.

이런 새로운 제조환경은 현재의 일반적 현실과는 상당히 다르다. 무슨 제품이든지 현재는 주문-납품의 과정은 많은 단계를 거친다. 지금까지는 이 단계들이 순차적으로 진행되고 있으며, 많은 대기시간, 납기 만족 실패, 정보전달의 오류나 누락 등으로 고생하고 있다. 부가가치 활동에 대한 관심도 약하다. 사실 대부분의 생산관리 시스템은 부서단위 업무 중심이며 실시간 프로세스 동기화를 지원하지 못하고 있으며, 기업단위의 아이디어나 SCM에는 눈을 돌리지 못하고 있다. 시간이 가장 중요한 자산이고 경쟁 우위를 확보할 수 있는 중요한 자원이 되고 있는 이때에 동기화는 매우 중요한 의미를 지닌다. 공급망 동기화의 기초는 제조공정 현실을 다룰 수 있는 스케쥴링인데, 이것이야말로 고객 가치가 창출되는 원천이기 때문이다.

지금까지는 제조활동을 다음 4 단계로 구분하였다: 계획(*planning*), 스케쥴링(*scheduling*), 실행(*execution*) 그리고 통제(*control*)이다. 계획은 주기적 활동으로 자재나 기계에 대한 개략적 일정이다. 스케쥴링은 실행가능한 계획 수립이며 생산능력과 제약을 고려한다. 실행은 생산을 위한 작업과 여러가지 생산요소의 상태를 추적한다. 통제는 컴퓨터 기술을 이용하여 실제 제조공정이나 설비의 작업을 관리한다.

공급망 동기화는 이 4 단계가 순차적이 아니고 좀더 동시에 진행되며 각 단계별 구분을 없애는 역할을 한다. 관심의 초점은 항상 부가가치 창출과 사이클타임 단축이다. 계획을 세분화하여 적정 관리단위로 나누고, 실행에 적합한 사람에게 분산시키며, 정보가 제때에 피드백되게 하여 계획변경이 적절한 수준과 빈도로 조정될 수 있게 한다. 여기에는 그래픽 모델이 잘 사용되어 자원과 활동들간의 관계를 시각적으로 나타냄으로써 계획과 스케쥴이 지켜지며 진행될 수 있게 돕는다.

나. 공급망 동기화 구현하기

제조부문 동기화는 기업이 제조기간을 단축하고 생산성을 높이며 납기를 준수하려는 문제를 해결한다. 이는 기존의 사용중인 시스템을 개선/보완하거나 ERP와 같은 새 시스템에 기능을 추가하여 구현될 수 있다. 예를 들면, ERP 시스템의 주문관리나 회계관리는 그대로 이용하면서 생산현장관리 프로그램을 동기화 소프트웨어로 바꾼다. 이것은 현장 관리자나 작업자가 자재, 주문, 기계, 도구, 작업자를 동기화시켜 신속하고 효율적인 작업을 가능하게 한다.

공급망 동기화의 계획부문은 제조공정 실행부문에 비해 더 복잡하다. 전략적, 전술적, 운용적 관점에서 계획을 수립하는데 그 과정과 계산이 복잡하다. 계획에는 상세 데이터, 요약 데이터, 내부 데이터, 외부 데이터, 주관적 정보들이 쓰이고, 전혀 정보가 필요하지 않은 경우도 가끔 있다. 계획에는 분석 도구들도 필요한데, 의사결정 지원을 위한 'what-if' 시뮬레이션이나 최적화 기법들이 쓰인다. APS의 다음 세대인 최적 계획(*optimized planning*)은 폭넓은 사업영역에 쓰이는데, 공급망 모델링, 혼합모델 생산 스케쥴링, 라인 밸런싱, 특정 제조공정의 최적화에 쓰인다.

사업의 변화속도가 빨라짐에 따라, 계획부문과 실행부문의 통합은 불가피하다. 과거에는 매년 혹은 분기마다 세웠던 계획도 이제는 매주 혹은 매일 세워져야 한다. 예를 들자면, 제조, 유통, 수송부문이 아웃소싱됨으로써 가상기업이 가능해졌다. 희귀자원이나 고가자원을 최적으로 할당하는 능력이 매우 중요하다. 자원을 최적으로 활용할 수 있는 공급망 동기화가 성공의 필수 조건이다. 가트너 그룹은 '가상 제조 사이클을 수용하지 못하는 기업은 2001년이 되면 경쟁력을 상실할 것이다.'라고 예상하고 있다.

다. 공급망 동기화 사례

공급망 동기화는 매우 복잡한 사업과제들을 다룬다. 이론은 다음과 같이 단순하다. 즉, 불필요한 활동을 제거하여 사이클 타임을 단축하고 최적의 생산계획을 구현한다. 그렇지만 어떻게 이 이론을 현실로 만들 수 있는가? 선두에 있는 많은 회사들이 이미 이를 시작하여 경쟁우위를 지키고 있다.

1) Miller SQA

*Herman Miller*사의 자회사로, 사무용 가구산업에서 급성장하고 있는 회사이다. 동기화 소프트웨어를 설치하여 신속하고 안정적인 고객 서비스를 추구하였다. 제조사이클 타임의 단축, 재고 감축, 효율적인 공간사용을 목표로 삼았다. 그 결과, 고객 주문의 25%를 이틀 이내에 만족시켰다. 이는 종전의 5%보다 개선된 것이다.

2) Titleist Foot-Joy Worldwide

세계적인 골프 공 제조회사이다. 고객의 로고를 공에 새겨주는 사업이 급성장하고 있다. 주요 고객은 Fortune 500대 기업, 저명인사, 골프클럽이나 리조트 등이다. 여기에 동기화 소프트웨어를 설치하여 제조기간을 50% 단축시켰고, 납기를 보장하는 이틀짜리의 특급 서비스도 실시하고 있다.

3) Ford 자동차

이 회사는 자동차 부품(예를 들어 지붕, 사이드판넬, 범퍼, 후드)용 도구와 금형을 개발하는데 드는 시간과 비용을 줄이기 위해 동기화 소프트웨어를 설치하였다. 이 회사는 품질, 개발기간, 원가에서 개선을 달성하는 것이 고객에 대한 Ford 차의 가치를 높여주고 자사의 경쟁 위치를 향상시키는 것으로 인식하였다. 실시간 스케쥴링과 모니터링 시스템을 설치하여 전공장의 금형제작 공정을 동기화시킬 수 있었다. 제조공정을 더 효과적으로 관리함으로써, Ford 사는 금형제조 시작시기를 신형차 출하시기에 맞출 수 있었고, 이로 인해 공장을 세우지 않고서 더 많은 설계변경을 시도할 수 있었다. 제조기간을 단축함으로써 공정재고를 줄이고, 결과적으로 획기적인 원가 절감을 실현하였다.

라. 성공적 구현을 위한 제언

공급망 동기화는 공급과 수요 사이를 폐회로로 만들어 서로 영향을 준다. 이것은 동적으로, 실시간에, 그리고 사업 운영 방식에 따라 서로 영향을 끼친다. 이것은 현실 그대로 반영하며, 결코 총체적, 개략적 수치에 좌우되는 것이 아니다. 최근의 SCM에 관한 Gartner 그룹 컨퍼런스에서 "평균적인 회사는 평균 정보를 사용한다. 경쟁에 이기는 회사는 상세 정보를 사용하며 마진(*margin*)에서 사업의 가치를 찾는다"고 강조한 바 있다. 공급망 동기화를 성공시키는 핵심 요소는 다음과 같다.

첫째, 전체 공급망 조직이 공통의 계획을 실행해야 하며, 이 계획은 모든 자원 제약을 고려하고 사업과 고객의 목표를 위해 최적화되어야 한다.

둘째, 계획변경이나 실행상의 문제는 즉시 확인되고, 분석되어서, 전 조직과 고객, 공급자에게 알려져야 한다.

셋째, 자재와 자원에 대한 관리는 종래의 무한능력 기반 스케쥴링에 근거하였던 밀어내기 방식에서 벗어나 실시간 끌어당기기 방식으로 전환되어야 한다.

공급망 동기화는 획기적인 결과를 가져온다. 이것은 제조업체가 고객에게 주문의 처리상태를 정확히 알려줄 수 있다. 앞으로 고객은 자신의 주문상태를 전화나 인터넷으로 자주 문의할 것이다. 이제 제조업체는 그 주문이 지금 어떤 상태에 있으며, 다음 공정이나 처리과정은 무엇이며, 어떤 문제가 있는지, 그리고 언제 납품될 것인지 정확히 알 수 있고 자신있게 대답할 수 있을 것이다.

마. 동기화가 조직에 미치는 영향

1) 생산/재고 통제

SFM(*Synchronous Flow Management*)이 전략적 의사결정과정에 적용되면 제조회사 모든 영역에서 지대한 영향을 미치게 된다. 그 중에서도 특히 현장의 자재관리부서의 활동에 가장 큰 직접적인 영향이 있다. 각 부서의 초점이 회사의 산출량 증가로 모아지고, 이전에 하던 품목별, 공정별 개선활동에는 관심이 떨어지게 된다. 즉 제품흐름계획(*Product Flow Planning*)에 집중하여 중점관리 대상 제약에 관심을 두고 그 외 다른 곳에는 통상적인 관심만을 두게 된다. 공장의 산출량은 중점관리대상의 제약(병목공정)에 의해 정의되므로, 이곳의 상세스케쥴이 실제 집행 기준 일정(마스터 스케쥴)이 된다. 생산·판매 회의에서 결정된 마스터 스케쥴은 실제 능력에 맞도록 재조정되어야 한다. 그리고 원자재 투입시기는 이 병목공정 앞의 버퍼를 감안하여 결정되어야 한다. 그외 공정들 사이에 있는 공정재고와 대기 품목들은 작업흐름에 방해가 되지 않도록 아예 없애 버린다. 공정상의 문제점들은 일일이 진행과정을 체크하지 않아도 버퍼관리에 의해 모니터링될 수 있다. 이렇게 되면, 전에는 한달 이상 걸리던 제조기간이 며칠, 혹은 몇시간으로 줄게 된다. 자재관리 담당자(부서)는 여러가지 잡무에서 벗어나, 병목공정의 스케쥴링, 자재가 제 때에 투입되는지, 버퍼관리로 공정을 모니터링하는 일, 그리고 공정의 지속적인 개선활동에 힘을 기울일 수 있게 된다. 공정(작업) 흐름이 빨라지기 때문에, 많은 서류작업이 간소화 되거나 없어지게 된다. 스케쥴링이 간단하므로 주문 입력, 생산 스케쥴링, 구매업무 사이에 서로 관계가 밀접해지고, 특히 사무처리에 쏟는 시간과 노력이 줄어든다.

동기화가 진척됨에 따라 생산·재고통제와 구매 업무가 더 밀접하게 연결된다. 공정재고는 줄어들다가 결국에는 없어진다. 주문량과 납기가 실제 생산계획을 나타내며, 제조기간이 짧아지므로 장기예측에 의한 불확실성도 감소된다. 결국 생산·재고통제와 구매업무 사이에 업무한계를 구분하기가 어렵게 된다. 동기화를 추진하는 일은 과다한 사무처리 작업을 줄이고 정책을 보다 큰 안목으로 보게 하는 것이다. 자재관리 기능은 회사 물류 기능의 핵심이다. 매일의 위기에 대한 압박감과 다급한 불 우선 끄기 식의 암기응변에서 벗어나 지속적인 개선활동으로 바뀌게 된다.

2) 구매

수요를 동기화시킴으로써 구매의사결정에 큰 변화가 온다. 제조 또는 구매(*Make or Buy*) 결정의 기준은 이제 원가가 아니라 제약/비제약이 된다. 가격에 관한 협상에서도 제약공정에 있는 조건들을 살펴봐야 한다. 가치분석도 총 산출량 증가의 가능성을 봐야 한다. 이제 주문량, 조달기간(횟수), 융통성이 가격보다 더 중요한 요소가 된다.

3) 재무

제조회사의 모든 부서중에서, 기본 사고의 틀에서 가장 큰 변화를 겪는 곳이 재무관련 부서이다. 성과측정 방식이 모든 조직의 행동 양식을 결정하기 때문이다. 만약 매일의 성과측정과 의사결정이 지금처럼 원가계산(능률, 사용도, 간접비 배분, 예산, 변동(?))을 기준으로 처리된다면, 큰 뱃취(*batch*), 많은 재고, 긴 제조기간이 계속 유지될 것이고, 따라서 자본투자가 늘고 제품분석에 오류가 생길 것이다. 이런 회사는 세계적 수준으로 성장하지 못한다. 모든 의사결정에 산출량(T), 재고(I), 운영경비(OE)를 동시에 고려하는 회사만이 순이익을 늘려갈 수 있다. 제품배합을 결정할 때 산출량과 제약 활용을 생각하는 것이 자재, 임금, 부하분석을 생각하는 것보다 더 유리하다.

4) 생산

동기화는 작업현장 사람들의 심리와 실제 행동에 큰 영향을 끼친다. 지금까지 그들을 불안케 했던 것은 항상 바삐 일해야 한다는 압박감이었으나, 이제는 가끔씩 쉬어도 괜찮다는 말이 그들을 불안케 할 것이다. 공정재고가 없어지면(특별한 곳은 말고) 여지껏 긴 재고행렬에 익숙해져 있던 사람들은 공장의 앞날을 걱정할 것이다. 작은 롯트로 여러 번 셋업을 하게 되면 큰 롯트에 익숙해져 있던 사람들은 공장관리자를 이상하게 볼 것이다. 작업자들이 재고를 확보해두기 위해 일은 하지 않고 개선활동에 시간을 보내고 있는 것이, 원가 개념에 익숙한 사람들에게는 낭비처럼 보일 것이다. 원가절감을 부르짖는 사람에게 간접노무비와 직접노무비를 구분하지 않는 것과 100% 활용도를 좋지 않다고 설득하는 일이 쉽지 않을 것이다.

그렇지만 이런 것들은 바뀌어야할 일들이다. 많은 사람들에게 사용가능하지만 놀리고 있는 여유능력의 가치를 알게 하여야 한다. 제약공정의 스케쥴이 중요하며 비제약공정의 활용도는 그리 중요한 수치가 아니라는 것을 알아야 한다. 제품의 흐름이 경쟁력을 증가시키는 것이고 재고는 부채라는 것을 알아야 한다. 작업자들에게 이런 변화를 미리 교육시켜야 한다. 이렇게 심리적 충격을 없애고 나면 오히려 적극적인 협조를 얻어낼 수 있다.

5) 제조/산업공학

공장의 엔지니어들은 회사 이익에 큰 기여를 할 수 있으나, 원가기준에 매이다 보면 수치로는 그럴 듯 하더라도 실제로 그렇지 못하는 경우가 많다. 다음은 이익에 기여할 수 있는 실제적인 활동 방안들이다.

- 비 애로공정으로 자재흐름을 유도하여 애로공정의 부하를 줄이기 위한 대체공정의 개발
- 제약중심으로 생산가능성을 분석하여, 기존 제품에 영향을 주지 않으면서 시장 수요에 맞출 수 있는 방법 개발
- 신기술 투자가 얼마나 산출량과 유영성에 기여하는지 그 효과를 평가하고, 산출량에 대한 기여도를 기준으로 제약, 비제약 공정 장비 구입 판단

6) 판매(영업)

자기 부서가 동기화 개념에서 가장 관련이 없는 곳이라고 생각하는 곳이 바로 판매 영업 부서이다. 그렇지만 이 부서가 회사의 가장 중요한 제약이 되는 경우가 흔하다. 동기화를 제조부서만 독립적으로 추진하는 회사에서는 이것이 더욱 사실이다. 공장의 개선이 매우 빨리 진행되기 때문에, 금방 생산 능력이 증가하여 시장 수요를 충족시킬 수 있게 되고, 영업부서는 이를 전부 소화해내지 못하게 된다. 만약 공장의 초과 능력이 사실이라면, 이를 다시 줄이라는 압력이 생겨날 수 있고 이는 조직에 심각한 문제를 야기한다. 개선활동의 대가가 감원으로 이어지는 셈이 되고, 이는 조직에 심한 갈등요인으로 작용한다. 동기화된 공장을 충분히 활용하려면 영업이 잘 해주어야 하는데, 시장분할에 의한 가격차별화 전략이 좋은 수단이 된다.

2.2 동기화의 주요 수단

정보기술을 기반으로 SCM을 지원하는 새로운 사상 및 어플리케이션은 다양하게 존재하며, 전체 공급체인망을 강화하기 위해 부문별로 최적화를 하기 위한 수단으로 적용되고 있다. 여기에서는 그림 10-4에 보인 바와 같이 SCM에 대표적으로 적용되고 있는 주요 사상 및 어플리케이션을 선별하여 소개하기로 한다.

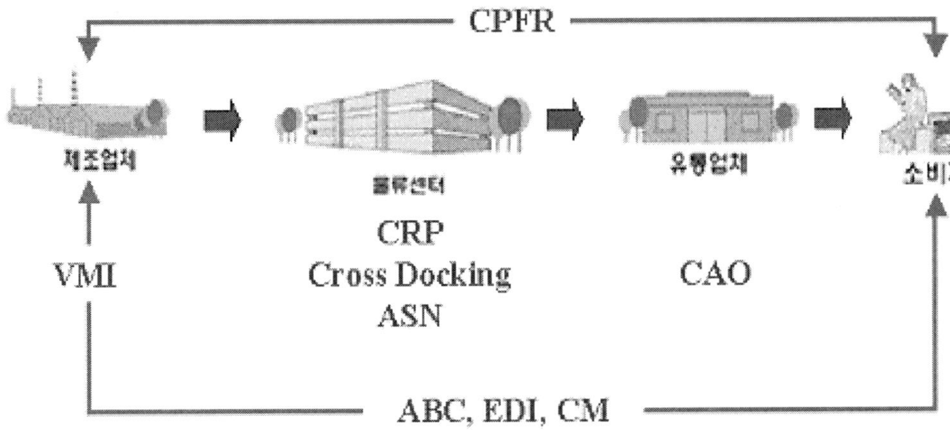

[그림 10-4] 주요 SCM 어플리케이션

가. 자동발주(CAO) 시스템

CAO(*Computer Assisted Ordering*: 자동발주시스템)는 ASO(*Automated Store Ordering*)라고도 하며, POS를 통해 얻어지는 상품흐름에 대한 정보와 계절적인 요인에 의해 소비자 수요에 영향을 미치는 외부요인에 대한 정보 그리고 실제 재고수준, 상품수령, 안전재고수준에 대한 정보 등을 컴퓨터를 이용하여 통합 분석하여 주문서를 작성하는 시스템을 말한다. 자동발주시스템은 POS데이터를 근거로 사람의 손이 거의 가지 않고 점포에서 주문을 할 수 있으며, 이러한 주문은 EDI를 통해 물류센터로 전송되고, 즉각적으로 재고보충이 이루어지게 되며, 이러한 업무처리과정을 통해 물류의 동기화 및 수요관리의 통합화가 가능하다.

CAO는 고객에 대한 반응과 효율적인 상품보충 측면에서 상당한 잠재적 개선을 이룰 수 있도록 하는데 중요한 역할을 한다. 아래 그림 10-5에서 보는 바와 같이 POS(*Point of Sale*)데이터와 상품보충과정을 연계함으로써 더 적은 비용으로 보다 한정된 판매공간에서의 상품판매 효과를 높일 수 있으며, 판촉활동에 의해 발생하는 제품수요에 즉각적으로 대응할 수 있다. 현행 주문 관행과는 대조적으로 자동발주시스템를 통해 소매업체는 보다 신속하게 소비자의 수요에 반응할 수 있을 뿐만 아니라 동시에 운영비를 절감하고 재고수준을 낮출 수 있다.

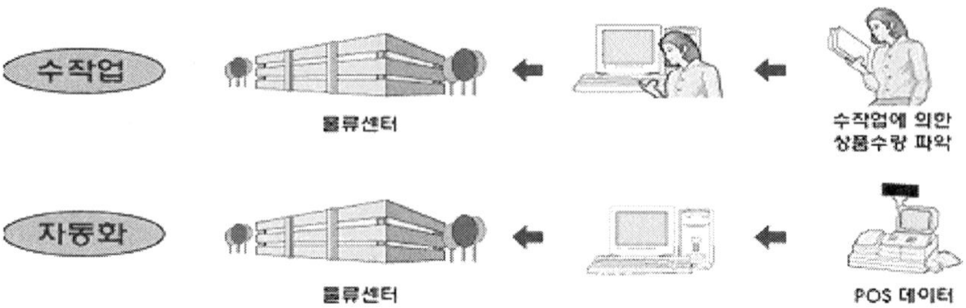

[그림 10-5] 자동발주시스템(CAO) 운영 개념도

나. 지속보충프로세스(CRP) 시스템

CRP(*Continuous Replenishment Process*)는 판매데이터와 판매예측을 근거로 한 소비자 수요에 기초하여 상품보충이 자동적으로 이루어지는 것을 말한다. 이는 기존에 유통소매점에 재고가 있음에도 불구하고 상품을 공급하는 "*push* 방식"과는 다른 기존의 전통적인 밀어내기식(*Push*) 공급방식이 아닌 정확한 수요에 근거하여 상품이 공급되는 *Pull* 방식으로, 지속적인 상품보충은 거래업체 간에 상품이 공급되는 모든 지점에 적용될 수 있는 개념이다.

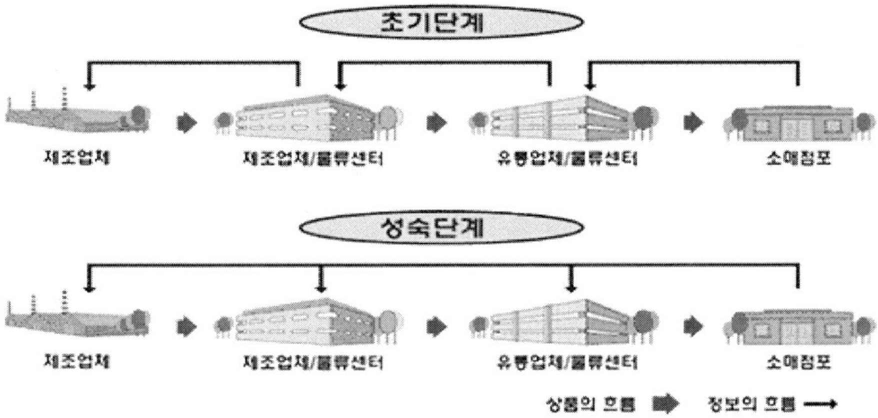

[그림 10-6] 지속보충프로세스(CRP)시스템 운영 개념도

CRP의 초기단계에서는 유통공급과정에서 상품을 공급받기 위해 유통업체의 물류센터 또는 도매배송업체의 출고데이터를 사용하지만, CRP의 발전단계에서는 POS데이터를 사용, 상품보충 프로세스를 개선시킬 수 있다. CRP는 유통공급망에 종사하는 거래업체 간에 서로 협력하는 업무관행으로서, 이는 주문수량에 근거하여 물류업체가 주문을 하는 전통적인 상품보충 프로세스로부터 실질적인 상품수요와 예측수요를 근거로 상품보충을 하는 것이다.

CRP를 구현하게 되면 다빈도 배송이 가능하게 되어, 재고수준과 운영비를 낮출 수 있다. CRP에서는 판매데이터와 판매예측을 근거로 한 소비자 수요를 통해 상품보충에 필요한 주문과 배송을 실시. 가장 보편적인 형태로 운영되는 공급자 재고관리(VMI : *Vendor Managed Inventory*)는 물류업체에서 재고데이터와 점포별 주문데이터를 매일 공급업체에 전송하면, 공급업체는 물류업체가 소매점포의 상품 수요을 충족시킬 수 있는 주문업무를 책임진다. CRP의 근간은 바로 전자문서교환시스템(EDI). EDI는 소매업체가 제조업체에게 상품의 출고 요청을 전송할 수 있도록 한다. 비록 초기단계에서는 소매업체 창고의 출고데이터를 기초로 EDI 문서를 전송하게 되지만, POS 데이터의 통합관리 능력이 증대됨에 따라 점포에서 실제 판매된 판매량에 근거한 EDI 문서전송이 가능하다. 이를 통해 각각의 단품별 판매에 따른 제조업체의 단품별 보충이 가능하게 된다. 판촉활동이 없다고 가정한다면, POS 데이터에 근거한 상품보충은 제조업체로부터 소매점포까지 원활하게 흘러갈 수 있게 되며, 심지어 상품흐름에 대한 예측도 가능해질 수 있다.

CRP는 전반적인 유통공급과정에서의 상품에 대한 주문기능을 향상시킨다. 본능적인 예감에 의해 주문을 하기보다는, 상품보충을 위한 주문수량은 실질적인 소비자수요와 판촉행사로 인해 예상되는 수요예측에 의해 결정된다. 정보는 컴퓨터로 처리되므로 유통공급 과정상에서 발생되는 수많은 데이터 입력시점에서의 수작업이 제거되어 비용을 절감할 수 있으며, 정보의 흐름이 정보통신망을 통해 전자적으로 처리됨에 따라 상품의 보충주기가 단축되어, 결과적으로 소비자수요에 대한 반응도를 높일 수 있게 된다. CRP는 또한 유통공급과정에서의 상품의 흐름을 향상시킬 수 있다. 한번에 많은 양의 상품을 배송하는 대신, 소매업체와 도매업체 창고의 재고수준을 낮출 수 있도록 소량단위의 배송빈도를 증대 시킬 수 있다. 또 다른 이점이라고 한다면 타 산업의 거래 업체들과 보다 나은 업무적 협조관계를 구축할 수 있다는 점을 들 수 있다.

다. 공급자 재고관리(VMI) 시스템

VMI(*Vendor Managed Inventory*: 공급자 재고관리)는 소매업의 점포관리를 소매업체를 대신해서 공급자인 제조업과 도매업이 하는 것을 말한다. 소매업측에서 자동보충(CR) 발주를 치밀하게 하더라도 제조업과 도매업에서는 그 상품이 없기도 하고, 또는 출하하기까지 필요이상의 시간이 걸려 납기를 지키지 못하게 되면, 시스템은 제 기능을 하지 못하게 되므로, 공급자 재고관리는 소매업에 의한 발주단위 자체를 없애고, 재고관리를 제조업과 도매업의 손에 맡겨 이루어지도록 하는 것이다.

VMI는 CMI(*Co-Managed Inventory*)와 함께 대표적 CR 방식으로, 제조업체(또는 공급업체, 도매배송센터)가 상품보충시스템을 관리하는 경우 상품보충시스템이 실행될 때마다 판매 및 재고 정보가 유통업체에서 제조업체로 전송된다. 이러한 정보는 제조업체의 상품보충(CR)시스템에서 미래의 상품수요량 예측을 위한 데이터로 활용되며 또한 제조업체의 생산공정에서는 생산량 조절에도 사용된다. CR시스템에서 계산되는 수요량에 따라 제조업체는 주문서를 작성하게 된다. 제조업체에서 작성된 상품주문정보는 유통업체로 전송되어 유통업체의 주문처리시스템에 업데이트 된다.

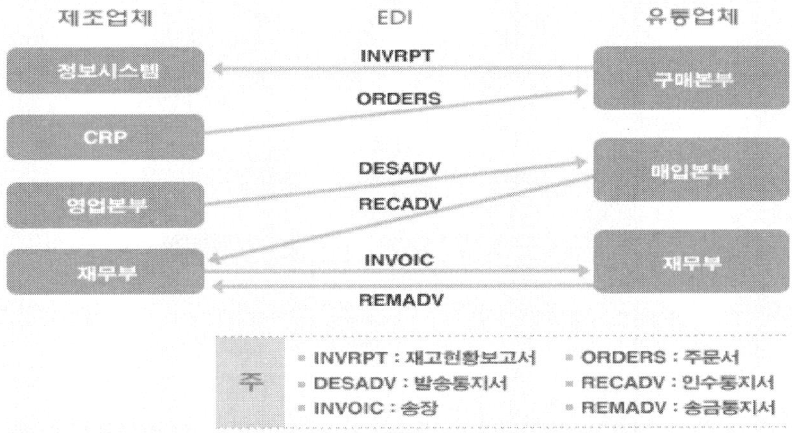

[그림 10-7] 공급자 재고관리(VMI)시스템 운영 개념도

VMI와 유사한 개념으로 CMI가 있는데, 상품보충 책임을 중간단계에 있는 유통업자가 진다. CR시스템이 제조업체와 유통업체에서 공동으로 운영될 경우 판매 · 재고정보는 CR시스템이 실행될 때마다 유통업체에서 제조업체로 전송된다. 유통업체로부터 전송된 판매 · 재고정보는 제조업체의 CR시스템에서 상품수요예측을 위한 정보로 활용되며, 생산사이클의 생산량 조절에도 사용된다. CMI를 거래선간에 추진할 때에는 주문제안서를 제조업체가 작성하고 이를 유통업체가 수정 · 확정하게 된다. 즉 CMI는 상품보충에 대한 책임이 유통업체에게 있다.

라. 크로스 도킹(Cross Docking) 시스템

크로스도킹(*Cross Docking*)은 창고나 물류센터로 입고되는 상품을 보관하는 것이 아니라, 곧바로 소매점포에 배송하는 물류시스템으로 보관 및 피킹 작업 등을 제거함으로써 물류비용을 상당히 절감할 수 있는 방식이다. 크로스도킹은 입고 및 출고를 위한 모든 작업의 긴밀한 동기화를 필요로 한다. 크로스도킹(*Cross Docking*)의 목적은 유통업체나 도매 · 배송업체의 물류센터에서 발생될 수 있는 비생산적인 재고를 제거 (창고 로케이션으로 입고되고 출고되는 데 소요되는 시간과 비용을 제거) 하고자 하는 것으로, 이는 재고 정보시스템에 연결데이터를 입력함으로써 가능해진다.

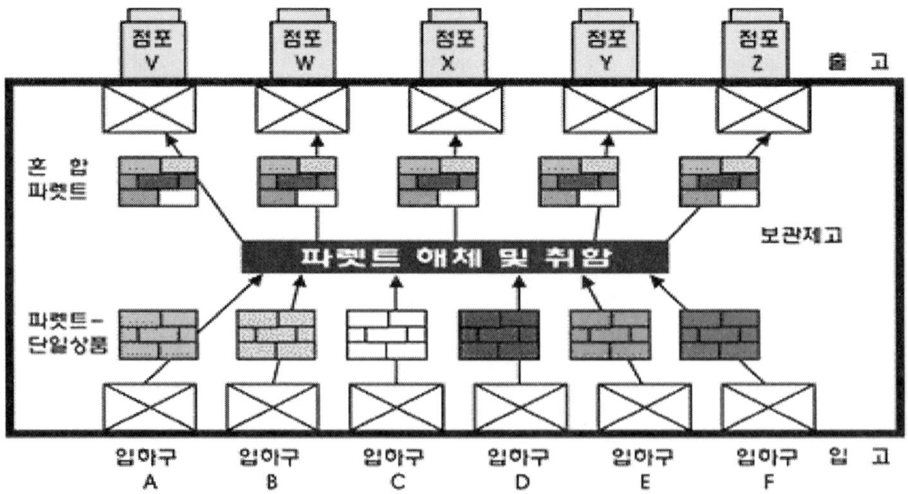

[그림 10-8] 크로스 도킹(Cross Docking) 시스템 개념도

크로스도킹(*Cross Docking*)은 다음과 같은 세 가지 수준에서 구현될 수 있다.

- 파렛트 크로스도킹 : 한 종류의 상품으로 적재된 파렛트별로 입고되고 소매점포로 직접 배송되는 형태로 가장 단순한 형태. 이러한 방법은 양이 아주 많은 상품에 적합하다.
- 케이스 크로스도킹 : 이 방법은 보다 보편화된 크로스도킹의 형태로 한 종류의 상품으로 적재된 파렛트 단위로 소매업체의 물류센터로 입고. 이렇게 파렛트 단위로 입고된 상품은 각각의 소매점포별로 주문수량에 따라 파킹되고, 남은 파렛트 상품은 익일 납품을 위해 잠시 보관한다.
- 사전 분류된 파렛트 크로스도킹 : 이 방법은 드물게 사용되는 것으로서, 사전에 제조업체가 상품을 파킹 및 분류하여 납품할 각각의 점포별로 파렛트에 적재하여 배송. 이 경우에는 제조업체가 각각의 점포별 주문사항에 대한 정보를 사전에 알고 있어야 하므로 제조업체에게 종종 추가적인 비용을 발생시킨다.

마. 사전선적통보(ASN) 시스템

ASN(*Advanced Shipping Notice*: 사전 선적 통보)은 제조업체와 도매업체가 상품을 실제로 창고에서 출하한 시점에서 그 상품에 관한 자세한 정보를 전용하는 것을 말하며, 소매업체의 유통센터와 점포는 이 정보를 사용하여 검품의 신속화를 꾀할 수 있다. 또한 ASN 정보를 사용해서 해당상품에 관한 정보가 바르게 상품마스터에 등록되어 있는지 여부, 점포의 POS 가격 검색파일에 올바르게 등록되어 있는지 여부를 체크할 수 있다. 더욱이 ASN의 정보가 소매업측에 사전에 전송됨으로써 작업의 사전 스케줄링이 가능하다.

[그림 10-9] 사전선적통보(ASN) 시스템 개념도

마. 공동계획예측보충(ACPFR) 시스템

ACPFR(*Collaborative Planning, Forecasting and Replenishment*)은 유통과 제조업체가 정보교환 협업을 통하여 "One-Number" 수요예측과 효율적 공급계획을 달성하기 위한 인터넷을 통한 기업간 *Workflow* 시스템이다. 인터넷 상에서 실시간으로 공유되는 판매관련정보와 소비자 및 시장관련 정보가 제조업체의 생산관리 스케줄에 신속히 반영되어 Supply Chain상에서 변화에 대한 대응력 제고에 기여한다. 정보의 통합으로 예측관리의 "*One Number Process*"가 이루어지고 수준 높은 공급/판매 데이터 관리가 가능하다. 선진기업들은 이를 통해 수요예측 오류를 최소화하여 소비자 서비스 수준 향상, 재고 감소 효과를 경험하고 있다.

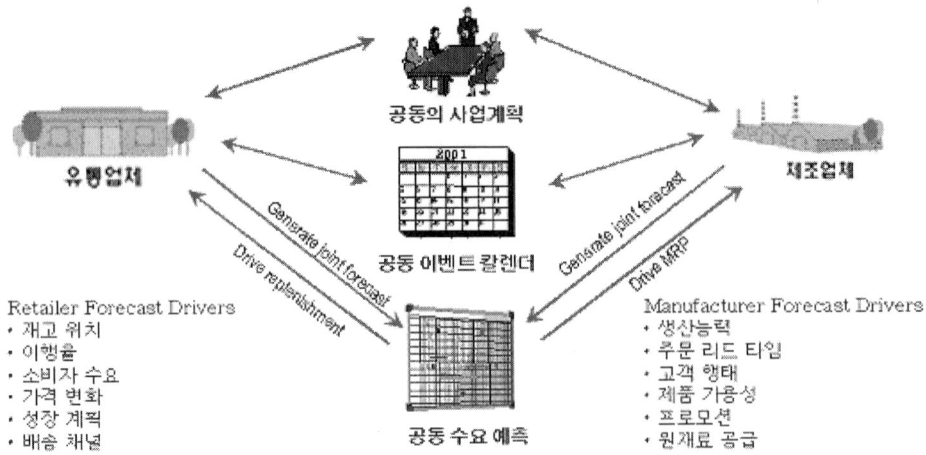

[그림 10-10] 공동계획예측보충(ACPFR) 시스템 개념도

제 3 절 성공적 SCM 실행전략

SCM의 성과를 높이려면 걸림돌이 되는 제약을 제거하고, 효율을 높이고 이익을 늘리기 위한 제반 정책 활동들이 요구된다. 주요 정책은 마켓팅, 가격결정, 설비투자, 교육훈련 등이며, 이들이 구매, 제조, 물류, 판매 과정의 골격을 정한다. 이런 일들을 지원하는 관리시스템들을 통칭하여 백-오피스(*back-office*)라 부른다. ERP 시스템은 생산계획을 세우고, 재고를 중심으로 생산판매계획을 수립하며, 백-오피스의 중추 역할을 한다.

이제 SCM의 성공적 도입과 실행 전략을 다음 3단계, 즉 자기진단에 의한 모델링, 중심분야 전략 설정, 그리고 IT 기술과 솔루션 선택으로 나누어 논의해보자. 이 순서가 강제적이고 절대적인 것은 아니지만, 원칙적인 입장에서 권고하는 것임을 밝혀둔다.

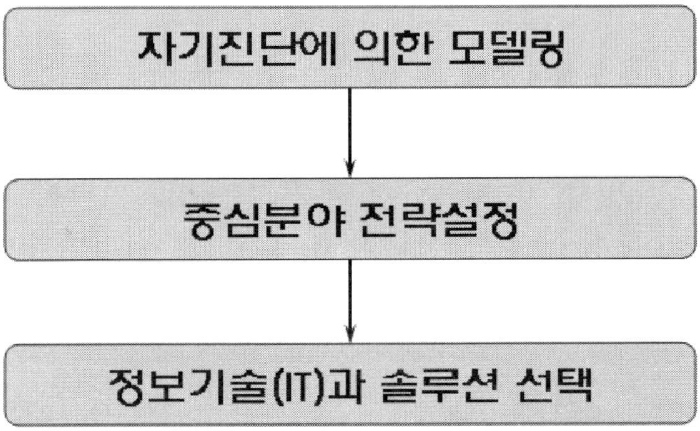

[그림 10-11] 성공적 SCM 실행을 위한 3단계 전략

3.1 자기진단에 의한 모델링

기업 규모, 업종, 현황에 따라 SCM 구축 프로젝트가 검토될 것이다. 여기에는 먼저 SCM의 현황을 파악하고 향후 목표를 수립하기 위한 자기 진단이 선행되어야 한다. 이것은 앞 절에서 제시한 3가지 카테고리 별로 체크리스트를 만드는 것도 한가지 방법이 된다. 그리고 자기 고유의 SCM 모델 정립이 필요하다. 이 단계에서 특히 주의할 것은 시스템적 접근이다. 지금까지 대부분

의 분석과 모델링이 부문별 최적화에 치중하면서 이 결과가 전체 최적화에 기여할 것이라는 기대였는데, 이제는 여기에서 탈피하려는 발상이 필요하다.

예를 들어, 구매가격을 산정할 때 원가계산에 의존하여 무조건 가격을 낮추려는 것은 협력관계를 손상하여 장기적으로 득이 되지 않을 수도 있다. 대신에 리드타임에 따라 가격을 차등화하는 것은 훌륭한 대안이 될 수 있으며, 그렇다면 원가계산서를 첨부하는 번거로운 일도 없어질 것이다.

이런 시스템적 접근에는 골드랫 박사가 제안한 제약이론(*Theory Of Constraints*)이 매우 유용하며, 생산물류 모델링과 SCM정책수립에 매우 큰 효과가 있다. TOC는 자기 진단 결과를 분석하여 시스템 제약을 찾고, 개선 노력을 이 제약에 집중하는 것이 전체 최적화를 신속하게 달성하는 방법이라고 말한다.

이와 더불어 성과측정 기준이 부서 이기주의를 극복할 수 있도록 제시되어야 할 것이다. 예를 들면, 장비사용율과 같은 부서단위의 생산성 지표는 과감히 폐지되고, 지나친 제품별 원가계산도 지양되어야 할 것이다.

3.2 중심분야의 전략 설정

업종에 따라 공급망의 각 링크에서 부가되는 가치가 다르다. 그림 10-12은 업종별로 구매, 제조, 유통의 상대적 부가가치를 나타낸다.

업체구분	도입전		도입후
제조업체	예측에 의한 생산	⇐⇒	판매동향에 맞춰 생산
	상품의 시장호응도 파악지연	⇐⇒	시장호응도의 신속한 파악
	과다한 재고 보유	⇐⇒	최소수준의 재고 보유
	수작업 발주/수주	⇐⇒	EDI를 통한 발주/수주
물류업체	비표준 팔레트로 적재효율 저하	⇐⇒	팔레트 표준화로 적재효율 증대
	수작업에 의한 상품 분류	⇐⇒	바코드에 의한 자동분류
	수작업에 의한 입고/출고	⇐⇒	자동 입고/출고
유통업체	과다한 재고 보유	⇐⇒	최소수준의 재고 보유
	수작업 발주/수주	⇐⇒	EDI를 통한 자동 발주/수주
	수작업에 의한 검품	⇐⇒	바코드, 스캐너를 통한 자동 검품
	매장구성의 비효율성	⇐⇒	최적의 매장공간 활용
	재고조사에 시간, 인력 과다 소요	⇐⇒	자동적인 재고 파악
	계산에 오류발생 및 장시간 소요	⇐⇒	POS에 의한 신속한 계산, 무오류
	상품의 품절현상 발생	⇐⇒	품절 현상 해소

[그림 10-12] 업종별 SCM 링크의 상대적 부가가치

가. 구매 중심의 SCM 전략

내구성 소비재를 생산하는 조립업체가 당면하는 문제는 공급업체의 조달이다. 이들은 수요에 맞추어 MRP로 계획을 세우고 주문을 내지만, MRP 시스템은 속도와 융통성이 떨어지기 때문에 수시로 변동하는 공급업체의 사정과 시장의 수요 변동을 따라가기에는 역부족이다. 이를 해결하기 위해서는 선진 일정계획(*Advanced Planning & Scheduling*)에 의한 실시간 스케쥴링이 우선적으로 필요하다.

나. 제조 중심의 SCM 전략

복잡한 구조의 제품을 제조하고 조립하는 기업에서는 제조 현장관리가 사업의 핵심이다. 현장에서는 여러가지 부품이 복잡한 흐름을 구성하므로 관리가 어렵다. 사용율은 낮은데 납기를 맞추기 위해서 잔업이 필요한 경우가 생기고, 재고수준은 높으나 중요한 조립공정에서 결품이 발생하는 경우도 있다.

여기에는 자재의 흐름을 빠르게, 그리고 예측가능하게 하는 새로운 방법이 필요하다. 공장에서 자재흐름이 불안정하고 빠르지 않다면, 공장 밖 공급망의 유통은 속수무책이다. 이곳에서 특히 중요한 것은 현장의 실행계획과 스케쥴을 통제할 수 있는 백-오피스 구축이 우선적으로 필요하다.

다. 유통 중심의 SCM전략

예를 들어, 비누나 치약같은 소비재에서 가장 중요한 링크는 유통이다. 여기서 SCM의 목표는 고객이 백화점 통로를 걸어갈 때 선반에 적정량이 놓이도록 관리하는 것이다. 그렇지만 이렇게 하자면 유통과정의 문제점이 발생하기 마련이며, 유통망 수준이 많을수록, 각자 제 입장에서 정책을 세울수록 문제가 더 심해진다.

여기서는 유통망에서 판매시점의 정보를 공장에 즉시 알려줄 능력이 우선 요구되며, 전사적인 정보시스템 구축이 중요하다. 이를 기반으로 물류를 담당하는 파트너와 신뢰성있는 협력관계가 요청된다.

3.3 정보기술(IT)과 솔루션 선택

정보기술, 특히 인터넷의 활용은 SCM에서도 예외는 아니며, 정보기술과 경영 프로세스 설계기술을 앞세운 솔루션 벤더들이 SCM 구현에 앞장서고 있다. SCM의 구현에 이런 솔루션의 도입이 절대적인 것은 아니지만, 최적화를 추구한다면 자체 개발에는 한계가 있을 것이다. 문제는 어떤 솔루션들을 어떤 순서로 도입해야 하는지, 그리고 이들을 중심으로 어떻게 커스터마이징할 것인지가 주요 과제이다.

SCM은 ERP와 밀접한 관련이 있으므로, 이들간 통합은 필수적이다. 서로 다른 회사라면 이 부문에 대한 충분한 검토가 요구된다. 그리고 많이 알려진 브랜드를 무조건 선택하는 것은 문제가 있을 수 있다. 고가의 소프트웨어와 컨설팅 비용은 큰 부담이며, 불필요한 기능에 많은 비용이 투자되는 결과가 될 수도 있기 때문이다. 치밀한 모델링을 바탕으로 알맞은 솔루션을 선택하는 혜안이 있으면 많은 비용을 줄일 수 있을 것이다.

3.4 실행

이상에서 언급한 내용들의 실천을 추진하는 방법으로 하향식(*Top-Down*)과 상향식(*Bottom-Up*) 2가지 접근법이 있다. 전자는 먼저 기업의 공급망 전체 시스템을 먼저 구축하는 것이며, 후자는 공장이나 핵심 사업장 중심의 시스템을 먼저 구축하는 것이다. 전자가 "*What's your SCM?*"이라는 질문에 먼저 답하는 것이라면, 후자는 "*How do your SCM?*"에 먼저 답하는 것에 해당한다. 이에 대한 선택은 업종과 자기진단 결과에 따라 달라질 것이며, 꼭 어느 것이어야 한다고 말할 수는 없다.

그렇지만 우리의 최종 목표는 이 두 가지를 모두 달성하는 것이다. 자칫 *Top-Down* 접근 결과가 포장만 그럴 듯하고 내실은 없으며, 대장은 명령하지만 뛸 병사가 없는 형국이 될 수 있고, *Bottom-Up*은 그 반대가 되어버릴 수 있다. 굳이 여기서 필자의 마지막 견해를 밝힌다면, 어떠한 접근법이든지 업종의 특성에 맞는 백-오피스의 충분한 준비가 매우 중요하다고 생각한다.

가. 전략적 관점

경영성과를 높이기 위한 사업계획 관련 정책을 개발하는 단계인데, 성과달성에 걸림돌이 되는 제약을 제거하는 것이 주된 임무이다. 공장의 효율을 높이고 이익을 늘리기 위한 제반 정책 활동이다. 주요 정책은 마케팅, 가격결정, 설비투자, 교육훈련 등이다. 부품의 구매, 제조, 물류, 판매 과정의 골격을 정한다. 이 골격에 의해 원가의 구조가 결정된다. 이 원가구조를 전제로 월별, 주별 운용계획이 세워진다.

생산능력, 운송비 절감을 위한 생산거점의 해외이전, 제조원가 삭감, 노무비와 인건비를 고려한 중장기적 시뮬레이션이 필요하다. 종래에는 모든 공정을 자사에서 작업하는 것이 유리하다고 생각했으나, 고정비 증가, 제품의 고도화에 따라 아웃소싱을 검토할 필요가 커지고 있다. 세계에서 가장 좋은 곳을 찾아 이곳에 위탁하는 것이 유리하게 되었다. 이런 아웃소싱을 고려한 의사결정이 중요한 문제로 부상하게 되었다.

지금 절약되는 금액을 앞으로 몇 년동안 모은다면 큰 금액이 되고, 지금의 투자 결정은 앞으로도 수년동안 영향을 미칠 것이다. 여기에 이런 금액의 시간적 가치까지 고려하여 의사결정하는 것이 정확한 방법이다. 또 변동비만 생각하더라도, 중기 판매계획과 생산계획에 근거한 생산물류의 양적 시뮬레이션이 필요하다. 이로써 수년동안의 *Supply Chain*의 구조가 보증될 수 있다. 이런 일은 과거 자료에 근거한 시뮬레이션이므로, 의사결정할 때 판난기준을 명확히 설정하여 검토할 수 있다. 지금까지는 대부분 경험이 풍부한 관리자가 그저 책상앞에서 판단하였으나, 지금은 대규모 자료를 사용하여 시뮬레이션을 실시간에 수행하여 문제를 해결할 수 있게 되었다.

나. 전술적 관점

운용정책을 수립하는 단계이며, 업무절차나 시스템을 다루고, 효과 향상에 결정적 영향을 준다. 공장을 예로 들면, 자재나 공정품의 흐름을 방해하는 제약을 제거하고, 스케쥴이 지켜질 수 있는 방법을 강구하는 활동이다. 여기서는 성과측정, 배취 크기 결정, 생산능력의 유연성 확보, 데리버리 예측, 자원 활용도 결정 등이다.

자원을 확보한다. 몇주간의 생산능력, 부품조달, 보관장소, 운송수단을 시뮬레이션하여 과부족이 발생하지 않게 준비한다. 현재 수주잔량, 예상수주량을 감안하여 주단위 또는 월단위 운용계획을 수립한다. 이 영역이 SCM 소프트웨어의 역할이 가장 큰 곳이다.

이 단계의 의사결정에는 매우 많은 제약조건이 고려된다. 이런 일은 아무리 경험이 많고 능력이 뛰어나다 하더라도 인간의 힘으로는 한계가 있다. MRP나 ERP 시스템은 주 단위로 개략적 계획을 세우고, 재고를 중심으로 생산 판매 계획을 수립한다. 이것은 중요한 문제를 회피하고 만다. 재고를 줄이기 위한 생산 판매의 조정역할이 없는 것이다. 이것은 제품의 수명주기가 짧아지는 상황에서 매우 중요한 문제인데, 이 문제가 그대로 방치되면 많은 사장(死藏)된 재고가 생긴다. 이를 위하여 ERP범위보다 더 넓은 범위를 지원하는 시스템이 필요하게 된다.

주문이 오면 생산능력의 과부족을 알아본다. 여기에 현재의 제품재고, 공정재고, 자재의 확보상태를 확인한다. 이런 일들이 실시간에(2-3분 안에) 가능하게 하는 것이 전술적 단계의 정보시스템 역할이다.

다. 운용적 관점

생산, 조달, 물류 운용계획이 주별, 일별로 수립되고, 수시로 발생되는 긴급주문이나 납기조정 등을 처리한다. 실시간 계획변경이 필요하다. 납기를 고객에게 알려주는 일(납기지정)이 종래에는 재고가 유지되는 것을 전제로 실행되었지만, 지금은 실시간에 가능하게 되었다. 즉, 생산부하에 대한 상황, 자재조달상황을 정확히 파악하여 고객에게 정확한 납기를 알려주는 것이 고객만족도를 높이는 것이다.

이 단계에서는 약속가능량(*Available To Promise*)을 제공한다. 종래의 ERP시스템에 들어있던 이 ATP기능은 고객의 요구를 만족시킬 수 없었다. 즉, 수배송 능력을 감안한 최적화 계산 능력이 없기 때문에, 고객별 우선순위, 수주이익율을 판단할 수 없고, 그저 주문받은 순서대로 창고에 있는 재고에서 공급가능한 수량을 계산할 뿐이다. 이것은 이미 말한 바와 같이 재고를 기준으로 약속되는 납기이며 고객의 요구를 완전히 반영한다고는 볼 수 없다. SCM 소프트웨어가 제공하는 ATP기능은 고객별 우선순위, 수주이익율을 감안할 수 있고, 현재의 재공재고와 외주 발주상황을 추가할 수 있으며, 주문을 접수하면서 생산능력과 부품재고를 파악하여 납기를 약속할 수 있다.

다시 말하면, 긴급주문이 접수되는 경우, 공급망 전체의 활동에 미칠 영향을 고속으로 계산하여, 기존의 주문에 파급되는 효과를 알아보고, 운송방법의 대체안을 생각하며, 생산 대안을 포함시켜 고객에게 제안할 수 있다. 이런 기능이야말로 매일의 일상적인 업무효율을 높여주는 지원효과가 크다.

이러한 전략, 전술, 운용 단계의 의사결정을 지금까지는 경험많은 사람이 담당하였으며, 지금의 ERP 시스템으로도 이런 일을 충분히 해결하는데는 한계가 있다. ERP는 재고를 파악한 후 이를 근거로 납기지정이나 생산계획수립이 가능하지만, 하나의 공장을 대상으로 한다. 공급망의 최적화는 달성하지 못한다. 복수 공장의 생산계획과 각 공장의 재고를 파악한 공급계획이 필요하다.

참고문헌

나준호, "채찍효과" 주간경제, 647호

조재희 · 박성진, "데이터웨어하우징과 OLAP" 대청출판사, 1998

정남기, TOC 제약경영, 대청, 1999.

후쿠시마 요시아키, SCM경영혁명, 21세기북스, 1999.

Kalakota, Robinson, e-비즈니스 성공을 위한 로드맵, 정보문화사, 2000.

Eric Dullin, Powering the Supply Chain with Enterprise-and Plant-Centric Scheduling, APICS-The Performance Advantage, 1998.

Naruhico Kato, Takashi Takenouchi and Satoru Murakami, TOC 戰略 매니즈먼트, 일본능류협회매니즈먼트센터, 1999.

http://www.thru-put.com

Robert E. Vollum, SFM/TOC Implementation Insights, 1996 APICS Constraints Management Symposium Proceedings, pp. 21-26

Robert Gumaer, APICS The Performance Advantage, Jan 1997, pp. 46-48

제 11 장

고객관계관리시스템 (e-CRM)

e-CRM에 대한 시장은 기존의 CRM 시장 동향과 연계되어 매우 높은 비율로 성장세를 보이고 있다. AMR Research에서 발표한 바와 같이 CRM 시장은 향후 2003년까지 1백6십억 달러의 규모로 성장할 것으로 예측되고 있다. 2002년도 국내 CRM 시장 규모도 전년 대비 70-80% 가량 성장한 약 3,500억원에서 4,000억원 정도로 추산되고 있다.

그러나 이러한 CRM 도입의 확대 추세에도 불구하고 CRM에 대한 우려의 목소리 역시 끊이지 않고 있다. 북미 기업 경영자들을 대상으로 실시한 조사 결과에 따르면 55%의 경영자들은 CRM 투자 이후 기대했던 것 만큼의 성과를 거두지 못했다고 응답하고 있다. *Forrester Research*가 900여개 기업들을 대상으로 실시한 조사에 따르면, CRM과 같은 기업경영 도구에 대한 신규 투자를 계획하고 있는 기업들이 작년 58%에서 올해에는 26%로 감소한 것으로 나타났다. 이렇듯 CRM에 대한 기대 수준이 높아지는 동시에 효과에 대한 의구심 또한 커지고 있는 것이다.

기업들이 그토록 많은 비용과 노력을 투입했음에도 불구하고 기대했던 CRM의 효과를 실현하지 못하는 이유는 무엇일까. 그 이유는 단적으로 기술적 문제에 있는 것이 아니라 고객에 대한 올바른 이해와 대 고객전략 등 사회적 요소에 기인하는 것이다. CRM을 올바로 운영하기 위해서는 우선 고객 대응 차원에서 중요한 주체인 경영자, 영업담당자의 입장과 시각에서 CRM 전략과 방향성을 바로 세워야 한다. 경영자의 입장에서는 기업이 CRM을 통해서 기대하는 성과가 어떤 것인지, 그리고 궁극적 모습이 어떠한 것인지를 구성원들에게 명확히 밝혀야 한다. 따라서 이 장에서는 먼저 진정한 마케팅 차원에서 바라본 고객과 기업의 목적 등을 먼저 살펴본 후 CRM을 논의하기로 한다.

제 1 절 기업의 사명과 고객 관리

1.1 기업의 목적

기업의 궁극적 목표는 무엇인가. 이에 대한 답을 얻기 위해서는 우선 기업의 동기부터 살펴 볼 필요가 있다. 이윤동기인가, 아니면 효용동기에서 출발한 것인가를 자문해 볼 필요가 있다. 이윤동기(*Profit Motive*)라면 기업은 돈을 버는 것이 목적일 것이요, 효용동기(*Utility Motive*)라면 고객을 창조하는 것이다.

우선 결론부터 얘기하면 기업은 효용동기로부터 출발해야 큰 돈을 벌 수 있다. 이익은 기업경영에 있어 목적이 아니라 제약 조건일 뿐이다. 그 이유는 아래의 그림 11-1에서 분명하게 알 수가 있다. 시장의 잠재수요 유효수요로 전환하여야 고객이 창조되며, 유효수요가 임계규모 이상 증가해야 수익이 발생할 수 있는 시장이 창출된다. 결국 기업이 지속 가능한 생존을 위해서는 고객이 느끼는 유효수요를 창조해야 한다. 그리고 그 유효수요 창조는 곧 기업의 근본 동기라야 하는 것이다.

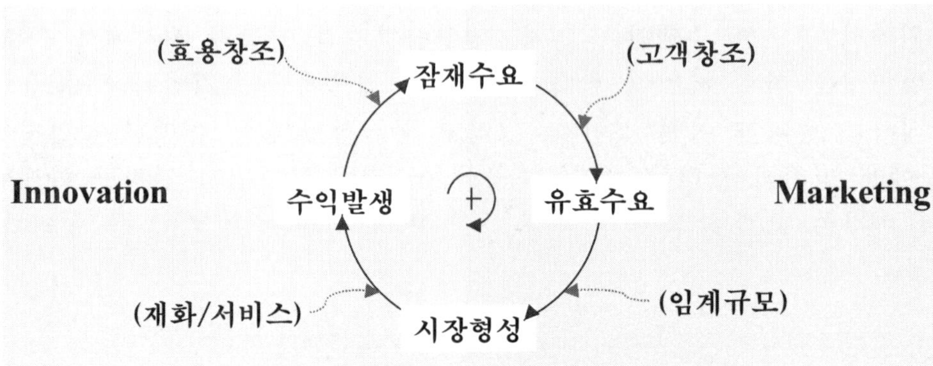

[그림 11-1] 유효수요와 수익발생의 동태적 메커니즘

1.2 고객관계관리(CRM)의 근본

따라서 고객관계관리(CRM)는 고객으로부터 출발하는 진정한 마케팅의 발현이어야 하며, 판매의 관점에서 시작되는 CRM이라면 이는 아주 잘못된 것

이다. 대개는 '판매와 관계된 여러 가지 활동을 조직적으로 수행하는 행위'를 마케팅이라 하지만, 여전히 그것은 판매이지 마케팅이 아니다. 판매는 이윤동기에서 출발하지만, 마케팅은 효용동기에서 출발하기 때문이다. 판매는 '우리 제품, 우리 시장'에서 출발하지만 진정한 마케팅은 '고객, 고객의 니즈와 가치'에서 출발한다. 따라서 마케팅은 '우리가 팔고자 하는 것이 무엇인가'가 아니라, '고객이 얻고자 하는 것이 무엇인가'라고 질문한다. 결국 마케팅이 궁극적으로 지향해야 하는 것은 고객을 충분히 알고 이해함으로써 제품과 서비스를 적절하게 제공하여 그것이 스스로 팔리게 하는 행위인 것이다.

CRM의 궁극적인 목표는 고객과의 관계 향상을 통한 기업성과의 제고이다. 그러나 기업들은 종종 CRM을 고객과의 관계 개선 전략이 아닌 영업 및 마케팅 비용 절감을 위한 기술적 도구로 오인하고 있다. 따라서 고객에 대한 정보가 과거에 비해 점점 더 증가하고 그 자료를 분석할 수 있는 많은 기술도 향상하고 있음에도 불구하고 CRM에 대한 기업 인식은 여전히 비용 절감에 편중되어 있기 때문에 CRM이 가지고 있는 가치 창출의 기회를 제대로 살리지 못하고 있다. 이러한 관점에서 CRM을 올바로 이해하고 있는 기업으로 월-마트(Wal-Mart)를 들 수 있다. 월-마트는 자사의 가장 중요한 CRM 활용 전략 중 하나가 바로 매장 앞에서 적절한 응대를 통해 고객에게 만족을 주는 것이라 판단하고 고객 만족을 위한 활동을 강화하고 있다. 치열한 경쟁 속에서 기업이 경쟁우위를 갖기 위해서는 자사 웹사이트를 방문한 고객들을 얼마나 잘 유지하고 충성도를 높이느냐가 관건이 되는 것이다. e-Business 프로세스 기반으로 수익성있는 고객을 선별하고 고객의 만족을 통하여 가치를 극대화하는 고객과의 관계 정립을 eCRM이라고 정의할 수 있다.

CRM은 단순히 영업·마케팅 부서의 판매 촉진 도구가 아니라 전사적 차원의 혁신 수단이어야 한다. 혁신이란 기존의 것을 향상시키는 것이 아니라 새로운 효용을 제공할 수 있는 제품과 서비스를 창조하는 것이다. 새로운 효용은 대체로 고부가가치를 갖는다(예: 항생제 vs 냉습포). 혁신은 기존의 제품을 가지고 새로운 용도를 개발해 내는 것일 수도 있다. 새로운 수요는 창의성에서 비롯된다(예: 냉동 방지용으로 냉장고를 에스키모에 판매). 혁신의 핵심에는 정보의 공유와 창의적 조직문화가 근본이다. 혁신을 위한 고객정보는 고객 그 자체가 아니라 고객의 그림자에 맞추어져야 한다. 그리고 CRM은 고객의 그림자를 읽고 관리할 수 있는 수단이 되어야 한다.

가. 우리의 고객은 누구인가?

고객에 의해 사업의 내용이 규정된다. 우리의 사업은 무엇이며, 무엇이 되어야 하는가는 고객을 통해 알 수 있다. 모든 사업은 최소한 두 종류 이상의 고객이 있다. 고객은 우리가 제공하는 효용에 대해 서로 다른 기대와 가치관을 가지고 있다. 그러나 이들은 공히 우리의 효용을 인정하고 구매할 때 판매가 이루어진다.

또한 이 질문은 '우리의 고객이 어디에 있는가'와 '무엇을 구입하는가'에 대한 후속 질문을 낳는다.

- 어디에 : 병원, 약국, 가정?, 사이버 공간(예: 시어즈: 농촌 → 도회지)
- 무엇을 : 약? 아니면 건강? (캐딜락: 운송수단 → 사회적 지위)
- 그렇다면 경쟁자는? (캐딜락: 자동차 회사 → 보석상)

나. CRM의 목표 설정

우리가 수행하는 사업에 대한 회고, 즉 우리의 사업은 무엇인가 하는 근본적 문제의 제기는 회사가 성공적으로 운영되고 있을 때 진지하게 이루어져야 한다. 성공은 언제나 그 성공을 가능케 한 요소들을 진부하게 만들어버리는 속성을 가지고 있기 때문이다. 성공은 언제나 새로운 문제를 만들어 내며, 그 문제는 고객으로부터 유발된다. 따라서 새로운 방향과 목표 설정은 다음의 물음에 대한 답을 찾는 데서 출발해야 한다. 고객의 관점에서 우리가 제공하지 못하는 효용은 무엇인가,

그리고 그것은 어떻게 제공될 수 있는가,

우리의 사업은 무엇이 되어야 하는가

하는 의문은 바로 이러한 스스로의 물음에 대한 답으로부터 얻어질 수 있으며, CRM의 핵심 기능은 이에 부합되어야 한다. 그러나 이러한 새로운 목표는 추상적이어서는 안되며 성과를 측정할 수 있는 기준이 되어야 한다. 측정되지 않으면 관리될 수 없기 때문이다.

새로운 목표는 다음과 같이 6가지 영역에서 구체적으로 설정되어야 한다.

- 마케팅 목표 : 고객 창조 (우리 사업은 무엇인가)

- 혁신 목표 : 새로운 효용 창조 (우리 사업은 무엇이 되어야 하는가)
- 자원 목표 : 인적, 재정적, 물적 자원의 조달, 이용, 개발
- 생산성 목표 : 자원의 투입 대비 산출
- 사회적 목표 : 사회적 책임 및 사명
- 이익 목표 : 이익 그 자체는 목표가 아니라 필요조건임

CRM은 이상의 6대 목표 중 혁신과 마케팅 목표에 부합되어야 한다. 각 분야별로 CRM이 달성해야 할 세부 목표를 제시하면 다음과 같다.

- 마케팅 목표 (집중해야 할 부분과 시장지위에 대한 결정)
  - 기존시장의 기존제품과 서비스에 대한 목표
  - 기존제품 및 서비스의 폐기에 대한 목표
  - 기존시장의 새로운 제품 및 서비스에 대한 목표
  - 새로운 시장에 대한 목표
  - 유통조직에 대한 목표
  - 서비스 기준 및 성과에 대한 목표
- 혁신 목표
  - 제품 및 서비스의 혁신 목표
  - 시장, 소비자행동, 가치와 관련된 혁신 목표
  - 효용의 시장공급에 필요한 다양한 기술과 활동에 관련된 혁신 목표

다. CRM의 시각변화

1970년대만 해도 기업은 소비자를 수동적 구매자로 인식하였다. 고객이 동질의 단일한 욕구를 가지고 기업이 만들어 공급하는 상품을 수동적으로 구매한다고 보았던 것이다. 따라서 기업과 고객간의 관계는 획일적 물품이 고객에게 일방적으로 팔리는 단순한 판매의 관계였다.

1980년대 들어 시장에서 경쟁이 치열해짐에 따라 기업은 고객의 중요성을 제대로 인식하기 시작하였다. 공급이 수요를 초과하고 소비자들의 파워가 증대되면서 기업들이 품질관리(*Quality Control*)에 대한 관심이 고조되었다. 품질관리 경쟁으로 품질 차별화가 어려워지자 경영자들은 고객 서비스와 CS

(*Customer Satisfaction*)의 중요성을 인식하기 시작하였다.

1990년대 들어 경쟁이 더욱 치열해지면서 CS(*Customer Satisfaction*)의 일률적 마케팅 캠페인으로는 다양화, 개성화된 고객 요구를 충족시키기에 역부족이라는 인식이 확산되었고, 정보기술의 진보에 따라 데이터베이스 마케팅(DBM)이 등장하였다. 기업은 고객과 관련된 내외부 자료를 이용하는 DBM을 시도하였고, 고객 데이터는 주로 관리 목적으로 사용되었고 시장의 분류도 기업의 시각에서 일방적, 인위적으로 이루어지게 되었다.

1990년대 후반 고객관리가 기업의 성과와 생존에 직접적 영향을 미치게 되면서 본격적으로 CRM 시대가 개막되었다. 가치사슬의 역류화에 따라 고객은 네트워크의 능동적 참여자로 변화하였으며, DBM은 일방향적이었으나 이제는 기업과 고객이 쌍방향적 동반자로 바뀌었다. 결국 전사적으로 고객 관리를 지향하는 CRM은 고객으로부터 「요구」의 변화와 정보기술의 혁신으로 인한 기업의 「수단」의 변화에 기인한 것이다.

이어서 인터넷의 확산이 CRM 개념을 e-CRM으로 새롭게 탄생시켰다. 인터넷과 이메일의 보편화로 기업은 더욱 다양해진 채널을 통해 고객정보를 수집할 수 있게 되었으며, 고객 접점을 보다 다양화할 수 있게 되었다. e-CRM은 인터넷을 통하여 데이터웨어하우스(DW)로 모아진 고객 관련 데이터를 웹 기반의 마이닝(Web mining) 기법으로 분석하고 이를 토대로 고객층의 정교한 세분화와 개인 고객과의 1:1 관계 형성을 실현할 수 있게 되었다.

아래의 표 11-1은 앞에서 소개한 기업의 고객관리 변화(CS → DBM → CRM → e-CRM)와 시대적 변천을 대고객, 고객관계, 고객관리 등 3가지 관점으로 구분하여 정리한 것이다.

[표 11-1] 고객관리의 시대적 변천

	판매(1970년대)	CS(1980년대)	DBM(1990년대)	CRM(90년대 후반)
對고객 관점	수동적구매자	선택적 구매자	개성화, 다양화된 구매자	능동적 파트너
고객과의 관계	전체 시장에 일방적 공급	고객 만족도(CSI)측정, 일방적 관계	그룹화된 고객과의 일방적 관계	개별고객과 쌍방향 의사소통
고객관리	단순 영업 위주	영업과 판매 위주의 서비스	IT 기술팀 위주	전사적 관리

주: CS=Customer Satisfaction, DBM=Database Marketing
CRM=Customer Relationship Management

제 2 절 e-CRM

외국기업의 강점은 강화된 고객의 힘을 이해하고, 그에 걸맞게 세밀한 전략을 구사하는데서 나온다. 외국기업들은 치열한 경쟁하에서 고객만족 활동, 핵심고객에의 차별적 관리 등에 노력했고 이 과정에서 마케팅 노하우와 데이터베이스 축적이 이루어졌다. 이에 비해 국내기업은 아직도 획일적 대량생산 지향과 공급자 중심의 패러다임에서 벗어나지 못하고 있다. 이를 반증하듯 아직 우리나라 기업은 CRM을 적극 활용하지 못하고 이제 도입단계 수준에 머물러 있다.

2.1 CRM 개요

최근의 디지털 혁명과 관련하여 *e-Commerce*, B2B, B2C, *e-Marketplace* 등 수많은 용어들이 출현하고 있지만 실제로 현장에서 구현되고 기업 성과로 연결되는 것은 CRM과 같은 구체적 기법일 것이다. CRM은 단적으로 기업과 고객간 관계를 디지털 기반으로 바꾸는 것을 의미한다. 인터넷, 데이터베이스 등을 활용하여 실제 값어치를 하는 일부 고객을 타게팅하고 체계적으로 관리하는 일체의 행위를 말한다.

앞서 언급한 바와 같이 CRM은 80년대에 등장한 채널에서의 고객관계 유지를 중시하는 관계 마케팅(*Relationship Marketing*)과 CS, DBM 등이 진화하여 출현한 것으로, 일대 일 마케팅, 개인화된 마케팅도 단골손님 위주로 운영하던 지역상가의 전통적인 개별고객 서비스로의 회귀를 의미한다. 결국 CRM은 마케팅 패러다임이 제품판매 중심에서 기존의 우수고객을 유지하고 이탈고객을 최소화하는 관계마케팅으로 이동하고, 전산시스템만의 변화가 아니라 경영전략, 조직, 프로세스, 고객접점 채널상의 모든 변화를 의미하는 것이다.

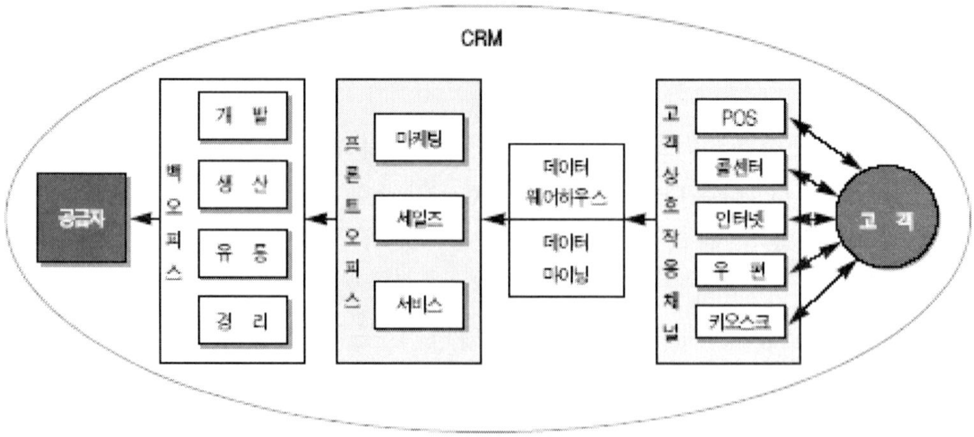

주: 1. 가치사슬의 역류로 공급자→수요자의 가치 흐름이 수요자→공급자로 변화
2. 프론트/백 오피스는 기업의 고객에 대한 접근성 정도로 분류한 경영활동
3. 데이터 웨어하우스는 방대한 분량의 고객 프로파일 데이터를 저장하는 정보창고
4. 데이터 마이닝은 대량의 데이터로부터 숨어 있는 유용한 정보를 통계적 기법으로 찾아내는 과정

[그림 11-2] CRM의 개념

CRM의 핵심은 가치있는 고객을 파악, 획득, 유지하는 활동이다. 고객 개개인이 문제점을 인식하기 전에 요구에 부합되는 물품 및 서비스를 적시에 제공함으로써 장기적으로 고객과 일대일 관계를 구축하고, 고객의 평생가치를 극대화하여 기업의 수익성을 높임으로써 기업과 고객이 상생하는 전략이 저변에 깔려 있다. CRM 도입으로 주요 고객의 로열티(충성도)를 강화하게 되면 고객당 거래건수, 거래단가, 거래기간 등을 증가시켜 결국 기업가치가 증대되는 효과를 가져온다. 이렇듯 고객의 양적 증대에서 질적 고도화로의 전환은 매출증가, 재고 리스크 감소, 매출대비 마케팅 비용 감축 등의 효과를 발생하며, 핵심 고객과 유사한 속성을 지닌 잠재 고객을 선별하여 신규 고객으로 유인함으로써 수익을 극대화 할 수 있다. 성공적인 CRM은 비단 고객 관리뿐 아니라 협력업체들과의 원활하고 지속적인 관계를 유지하는데도 도움이 된다 (그림 11-3).

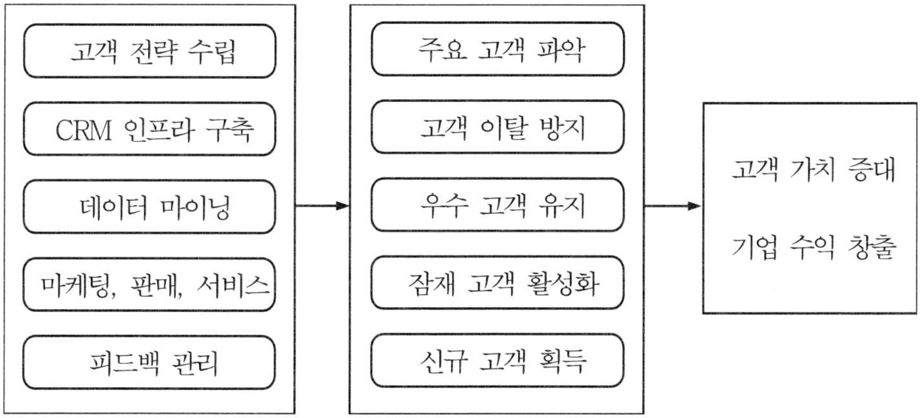

[그림 11-3] CRM의 핵심 효과

e-CRM은 인터넷을 핵심 수단으로 한다는 점만 다를 뿐 CRM과 기본적으로 다를 것이 없다 (표 11-2). CRM은 고객 관련된 자료를 분석하여 고객 특성에 기초한 마케팅 활동을 계획, 지원, 평가하는 관리체계로써 기업가치가 고객으로부터 나온다는 기본 인식에 기초하고 있다.

[표 11-2] CRM과 e-CRM의 비교

	CRM	e-CRM
고객 접촉 채널	영업원 방문, TM, DM 등 복수의 분산된 채널	인터넷을 활용한 단일 통합채널
고객 요청 처리과정	복잡하고, 처리과정에 오류 개입 가능성	On-demand access로 단순한 절차와 실시간 처리
비용(Check)	신규고객 유치와 관리 비용이 상대적으로 높음	초기 Set-up 비용이 높은 반면 유지, 관리 비용은 무시할 수준
On-line 서비스 내용	주로 TM을 이용한 단순한 질의응답	음성, 동화상 Multimedia, FAO, 기타 고객 관심분야 정보제공
시간, 공간적 범위	제한된 영업시간, 지역적 한계 존재	하루 24시간, 전세계를 대상으로 가능

2.2 CRM 도입 및 활용 동향

가. 선진 기업 동향

최근 선진기업들은 고객과의 관계를 통합적으로 관리하는 CRM 시스템을 구축하는데 주력하고 있다. 물건 및 서비스를 판매하거나 고객 요구를 수용하는 차원을 넘어서 개별 고객의 문제를 실시간 내지 사전적으로 해결하는 단계로 발전하고 있다. 인터넷 도입으로 고객과의 커뮤니케이션, 문제해결 빈도 및 속도도 획기적으로 개선되고 있다.

CRM은 미국과 유럽에서 핫 이슈로 부상(IDC, 2000년 초)하고 있다. CEO들이 CRM 프로젝트의 실행을 직접 독려하고 모니터링하고 있으며, 65% 이상의 기업들이 CRM 기술과 방법에 대해 인지하고 있다. 그 중 43%의 기업이 현재 CRM을 실행하고 있거나 계획 중이며, 평균 310만 달러를 CRM 프로젝트(하드웨어, 소프트웨어, 서비스)에 투자하였고, 31%의 기업은 CRM 활동에 500만 달러 이상을 투입할 예정으로 보고된 바 있다.

이러한 배경에는 한차원 높은 「고객 관계」를 정립하여 시장에서 선두 지키기 혹은 새로운 도약을 시도하기 위한 전략적 포석이 깔려 있다. 예컨대, 마이크로소프트와 컴팩은 CRM을 모든 사업 라인에 적용하기로 결정하고 구식 콜센터와 고객 서비스 형태를 최신의 CRM 체제로 전환하였다. 신용카드업계의 후발주자인 캐피털원(*Capital One*)은 CRM을 기반으로 하여 *Teaser Rate*(이자율이 변동하는 카드)와 *Balance Transfer Option*(기존 카드의 잔고를 신형 카드에 옮길 수 있는 옵션)을 도입한 결과 업계 10위권으로 도약하였다.

나. 국내 기업 동향

'98년부터 외국계 컨설팅회사가 CRM 패키지를 판매하면서 필요성을 인식하기 시작하여, 최근에는 CRM을 도입하는 국내기업들이 빠르게 증가하고 있으나, 중요성에 대한 인식이나 전략적 접근 등의 측면에서 선진기업과는 큰 격차를 보이고 있다. CRM을 단순히 IT관련 새로운 패키지가 사내에 도입되는 것으로 이해하는 정도이거나, IT 또는 마케팅 담당임원이 CEO의 결정을 받아 추진하는 것이 일반적인 추세로 여타 부서의 지원을 받거나 공동으로 추진하는 사례는 쉽게 볼 수가 없다. 이렇듯 CRM에 대한 정확한 이해나 전사적 공감대 없이 진행할 경우 일시적 유행으로 그칠 우려가 있다. 1980년대 이후 국내기업들이 외국으로부터 수많은 경영혁신 기법들을 도입했으나 대부분이 현장에 뿌리내리지 못하고 사라졌음도 이와 유사한 전례이다. CRM 도입은 국내기업이 디지털 혁명에 제대로 적응할 수 있는가의 여부를 판가름하는 시금석이 될 것이다.

[표 11-3] e-CRM을 통해 고객에게 제공하는 가치

분류	회사	내 용
매력적인 가격	이트레이드	- 기존 브로커 수수료의 1/10
	Key Fuels	- 법인고객을 대상으로, 750여 가맹주유소에서 도매가격으로 휘발유 판매
풍부한 선택	아마존닷컴	- 600만종 이상의 도서, CD, 장난감, S/W 등
	유나이티드 항공	- 500여개의 여행관련 기업의 상품을 온라인 판매 (100사 이상의 항공사 포함)
높은 편의성	Intuit	- 개인 및 중소기업에 대한 포탈 금융정보 서비스
	월마트	- 매장 대비 10배에 이르는 진열상품을 배송
맞춤화	eToys	- gift request를 친구, 가족에게 송부 가능 - 생일 환기 기능 등 다양한 부가기능 보유
	존슨&존슨	-「온라인 일기」로 아이의 성장기록을 보존 - 아이의 성장시기에 걸맞는 정보를 이메일로 전송

자료 : 일본 부즈알렌 해밀턴, 「Eビジネス 勝者の戰略」, 2000년 4월에서 일부 수정

제 3 절 e-CRM 도입 및 관리

CRM의 성과관리는 도입 이후 단순히 수익이 어느 정도 증가하고 비용이 감소되었다는 식의 사후적 성과방식이 주로 이루어져 왔다. 물론 사후적인 재무성과 관리만으로도 성과 파악이 어느 정도 가능하겠지만, 고객과의 관계 개선이라는 시각에서는 부적합 하다. 외국기업의 단순히 사후적인 재무성과 지표만을 가지고는 고객과의 관계 개선을 위해 어떠한 노력이 부족하고 어떤 계획을 세워야 하는지에 대한 충분한 의미를 얻을 수 없기 때문이다.

따라서 CRM의 효과를 극대화하기 위해서는 사후적인 관리도 중요하지만 도입단계부터 운영상의 관리 등 사전적인 관리도 동시에 이루어져야 할 것이다. 목표에 입각한 사전적인 CRM 관리는 크게 3 단계로 나뉘어 진다. 첫째, 핵심지표의 파악이다. 이는 대 고객 활동에 대한 정량화 및 분석을 통해 기업에 크게 영향을 미치는 요소들을 찾아내는 일이다. 둘째, 사전적 목표의 설정이다. 기업에 영향을 크게 미치는 요소들의 향후 개선 방향을 찾고 도전적인 목표수준을 결정하는 것이다. 셋째, 사전에 설정된 목표에 대한 지속적인 관리와 성과 분석이 수반되어야 한다.

3.1 CRM 도입 단계

가. 고객전략 수립

기업 특성에 적합한 고객 전략을 수립하기 위해서는 우선 무엇보다도 다음과 같은 근본적인 사실에 접근해야 한다.

첫째, 우리에게 최소한 2종류 이상의 고객이 있으며, 이들의 성향과 가치는 서로 다르다는 것이다. 이는 결국 보유 재고의 과잉과 부족 현상을 의미할 수 있다는 점에서 유념해야 할 사항이다. 이는 SCM에서 언급되는 VMI와 같은 Pull 개념으로 일부분 해결될 수 있으나, VMI가 가능하기 위해서는 PRM이 필요하다.

둘째, 우리의 고객이 어디에 있는가에 대한 새로운 성찰이 필요하다. 이는 결국 고객 접점(*touch points*)이 어디에 있으며, 얼마나 다양화 되어 있는가, 그리고 이들을 단일 채널로 통합하는 방안은 무엇인가에 대한 단초가 될 수 있다. 아울러 채널별 마케팅 전략은 어떻게 세워야 하는가에 대한 CRM 전략 수립에 기초를 제공한다.

셋째, 우리의 고객은 무엇을 구입하는가에 대한 스스로의 의문이다. 이는 고객별 차별화 된 대응책 마련에 시발점이 되며, 나아가 비슷한 특성을 지닌 고객들을 대상으로 한 교차판매(Cross-sell) 및 Up-sell을 가능케 한다.

이상의 논의와 함께 전략 수립단계에서 고려할 사항을 부연하면 다음과 같다.

- 통합 전략 수립 : 전략 수립시 고객, 상품, 채널의 전략이 각각 수립될 수 있지만, 각각의 정교한 전략보다 다소 부족하더라도 3가지 전략이 연관성을 가지고 통합적 전략을 고려하는 것이 바람직하다.
- 채널 이슈 : 고객 접촉 채널의 확대는 반드시 채널 중복화, 역할 재정립의 필요성을 유발한다. 대부분의 기업에서 이러한 조정의 어려움으로 CRM의 효과가 반감됨을 유념할 필요가 있다.
- 정보기술 : CRM 구현에 도입되는 많은 시스템과 기술들이 효과적으로 통합되어야 하며 이를 위해 철저한 기술적 검증이 요구된다.
- 조직 및 변화 관리 : 조직이 이를 받아들일 수 있도록 구현 초기부터 변화관리 계획을 수립하고 실천하는 것이 중요하다.

참고로 미국과 유럽 등지의 선진기업의 CRM 도입 목적을 소개하면 다음과 같다.

미국, 유럽 선진 기업의 CRM 도입 목적

- 고객 충성도(customer fidelity) 강화
- 개별고객에게 맞춤 서비스 제공
- 수준 높은 고객지식을 축적하여 경쟁사들과의 차별화
- 수익성이 높은 우량 고객을 파악하고 평생고객으로 유도
- 교차판매(cross-selling), 업셀링(up-selling) 등으로 고객당 수익을 극대화
- 고객 서비스의 신속성 향상과 비용 절감

자료: IDC(2000), 「CRM Phenomenon」

주: 1. 교차판매: 기존의 상품계열에 고객이 관심을 가질만한 다른 상품을 접목시켜 판매
2. 업셀링: 설비의 마모 혹은 재공급 필요시에 업그레이드를 권유하여 판매

나. CRM 인프라 구축

다양한 채널을 통해 고객의 인구통계적, 심리적, 행태적 정보를 확보하여 개별고객을 이해하는데 주력하면서 전체 매출 증가(*value to serve*)와 비용(*cost to serve*)의 균형을 고려하여 CRM에 대한 투자를 결정한다.

이와 함께 자동화된 데이터웨어하우스와 정보분석지원 환경을 구축한다. 인터넷 등 새로운 커뮤니케이션 채널을 확립하고 백 오피스와 프론트 오피스 시스템, 그리고 e-commerce를 통합한 CRM 솔루션을 도입한다.

아울러 판매사슬관리를 강화할 수 있도록 공급사슬상에 있는 주요 파트너들과의 긴밀한 협력체계를 구축할 필요가 있다. 특히 제조업체의 경우, CRM은 업종의 특성상 유통채널에 대한 고려가 무엇보다 중요하기 때문에 파트너 관계 관리(PRM: *Partner Relationship Management*)가 주요 이슈로 부각되고 있다. 여기서 PRM이란 대리점, 할인점 등과 같은 협력업체의 업무 프로세스를 자동화하고 최적의 파트너 관리전력을 수립하여 운영하는 것을 말한다. PRM은 파트너와의 커뮤니케이션을 강화하고 협력 프로세스 개선, 필요 정보의 적시 제공으로 파트너 로얄티를 확보할 수 있을 것으로 기대된다.

아래 그림 11-4는 PRM을 포함하여 CRM, SRM 등 전사적 관계관리시스템 구조를 개념적으로 나타낸 것이다.

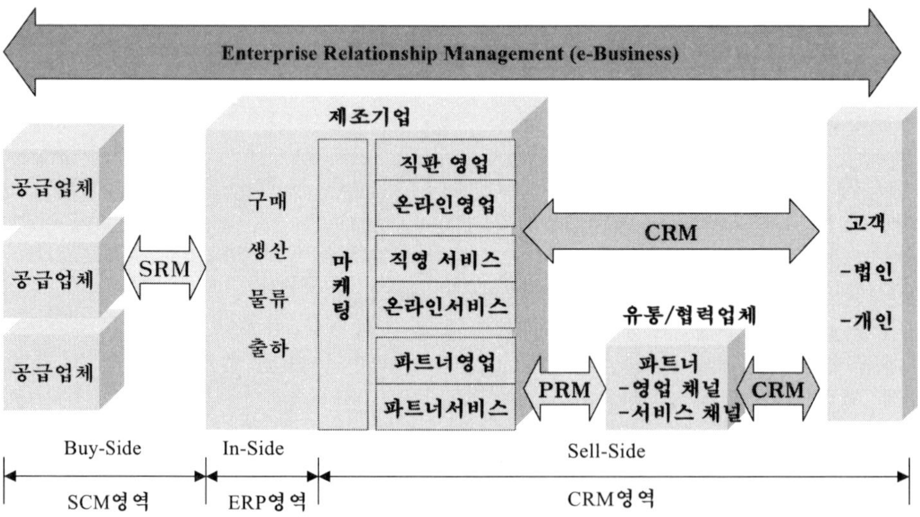

[그림 11-4] 전사적 관계관리시스템 개념도

3.2 CRM 관리 단계

가. 고객분석

데이터마이닝(DM)을 통해 고객 분석과 그에 따른 차별화된 마케팅을 실시한다. 각 고객의 성향을 분석하고 구매를 창출할 수 있는 마케팅 전략을 수립하고, 잠재적으로 유용한 고객층과 비용의 증가를 초래하는 고객층을 분류하여 차별적 접근을 시도한다. 축적된 기존 고객 정보를 바탕으로 거래가 없었지만 유망한 잠재고객에게 접근한다.

고객분석을 위한 대표적 방식을 몇 가지 소개하면 다음과 같다.

- 데이터 마이닝

데이터에 대한 아무런 제약 없이 과거와 현재의 정보를 바탕으로 분석하는 방식으로 이를 통해 예상치 못한 연계성의 발견은 새로운 제품 및 서비스 개발과 신시장 발견에 많은 도움을 줄 수 있다. 데이터베이스에 포괄적으로 접근하는 데이터마이닝은 분석, 통계 기술이 크게 요구되지 않기 때문에, 최일선에서 고객의 구매 결정을 유도하는 직원 등이 쉽게 이용이 가능하다. 아울러 인간의 심리구조를 모방한 신경 네트워크 기술을 통해 기업은 실시간고객 정보 분석으로 기업은 스냅사진처럼 정지된 한 시점의 행위가 아니라 영화처럼 진행중인 행위를 통해 고객을 파악고 실시간 피드백을 통해 마케팅전략을 실시간으로 조정이 가능하다.

[표 11-4] 데이터 분석 방식 비교

전통적 방식	데이터마이닝
핵심 분석가들이 실시	최종 사용자들이 실시
정보가 있는 곳을 아는 사람들이 실시	정보가 있는 곳을 모르는 사람들이 실시
분석 방법을 이해한 사람들이 실시	비즈니스를 이해한 사람들이 실시
과거 시점의 정보에 근거한 예측	현재의 정보에 근거한 예측

• 공동 필터링

한 사용자의 선호도에서 시작하여 이와 유사한 사용자들의 선호도를 종합하고, 그것을 기초로 완전히 새로운 체계를 만드는 방법으로 데이터 마이닝 기법이 적용되는 새로운 마케팅 사상이다.

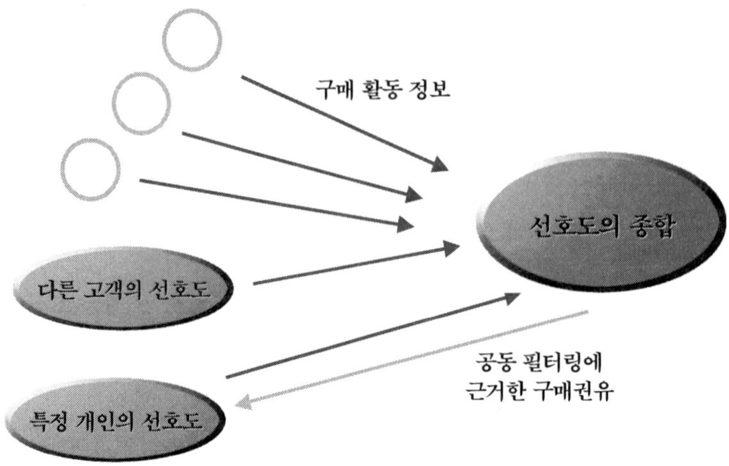

[그림 11-15] 공동 필터링 개념도

이와 함께 고객정보를 바탕으로 고객의 행위에 신속한 반응을 보이기 위한 마케팅 조치로 다음과 같은 것들이 있다.

• 분배 마케팅(*Distributed Marketing*)

고객의 관심을 구매 결정 및 구체적인 거래로 신속하게 유인한다.

• 선점 마케팅(*Preemptive Marketing*)

예측모델과 고객 프로필에 근거한 통계 도구를 통해 고객이 인식하지 못하는 사이에 개별 고객의 관심사를 파악한다.

• 대화 마케팅(*Dialogue Marketing*)

고객 행위에 대한 즉각적인 반응으로 고객의 다음 단계 행동을 유도한다.

나. 판매에 활용

고객분석 결과를 실질적으로 판매과정에서 활용한다. 최고의 잠재적 수익성과 영향력을 지닌 고객군을 상대로 판매행위를 하여 실질적인 매출성장을 도모한다. 단순한 상품 판매를 벗어나 교차판매, *up-sell* 등을 통해 고객의 생애가치(*lifetime value*)의 극대화를 추구한다.

다. 서비스와 피드백 관리

CRM에 있어서 서비스는 기업과 고객간의 계속적 접촉 확보와 장기적관계 유지를 위한 수단이다. 차별화, 개인화된 서비스를 제공하여 핵심고객층 형성을 강화하고, 고객에 대한 피드백 관리를 통해 구매 이탈자를 줄이고 기존 고객을 양질의 우수 고객으로 전환한다.

제 4 절 e-CRM 도입 적용사례

이 절에서는 아래의 그림 11-6에 보인 바와 같이 CRM의 3대 핵심인 고객, 관계, 관리의 관점으로 구성하여 선진기업들의 CRM 적용사례와 성과, 그리고 시사점을 논의한다.

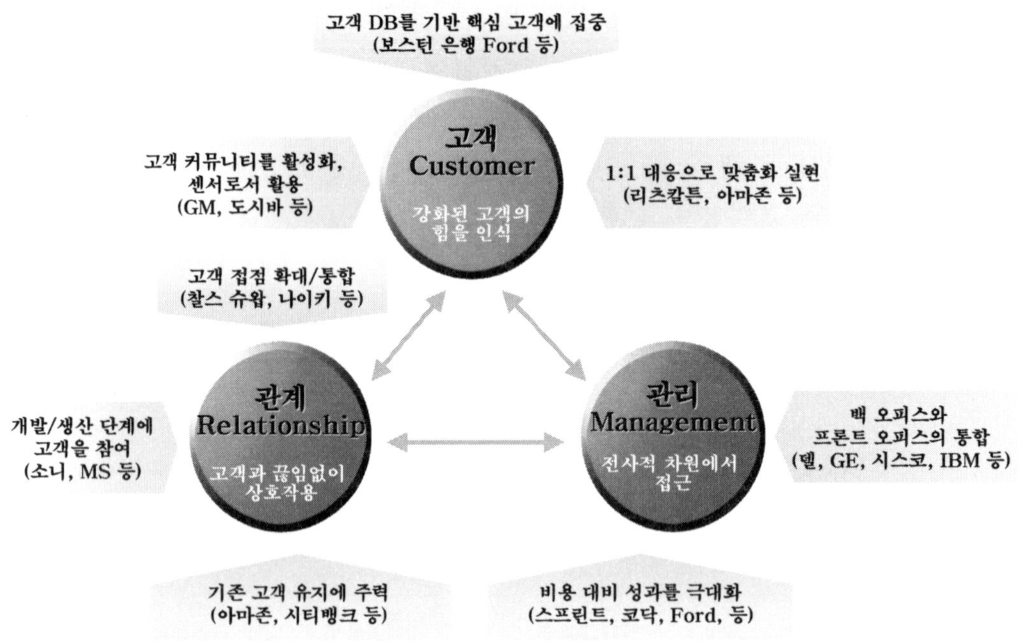

[그림 11-6] e-CRM 적용사례 기본 구도

4.1 고객 (강화된 고객의 힘을 인식)

가. 고객 커뮤니티를 활성화하고 센서로서 활용

- 온·오프라인 상에 고객 공동체(*customer community*)를 형성: 커뮤니티 리더층을 집중적으로 관리하여 구전효과(*words of mouth*)를 극대화하기 위해 온·오프라인 상에 고객 공동체를 형성한다. 이는 고객은 각종 매체

의 광고보다 관련분야 전문가의 의견을 더욱 신뢰한다는 점에 착안한 것이다. GM은 새턴을 출시하면서 웹 전용사이트(*www.saturncars.com*)를 개설하여 성공적으로 운영하였는데, 동호회 회원들이 새턴 자동차와 관련된 에피소드를 인터넷에 올리고 공유하는 과정에서 온라인 구전효과를 노린 사례이다.

- 커뮤니티 파워를 인식하고 고객의 의견을 최대한 반영: 고객이 불만사례를 인터넷을 통해 공유하는 등 커뮤니티 파워를 인식하고 고객의 의견을 최대한 반영하여 「사이버 파워」에 대한 대책으로 나온 것이다. 한달만에 300만명 이상이 들어와 도시바 부사장의 사과를 받아낸 「도시바 사례」와 아마존과 월마트의 *anti-site*(*noamazon.com, walmartsucks. com*) 등의 출현이 해당 기업에 부담으로 작용하는 사이버 파워의 대표적 사례이다. 이에 대한 대책으로 선진기업들은 고객의 의견을 사전에 반영하여 *anti-site*의 출현을 미연에 방지하고, 오히려 이들 반 성향 사이트를 지원하는 역발상을 구사하고 있다.

가상 커뮤니티 핵심 회원들의 리더십이 높을수록 전회원의 소속감과 가상공동체 가치가 향상된다는 점에 착안하여 가상공동체를 대표할 만한 '주도적인 회원'을 육성하기도 한다. 가상공동체에도 20:80의 원칙이 적용됨을 인식하고 핵심 참여자(20%)의 확보에 주력하고 있다. 가상공동체의 브랜드력은 광고나 홍보 뿐 아니라 구전효과(*word-of-mouth*)의 영향력도 막대하므로 가상공동체의 가치가 기존 사용자의 입을 통해 잠재 사용자에게 전달되도록 하는 전략도 함께 모색되고 있다.

나. 고객 DB를 기반으로 핵심고객에 집중

- **기업이익에 기여하는 우량고객층에 역량을 집중**

보스턴 은행은 우량고객을 대상으로 특별 프로그램을 운영한 결과 3년만에 고객 수 3배, 대부금 잔고 9배 증가를 기록하였다.

보스턴 은행의 특별고객관리 프로그램
보스턴 은행은 상위 15%의 고객이 은행수익의 85%를 점한다는 사실을 고객 데이터베이스 분석을 통해 알게 된 후, 우수고객들을 특별 관리하기로 결정함. 우수고객을 자세히 분석해 본 결과 취미(골프, 테니스, 캠핑, 요트타기)를 기준으로 몇 개 그룹으로 묶을 수 있음을 발견. 은행이 주축이 되어 이들을 위한 취미클럽을 결성하고 모든 비용을 후원함. 처음에는 의아해 했던 보스턴 은행의 우량고객들은 이 클럽을 통해 자신의 취미생활을 부담없이 즐기게 되었고, 지역 상류인사들과의 교류 폭도 넓힐 수 있었음. 무엇보다도 은행이 자신들을 특별 대접한다는 데 대해 호감을 갖게 되었으며, 이는 우량고객의 지속적인 확보로 연결됨.

- **핵심고객을 대상으로 고착화(*lock-in*) 전략 구사**

이는 한 고객이 특정기업과 거래하는 기간동안 그 기업에 가져다주는 미래 수익을 현재가치로 환산한 고객의 평생가치(*lifetime value*)를 극대화하기 위한 조치로써, 포드 자동차가 대표적 사례이다. 포드자동차는 기존 고객과의 관계를 기반으로 자동차 판매 및 보험업에 진출한 결과 자동차 제조에서 얻는 수입과 수익은 전체 자동차산업에서 각각 20%, 10%를 차지하였다.

나. 1:1 대응으로 맞춤화(customized) 실현

- **개별 고객의 특성을 파악하고 그에 대응할 수 있는 시스템 구축**

리츠칼튼호텔은 딱딱한 베개를 주문한 고객에 대해서는, 이후 전세계 어느 리츠칼튼에서 묵더라도 딱딱한 베개를 제공하고 있다. 이는 글로벌 DB에 대상고객의 이름과 기호를 누적적으로 기록하고 인터넷을 통해 전세계 체인호텔과 정보를 공유함으로써 가능한 것이다. 한편 아마존 사이트(*Amazon.com*)에서는 고객이 이전에 구매한 분야의 도서를 추천목록으로 제공한다.

- **고객 커뮤니케이션 채널을 통한 맞춤생산**

제조업체들도 고객과 직접 커뮤니케이션 하는 채널을 구축하고 맞춤 생산에 나서고 있다. 소프트뱅크가 투자한 미국의 인터넷 자동차리스회사 모델E는 2001년 1/4분기부터 인터넷을 통해 소비자들의 주문을 받아 자동차를 설계·생산할 것이라고 발표했다.

4.2 관계(고객과 끊임없이 작용)

가. 개발 및 생산단계에 고객을 참여

• **제품 개발단계에서부터 고객 참여 유도**

제품의 개발초기부터 고객을 참여토록 유도하고 그 결과를 피드백하여 제품 설계 및 소재 선정에 반영한다. 정보재의 경우 시제품(베타 버전)을 먼저 출시하여 고객의 의견을 청취한 후 이를 반영하여 정품화한다. 예컨대, 65만명 이상의 고객들이 「윈도2000 베타 버전」을 테스트하는데 참여하였고, 이를 개선하기 위한 아이디어도 공유하였다. 한편 비정보재도 개발때부터 고객이 참여토록 유도한 뒤 웹을 통해 의견을 신속하게 청취하여 고객의 관심을 유발함과 동시에 품질 향상에 도움을 주고 있다.

• **고객의 취향에 맞춘 생산시스템 구축**

고객이 원하는 스타일을 제품에 반영하는 통로를 인터넷상에 제공하여 고객의 취향대로 디자인된 제품 및 서비스를 생산한다. 소니의 S-Works가 대표적인 사례이다.

소니의 S-Works
소니는 2000년 2월 자사의 인터넷 판매 사이트에, 고객이 기호와 라이프스타일에 맞추어 상품을 개별 주문할 수 있도록 「S-Works」(http://www.jp.sonystyle.com/style-d/s-works)를 개설. 이 사이트를 통해 지금까지 소니의 라인업에는 없던 색을 선택하거나 상품을 조합할 수 있고, 고객이 희망하는 일러스트와 사진을 라디오나 전지에 부착시킬 수도 있음. (자료 : 實業の日本, 2000년 6월)

나. 고객접점을 확대

• **오프라인 채널과의 갈등을 회피하는 온라인 채널전략 구사**

채널별로 서로 다른 고객을 상대하도록 유도한다. 예컨대, 일상적인 소비자는 창고형 할인매장에서, 좀더 전문화된 니즈를 가진 고객들은 웹을 통해서, 전문가 집단에 종사하는 사람들은 전문 딜러나 영업사원을 통해 구입토록 하는 것이다. 인터넷 증권거래의 40%를 점유하는 「찰스슈왑」도 오프라인에 330

여개의 점포를 보유하고 있는데, 신규고객의 70%는 오프라인 점포를 방문한 후 고객으로 등록하고 있다.

나이키의 채널 차별화 전략
나이키는 스포츠라인닷컴, 포그독 등 경쟁 기업들의 매출이 급증하자, 98년에 온라인 기업으로의 전환을 시도함. 이 과정에서 기존 대리점들의 반발에 부딪쳤으나, 온라인과 오프라인간의 차별화를 통해 이들과의 마찰을 최소화함. 나이키는 대리점주들과 협의를 거쳐 인터넷상에서는 기존 매장과 차별화된 고가, 고품질 제품만을 취급하는 한편 기존 대리점에 대한 판촉활동을 더욱 강화하기로 함. 인터넷 판매 상품과 대리점 취급 상품을 분리하는 전략으로 신·구 채널간 경쟁을 회피했음. 그 결과 99년말 인터넷을 통한 매출이 900% 증가했고 대리점 판매도 10%나 증가.

- **고객의 시각으로 각 채널의 역할을 재정립**

인터넷으로 제공해도 고객이 가치를 인정하는 부문은 온라인화하고, 오프라인에서만 제공할 수 있는 고부가업무는 종래의 채널을 활용한다. 미국 제일의 아웃도어(*outdoor*)용품 판매업체인 REI(*Recreational Equipment Inc.*)는 간단한 정보는 웹으로 제공하고, 매장에는 산악자전거 연습코스, 암벽타기 시설 등을 설치하여 웹으로는 체험할 수 없는 것을 제공하고 종업원은 전문지식을 제공한다.

찰스슈왑의 hi-tech & hi touch
찰스슈왑은 오프라인의 지점, 인터넷 사이트, 콜센터를 유기적으로 연결하여 상호보완적으로 고객을 지원하도록 함. 즉 고객은 형식상 지점에 귀속되고, 대면업무 및 고객교육의 장으로 활용됨. 24시간 이용가능한 콜센터는 지점의 담당자와 고객정보를 공유하면서 대응. 인터넷은 *real time*으로, 비용발생이 거의 없이 고객의 특성을 고려하여 정보를 제공함.

다. 기존 고객 유지에 주력

- **고객 중심(*customer-centric*) 개념을 실천**

고객의 입장에서 가치사슬을 재구성하고 각 단계별로 고객이 원하는 제품과 서비스를 제공할 수 있도록 고객 입장에서 제품 및 서비스를 생산하는 시스템을 구축한다. 아마존은 기업이 보유한 자산 중 가장 중요한 자산이 고객이며, 이들이 기업을 떠나지 않고 붙어 있도록 만드는 것이 핵심임을 천명하였다.

- **고객이 이탈하지 않도록 유의**

끊임없는 쌍방향 커뮤니케이션을 통해 확보된 고객을 자사에 예속(*lock-in*) 시킬 수 있는 프로그램을 가동한다.

미국 시티뱅크의 고객고착 프로그램

시티뱅크는 「한번 고객을 평생 고객」으로 만들기 위해 각종 프로그램을 가동함. 시티뱅크의 신용카드를 사용하여 물건을 구입한 후, 30일 이내에 그 가격보다 더 저렴한 곳을 고객이 발견하고 이를 증명하면 차액을 돌려줌. 우리나라에서는 일부 할인점이 고객확보의 목적으로 실시하고 있는데, 시티뱅크는 가격에 대해 책임질 필요가 없는 금융업체임에도 불구하고 수행한다는 점이 특징임. 이외에 시티뱅크 카드로 물건을 구입한 후 도난당할 경우 그 제품 값 전액을 돌려주기도 하고, 분쟁이 발생하면 일단 고객에게 환불조치를 한 후에 판매자와 분쟁을 해결함. 이 때문에 고객은 다른 신용카드를 사용하지 않고 시티뱅크의 것만을 사용하게 됨.

(자료 : 「퍼미션 마케팅」, 김주호, Ad.com 2000년 7월)

4.3 관리(전사적 차원에서 접근)

가. 프론트 오피스와 백 오피스를 통합

- **전사적인 차원에서 CRM을 구축**

마케팅 부서, IT부서의 업무영역으로만 평가해서는 CRM은 실패한다. 기업 내부의 기간 업무 시스템을 프런트 엔드와 백 엔드 전반에 걸쳐 통합하고, 거래에 관련된 모든 기업 상호간에 실시간 데이터 흐름이 가능토록 설계하여야 한다. 또한 구성원간에 개방적이고 협력적으로 커뮤니케이션을 실시하는 문화를 조성하고 분석정보를 기반으로 고객을 가장 효과적으로 서비스하면서 공략할 수 있는 방안을 마련하여야 한다. 델, GE, 시스코, 마이크로소프트, IBM, 엔론(*Enron*) 등은 수직 통합을 넘어서 가상 통합(*Virtual Integration*)으로 진화한 것으로 평가되고 있다.

나. 비용 대비 성과를 극대화

• 궁극적으로 기업이익에 기여할 수 있는가를 냉정하게 판단

시장조사분석 및 컨설팅 기관 메타그룹은 현재 추진중인 CRM 구축이 상당수가 실패할 위험에 처해 있다고 경고하고 있다. 스프린트, 코닥, 노텔 네트웍, PNC은행 등 2,000개 기업의 CRM 추진 현황을 분석한 결과 너무 많은 비용이 지출된 것으로 평가하였다.

• 효과에 걸맞는 예산을 책정하고 성과를 극대화

CRM을 도입한 후의 1인당 이익 기여액을 계산하고 그 범위 내에서 예산을 집행할 필요가 있다. 예컨대, 포드 자동차는 한 고객이 평생고객으로 남아있으면서 주변 사람들에게 좋은 인상을 심어준다면 1인당 12만 5,000달러의 이익이 창출되는 것으로 추정하고 있다.

4.4 시사점

가. CRM 도입에는 기업의 근본적 변화가 전제

첫째, CRM을 성공적으로 도입하기 위해서는 명확한 전략부터 설정해야 한다. 단순히 정보시스템 구축이 아닌 전사전략과 마케팅부문 재설계에서 접근할 필요가 있는 것이다. 업무프로세스나 관행의 변화 없이 단순히 정보시스템을 도입할 경우 CRM 도입은 실패로 끝나게 될 가능성이 매우 높다. CRM 시스템이 고객관계의 관리에 구체적으로 어떻게 활용되는지를 최우선적으로 파악하고 데이터의 축적과 관리도 중요하지만 분석된 데이터를 '어떻게 해석 하고 활용할 것인가'에 보다 많은 관심을 기울여야 한다.

둘째, 일부 부서만이 아닌 전사적 지원으로 CRM 성공을 위해 협력해야 한다. 생산라인 등 백오피스는 마케팅 부서가 파악한 고객 요구사항에 신속하게 대응하고 사내 어느 부서에 근무하는 그 누구라도 항상 고객을 위해 일하고 고객 요구에 대해 사전적으로 준비하는 관행이 만들어져야 한다. 아울러 조직과 프로세스 그리고 IT를 모두 고객중심으로 전환할 필요가 있다.

셋째, CRM의 추진 주체를 적절하게 조정하고 통합해야 한다. CRM의 핵심기반이 데이터웨어하우스인 관계로 IT 부서의 역할이 크기는 하지만 프로젝트를 이끌어가는 주체는 마케팅 부서이어야 한다. IT 부서가 주도할 경우 비지니스 요건보다 데이터 정리에 더 신경을 쓸 가능성이 높기 때문이다.

나. 기업 특성에 맞게 차별적 접근

첫째, 기업별로 자신의 업종과 능력에 맞는 CRM을 도입할 필요가 있다. 금융이나 통신업처럼 고객과 직접 접점을 만들며 풍부한 정보를 확보할 수 있는 산업과 그렇지 않은 산업이 존재하기 때문이다. 금융과 통신의 경우 고객의 데이터웨어하우스가 확보된 상태에서 CRM을 구축하는 것이 가능하다. CRM을 도입하려는 기업의 고객이 어떠한 특성을 가지고 있는가를 우선 파악하되, 고객과의 접점이 대리점일 경우 본사 중심의 CRM 구축은 실패 가능성이 높음을 감안 할 필요가 있다. 전자제품이나 의류품의 경우 매출이 대리점이나 백화점에서 많이 발생하기 때문에 이들이 가지고 있는 고객정보를 확보해야 한다.

[표 11-5] 국내기업의 산업별 CRM 도입방향

산업 부문	접근방식	도입시 기대성과	향후과제
금융	-수익성 높은 VIP고객군 선별	-차별화된 고객서비스 제공 -위험관리, 수익성관리의 과학화	-개인 및 가구세대별 데이터베이스의 통합관리
통신	-통화료 경쟁보다 고객성향에 맞춘 이벤트에 초점	-고객의 니즈를 사전에 예측, 해결(SK텔레콤의 TTL 등)	-영업(본사)과 판매(대리점) 부문을 통합한 CRM 적용
유통	-가격에 민감한 고객과 관계에 -민감한 고객 구분	-할인점과 백화점간 역할 분담 -광고비 절감과 신상품 행사 프로모션의 적중률 증가	-대형 외국업체 상륙에 따른 우수 고객 이탈 방지
닷컴	-가입자 확보보다 실질적 수익성 확보에 주력	-eCRM으로 실시간 고객관리 -1:1 마케팅을 통한 특화된 서비스 제공	-매일 축적되는 많은 양의 데이터의 가공 시간 및 비용 극복
가전 자동차	-차별화된 고객 만족 마케팅 -전략적 제휴를 통한 공동마케팅	-차별화된 고객서비스 제공 -귀족마케팅 실시 -모바일 세일즈 구현	-현장(대리점, 영업소)에서 고객데이터를 수집해 정확도 제고

다. 결과의 성급한 기대는 금물

첫째, 국내기업에게 CRM이 생소한 개념이고 실력도 부족함을 인지해야 한다. CRM을 받아들이는 기업의 구성원과 고객 모두 의식과 관행을 넘어야 할 벽이 존재하기 때문이다. 매스마케팅에 익숙하여 가격할인을 고객에 대한 최고의 배려로 파악하는 경우, 고객 정보공개 기피, 종업원의 고객정보 유출 우려 등으로 정착에는 시간이 걸릴 것이다. 또한 CEO의 고객관계관리에 대한 인식이 부족하고, 노하우와 역량을 가진 전문인력 Pool도 많지 않은 경우 이에 대한 해결을 우선해야 한다.

둘째, 이익창출을 감안하여 CRM을 단계적으로 도입해야 한다. CRM이 반드시 대규모 데이터베이스와 첨단 IT기술을 필요로 하는 것은 아니다. 기업 규모가 작으면 서류와 기존 고객정보만으로 가능한 것들이 존재한다. 동네 수퍼의 경우 고객들의 구매관행을 관찰하여 여기에 맞게 제품 구색을 바꾸고 핵심고객을 특별 배려하는 것 등이 CRM의 출발점인 것이다. CRM은 자료 축적과 시행착오가 필요하므로 장기적으로 꾸준히 추진하되 초기부터 기업성과로 연결하는 실용적 자세를 견지할 필요가 있다.

라. 민감하고 지속적인 고객관계 유지

첫째, CRM 도입을 고객의 중요성을 재인식하는 계기로 활용해야 한다. CRM 도입시 효율적 고객관리, 매출 증대 등의 표면적 성과 외에 기업이미지 제고, 프로세스 혁신 유발, 종업원 의식변화 등이 가능해져야 하며, 향후 고객의 의도까지도 만족시키는데 CRM을 활용할 수 있어야 한다.

둘째, 실시간으로 다양한 채널을 통해 계속 고객과 대화를 해야 한다. 고객과의 대화는 최신의 고객 및 시장정보를 획득할 수 있게 하고 기업을 고객을 향해 항상 열려있도록 만든다. 따라서 고객의 기호, 가치, 요구사항, 문제점 등에 대해 적절한 서비스를 제공하여, 고객이 기업에 대해 평생가치로 보답하도록 해야 할 것이다. Bain 보고서에 따르면 신용카드회사가 5%의 기존 고객을 더 유지하면 최고 125% 매출 신장이 가능하다고 한다.

셋째, 지나친 고객 선별과 차별 대우시 일반 고객들이 느끼게 될 소외감에 유의해야 한다. 고객을 유지·차별화하는 과정에서 다른 고객들이 역차별 받는다는 인식을 갖지 않도록 채널 구분, 전반적 서비스 개선 등에 중점을 두어야 한다.

참고문헌

김상욱, CRM 강의 자료, 충북대학교, 2003

김주호, "퍼미션 마케팅" Ad.com, 2000. 7

김재문, CRM 모든 기업에 다 필요한가, LG주간경제, 2000. 8. 30

삼성경제연구소, "인터넷시대의 고객관계관리(CRM)" CIO Information(제262호), 2000. 9. 6

일본 부즈알렌 해밀턴, 「Eビジネス 勝者の戰略」, 2000년 4월

최정환 · 이유재, 죽은 CRM 살아있는 CRM, 한언출판, 2001

Kalakota, Robinson, e-비즈니스 성공을 위한 로드맵, 정보문화사, 2000.

Naruhico Kato, Takashi Takenouchi and Satoru Murakami(1999), CRM 戰略, 일본능류협회매니즈먼트센터9.

http://www.crmpark.com

http://www.jp.sonystyle.com/style-d/s-works

IDC, CRM Phenomenon, 2000

Ravi Kalakota & Marcia Robinson(2001), e-Business 2.0: Roadmap for Success, Addison-Wesley, pp.170-171

제 12 장

정보자원관리 (IRM)

정보기술에 대한 조직 의존도가 날로 증대됨에 따라 정보자원을 관리하는 것도 기업 경영의 중요한 관심사로 대두되고 있다. 정보자원관리(IRM)란 수프라 개념의 '정보흐름관리'와 그 인프라인 '정보요소관리' 등 양대 하위 영역으로 구분할 수 있다. 여기서 '정보흐름관리'라 함은 사람, 업무프로세스, 조직, 절차 및 법 · 제도 등 사회적 요소와 관련하여 정보의 행위적 특성에 '흐름(*flow*)'이 핵심으로 자리하고 있다. 한편 '정보요소관리'는 '흐름(*flow*)'에 대응되는 '저량(*stock*)'의 관점에서 데이터베이스, 소프트웨어 및 응용시스템, 하드웨어 등 기술적 요소를 포괄적으로 나타내기 위함이다.

그러나 이러한 논의에서 보듯 정보자원이란 개념 자체가 매우 포괄적이고 모호한 측면이 있기 때문에 이 장에서 모든 것을 설명할 수는 없다. 따라서 제1절에서는 정보자원관리의 주요 개념을 소개하고 널리 알려져 있는 관련 모델을 관리 모델과 아키텍처 모델로 대별하여 설명한다. 이어서 제2절에서는 정보흐름관리 차원에서 가장 중요한 관리조직(CIO 등)을 설명하고, 제3절에서는 정보요소관리의 주요 이슈 중 하나로 최근 부각되고 있는 정보시스템 아웃소싱에 관해 설명하기로 한다.

제 1 절 정보자원관리의 개념 및 주요 모델

1.1 개념 및 주요 이슈

가. 정보자원관리의 개념

데이터 및 소프트웨어와 같은 개별 정보자원들이 이기종의 하드웨어와 네트워크의 복잡한 통신망으로 분산 배치됨에 따라 분산 컴퓨팅 환경에서의 정보자원관리는 좀 더 어려워지고 있다. 정보자원관리는 기업의 중요자원으로 하드웨어와 소프트웨어와 같은 정보생산체계를 인식한다는 사고로부터 출발한다. 정보라는 것은 어느 조직에서나 하나의 자원으로 관리되어져야 한다는 인식이 이미 널리 자리잡고 있지만 해석주체에 따라 관리대상의 범위와 정의가 매우 다양하게 나타나고 있다. 실제로 정보자원관리에 대한 통일된 정의는 존재하지 않을 뿐만 아니라 보는 관점에 따라 다양하게 정의되어 왔다(*Laribee, Nantz, 1992*).

정보자원관리는 정보 또는 정보시스템에 관련된 하드웨어, 소프트웨어, 인력, 절차 및 문서, 자료 등의 여러 자원을 보다 효과적으로 관리하고자 하는 목적에서 출발한 것으로, 조직 내에 산재하는 다양한 형태의 정보자원을 통합적으로 관리하고자 하는데 주안점을 둔다.

1980년대 이후로 정보자원관리(*Information Resource Management*, IRM)는 현재의 정보기술에 적절한 경영정책과 경영기법을 효과적으로 결합하여 전사적인 정보자원의 활용을 최대화하는 활동으로 기업의 경쟁 우위를 확보할 수 있는 무기로 이해되어 왔다(*Porter & Miller, 1985*). 이러한 정보자원관리의 활동들을 "전략계획, 확장계획, 정보시스템개발, 프로젝트관리, 하드웨어와 소프트웨어 획득 및 데이터 관리를 포함하는 다양한 활동"으로 정의했다(*March & Kim, 1988*).

같은 맥락에서 정보자원관리는 정보와 관련 자원의 관리가 조직의 목적 및 사업방향과 긴밀한 연계를 지니고 이루어져야 한다. 정보자원관리의 대상영역은 정보, 데이터 자체는 물론 조직 내에서 서로 다른 과정을 거쳐 발전되어 온 다양한 정보관련 기술들과 이를 조직하고 운영하는 여러 가지 관련 요소들을 모두 포함시키는 것이 타당하다. 정보자원관리의 개념은 그에 대한 통일된 정의가 내려지지 않아왔고 또한 시대적 요청에 따라 그 정의가 달라져왔다. 그리하여 이와 유사한 여러 가지 다른 개념과 혼돈을 일으켜온 게 사실이다. 정보자원관리와 자주 혼용되는 용어에는 정보시스템관리(*Information Systems Management*), 정보기술관리(*Information Technology Management*), 정보관리(*Information Management*) 등이 있다. 즉, 정보시스템관리, 정보기술관리 외에 정보의 관리와 정보기술관리에 따르는 인적자원 및 기술요소의 관리까지 포함되는 것으로도 볼 수 있다.

그러나 아직까지 많은 문헌에서 이러한 용어들을 구별하지 않고 호환하여 사용하는 경우가 많다. 오늘날의 정보자원관리는 정보 자체에 대한 관리는 물론이고 정보시스템의 계획, 개발, 운영 및 관리에 이르는 모든 영역을 포괄하는 광의의 개념으로 보는 입장이 지배적이다. 그 이유로서는 첫째, 정보자원관리가 조직의 전략 목표를 달성하는 정보를 생산하고 유지 · 관리하는데 관련되는 모든 요소들이 정보자원관리의 대상이 되어야 하며, 둘째, 정보기술의 발달로 정보시스템에서 다룰 수 있는 정보유형의 한계가 없어지고 있음을 고려하면 텍스트, 영상, 소리 형태의 음향자료 등에 대한 구분을 없애고 모든 형태의 정보 및 데이터를 정보자원관리의 대상요소로서 포함시키는 것이 타당하다는 것이다. 여기에 더하여 정보화가 조직의 전략적 경쟁우위 확보에 중요한 요소로서 간주되게 되면서 이와 관련된 제 요소들이 모두 체계적 · 조직적으로 관리되어야 하는 관점이 대두되기 시작하였다. 즉, 정보 그 자체가 중요한 자원이고, 이 정보 및 관련 자원은 조직의 목표 및 임무를 지원하는 방향으로 관리되어야 하며, 그러기 위해서는 인적자원, 자금, 설비와 같은 다른 자원과 마찬가지로 효과적으로 관리되어야 한다는 점이다(*Horton, 1977; Marchand, Horton, 1986; McLeod, 1990*).

정보는 인력, 자산, 시설, 제품 등과 같은 여타 자원과 마찬가지로 비용과 가치를 수반하는 조직(기업)의 자원으로 간주되어야 한다. 따라서 정보자원은 적절하게 계획, 관리, 통제, 보존되어야 하며, 이를 위해서는 첫째, 정보는 조직의 전략적 자원의 하나로 인식되어야 하며, 둘째, 정보자원에 대한 책임소재를 명확히 규정하고 이와 관련된 의무와 계통을 상세히 정의하고, 셋째, 정보자원관리 계획은 조직의 전략계획과 밀접하게 연결되어야 하며, 넷째, 여러 가지 정보관련기술은 그 생산성의 극대화를 위하여 상호 통합적으로 관리되어야 하고, 다섯째, 조직의 모든 구성원은 각자가 효과적인 정보생산자인 동시에 효과적인 소비자가 되어야 한다(*Marchand, Kresslein, 1986*). 이 원칙들이 모두 만족될 때 성공적인 정보자원관리를 할 수 있다고 하겠다(성태경, 1991).

나. 정보자원관리의 문제점

• 시스템 통합(*Integration*) 부족

제조부문 시스템에서 사용되고 있는 데이터 항목이 원재료관리시스템, 엔지니어링시스템, 재무시스템 등의 데이터항목과 같지 않을 수 있다. 아직도 시스템 개발시 정보시스템 전략계획과 데이터 구축계획을 제대로 수립하지 않음으로써 각 시스템의 응용소프트웨어는 다른 소프트웨어와의 데이터 공유가 안되고 있다. 그 결과 데이터가 중복되고 있다. 즉, 같은 데이터항목이라도 각 시스템의 소프트웨어 사이에 정의나 사용방법이 다른 경우가 많다.

• 사용자의 니즈를 충분히 만족시키지 못함

정보처리부문이 구축한 컴퓨터시스템이 기술적으로는 세련될 수도 있지만 사용자의 업무수행에 도움이 될 것이라는 보증은 없다. 실제 경우 사용자부문은 시스템이 설치한 후까지 시스템에 대해 심층적으로 상담을 받지 않는 경우가 많다. 그 결과 사용자는 여러 해 동안 사용하여 익숙해져 있는 수작업으로 되돌아간다.

• 현업부서와 정보화추진부서 사이의 높은 벽

정보시스템을 개발하는 목적은 사용자의 업무를 지원하기 위한 수단을 제공하는 데 있다. 그러나 시스템개발요원들 뿐만 아니라, 정보관리자까지도 기술적인 컴퓨터 전문용어를 남발하여 이상적인 이야기만 할 뿐, 실제사용자를 이해시키거나 사용자를 위한 시스템을 개발하는 데는 소홀히 했다. 실망한 사용자는 자력으로 시스템을 개발하기 시작하였다. 이리하여 시스템은 서로 독자적인 기능만을 수행함으로써 데이터의 중복이 점점 증가한다. 현재와 같이 PC가 사용되는 경우 사용자는 이전보다 많은 시스템을 독자적으로 개발 할 수 있다. 그러나 시스템 개발시 정보처리부문요원이 수행한 이상의 효과를 다큐먼트나 데이터관리 분야에서 발휘할 수는 없다. 또한 DP부분의 컴퓨터처리와 사용자 독자적인 PC처리가 분산되어 있기 때문에 시간이 갈수록 이 문제는 점점 심각해진다.

- **경영자의 정보자원관리에 대한 이해 부족**

각 사용자 부문은 독단적으로 시스템 개발·개선의 우선순위를 결정해왔다. 그 결과 시스템은 완성 이전에 쓸모없게 돼버리기 쉽다. 더욱 문제인 것은 정보시스템 계획과 운영을 상호 연계된 시각에서 보아야 함에도 불구하고 대부분의 경영진은 사업계획을 세우는 동안 정보처리부문을 참여시키기 않아, 시스템개발계획 작성 시 전혀 기업의 사업목표가 반영되지 않는다는 것이다.

- **정보시스템에 대한 문서화가 이루어지지 않음**

정보처리부문 요원은 시스템을 개발하고 나서는 자신이 개발한 시스템 이외에는 무엇이 어디에 있는지 모르고, 사용자는 시스템을 어떻게 사용하는지 모른다. 따라서 시스템의 갱신이나 수정도 곤란하다. 그 때문에 시스템 개발자가 퇴직하거나 인사이동이 된 경우에는 설계내용을 잘 모르게 되어 재설계가 필요하게 된다. 실제로 문서(*document*)가 너무나도 불충분하여 기존 시스템을 고치기보다는 처음부터 다시 개발하는 편이 더 빠른 경우가 많다. 이에 따라 신규개발의 적체가 증가하며 데이터의 중복문제를 야기한다.

- **시스템 개발 절차가 제대로 관리되지 않음**

일반적인 정보처리부문은 사용자에 대해서는 선뜻 변경을 권하지만 자신들은 변경을 싫어하는 경향이 있다. 정보처리부문은 그들 자신을 규율에 충실한 프로에 반대되는 예술가로서 생각하고 있다. 따라서 개발프로젝트가 기한 내에 예산 이하로 완성되는 경우는 거의 없다. 또한 정보처리부문 요원들은 자신들의 활동이나 창조성이 관리될 수 없다고 믿고 있다. 그러나 시스템 설계는 예술이 아니라 과학이며, 훈련에 따라 관리가 가능하게 된다.

- **정보자원관리의 수비적인 자세**

기업의 모든 중요한 기능 중에서 경영층이나 관리자가 가장 경험이 적고 이해하기 어려운 부분이 정보시스템이다. 이에 따라 정보자원의 관리에 수비적인 자세(정보기술을 적극적으로 업무에 수용하거나, 새로운 기술을 적극적으로 습득하려고 하지 않는 자세)를 취하게 되며, 결과적으로 정보시스템에 대한 관리가 부실해진다. 경영층은 이를 해결하기 위해 정보처리 전문가에게 의존하는 경향이 강하며, 컴퓨터의 도입이나 시스템개발에 정보시스템 전담부서의 의견만을 전적으로 따르게 된다. 그러나 정보처리부문과 기업의 업무를 모두 이해하고 있는 전문인력의 부족으로 투자에 대한 경영층의 기대를 충족시키지 못하고 있다.

1.2 정보자원관리 모델

앞서 논의 한 바와 같이 광의의 개념에 포함되는 정보자원을 효율·효과적으로 관리하기 위해서는 무엇보다도 관리의 대상영역에 대한 적절한 모델이 있어야 한다. 지금까지 정보자원관리 모델은 매우 다양하게 제시되어 있지만 여기에서는 정보시스템 관리 모델과 정보시스템 기술 모델 등 두 가지로 대별하여 소개한다. 전자는 놀란(*R. Nolan*)의 정보시스템 성장단계 모형을 중심으로 설명하고, 후자는 시너트(*Synnot*), 얼(*Earl*) 등 여러 학자들이 제시한 모델을 소개한다.

가. 정보시스템 관리 모델

정보시스템 관리 모형으로 가장 고전적이면서도 실무에서 널리 적용 내지 참고되고 있는 것으로 놀란(*R. Nolan*)의 단계모형(*Stage Model*)을 꼽을 수 있다. 1973년 처음 발표된 *Nolan*의 성장단계 이론은 정보시스템 성장 단계를 예산 성장에 따라 도입(*inintiation*), 확산(*contagion*), 통제(*control*), 통합(*integration*)의 네 단계로 구분하였다. 이후 1979년 그는 여섯 단계로 세분하여 기존의 4단계 모형에서 데이터 관리(*data administration*)와 성숙(*maturity*)의 두 단계를 추가하고 기존의 성장단계 연구들을 종합하여 개별 조직이 그들의 정보시스템 단계를 확인할 수 있도록 각 성장 요인별로 단계별 분기점을 제시하였다. 그의 단계모형은 기본적으로 정보시스템의 성장단계와 각 단계별 관리상의 특징을 대응시킨 것으로 정보시스템 계획 및 관리를 위한 참조모형으로 규정지을 수 있다.

Nolan의 6단계 성장 모형은 그림 12-1과 같이 기술의 변화와 정보시스템 성장의 관계를 밝히고 있으며 각 성장 단계별 특징은 다음과 같다.

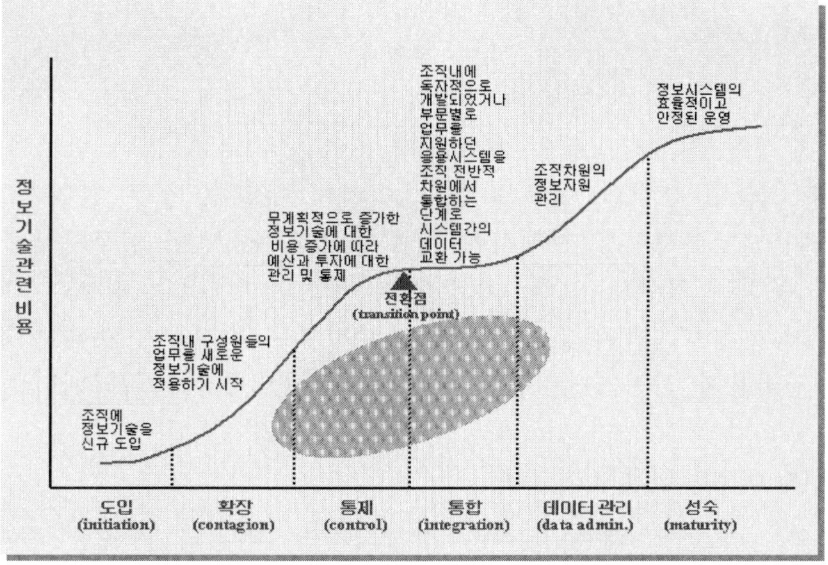

[그림 12-1] 놀란(Nolan)의 성장단계 모형

1) 도입(initiation) 단계

주로 비용 절감과 경영관리의 효율성을 높이려는 동기에서 도입되는 경우가 많지만, 사실상 컴퓨터에 대한 조직 구성원들의 이해가 부족하고 전산 부서 조직과 기본적인 정보체계가 비비하여 실제적인 정보개발과 전산화추진이 활발히 이루어지지 못하는 현상이 일어난다. 따라서 이 단계에 있는 조직은 전산 부서의 주도와 최고경영층의 지원 하에 컴퓨터에 대한 조직구성원들의 이해도 증진과 정보개발에 대한 실무 부서의 적극적인 관심과 협조를 구하는 노력이 필요하다.

2) 확산(contagion) 단계

도입단계에서 나타난 문제점들이 점차 해결되어 조직체내에 전산화 개발 분위기가 조성되고 전산실 주도 하에 각종 기초정보자료가 전산 처리됨에 따라 실무 부서에서도 그 효과가 나타나기 시작하는 단계이다. 따라서 조직체내의 여러 부서에서 컴퓨터 활용에 대한 관심이 급속히 높아짐에 따라 정보시스템 개발 업무도 급속히 증가하면서 확산단계로 진입하게 된다. 이에 따라 전산 요원의 대폭 증가, 실무 부서에 입출력 터미널 설치 등 전산시스템의 활용도가 급격히 증가하며 컴퓨터의 용량도 확장되는 등 정보전산화가 활발히 진행된다. 그러나 이 단계에서의 정보 개발은 주로 기초적인 정보 자료를 중심으로 이루어지고, 급격한 업무량의 증가로 인해 체계적인 계획 하에 추진되지 못하여 종합적인 정보시스템을 개발하지 못하는 경우가 많이 발생한다. 또한, 전산 요원이 실무 부서의 업무를 잘 파악하지 못하고 실무 관리자와 충분한 협의도 없이 정보화사업을 진행하여 개발된 정보시스템이 실무자에게 별로 도움을 주지 못하는 경우도 있다. 이와 같이 확산단계에서는 정보시스템이 갑자기 확산되거나 정보개발이 효율적이고 체계적으로 추진되지 못하는 한편 전산부서의 운영비용과 전산개발비용은 크게 증가하는 특징을 나타낸다.

3) 통제(control) 단계

컴퓨터의 필요성에 대한 인식은 정착되지만, 비용의 급속한 증가로 인해 통제의 필요성과 대책이 요구되면서 경영층의 적극 개입이 시작된다. 전산개발업무에 통제를 가하여 점차적으로 확산되는 정보시스템을 재정비하는 단계로 통제 행동으로는 우선 최고경영층은 전산 부서 예산을 동결시키고 이미 개발된 전산업무에 대하여는 그 효과를 철저히 분석하려 한다. 또한, 우선순위별로 전산개발업무를 추진하는 등 전산업무 전반에 걸쳐서 철저한 검토와 감사 그리고 조정을 단행하게 된다. 정보처리체계는 전산 부서 중심의 중앙집권적 정보시스템으로부터 점차적으로 주요 실무 부서 중심의 분산처리체제로 전환하고 정보개발에 실무자의 참여를 강조하게 되는 것이 이 단계의 특징이다.

4) 통합(integration) 단계

정보시스템의 통합은 데이터베이스의 구축과 정보시스템간의 연결 그리고 중앙 전산실과 실무 부서간의 정보 기능의 연결강화 등을 통하여 이루어진다. 정보시스템이 점차적으로 전체조직에 확산되고 분산처리 체제도 강화됨에 따라서 여러 정보시스템이 공동으로 사용하는 정보자료는 모두 중앙의 데이터베이스로 통합되어 정보시스템의 경제성을 증진시킨다. 따라서 전산요원들은 데이터베이스 개발에 주력하게 되고 실무 부서에서는 실무자의 주도적 역할과 전산요원의 기술적인 지원 하에 업무개발이 진행됨으로써 중앙전산실과 실무부서의 여러 상하 정보시스템간의 상호연결관계는 더욱 강화된다.

5) 데이터관리(data administration) 단계

정보시스템의 통합이 이루어짐에 따라 정보 시스템의 개발과 활용, 그리고 관리 등 정보시스템에 대한 접근방법에도 중요한 변화가 일어난다. 이 단계에서는 거래처리부터 전략계획에 이르기까지 의사결정전반에 정보지원을 제공하게 되며, 분산처리와 통신기술을 활용하여 사용자 중심의 다양하고 융통성 있는 정보시스템으로 발전한다. 또한, 정보관리는 정보자체의 개발뿐만 아니라 정보시스템의 기술적인 측면과 사용자의 인간적인 측면이 통합되고 나아가서는 조직체의 내부환경까지도 모두 통합된 인간-기계 시스템을 강조한다. 전산 부서의 기능에 있어서는 사용자 중심의 정보개발기술과 조직체, 전체의 정보시스템설계 그리고 신속하고 적절한 정보통신과 보안 등이 중요한 과제로 등장한다.

6) 성숙(maturity) 단계

성숙단계는 정보시스템 성장의 마지막 단계로서, 개발된 정보시스템을 안정시키고 정보자원개발과 관리체계를 정착시키는 것이 이 단계의 특징이다. 정보시스템의 효과는 이제 실무 부서와 전산 부서의 공동책임으로서 실무 부서의 정보시스템 사용자와 전산 부서 요원들 간의 공동협조가 일상화된다. 정보시스템의 발전이 이 단계에서 종결되는 것은 아니며 새로운 정보기술(S/W, H/W)이 향상되고 고급화됨에 따라서 도입, 확산, 통제 등의 성장 단계가 반복되면서 6단계의 발전이 계속된다.

[표 12-1] 정보시스템 성장단계별 관리상의 특징

성장단계	관리상의 특성
착수 (도입)	거래자료 처리와 비용절감을 위해 회계부서를 비롯한 조직의 하부 운용층부터 사용. 부서마다 다른 기종의 컴퓨터와 S/W가 독립적으로 도입, 활용되고 조직차원의 계획, 관리가 거의 없는 상태.
확산 (전파)	컴퓨터에 대한 인식이 전 조직에 확산되고, 호환성의 문제가 부각되면서 비용지출문제와 전산자원관리에 대한 경영층의 관심이 고조되기 시작.
통제	컴퓨터의 필요성에 대한 인식은 정착되지만, 비용의 급속한 증가로 인해 통제의 필요성과 대책이 요구되면서 경영층의 적극 개입이 시작됨.
통합	업무간 기종 및 데이터 호환의 문제가 부각되면서 업무의 획기적 개선과 비용절감을 위한 시스템간 통합 추진(DP에서 DB개념으로 전환).
관리	업무간 호환의 문제가 해결되고 데이터 및 정보의 효과적 관리를 시작하는 단계로서, 정보를 조직경영에 필수적인 중대자원으로 간주하게 됨에따라 정보자원공유를 핵심 과제로 간주.
성숙	전사적 정보시스템 구축을 통해 부서간 원활한 정보교류가 실현되고 최종사용자 중심의 정보처리가 실현되며, 보유시스템의 전략적 활용기회를 모색하기 시작.

이상 소개한 정보시스템 성장단계별 관리상의 주요 특징을 정리, 요약하면 표 12-1에 보인 바와 같다.

이와 같이 정보시스템은 단계적인 발전을 해 나가면서 하드웨어의 구성, 시스템 조직, 정보지원 수준 그리고 접근방법에 있어서 많은 변화를 하게 되며 *Nolan*이 제시한 각 성장단계에서의 주요 요인별 특징을 정리하면 표 12-2에 보인 바와 같다.

[표 12-2] 정보시스템 성장단계의 주 요인별 특징

<table>
<tr><th rowspan="2">지표
단계</th><th colspan="2">분석 방법 I</th><th colspan="4">분석 방법 II</th></tr>
<tr><th>전산관련비용 증가율</th><th>처리방법</th><th>응용시스템</th><th>전산부서의 구성</th><th>전산기획 및 통제능력</th><th>사용자 인식도</th></tr>
<tr><td>도 입</td><td>매출액 증가율 보다 높다 수렴한다</td><td>100% 배치처리</td><td rowspan="2">급여, 예산, 재고관리 등 수작업 요구가 많은 업무 전산화</td><td rowspan="2">중앙집중식 처리</td><td rowspan="2">컴퓨터관리를 위한 기획 및 통제</td><td rowspan="2">피상 책임</td></tr>
<tr><td>확 산</td><td>매출액 증가율 보다 높다</td><td>· 80% 배치
· 20% RJE 처리</td></tr>
<tr><td>통 제</td><td>매출액 증가율 보다 낮다</td><td>· 70% 배치
· 15% DB
· 10% Inquiry
· 5% 시분할 처리</td><td rowspan="2">시스템 개발중 데이터의 준비 및 그 이용에 사용자가 개입</td><td rowspan="2">데이터 관리에 중점</td><td rowspan="4">데이터 자원의 관리를 위한 전 조직 대상의 기획 및 통제</td><td rowspan="2">우호 책임</td></tr>
<tr><td>통 합</td><td>매출액 증가율 보다 높다</td><td>· 50% 배치/ RJE
· 40$ DB 및 데이터 통신
· 5% Mini-Micro 컴퓨터 처리</td></tr>
<tr><td>데이터 관리</td><td>매출액 증가율 보다 낮다</td><td>· 20% 배치/ RJE
· 60% DB 및 데이터통신
· 5% PC
· 15% Mini-Micro 컴퓨터 처리</td><td rowspan="2">중앙 공유 데이터 시스템과 사용자별 고유 시스템이 균형</td><td rowspan="2">데이터 자원 관리에 대한 개념이 바뀌어 조직내 직급별 전산 처리에 대해 책임</td><td rowspan="2">적극 책임</td></tr>
<tr><td>성 숙</td><td>매출액 증가율에 수렴한다</td><td>· 10% 배치/ RJE
· 60% DB 및 데이터통신
· 5% PC
· 25% Mini-Micro 컴퓨터 처리</td></tr>
</table>

놀란은 단계간 이동을 유발하는 동력에 대해 다음과 같은 가정을 하고 있다.

첫째, 조직학습은 단계간 이동을 허용한다. 앞 단계에서의 시행착오와 학습은 다음 단계로 진화하기 위한 기초가 된다. 따라서 각 단계에서의 체류기간은 조정이 가능하지만 단계를 뛰어 넘을 수는 없다.

둘째, 각 단계에서 취할 수 있는 조치의 핵심은 얼마나 효과적으로, 그리고 효율적으로 그 단계를 관리하느냐에 있다. 따라서 단계들은 일련의 계획되고 관리되는 변화를 나타낸다.

셋째, 모든 정보시스템이 똑같이 성장하거나 동일한 단계에 있는 것은 아니다. 어느 시스템은 초기단계, 또 어느 시스템은 성숙단계에 있을 수 있다. 그렇기 때문에 요즘같이 조직에서 활용하는 정보시스템이 다양한 경우는 성숙단계가 다양하므로 그 만큼 관리가 어렵게 된다.

이상에서 소개한 놀란의 성장단계 모형은 설명력과 실용성이 뛰어나기 때문에 실무 현장에서는 정보자원 관리의 참조모델로 널리 활용되고 있다. 그러나 성장단계와 각 단계의 특징 사이의 상황적 관련성을 설명하기 어려우며, 성장 현상이 연속적인 반면 그 단계들은 이산적이라는데 한계가 있다. 실제로 각 단계의 이동과 이에 수반되는 특징은 점진적으로, 그리고 다른 속도로 일어난다. 또한 놀란의 모델은 한 단계에서 다음 단계로 이전되어 가는 변화의 메커니즘을 설명하지 못하고 있다.

나. 정보시스템 기술 모델

광의의 개념에 포함되는 정보자원을 효율적 · 효과적으로 관리하기 위해서는 무엇보다도 관리의 대상영역에 대한 적절한 모델이 있어야 한다. 정보시스템 아키텍처(*Information System Architecture*, ISA)는 전략적 정보시스템 계획과 통제를 위한 핵심적인 도구로서 발전되어 10가지의 주요 정보시스템 관리 이슈로 등장하였다(*Niederman et al., 1991*; *Brancheu et al., 1996*). 정보시스템 아키텍처는 "정보시스템을 이용하여 정의된 목표에 대해서 조직의 행동과 결과를 감시 · 평가하는 과정을 촉진시키는 청사진"이라고 정의할 수 있다. 따라서 정보시스템 아키텍처의 주요 목적은 개별 정보자원의 계획, 설계, 구축, 관리 등의 방향을 제공하는 것이다.

1) Synnott

정보자원관리에 관련된 선행 연구를 살펴보면 우선 집중 아키텍처와 분산 아키텍처 개념으로 구성된 모델을 제시한 *Synnott*(1987)의 정보 아키텍처(*Information Architecture*, IA)가 시사하는 바가 크다. 여기에서 집중 아키텍처는 집중화의 개념으로 조직의 정보시스템을 계획하고 관리하여야 한다는 관점으로서, 이 개념으로 계획 관리되어야 할 분야로서는 비즈니스 분야(비즈니스 아키텍처), 데이터관리 분야(데이터 아키텍처), 네트워크 분야(커뮤니케이션 아키텍처)를 지적하였으며 이를 기반으로 하여 조직 전체 정보시스템을 지원해야 한다고 하였다. 한편, 분산 아키텍처의 개념으로 관리되어야 할 분야는 조직 및 인력자원(인적자원 아키텍처), 컴퓨터 자원(컴퓨터 아키텍처), 최종사용자 컴퓨팅자원(최종사용자 컴퓨팅 아키텍처), 시스템 자원(시스템 아키텍처)을 포함하였으며, 이들은 조직의 기능이나 서비스 및 활동의 일부분으로 계획 · 관리되어야 한다고 주장하였다.

2) Earl

정보시스템 계획수립 대상영역을 응용시스템 영역, 정보기술 영역, 정보관리 영역의 세 범주로 구분하고 이들간의 관계를 명확하게 설정한 Earl(1989)의 견해도 정보자원관리 계획수립에 관해서는 시사하는 바가 크다. 즉, 조직이 변화하는 환경에 적절히 적응하면서 경쟁력을 확보하는데 기여 할 수 있는 정보시스템 계획을 수립하기 위해서는 적어도 세 영역에 대한 비전, 구체적 추진 및 관리 전략이 수립되어야 한다는 것이 주장의 핵심이다. 여기에서 첫 번째 응용시스템 영역은 기능별 업무지원시스템에 대한 개발과 관리에 대한 계획 수립이 올바르게 이루어져야 한다는 관점이다. 두 번째 정보기술 영역은 컴퓨터 하드웨어, 소프트웨어, 시스템개발 방법론, 보안관리 등의 표준이나 지침과 관련된 제반 정보기술에 대한 계획 수립과 관리가 적절히 이루어져야 한다는 관점이고, 세 번째 정보관리 영역은 조직 내에서 수행되어야 할 다양한 정보체계 기능 또는 업무를 정의하고 이를 조직화하는데 초점을 두고 조직의 기능 및 업무분장이 명확히 이루어져야 한다는 관점이다.

3) O'Brien과 Morgan

*O'Brien*과 *Morgan*(1991)은 정보자원관리를 기존의 단순한 기술관리 차원이 아니라 조직의 전략적 위치에서 조명하여야 한다는 점을 주장하면서 전략관리, 운영관리, 지원관리, 기술관리, 분산관리 등 5개 측면의 다차원적 모델을 제시하였다. 첫 번째 항목인 전략관리 차원은 정보기술은 조직의 효율성 제고 차원뿐 아니라 조직의 전략적 목표와 경쟁우위를 달성하도록 관리되어야 한다는 관점으로서 이를 위해서는 CIO직을 두어야 한다는 것이다. 운영관리 차원은 정보기술과 정보시스템은 조직의 다른 기능적 영역들과 마찬가지로 직접적으로 통제 · 운영되어야 한다는 점이다. 정보시스템 기능은 다른 기능적 영역들과는 어느 정도 다른 면을 가지고 있음에도 불구하고 동시에 많은 밀접한 관계를 가지고 있으므로 분산 · 집중화 문제, 다운사이징 문제, 시스템 개발센터 운영문제, 데이터 센터 운영문제 등 정보시스템 관리 문제는 조직의 다른 기능 영역들과 연계하여 고려해야 한다는 관점이다. 자원관리 차원은 데이터, 정보, 하드웨어, 소프트웨어, 통신 네트워크 및 정보화 전문인력 등은 반드시 조직의 다른 자원들과 같이 중요하게 인식되고 관리되어야 한다는 관점이다. 기술관리 차원은 데이터와 정보를 처리하고 저장하며 유통되는 과정에서 활용되는 모든 기술들은 조직자원의 통합시스템으로서 중요성을 가지고 관리되어야 한다는 관점이며, 마지막으로 분산관리는 정보자원은 그 자원이 필요한 조직에 필요한 시기와 장소에 가능한 한 즉시 지원되도록 분산 관리되어야 한다는 관점이다.

4) Kim과 Everest

*Kim*과 *Everest*(1994)는 정보시스템 아키텍처의 논리적 관점을 데이터 아키텍처, 프로세스 아키텍처, 기술 아키텍처로 나눈다. 데이터 아키텍처(*Data Architecture*)는 기업의 데이터 자산에 대한 전사적 시야를 제공하며 엔티티 조건, 엔티티, 엔티티 값, 속성, 범위, 주요속성, 비주요속성, 식별자와 같은 메타데이터가 포함된다. 프로세스 아키텍처(*Process Architecture*)는 정보시스템의 자원대상이 되는 핵심 프로세스들에 대한 전사적 시야를 제공하며, 이들의 상호 연관관계에 중점을 둔다. 따라서 기업목적, 기업전략, 비즈니스 문제, 비즈니스 프로세스, 비즈니스 기능, 비즈니스 단위, 정보 요구사항과 같은 메타데이터가 포함된다. 기술 아키텍처(*Technology Architecture*)는 전사적

플랫폼 모델링을 통해 구축되며 기업에 컴퓨터와 통신망에 대한 일관된 시야를 제공한다. 따라서 컴퓨팅 및 통신기술표준을 설정하고, 컴퓨터 하드웨어와 통신망이 개발시스템과의 통합과정을 보여준다. 정보시스템 아키텍처의 물리적 관점은 데이터베이스 아키텍처(*Database Architecture*), 응용소프트웨어 아키텍처(*Application Architecture*), 플랫폼 아키텍처(*Platform Architecture*)를 포함한다. 논리적 관점이 비즈니스 범위를 다루는 반면, 물리적 관점은 컴퓨터화된 범위를 좀 더 깊이 있게 취급하고 있다.

5) 기타

Turban, Mclean, Wetherbe(1999)는 통신 네트워크, 데이터 및 데이터베이스, 컴퓨터 하드웨어 및 소프트웨어로 구성된 기반구조 계층과 기능별 · 수준별 어플리케이션 계층이 결합된 모델을 제시하였다. 최근에는 시스템이나 어플리케이션, 네트워크, 보안 등과 같이 특정 영역별로 이뤄졌던 IT관리방식에서 벗어나 전체 프로세스를 표준화하고 서비스 관점에서 보다 체계적으로 IT인프라를 관리하고자하는 ITSM (IT *Service Management*)과 시스템 및 어플리케이션 등 각종 IT 자원의 효율적 관리를 측정하기 위한 ITAM (IT *Asset Management*)이 핵심 구성요소로 등장하고 있다.

제 2 절 정보자원관리 조직과 인력

정보관리조직은 전체 조직의 하부조직이자, 타 조직을 지원하는 지원조직으로서 위치한다. 분명한 것은 정보관리조직은 전사적 측면에서 정보시스템의 역할과 기능에 맞게 구성되어야 한다는 점이며, 정보시스템의 역할과 기능은 정보 기술의 발전과 시대요구에 따라 변화하므로 정보시스템 담당 부서의 위치와 규모가 이에 맞추어 변하는 것은 당연하다(*Davis, Olson*, 1985). 정보관리조직은 전체 조직구조와 조화를 이루어야 하며, 정보관리조직의 조직문화는 전체조직문화와 조화되어야 한다. 다만, 정보관리조직의 조직문화는 정보관리조직의 업무특성상 문화특성이 반영될 수 있도록 배려하여야 한다. 그리고 정보시스템 관리부서의 집중화 정도는 조직의 집중화 정도에 상응하여야 하며, 정보시스템의 경영철학과 전략은 조직의 경영철학과 전략에 일치해야 한다(*Hendersonm, Venkatraman, Oldach*, 1996).

전략적 관점에서 정보전략과 정보기술을 적용한다고 효율적인 조직이 되지는 않는다. 여기에는 정보전략 및 인적자원 전략과 사업전략을 결합하는 접근법이 필요하다. 사업전략을 잘 갖추고 정보시스템과 기술전략을 마련하여 뒷받침한다 하더라도, 만약 조직의 문화, 가치, 신념 태도가 나머지 두 가지 전략과 어울리지 않는다면 실패할 수도 있다. 그러므로 정보관리조직은 정보시스템의 관리뿐만 아니라 정보전략과 사업전략에 부합하는 인적자원 전략에 대한 부분까지 고려한 접근법이 필요하다. 정보관리조직은 정보시스템 자원의 집중화와 분산화에 영향을 받아왔다. 정보자원의 집중화와 분산화의 여부는 정보시스템 활용의 효과를 크게 좌우하므로 정보관리의 중요한 문제로 다루어져야 한다(*Davis, Olson*, 1985).

2.1 정보자원관리 조직

가. 기능

오늘날 정보시스템 기능은 생산, 마케팅, 재무, 인사 등과 마찬가지로 기업의 가치사슬 상에서 볼 수 있는 경영활동의 하나로 인식되고 있다. 이와 같은 정보시스템 기능의 1차적인 목표는 "조직 전체에 전산화된 정보서비스를 제공하는 것"으로 정의할 수 있다(*Ahituv, Hadass*, 1978). 그러나 엄청난 규모의 정보기술이 도입 · 활용되기 시작하면서 이와 같은 고정적인 정보시스템 기능보다는 전략적인 기능과 역할이 더 강조되고 있다. 이제 정보시스템은 단순한 정보서비스 제공 수단이 아니라 조직의 전략적 비전을 지원하는 전략 무기가 된 것이다. 이러한 관점에서 정보관리조직의 기능을 정리하면 다음 표 12-3과 같다.

[표 12-3] 정보자원관리 조직의 기능

구 분	기능	내용
주 기능	정보기술 전략수립	o 정보기술전략 수립·추진, 정보기술전략과 경영 전략과의 연동 활동 o 조직의 경영혁신을 지원하기 위한 정보기술전략 수립 등의 전략적 활동
	시스템 개발	o 신규 시스템의 타당성 조사에서 기술적 문제의 해결에 이르는 시스템개발수명주기(SDLC) 상의 모든 단계의 활동 수행
	시스템 운영	o 기존 시스템의 계속적 운영을 통해 사용자 부서가 필요로 하는 정보 산출. 자료의 획득·입력, 컴퓨터 시스템의 기계적 운영, 출력정보 배분
	시스템 유지·보수	o 기본 시스템의 효율적, 효과적 운영을 보장. 각종 오류를 발견·제거, 업무 내용 및 환경의 변화에 따르는 사용자 요구의 변화에 부응하여 프로그램이나 제반 절차 개선
보조 기능	정보기술 인프라 구축	o 하드웨어, 소프트웨어, 네트워크 등에 대한 기술적 인프라 구축, 표준 설정 및 관리 활동
	정보기술 연구	o 새로운 정보기술에 대한 학습과 연구 o 조직 내 전문가와 사용자 집단에 대한 정보시스템 관련 교육·훈련 등의 연구관련 활동
	행정적 지원	o 주기능의 효율적 운용을 위한 계획 및 통제, 인력관리, 설비 및 비품의 관리 등과 같은 제반지원 활동

※조남재. 노규성 (2001), 경영정보시스템: 전략적 비전실현을 위한 접근법, 세영사

나. 업무

오국제정보시스템 감사인협회(*International Systems Audit and Control Association*, ISACA)는 정보시스템의 도입 및 운영에 대한 감사관점으로 개발한 COBIT(*Control OBjectives for Information and related Technology*)에서 정보시스템에 대한 관리를 자원측면, 프로세스측면 및 정보기준으로 제시

하였다. 이를 기반으로 정보관리 업무 프로세스를 살펴보면 정보관리 업무를 그림 12-2와 같이 나누어 볼 수 있다.

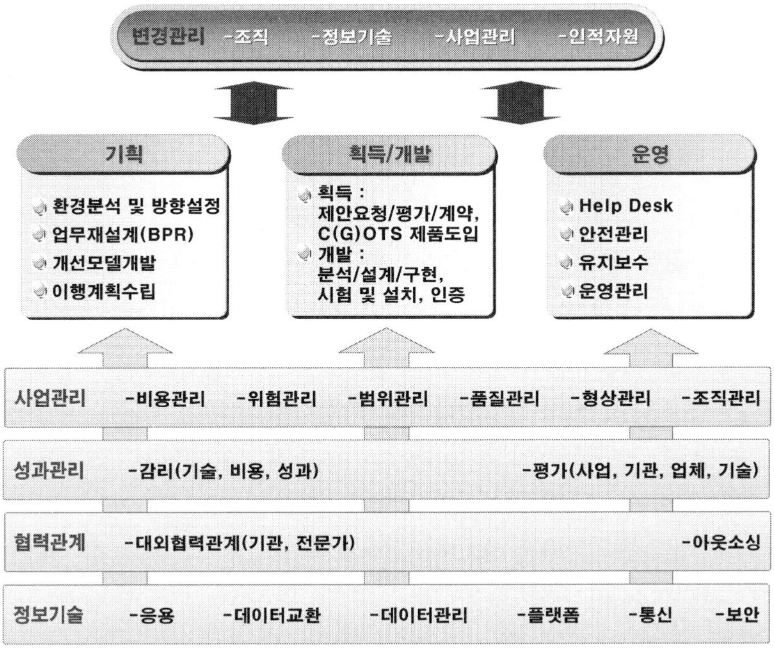

[그림 12-2] 정보관리 업무

※자료 : ISACA(2000), COBIT(v.3).

정보기술은 정보시스템을 구성하는 각 실질적인 구성요소이며, 이는 기술참조모델(*Technical Reference Model*, TRM)을 기반으로 하고 있다. 이러한 정보시스템 구성요소를 관리·운영하는데 있어서 각 활동은 협력관계관리, 성과관리, 사업관리 및 기본 프로세스인 기획, 획득 및 개발, 운영 절차와 전체적인 변경사항을 추적, 관리해주는 변경관리로 구성되어 있다.

다. 특성

정보시스템을 개발, 운영 및 유지보수하면서 회사 내 정보 서비스 요구를 충족시키는 정보관리조직은 기업 내의 다른 조직과 구분되는 다음과 같은 몇 가지 특징을 갖고 있다.

- 전문 기술자 집단 : 정보관리조직은 정보기술과 관련된 전문지식과 기술을 보유한 프로그래머, 시스템 분석가, 데이터베이스관리자 등 전문가들로 구성되어 전문적 서비스를 제공한다.
- 이질적 문화 : 정보관리조직의 구성원은 일반적으로 전문가로서의 독자적인 업무 수행과 책임, 그리고 권한에 있어서 자율성을 최대한 보장받기를 원한다. 이러한 특성으로 인해 정보관리조직은 기업 내 다른 부서와는 다른 문화를 형성한다.
- 지원부서이자 전략부서 : 정보관리조직은 기업 활동을 더욱 효율적으로 수행하는데 필요한 시스템을 개발하는 지원 부서로 인식되어 왔으나, 기업 정보화의 중요성이 강조되면서 점차 전략적인 역할이 강조되고 있다.

이와 같이 정보관리조직은 조직 내 다른 부서와는 다른 특성을 지니고 있으므로, 그 특성에 맞게 관리되지 못하면 조직 내 이질적인 존재로 인식되어 보상과 경력관리 등이 동기를 유발시키지 못하게 될 뿐 아니라 기업의 전략을 지원하기 위해 대규모 투자를 집행하는 조직으로서의 기능을 효과적으로 발휘하지 못하게 된다. 이러한 문제를 해결하기 위해서는 정보관리조직에 맞는 조직구조, 임금체계, 승진체계 등이 개발 · 적용되어야 한다.

라. 형태

정보시스템 부서의 조직 형태로는 기능 조직(*functional organization*)과 매트릭스 조직(*matrix organization*)이 대표적이다. 이들 형태의 조직은 집중화된 정보시스템의 관리에 적용될 수 있지만, 조직의 구조와 규모에 따라서 적절한 수정으로 분산화 된 관리에도 도입이 가능하다.

매트릭스 조직은 정보시스템 기능이 서로 다른 조직단위에 분산되어 있을 때 이를 조정하기 위한 방법의 하나로 활용되는 조직구조이다. 그림 12-4에서도 볼 수 있듯이, 매트릭스 기능 분야별로 정보시스템 관리자는 응용업무의 개발 과정에 관해 자기분야의 상급 관리자에게 직접 보고하면서 정보시스템 부서의 시스템 개발 관리자에게도 보고한다. 시스템 개발 부서는 기능분야별 관리자에 대해 기술 지도, 조정, 표준과 같은 지원을 제공한다.

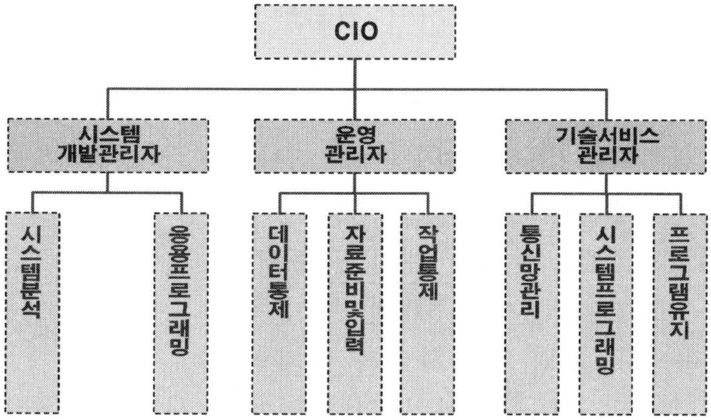

[그림 12-3] 기능식 조직구조

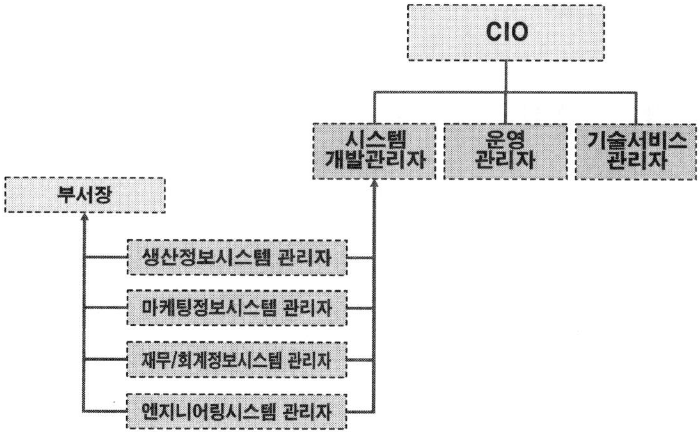

[그림 12-4] 매트릭스 조직구조

기능 조직은 인력의 전문화를 꾀할 수 있다는 장점을 갖는다. 즉, 기능 조직은 전문 인력을 분야별로 한데 모이도록 한 구조이기 때문에 지식을 공유할 수 있고 교육훈련을 용이하게 한다. 그러나 각자의 전문 분야에만 치중한 나머지 편협한 사고 속에서 다른 부서를 배타하는 단점이 생길 수 있다. 한편, 매트릭스 조직은 기능적 조직의 장점을 그대로 살리면서 사용자의 요구를 제대로 반영할 수 있는 능력을 갖출 수 있다는 장점을 갖는다. 반면에 개발팀 요원들이 정보시스템 관리자와 사용자 부서 관리자에게 이중으로 보고해야 하는 어려움이 있으며 참여자들 사이의 책임과 권한 관계가 애매해지는 문제도 있다.

최근에는 미래의 지속적인 변화를 수용하기 위한 대안으로, 변형가능 조직이라는 형태가 제시되고 있다. 변형가능 조직의 필요성은 경쟁우위의 지속가능성이 사라지면서 대두되고 있다. 조직의 통합성을 완성하기 위해 계획과 예산 프로세스, 정보시스템, 신제품 개발 프로세스, 보상 시스템, 선발과 승진기준, 경력 경로, 인사고과, 훈련과 개발 등이 상호간에 정합성을 유지하고, 그리고 조직의 전략과 구조와 적합하도록 디자인된다. 조직은 더 이상 사람, 과정, 프로세스, 업무 장소를 구분하기 위한 경계를 사용하지 않는다. 대신 아이디어, 정보, 의사결정, 기술, 보상, 행동 등을 재빨리 확산시키고, 이러한 것을 필요로 하는 곳으로 전달될 수 있도록 그런 경계의 침투성을 높이는데 관심을 집중한다.

2.2 정보자원관리 인력

가. 역할 및 특성

정보시스템 인력의 역할은 조직의 정보 요구를 충족시킬 수 있는 정보시스템을 구축하고 이를 통해 양질의 정보를 공급하는 것이다. 이와 같은 정보시스템 인력의 역할은 업무형태에 따라 세분할 수 있는데 정보기술의 발전과 함께 정보시스템 기능이 확대됨에 따라 정보시스템 인력의 업무 영역도 세분화되고 다양해지고 있다. 이러한 경향을 반영하여 정보시스템 인력의 업무 유형은 사용자 요소와 정보기술 요소 중 어느 편에 더 많은 관심을 기울이는가를 기준으로 시스템지향적 업무, 기술지향적 업무, 운영지향적 업무 등으로 나눌 수 있다.

데이터 처리와 정보시스템 업무의 양적 팽창과 질적 개선을 고려한 정보시스템 관리자들의 가장 어려운 책임의 하나는 유능한 인력을 채용하고 유지하는 것이었다. 최종 사용자 컴퓨팅의 증가로 시스템 전문가들의 업무 중 일부가 사용자들에게 이전되기는 하였지만 기술적으로 훈련된 정보시스템 인력의 채용과 유지는 여전히 중요한 정보시스템 관리자의 역할이다.

정보시스템 인력의 이직률이 높다는 사실은 정보시스템 인력에 대한 동기부여의 문제가 중요하다는 것을 보여주고 있다. *Couger, Zawacki*(1980)의 연구에 의하면 정보시스템 인력은 성장욕구는 높은 반면 사회적 욕구는 상대적으로 낮은 것으로 나타났다. 이는 정보시스템 인력은 무엇인가를 배우고 개발할 수 있는 도전적인 환경을 필요로 함을 의미한다. 그리고 그들은 시스템 개발 프로젝트와 다른 프로젝트 사이에 어려움, 도전, 흥미 등에 따라 차이가 있다고 느낀다.

예를 들어, 시스템 유지 보수는 일반적으로 따분하고 흥미 없다고 생각하며 보통 첨단의 진보된 기술을 익히는 것이 요구되지 않는다고 생각한다. 그래서 정보시스템 요원들은 새로운 응용시스템 개발업무는 좋아하나 기존 응용시스템의 유지보수 업무는 싫어하는 것이다. 그런데 대부분의 정보시스템 인력들은 업무시간의 50%이상을 유지보수에 투여하고 있으므로, 이 견해가 옳다면 정보관리조직에는 심각한 인력 문제가 상존해 있음을 의미하게 된다.

정보시스템 인력의 비교적 높은 성장욕구를 고려할 때 유지보수 업무의 기피성향, 높은 이직율과 지속적인 동기부여 관리는 정보시스템 인력 관리상 중요한 문제임을 알 수 있다.

나. 관리 및 개발

정보관리인력을 관리함에 있어서는 이상의 동기부여 방법을 고민해 보는 것 외에도 정보관리인력의 특성을 반영한 다양한 인적자원 개발제도를 마련하는 방법이 될 수 있다.

1) 경력개발제도

일반적으로 경력개발제도(*Career Development Programs*, CDP)란 사전에 조직 구성원의 경력 경로를 설정한 다음, 그 계획에 따라 업무를 배치하며 교육·훈련 계획을 수립·실행하는 제도를 말한다. 이 때 중요한 것은 경력 경로를 설계하는 일인데 이것은 업무의 범주에 따라 다를 수 있다. 실제 조직에서 이루어지는 경력 경로 계획은 각 조직의 특성과 개인의 능력에 따라 예외적인 경로를 밟을 수 있다(*Ahituv, Neumann*, 1986). 통상 조직은 계층적인 경력 경로를 갖는 경향이 있다. 즉, 한 고용인이 기능적인 영역 업무에서 출발하여 그 기능 조직의 관리자로 승진하고 마침내는 일반관리자가 된다. 그러나 이러한 모형을 정보시스템 인력에 적용하는 데에는 한계가 있다. 즉 누구나 관리자가 될 수 없고 모두 다 뛰어난 관리기술을 갖추지는 못하기 때문이다. 이러한 경력 경로에 이중 승진제도, 경력단계 모델의 두 가지 대안을 이용할 수 있다(Davis Olson, 1985).

- 이중 승진제도 : 경력 경로에 대한 이중 승진제도에 있어서 기술경로는 관리경로와 병행하여 만들어지는데, 계층적으로 지위가 상승할수록 기술적 책임은 커지지만 관리적 책임은 갖지 않는 경력 경로를 가질 수 있다.
- 경력단계 모델 : 엔지니어들이 느끼는 조직에 대한 자신들의 가치가 업무에 관한 근속연수에 따라 반드시 증가하지는 않는다는 것을 발견하면서 개발되었다. 조직에 대한 가치와 생산성에 따라 엔지니어들의 특성을 토대로 네 단계 경력 경로가 제시되었는데, 이 경로에서 개인들은 각 단계를 진행하면서 조직에 대한 그들의 가치를 증가시킨다.

2) 전문직제도

특정 기술 분야의 전문가로서 정보시스템 인력들에게는 일반관리직의 경우와 다른 직책 및 직급 제도를 적용할 필요가 있다. 즉, 전문가들의 경험과 축적된 전문 지식의 활용을 위해 관리적 부담을 완화시킬 수 있는 전문직 제도의 도입이 필요한 것이다. 전문직 제도는 전문성이 강한 업무에 있어서는 조직상의 책임자가 아니면서도 높은 직급을 가질 수 있도록 제도를 마련해 주는 것이다. 이 제도는 조직 구조의 유연성을 준다는 장점이 있다(김은홍 외, 1998).

3) 순환보직제도

순환보직제도는 경력개발제도 및 전문직 제도와 상호 밀접하게 연관되어 있다. 순환보직제도는 정보시스템 인력의 능력 개발, 현업의 수요 대처를 위한 수단으로서 매우 유용하게 활용될 수 있다.

다. 성과 평가

적절한 업무성과에 대한 평가를 위해서는 우선 업무설계가 적합하게 이루어져야 한다. 업무설계가 갖는 업무만족에 대한 영향력은 프로그래밍 업무 설계 관점에서 주목되어 왔다. 예를 들어 데이터 입력 업무는 데이터입력 요원에게 적절한 책임감을 주고 다양성을 제공하기 위한 업무설계상의 변화를 줄 때 한층 충실화 될 수 있다.

그러나 정보관리인력에 대한 업무성과는 일반적인 타부서 업무에 비해 평가가 용이하지 않다. 정보관리업무가 기획이나 타부서에 대한 지원역할이 많고, 업무의 특성상 정량적인 평가가 용이하지 않기 때문이다. 또한, 업무영역별로 업무성과를 측정하기 위한 척도가 많이 나누어지는 것도 한 요인이다. 이러한 정보관리인력의 업무특성상 평가에 대해 절차적인 공정성을 확보하는 것은 중요한 요소이며, 정보관리인력을 참여를 유도하는 것이 중요하다. 적절한 평가를 위해서는 다음과 같은 요소를 고려하는 것이 바람직하다. 정보관리인력에 대한 평가에는 상사평가를 중심으로 자기평가나 동료평가를 보완적인 수단으로 활용하는 것이 바람직하다. 피평가자가 상당히 독립적이고 개별적인 업무를 수행하는 경우가 많은 경우에는 자기평가를 활용하고, 팀웍을 형성하면서 업무를 수행할 경우에는 동료평가를 활용하는 것이 바람직하다. 또한 평가에 대한 결과를 피드백하여 업무를 지원하는 차원, 성과향상을 유발하는 차원 및 임금과 승진, 승격에 관한 납득성과 동의를 얻는 차원에서 효과를 기대할 수 있다.

성과평가를 수행하는 고과자의 평가결과를 공개하면 고과자의 불공정한 평가를 사전에 예방하고 평가태도를 시정하는 효과가 있다. 이에 대하여 고과결과를 공개하면서 이의를 제기하는 절차를 마련하면 더욱 좋다. 업무가 고도화되고, 지식을 활용하는 업무이면서 기업의 경영전략을 뒷받침해야 하는 정보관리인력의 업무 특성은 다음과 같은 인사평가시스템의 전략적인 발전방향에 맞도록 설계되어야 한다.

성과평가는 정보관리부서의 기업내에서의 전략적 목표에 맞게 설계되어야만하며 이는 기업전체의 인사평가시스템과 결부되어 있다. 만일 기업의 인사평가시스템이 전략적인 목표를 달성하기위한 전략적이고 체계적인 구조가 갖추어져 있지 않다면, 정보관리조직의 전문적, 자기성취적 특성을 감안하여 평가에 대한 방식과 이에 대한 적용방식의 개발과 적용도 검토해 보아야 할 것이다. 이때 가장 중요한 접근점은 각 개인의 목표와 비전을 어떻게 기업의 목표달성에 부합되어 조직몰입도를 높여 자발적인 참여가 가능한 개인목표를 설정하고 이의 실행을 바르게 평가하고 피드백 할 것인가에 있다.

또한 성과에 대한 평가가 이루어졌다면 이에 대한 적절한 보상체계가 이루어져야 한다. 전문성이 높은 인력일수록 성과와 보상이 연계되는 것에 더욱 민감하다. 일반적으로 정보관리인력의 경우 연봉제를 선호하면, 업무에 대한 성과평가에 대해 자신의 전문성을 연계시키는 경우가 많다.

2.3 CIO (Chief Information Officer)

가. 배경과 CIO의 개념

1) 등장배경 및 필요성

기업간 경쟁이 치열해지면서 정보기술은 경쟁전략을 지원하는 경쟁우위의 잠재적 원천으로 간주되기 시작했다. 이와 같이 정보기술이 경쟁전략에 활용되면서 정보기술은 사업수행방식 또는 사업내용 자체를 크게 바꾸는 전략적 무기가 되었다. 이렇게, 정보기술의 전략적 중요성에 의해 정보시스템 관리자에게 기술적인 전문성은 물론 강력한 지도력과 전략적 마인드가 요구되면서 CIO라는 직위가 탄생된 것이다. 이렇게 등장한 CIO는 정보기술 부문과 경영부문의 중간에 서서 양쪽이 서로를 잘 이해하고 서로가 필요한 요구사항을 잘 정리하여 성공적인 결합을 통해 비전과 목표를 달성할 수 있도록 조정하는 어려운 역할을 수행해야 한다. 따라서 CIO는 정보기술의 특징과 잠재 능력을 충분히 이해하고 경영의 당면 문제 해결과 궁극적인 경쟁우위 확보에 공헌할 수 있는 방향으로 구체적인 실행 계획을 수립할 수 있어야 한다. 이와 동시에 경영의 전력 방향과 업무계획을 충분히 인식하고 이를 정보기술에 정확히 전달함으로써, 양쪽의 기대 수준을 조절하고 궁극적으로 조직 목표 달성에 도달하도록 도와주는 역할도 수행해야 한다. 이제, 우수한 CIO의 존재 유무가 바로 조직의 생존과 발전의 핵심요건이 되었다.

2) CIO의 개념

CIO란 경영전략과의 관계를 고려하여 정보기술전략을 수립하고 이 전략을 수행하기 위한 정보기술 인프라를 구축·관리함으로써 조직의 경쟁우위와 전략적 비전의 실현에 기여하는 역할을 수행하는 정보시스템 관리 중역을 말한다. 따라서 CIO라는 임원은 정보시스템 부문의 상급관리자가 단순히 직책만 바뀌 되는 것이 아니며, 정보기술의 전문가라기보다는 오히려 업무에 정통하고 정보기술을 이해하며 그것을 경영전략과 연동시킬 수 있는 인물이어야 한다.

CIO는 경영전략뿐만 아니라 정보기술 전략의 수립에 관하여 광범위한 책임을 진다. 특히 정보화시대의 진전에 따라 CIO의 역할이 매우 중요해졌기 때문에, 강력한 리더십과 추진력 그리고 업무상 전문성이 요구되고 있다. 미국에서는 일찍부터 CIO가 기업에 도입되기 시작하여 1996년부터는 주정부를 위시한 모든 공공기관에도 CIO를 두도록 법으로 의무화하고 있는 추세이고, 우리나라에서도 대기업을 중심으로 CIO의 중요성을 인식, 직책을 신설하거나 인재를 양성하려는 움직임이 일기 시작한 이래 정부와 공공기관에서도 CIO를 도입하기에 이르렀다.

나. CIO의 역할과 임무

1) 역할

조직에서 CIO가 수행하는 역할은 기업의 규모나 조직유형에 따라 다양하다. 앞서 살펴본 바와 같이 조직의 상황이나 전략적 위상, 추구하는 혁신의 성격에 따라 CIO가 수행하는 역할은 상이하나, 일반적으로 CIO는 다음과 같은 역할을 수행한다.

- 회사의 경영전략에 부합하는 중장기 정보 전략의 수립 및 집행
- 이에 필요한 자원을 배분, 조정, 통제
- 부서간 업무 및 갈등 조정
- 응용시스템을 유지, 개발
- 정보기술 인프라 유지 및 사용자 교육 훈련

이러한 역할을 수행하기 위해 CIO는 조직 혁신을 단행함으로써 기업의 경영성과를 극대화하고, 평가절차를 확립하여 정보기술 활용의 성과를 입증해야 한다. 또한 CIO는 경영진 일원으로서의 역할, 정보시스템 부문 관리자로서의 역할 및 최종사용자를 위한 리더로서의 역할을 수행한다.

- 경영진 일원으로서의 역할 : CIO는 경영전략과 정책수립에 참여하며 동시에 정보기술전략을 수립하되, 반드시 경영 전략과의 연계성을 고려한다. 또한 전반적인 정보관리조직의 업무를 파악하여 시스템 이용 가능성을 탐색하여 조직이나 체제의 적합성을 추진하는데 참여한다.
- 정보시스템 부문 관리자로서의 역할 : 전략적 관점에서 정보시스템의 주요성공요소(*Critical Success Factors,* CSF)를 도출하고 이에 따라 응용시스템 개발의 우선순위를 결정한다. 또한 전사적 정보화 계획의 입안, 실행을 추진하고 정보시스템 부문의 책임자로서 비전을 명확히 설정한다.
- 최종사용자의 리더로서 역할 : 최종 사용자와 정보시스템 부서간의 갈등을 관리하면서 사용자 부문과 시스템 부문의 연계를 강화하고 정보시스템 활용도를 제고시킨다. 이를 위해 정보시스템 사용자들을 대상으로 정보시스템의 전략적 의의 및 활용 방법 등을 교육한다.

정보기술의 활용이 기업경영에 미치는 영향은 가히 눈부실 정도로 급진적이고 다양하여 정보기술이 기업의 생존과 경쟁력에 있어 구심체로서의 역할을 하는 단계에까지 이르고 있다. 그에 따라 경영과 기술, 전략과 정보화에 대한 조화된 지식과 경험을 구사할 수 있는 CIO의 필요성과 역할에 대한 인식도 높아지고 있다.

2) 임무

현대 조직에서 CIO가 차지하는 역할이매우 큰 만큼 제4장에서 논의되었던 전략적 연동모형의 네 가지 영역인 기업전략, 조직 인프라, 정보기술 전략, 정보기술 인프라의 연동관점에서 CIO의 임무에 대해 살펴보기로 한다.

- 경영전략 수행 관점: 경영전략을 출발점으로 하여 조직 인프라를 수정한 후 정보기술 인프라를 조정하여 이를 지원함으로써 연동을 달성하는 방식에 있어서 CIO는 기능적인 역할을 수행한다. 정보기술은 기업 내의 기능적인 관리자 같이 사업영역을 지원하고 여기에 필요한 수단을 제공한다.
- 정보시스템 전략 수행 관점: 경영전략을 시발점으로 하고 정보기술 전략을 재설계한 후에 정보기술 인프라의 조정을 통해 이를 지원함으로써 연동을 달성하는 방식을 채택하는 경우, CIO는 최고경영자가 가진 정보기

술에 대한 비전을 바탕으로 정보기술 전략을 도출해 내는 기술적인 설계자 역할을 할 수 있어야 한다. 정보화의 사회적 확산이 이루어짐에 따라 이와 같은 방식의 연동을 통한 혁신의 빈도가 앞으로 더욱 늘어날 가능성이 많다.

- 기술우위 관점: 정보기술 전략을 출발로 하여 경영전략을 재조정한 후에 조직 인프라를 통해 이를 지원함으로써 연동을 달성하는 방식에서는 CIO의 경영감각을 가장 필요로 한다. 기업이 보유하고 있거나 보유할 수 있는 정보기술의 잠재력을 어떻게 사업과 연계시켜 사업전략화 할 것인가의 문제가 CIO의 가장 중요한 연구대상이 되기 때문이다. 기술 잠재력의 실현을 위해 최고경영진의 전략적 결단을 이끌어내는 것도 CIO의 중요한 역할이라고 할 수 있다. 따라서 CIO는 경영전략에 영향을 주는 기술을 어떻게 적용하며, 정보 기술이 중요한지에 대해 경영자가 이해할 수 있도록 노력해야 한다.
- 서비스 수행 관점: 정보기술 전략을 출발로 하고 정보기술 인프라를 확립하여 조정한 후에 조직 인프라를 통해 이를 지원함으로써 연동을 달성하는 방식을 채택한 경우, CIO는 내부조정자로서의 능력을 발휘해야 한다. 기업의 현황과 정보기술 전략에 입각하여 다양한 프로젝트 간의 우선순위를 조정하며 현업 부서와의 관계와 시스템의 개발 및 아웃소싱들을 관리하는 것이 CIO의 주된 역할이 된다.

주목할 것은 출발점이 정보기술 인프라가 아니라 정보기술 전략이라는 점이다. 이러한 전략적 연동의 출발점과 추진 방식은 기업의 현재의 위상과 정보자원의 특성, 구성원의 준비상태를 바탕으로 결정되어야 한다. 전략적 경영의 효과가 창출되려면 전략우위의 원천이 그 기업의 독특한 상황과 밀접하게 연계되어야 하고, 정보화 전략의 추진을 위한 방법론의 선택과 해결책의 도출에 있어서도 그러해야 한다. 정보화 전략의 추진은 일회성 프로젝트로 완결되는 것이 아니므로, 한 싸이클의 연동이 완료되면 다음 주기의 연동이 시작되어야 한다.

제 3 절 정보시스템 아웃소싱

3.1 개념 및 주요 이슈

일반적으로 '아웃소싱(*Outsourcing*)'이란 조직 기능의 일부를 외부 전문기관에 위탁하는 것으로서, 조직의 핵심역량 경영에 집중하기 위한 새로운 경영혁신 방식으로 인식되고 있다. 기업의 정보기술자원 의존도가 날로 높아지는 반면 거듭되는 기술 혁신으로 말미암아 보유 기술 및 시설의 노후화와 인력의 진부화가 빠르게 진행된다. 이러한 상황에 대처하여 기업은 정보기술을 기반으로 한 활동이나 자원을 내부에서 개발할 것인지 외부 전문업체에 아웃소싱할 것인지를 결정해야 하는 문제가 대두된다.

정보시스템 아웃소싱은 정보자원의 효율적인 관리와 운용의 핵심사항이며 이를 통해 내부의 역량을 핵심기능에 집중적으로 투입할 수 있게 됨으로써 조직의 역량을 획기적으로 개선할 수 있는 가능성이 있다. 그러나 아웃소싱 과정에서 돌출하게 될 위험 또한 상존하고 있으므로, 구체적인 위험적 요소들을 사전에 차단할 수 있도록 상황에 적합한 나름대로의 전략을 마련할 필요가 있다.

일반적으로 IT부문의 아웃소싱은 완전한(*Complete*) 아웃소싱, 설비관리(*Facilities Management*) 아웃소싱, 시스템 통합(*System Integration*) 아웃소싱, 시분할(*Timesharing*) 아웃소싱 등 대략 네 가지 유형으로 구분된다. 그러나 아웃소싱의 유형을 결정할 때는 인적자원의 내부화 정도와 물적자원의 내부화 정도의 두 가지 차원에서 사전 검토 및 분석이 선행되어야 한다. 뿐만 아니라, 아웃소싱은 장점에도 불구하고 수행방식에 따라서는 다음과 같은 적지 않은 문제점을 내포하고 있는 만큼, 이에 대한 대응책도 함께 마련되어야 한다.

- 통제 및 보안상의 문제
- 발주기관과 업체간 공통적 지식의 결여 문제,
- 일단 계약체결 후에는 기술변화에 대한 신속한 대응 보장의 불확실성
- 계약중단이나 파기의 가능성(계약 쌍방 조직의 이해 상충)
- 아웃소싱으로부터 얻는 질적 서비스에 대한 통제 곤란
- 계약 준수 및 협력관계 관리를 위한 추가적 비용과 노력

3.2 성공적 아웃소싱을 위한 대책

OECD는 IT 아웃소싱에 관한 의사결정 시 고려할 요소를 몇 가지 제안하고 있다(OECD, 2003).

• 아웃소싱의 유형 및 대상 분야 선정

정보시스템 아웃소싱의 성과는 아웃소싱 대상분야의 구조화 정도에 따라 다른 양상을 나타낼 수 있으므로 인적자원의 내부화 정도와 물적자원의 내부화 정도를 검토하여 아웃소싱 유형을 결정하고 대상분야의 구조화 정도를 분석, 평가할 필요가 있다.

• 계약서상의 계약조건 명확화

아웃소싱의 문제점을 최소화하기 위해서 많은 조직들이 계약을 엄격하게 정의하거나 상세히 규정하려고 노력해왔으며 아웃소싱에 관한 법률 전문가들도 계약상 최소한 다음 네 가지 요소를 포함하도록 제안하고 있다.

- 상세한 서비스 수준의 협약
- 위약금(penalty) 조항
- 미래의 환경변화에 대한 적응을 위한 특별한 조정사항
- 조기해약 규정

• 수탁업체에 대한 성과측정 기준 설정

이는 계약 체결 이전에 반드시 이루어져야 할 중요사항으로서, 발주기관측에서 프로젝트의 범위나 기간, 제공되는 서비스 품질 등에 대한 명확한 정의를 필요로 함. 성과측정 기준이 사전에 마련되지 않으면, 계약 쌍방간분쟁의 소지는 물론 수탁업체에 대한 통제력을 상실하게 되고 서비스 수준, 비용 대비 효과 파악에 의한 효과적인 수탁업체 관리가 어려워지는 결과를 낳게 되며, 수탁기관의 입장에서는 제공하는 서비스 가치에 대한 공정한 보상이 이루어지지 못하여 성과에 기초한 프로젝트 수행의 의미가 희석되는 문제점을 초래할 수 있다.

- **보안과 관련 규정 마련**

기업의 전략적인 정보나 안보에 관한 정보, 개인 프라이버시 정보 등이 유출될 가능성이 높은 만큼, 이에 대한 대책수립이 필요함. 관련 규정이 없는 경우, 위탁업체는 정보 유출로 인한 사업기회 창출 기회의 상실 등 큰 타격이 우려되며, 보상 및 배상의 책임에 관한 분쟁의 소지가 매우 높다.

- **IT 기능예속으로 인한 통제권 상실에 대한 대응책 마련**

수탁업체에의 과도한 의존으로 인해 필요한 서비스의 조달시 유연성 및 선택의 범위가 제한될 가능성이 있으며, 일단 IT기능이 수탁업체로 넘어가게 되면 위탁업체는 이와 관련된 모든 주요 기술과 자원을 잃게 되어 특정 수탁업체에 예속되기 때문에 그들이 공급하는 서비스의 질이 문제가 되어도 이의를 제기할 수가 없게 될 위험이 있으므로, 이에 대한 대비책을 사전에 면밀히 검토할 필요가 있다.

- **위탁업체에 대한 업무 이해도 평가기준 설정**

공사의 업무 및 조직 성격과는 다른 민간의 정보기술 업체가 아웃소싱을 수탁하게 될 가능성이 매우 높은 상황을 감안 할 때 이들이 공사의 업무에 대한 숙지는 필수이며, 이를 평가할 수 있는 기준 설정은 사업자 선정 및 수행과정에서의 평가에 중요한 요소가 된다.

- **수탁업체의 선정기준 설정**

운영위탁에 대한 경험이 없어 관리능력 미흡으로 위탁업체와 수탁업체 양측이 모두 피해를 입는 상황이 발생할 수 있음. 따라서 수탁업체를 선정하는 명확한 기준이 수립되지 않은 채 프로젝트를 발주하게 되는 경우 아웃소싱 대상기능 및 서비스, 수탁기관의 변경 혹은 아웃소싱 기능의 회수 등에 따르는 높은 교체비용을 감수해야 하는 상황이 발생할 수 있다.

- **아웃소싱의 경제적 타당성 검토**

공사의 경우 IT부문을 아웃소싱함으로서 조직의 경량화와 IT부문 전문인력의 진부화 문제 해소, 조직인력의 탄력적 운영 등 경영전략상의 제반 이점과 함께 이를 통한 경제(비용)적 효과를 전제로 하고 있으나, 다음과 같은 사유로 경제적 측면의 타당성에 대해서는 추가적인 분석, 검토를 필요로 한다.

3.3 경영전략과의 연계

가. 개 요

하나 또는 그 이상의 외부 전문 업체에게 기업의 정보기술 자산, 인력 및 활동의 일부 또는 전체를 위탁하는 과정으로 정의되는 정보기술 아웃소싱은 정보 시스템의 관리를 위한 중요한 대안으로 제시되고 있다. 그러나, 정보기술의 기능을 아웃소싱 하는 결정은 그리 쉽지만은 않다. 왜냐하면, 아웃소싱이 기업의 시장 점유와 기술적인 리더쉽에 많은 영향을 미칠 뿐만 아니라, 소비자의 요구와 시장의 기회에 대한 신속하고 능동적인 반응을 할 수 있도록 도와주기 때문이다. 다시 말해, 아웃소싱은 단지 운영적인 차원의 의사 결정이 아니라, 폭 넓은 결과를 가진 전략적인 의사 결정인 것이다.

효과적인 아웃소싱 전략은 급속한 외부 환경의 변화 속에서 아웃소싱의 성공을 위해 매우 중요하다. 더욱이, 아웃소싱의 동기가 이전에는 비용 절감에 초점을 맞추던 것이 최근 들어 비즈니스의 성과 향상을 새롭게 강조함에 따라, 보다 나은 아웃소싱의 이익과 기업 성과를 얻기 위해서는 비즈니스 전략과 아웃소싱 전략의 적합성 또는 연계가 기업들에게 중요한 이슈가 되고 있다. 따라서, 기업이 직면한 중요한 문제는 기업의 전략적 방향과 일치하도록 잘 계획된 아웃소싱 전략을 어떻게 효과적으로 조직화하고 관리하느냐에 있다. 아웃소싱 전략과 비즈니스 전략에 대한 충분한 고려가 되지 않은 아웃소싱 결정은 기업의 능력과 역량의 감소, 예기치 않은 위험에 대한 노출, 나아가 비즈니스 실패의 결과를 초래할 수 있다. 이렇게 연계의 중요성이 명백함에도 불구하고, 이 문제는 정보기술 아웃소싱 분야의 연구자들과 실무자들로부터 많은 관심을 받지 못하고 있는 실정이다.

나. 전략적 연계의 필요성

초기의 아웃소싱은 전문 업체가 가지고 있는 규모의 경제와 전문화를 통해 경제적, 기술적, 전략적 이익을 얻는 것으로 간주되었다. 그러나, 아웃소싱을 선택하는 이런 전통적인 이유는 아웃소싱의 동기와 정보기술의 역할이 변화함에 따라 퇴색하기 시작했다. 아웃소싱의 동기는 과거의 비용 절감이라는 이슈에서 점차 비즈니스의 성과 향상이라는 새로운 이슈로 진화하고 있다. 또한, 정보기술의 역할과 중요성이 증대됨에 따라, 기업들은 정보기술의 잠재성을 현실화하기 위해 필요한 역량 및 기술과 실제로 기업이 보유하고 있는 정보기술 역량 사이에 큰 괴리가 있다는 것을 인식하게 되었다. 정보기술 아웃소싱은 이와 같은 차이를 최소화하기 위한 전략으로서 중요한 역할을 하게 된다. 따라서 아웃소싱은 기업 성과에 있어서 중대한 영향을 미치는 전략적인 비즈니스 대안으로 간주되고 있다.

한 설문 조사에 따르면, 정보기술 아웃소싱을 채택한 기업들의 대부분이 불만족스러운 성과를 보여주고 있다. 기존의 연구들을 보면 아웃소싱을 통해 기대했던 이익 달성이 왜 실패했는지를 다각도로 설명하고자 하였다. 그 대표적인 것으로 아웃소싱의 의도 및 목적에 대한 명확한 정의의 부족, 전략적 목표에 따른 계약과 관계의 연계 실패, 아웃소싱 초기 단계에서부터 체계적인 접근 방법의 부족, 비즈니스 또는 기술적 변화를 수용하기 위한 아웃소싱 관계의 동적인 측면의 반영 실패 등을 들 수 있다. 이와 같은 아웃소싱 실패에 대한 이유들의 공통점은 아웃소싱의 목적이 정보기술 경쟁력의 향상에서 근본적인 비즈니스의 성과 향상으로 변화되는 반면에, 아웃소싱에 대한 접근법은 기술과 비즈니스의 변화에 순응할 만큼 유연성이 충분하지 않게 때문이다. 또한, 아웃소싱 전략은 비즈니스 전략의 방향과 아웃소싱 자체가 가지고 있는 전략적 의도와의 적절한 연계가 필수적이라고 할 수 있다. 이런 연계는 아웃소싱의 목표를 달성하고 정보기술의 투자 회수율을 극대화하기 위해 매우 중요한 것이다.

다. 국내 기업의 대표적인 아웃소싱 전략

아웃소싱 전략은 "정보기술 아웃소싱의 의사 결정들에 대한 기업의 논리적인 포트폴리오"라고 정의 된다. 이 논리적인 포트폴리오는 특정 기능의 아웃소싱에 대한 의사 결정 방향을 제시해주기도 하고 개개의 아웃소싱 의사 결정들에 대한 전체적이고 통합적인 패턴을 제시해주기도 한다. 따라서, 전략이라는 것은 의식적으로 만들어지는 하나의 의사 결정이 아니라 오히려 필요한 몇 개의 의사 결정들의 집합체라고 할 수 있다. 아웃소싱 전략에 포함되는 세 가지 차원은 통합의 정도 (최소 아웃소싱, 선택적 아웃소싱, 전체적 아웃소싱), 관리의 할당 (매입, 서비스 요금 지불, 파트너쉽), 그리고 수행 기간 (단기간, 중기간, 장기간) 이다. 이 세가지 차원들을 어떻게 조합하느냐에 따라 크게 세가지 전략이 존재하고 있는 것으로 밝혀졌다. 즉, 독립 전략 (*Independent strategy*), 한정적 거래 전략(*Arm's length strategy*), 내재 전략(*Embedded strategy*)이 그것이다.

1) 독립 아웃소싱 전략

독립적 접근에서는 전문 업체와의 관계가 일시적이며, 단기간 동안에만 필요한 상호작용이 발생한다. 필요한 자원이 외부로부터 획득되기는 하지만 내부에서 관리 운영되므로 이 전략을 채택한 기업들은 시장에서 필요한 자원과 관리 능력을 함께 획득하고 기업에 비해 비용의 효율성은 낮을 수밖에 없다. 그러나 다른 접근 방법들에 비해 독립적 접근이 가지는 장점은 기업의 운영 절차와 전략적 역량의 증대를 들 수 있다. 즉, 이 전략을 채택한 기업들은 외부로부터의 얻어진 특별한 지식을 기업 내부에 이미 존재하는 습관적 행위로 변형시킴으로써 효과적으로 활용할 수 있게 된다. 이 전략은 기업의 중요한 자원과 역량에 대한 외부의 의존도를 최소화시키게 된다. 따라서, 이러한 전략은 기업 고유의 전략적 능력의 개발에 적합하다고 할 수 있다. 정리하면, 이 접근은 최소 아웃소싱(*Minimal outsourcing*), 매입 계약(*Buy-in contract*), 단기간(*Short-term*) 전략을 추구하여, 비즈니스와 정보기술을 핵심 역량으로 집결시킴으로써 이익을 얻고자 하는 것이다.

2) 한정적 거래 아웃소싱 전략

한정적 거래 접근법은 비특질적인 관계(*Non-idiosyncratic relationship*)를 근간으로 하고 있는데, 이는 판매자의 교체가 가능하다는 것을 의미한다. 이런 관계에서는 전문 업체들의 의무를 상세하게 계약서에 작성하고, 계약서에 명시되지 않은 내용에 대한 책임과 의무는 전문 업체에게 귀속되게 된다. 또한, 전문 업체들의 기회주의적인 행동을 최소화하기 위해서 느슨하면서도 장기간의 위탁 관계는 지향하지 않는다. 큰 시장 안에서는 규모와 범위의 경제가 독립적인 접근과 비교할 때 신고전적 생산 비용의 절감을 가져오게 된다. 이러한 한정적 관계의 최종 산출물은 주로 서비스의 경쟁적 가격을 통한 비용의 효율성이라고 볼 수 있다. 즉, 한정적 거래 관계는 "비용이 모든 것이다". 요약하자면, 이 전략은 선택적 아웃소싱(*Selective outsourcing*), 서비스 요금 지불계약(*Fee-for-service contract*), 중기간 (*medium-term*) 전략을 추구함으로써 비즈니스의 재정적 효율성을 향상시키는데 초점을 둔다.

3) 내재 아웃소싱 전략

계층적 접근이 종업원들의 지식을 활용할 수 있는 기업의 능력, 즉 지식 활용을 촉진시키는 반면에, 내재 전략은 지식 이전과 획득을 촉진시키는 능력에 초점을 두고 있다. 경제적 교환은 친밀한 사회적 관계를 유지하고 있는 교환 파트너들과의 안정된 네트워크를 통해 발생한다. 이러한 관계에서는 가격을 최대화하는 것보다는 오히려 내제된 파트너들을 만족시키게 된다. 이 관계는 때때로 너무 강해서 독립적 접근을 대체하는 기능을 하기도 하는데, 이 때문에 파트너들과 마치 한 회사에서 지식 이전을 하는 것 같이 되기도 한다. 이 관계의 강도와 안정성은 참여 기업들간에 장기간의 관계를 가짐으로써 형성된다. 업체들의 기회주의는 장기간 관계에 대한 예상 비용에 의해 축소될 수 있다. 개인적인 관계와 신뢰는 상세하고 공식적인 계약을 대신할 수 있는 통제 구조를 제공해 준다. 그래서, 이러한 관계에서는 파트너들은 공통된 문제 해결을 위해 서로 논의하게 되며 시장에서 구할 수 없는 정보와 지식을 서로 공유하게 된다. 따라서, 전체 아웃소싱(*Total outsourcing*), 파트너십(*Partnership*), 장기간(*Long-term*)의 관계를 바탕으로 한 본 전략의 목적은 비즈니스의 전략적 방향을 바탕으로 기술적 서비스의 자원과 융통성을 증진시키는 것이다.

라. 비즈니스 전략과 아웃소싱 전략과의 연계

전략은 환경과의 연계를 유도하고 내적 운영을 위한 통합을 제공하는 메커니즘으로서 간주되어왔다. 기업들이 생존하고 번영하기 위해서는 기업 환경과 지속적이고 적절한 연계를 형성하고 유지하여야 한다. 연계의 다양한 유형들은 비즈니스 전략을 여러 가지 측면에서 연구하는 것을 가능하게 하였다. 가장 널리 인식되고 있는 비즈니스 전략의 유형은 수비전략(*Defenders*), 혁신

전략(*Prospectors*), 분석전략(*Analyzers*)이다. 각 비즈니스 전략에 대한 설명과 이에 적합한 아웃소싱 전략을 살펴보도록 하자.

1) 수비전략(Defenders)

수비전략을 따르는 기업들은 상대적으로 안정적인 제품과 서비스를 바탕으로 시장을 결정하고 이를 지속적으로 관리 유지하고자 한다. 많은 경우 이 기업들은 해당 산업에서 새로운 개발의 선두자가 되고자 하지는 않는다. 즉, 낮은 가격에서 높은 품질과 표준화된 제품과 서비스를 제공함으로써 해당 산업에서 안정적이고 예측 가능하지만, 제한된 틈새시장을 추구한다. 따라서, 비용을 낮추기 위하여 주로 엄격한 관리에 초점을 두고 운영의 효율성을 강조한다. 이 운영의 효율성 때문에 수비 전략으로 구분되는 기업들은 기계적이고 체계적인 조직 구조를 가질 뿐 아니라 다른 전략들에 비해 높은 고정 자산 강도(Fixed-asset intensity)를 가지게 된다. 더욱이, 수비 전략을 채택한 기업들은 새로운 기회를 그들의 영역 밖에서 찾지 않고 기업의 구조와 기술을 조정하지 않는 경향이 있다.

구조적 안정성과 비용의 효율성에 초점을 맞추기 때문에, 수비 전략 기업들은 기업 구조의 변화와 외부 기업들에 대한 의존도를 최소화 하고, 계획 과정의 높은 공식화를 통해 규모의 경제를 최대화시킴으로써 필요한 자원들을 외부 시장으로부터 얻고자 한다. 자원을 획득하는 과정이 잘 계획되어 있고 체계적이기 때문에, 수비전략은 외부에서 획득한 자원과 지식을 기업 내부의 업무와 프로세스의 일부로 내재화하는데 매우 효율적이다. 이러한 이유로 수비전략 기업들에게는 독립 아웃소싱 전략 – 최소 아웃소싱 (*Minimal outsourcing*), 매입 계약(*Buy-in contract*), 단기간(*Short-term*) 전략 – 이 다른 비즈니스 전략들에 비해 보다 높은 아웃소싱 성과 및 기업성과를 얻기에 효과적이다.

2) 혁신전략(Prospectors)

혁신전략을 채택한 기업들은 주로 새로운 제품과 서비스를 추가하고 변화시킴으로써 시장에서 선두가 되고자 한다. 혁신 전략 기업들은 시장 환경 변화에 대한 신속한 대응을 위해 혁신성과 유연성을 가지고자 노력한다. 다시 말해, 혁신 전략은 지속적으로 새로운 상품 또는 서비스 그리고 시장으로부터 새로운 기회를 찾고자 한다. 비록 혁신성과 유연성을 강조하는 것이 통제의 부족과 운영적 효율성 저하를 유도하기도 하지만, 혁신 전략 기업들은 새로운 제품과 서비스를 개발하고 새로운 기회를 찾는 것에 엄청난 노력과 투자를 한다. 역동적인 환경에서 이러한 노력이 제구실을 하기 위해서는 유기적인 기업 구조와 함께 기술적인 유연성을 추구하게 된다.

이 유연성에 초점을 맞추어, 혁신 전략 기업들은 상품, 서비스 및 시장이 자주 변화하기 때문에 비체계적이고 전술적인 계획 과정을 추가하는 경향이 있다. 새로운 기회를 발굴하기 위해서 보다 비공식적 계획 과정을 가지는 것이 필요하다. 이는 외부 기업들과 필요한 조건들을 상세하게 명시화된 관계를 형성하는 것은 기업의 유연성과 혁신성을 실현하는데 효과적인 방법이 아니라는 것이다. 다시 말해, 상호 신뢰를 바탕으로 한 독점적인 관계가 강하게 요구되며, 이를 통해 혁신 전략 기업과 외부 기업들은 시장 내에서는 얻을 수 없는 가치 있는 정보와 지식을 서로 공유하게 된다. 따라서, 내제 아웃소싱 전략 – 전체 아웃소싱(*Total outsourcing*), 파트너십 (*Partnership*), 장기간(*Long–term*) 전략 – 이 혁신 전략 기업들에게 성공적인 아웃소싱과 기업 성과 향상을 실현하기 위해 바람직하다.

3) 분석전략(Analyzers)

분석전략을 채택한 기업들은 상대적으로 안정적이고 한정된 제품과 서비스를 유지하려고 하는 반면에 주의 깊게 선택된 가능성이 높은 새로운 영역으로 선택적으로 이동한다. 이러한 형태의 기업 전략은 공식적인 계획 과정을 강조하는 경향이 있으며, 비용과 효율성 간의 균형을 맞춤으로써 시장 내에서 선도자가 되기보다는 추종자가 되려고 한다. 이런 측면에서 보면, 분석전략 기업들은 어느 정도의 위험 감수와 혁신성을 통해 비용 절감과 효율성을 추구함으로써 수비 전략 기업과 혁신 전략 기업들의 특성을 혼합하여 사용하는 경향이 있다. 분석 전략 기업들은 새로운 시장을 창출하지는 않지만, 혁신 전략 기업들의 빠른 추종자라고 할 수 있다. 즉, 주어진 상황에 대한 심도 깊은 분석을 통해 성장에 대한 기회를 최대화하고 위험을 최소화하고자 노력 한다. 분석된 결과를 바탕으로 직면한 문제를 해결할 수 있는 최적의 가능한 대안들을 산출하게 된다.

분석전략 기업들은 항상 분석적이고 종합적인 관점에서 주어진 상황을 이해하기 때문에, 외부 기업들과 느슨하고 장기간의 관계를 회피하려는 경향이 있다. 대신에, 위험을 줄이고 비용의 효율성을 관리하기 위하여 명확하고 상세하게 기술된 계약이 분석 전략 기업들에게 보다 효과적일 것이다. 이와 같이, 종합적인 의사 결정을 가능하게 하는 분석적 접근이 분석 전략 기업들에게 적합한 것이다. 결론적으로, 분석 전략 기업들에게는 한정적 거래 아웃소싱 전략 – 선택적 아웃소싱(*Selective outsourcing*), 서비스 요금 지불 계약(*Fee-for-service contract*), 중기간(*medium-term*) 전략 – 이 보다 나은 아웃소싱의 이익과 기업 성과를 얻는데 적합하다.

비즈니스 전략의 효과적인 관리는 기업 성과에 긍정적인 효과를 제공한다. 효과적인 비즈니스 전략은 아웃소싱 전략의 세 가지 형태와의 효율적인 결합이 필요하다. 이 결합은 구성적 배치(*Configuration*)를 통해 나타낼 수 있다. 더욱 중요한 것은, 하나의 특정 비즈니스 전략이 보다 높은 성과를 내기 위해서는 해당 아웃소싱 전략들과의 상대적이고 적절한 배치가 필요하다. 말하자면, 비즈니스 전략의 효과적인 통합은 아웃소싱 전략과의 상대적인 배치가 필요한 것이다. 특정 비즈니스 전략과 이 비즈니스 전략에 필요한 특정 아웃소싱 전략 간 상호 보충성(*Complementarities*)이 존재하는 것이다. 따라서, 비즈니스 전략과 아웃소싱 전략 사이의 적합한 결합을 가진 기업들은 그렇지 못한 기업들에 비해 보다 높은 아웃소싱 이익과 기업 성과를 보여주게 되는 것이다.

결론적으로 여기서 제시한 전략적 패턴들은 기업들이 현재 추구하고 있는 비즈니스 전략과 아웃소싱 전략 간의 연계에 대해 심도 있는 재 고려가 필요하며, 향후 나아가야 할 방향이 무엇인지를 제시해주고 있다. 정보기술 아웃소싱에 대한 관심이 증가하면서, 기업들이 비즈니스 전략과 아웃소싱 연계의 중요성을 인지해야 하는 것은 당연한 것이다. 그러므로, 부적합한 전략적 패턴들을 추구하는 기업들은 보다 나은 아웃소싱 이익과 기업 성과를 얻기 위해서 현재 추구하고 있는 연계의 변화를 심각하게 고려해 보아야 할 필요가 있다. 그것만이 기대하는 정보시스템 아웃소싱의 목표를 달성 할 수 있으며, 이를 통해 기업의 성과를 향상시킬 수 있는 것이다.

참고문헌

박진수, "아웃소싱 활성화를 위한 정책과제" 산업연구원, 2002

성태경, "정보자원관리와 기업전략" 한국경영정보학회 춘계 학술대회, 1991

이석재. 최홍석, 정보자원관리 방법론 연구, 한국전산원, 1998

조남재 · 노규성, 경영정보시스템: 전략적 비전실현을 위한 접근, 세영사, 2001

한국전산원, 미국 정보기술 아웃소싱 백서, 정보화 정책자료 98-07, 1998

Applegate L. Elam J., "New Information Systems Leaders: A Changing Role in a Changing World" MIS Quarterly, 1992, pp. 469-489

Couger J. D. Zawacki R. A., Motivating and managing computer personnel, John Wiley and Sons, 1980

Davis G. B. Olson M. H., Management Information Systems(2nd Ed), McGraw-Hill International Editions, 1985

Earl M., Management Strategies for Information Technology, Prentice Hall. 1989

Hamel G. Prahalad C. K., "The Core Competence of the Corporation" Harvard Business Review, 1990

ISACA(2000), COBIT(v.3)

Kim Y. Everest G. C., Building an IS Architecture : Collective wisdom from the field, Information and Management, 26(1), 1994, pp. 1-11

Lacity M. C. Willcocks L. P. Feeny D. F., "IT outsourcing: maximize flexibility and control" Harvard Business Review, 73(3), 1995, pp. 84-93.

O'Brien J. A. Morgan J. N., A Multi-dimensional Model of Information Resource Management, Information Resources Management Journal, 4(2), 1991, pp. 2-11.

Quinn J. B. Hilmer F. G., "Strategic Outsourcing" Sloan Management Review, 35(4),1994, pp. 43-55.

Schein E. H., Innovative cultures and organizations, information technologies and the corporation of the 1990s: Research studies, New York: Oxford University Press, 1994

Synnott W. R., The Information Weapon : Winning Customers and Markets with Technology, John Wesley & Sons, 1987

Turban E. Mclean E. Wetherbe J., Information Technology for Management, John Wesley & Sons, 1999

Venkatraman N., "Beyond Outsourcing: IT Resources as a Value Center" Sloan Management Review, 1997, pp. 51-64.

www.ciokorea.com (CIO Magazine Homepage)

찾아보기

나

다

아

자

차

카

타

파

하

저자약력
김상욱(金相郁) : 충북대학교 경영정보학과 교수
김종태(金鍾太) : 충북대학교 경영정보학과 강사
정기석(鄭基碩) : 영동대학교 정보통신공학과 교수

정보시스템과 경영

A-JIN

지은이와 협의 인지 생략

인 쇄 : 2006년 9월 5일
발 행 : 2006년 9월 10일
저 자 : 김상욱 · 김종태 · 정기석
발 행 처 : 도서출판 아진
110-091
서울특별시 종로구 행촌동 27-4 2층
TEL:02-737-0663 FAX:02-737-0664
Homepage:ajin.to
E-mail:kgb@ajin.to
발 행 인 : 김 근 배
등록번호 : 제300-1995-56호
ISBN : 89-5761-183-5 93320

가격 22,000원